KB128896

고대의 지혜와
현대과학의 융합

자기초월의 패러다임

스타니슬라프 그로프 (Stanislay Grof) 편저
정인석 역

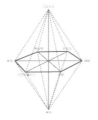

학지사

Ancient Wisdom and Modern Science
by Stanislav Grof

Korean Translation Copyright © 2012 by Hakjisa Publisher, Inc.

The Korean translation of this book is made possible
by permission of the State University of New York Press ©1993,
and may be sold only in South Korea.

All rights reserved.

역자 머리말

 이 책은 1982년에 인도의 봄베이에서 개최되었던 제7회 국제트랜스퍼스널학회International Transpersonal Association(ITA)에서 발표된 논문들 가운데서 스타니슬라프 그로프 Stanislav Grof에 의해서 편집된 『고대의 지혜와 현대과학 Ancient Wisdom and Modern Sciences』을 발췌하여 편역한 것이다.

 1960년대 후반에 하나의 학문분야로 출발한 트랜스퍼스널 심리학 transpersonal psychology은 인간의 의식이나 정신에 대한 새로운 통찰을 촉진하였다. 그 결과 오늘날 트랜스퍼스널 심리학은 인간적 현상을 연구하는 여느 과학적 학문분야의 부분적 진리까지도 체계적으로 수렴하여 보다 많은 진리의 통합을 지향하는 학문으로 발전하게 되었다.

 이와 같은 관점에서 ITA 회원 가운데, 양자 · 상대론적 물리학자, 정보시스템 이론가, 생물학자, 인류학자, 타나톨로지스트, 신학자, 철학자, 예술가가 참여하고 있다는 것도 지극히 당연한 현상이다. 이들은 모두가 존재나 현상의 '근원적 통일성 fundamental unity'을 지향하며, 진실reality은 어떤 과학 이론이나 이데올로기 체계보다도 월등히 복잡하기 때문에 기존의 경직된 패러다임에 의해서는 파악할 수가 없다고 보아 편견 없는 열린 탐구와 조화의 통합을 존중한다.

그러기에 이 책의 기반이 된 제7회 국제트랜스퍼스널학회의 주제가 '동과 서 : 고대의 예지와 현대과학 East and West: Ancient and Modern Science'이었다는 것도 종래의 패러다임의 전환에서 요청되는 조화와 통합을 지향하는 필연적인 가치추구로 이해할 수 있다. 따라서 이 책의 내용도 동양사상이나 그리스도교로 대표되는 '종교적 세계관'과 뉴사이언스로 인식되고 있는 '현대과학'의 새로운 지知의 원류와 융합할 수 있는 접점의 모색에 있다는 것을 알게 될 것이다.

스타니슬라프 그로프에 의해서 편집된『고대의 지혜와 현대과학 Ancient Wisdom and Modern Science』에는 이 책의 포맷과는 달리 제1부의 '서론Introduction', 제2부의 '고대의 영적 전통Ancient Spiritual Tradition'에서는 싯다요가siddha yoga의 전통을 계승한 묵타난다Muktananda를 필두로 주로 힌두계 구루의 강연으로 구성되어 있고, 제3부 '서양과학에 있어서의 새로운 패러다임 New paradigms in Western Science'에서는 물질·생명과학과 심리학으로 일괄하고 있다.

그렇지만 번역에 있어서 대폭 원서의 포맷을 바꾼 것은 그만한 이유가 있다. 그것은 학회가 인도 봄베이에서 개최되었던 관계로 힌두계의 발표, 특히 싯다요가의 계열에 속하는 사람들의 발표가 많이 실려 있다. 이점은 미국의 독자를 염두에 두고 편집했기 때문이라고 생각한다.

역자는 한국 독자의 정서를 감안하여 트랜스퍼스널 심리학과 현대 과학을 별도로 설정하였다. 또한 '영적 전통'에 대한 발표에 있어서는 싯다요가의 묵타난다 Muktananda , 상좌부 불교 Theravada Buddhism 의 잭 콘필드 Jack Kornfield , 탄트라의 아지트 무케르지 Ajit Mookerjee , 그리스도교의 마더 테레사 Mother Teresa 로 압축하여 각 종파에서 한 사람씩 선정·수록함으로써 서양과학을 대표하는 사람들의 문제의식과 공감대가 있음을 부각시키고자 하였다.

여기서 독자의 참고가 되고자 원서에서 할애된 발표자와 주제를 간단히 소개하면 다음과 같다.

- 다스투어 홈지 Dastoor Minocher Homji 의 「암소는 다채로운 색을 가지고 있으나 그 우유는 동일하다 The cow are many colors, But the milk is the same」(제2부)

- 그리피스 신부 Father Bede Griffiths 의 「오늘날의 과학과 새로운 창조 Science Today and the New Creation」(제2부)

- 카란 싱 Karan Singh 의 「의식의 진화와 인류의 생존 The Evolution of Consciousness and Human Survival」(제2부)

- 스와미 프라즈나난다 Swami Prajnananda 의 「카르마의 신비 The Mystery of Karma」(제2부)

- 스와미 크리파난다 Swami Kripananda 의 「쿤달리니 : 변용의 에너지 Kundalini : The Energy of Transformation」(제2부)

- 야슈팔 자인 Yashpal Jain 의 「내면의 탐구 Search Within」(제2부)

- 엘머 그린 Elmer Green 의 「과학과 정신생리학, 정신물리학과 신화학 Science and psychophysiology, psychophysics and Mythology」(제3부)

• 스와미 라다 Swami Sivananda Radha 의 「현대사회에 있어서 여성의
  위치 Women's Place in Today's World」(제3부)

아직도 우리 사회는 과거의 인습이나 고루한 전통에 고착되어 '정
신'을 신경학적 반사작용과 본능적 제 요인의 상호작용에 의한 복합
체로 환원시키는 타성이 남아 있다. 인간이라는 '홀론 holon'은 인간 이
외의 다른 모든 존재의 홀론과 마찬가지이기 때문에 보다 낮은 단계
를 포유包有하면서 보다 높은 단계로 초월함으로써 참나眞我로서의
자기실현을 할 수 있다. '트랜스퍼스널'이라는 모델은, 요컨대 자아라
고 하는 퍼스널리티 모델을 중심으로 한 근대 자아중심 존재방식에
대한 도전인 동시에 자아모델의 확대와 개인 안에 갇혀 있는 퍼스널
리티를 넘어선 '자기Self' 또는 보편성의 존재로 연결되는 통합적 모델
의 하나이기도 하다.

　이와 같은 맥락에서 이 책이 독자에게 줄 수 있는 의미는 독자에 따
라서 다를 것이라고 본다. 그러나 독자들은 이 책이 함의含意하고 있
는 공통적인 몇 가지 시사점을 발견할 것이라고 믿는다.

① 인간의 지知의 탐구에 있어서, 보편적 진리를 위해서는 양립할
　수 없는 어프로치도 조화와 통합의 길을 찾아야 한다는 것
② 인간의 내면생활, 체험의 질, 자기실현 및 의식의 진화가 보다
　높은 초의식 단계의 성장·발달에 이르는 과정이라는 새로운
　발달심리학적 인식을 확립해야 한다는 것
③ 생활태도에 있어서, 적대·경쟁·자기주장이 아니라 상보성·
　협력·공감대를, 또한 기존의 경직된 패러다임이 아니라 홀리

스틱한 어프로치의 과정이 바람직한 태도라는 것

④ 심신의 일체성一體性을 중시하여 인간을 복잡한 간개인적間個人的 · 사회적 · 생태학적 · 우주적 맥락 속에서 기술할 수 있는 새로운 과학적 패러다임의 개발을 촉진하여야 한다는 것

⑤ '무한한 것'은 무한함을 표현하기 위하여 '유한한 것'의 다양성 속으로 내려오고, '유한한 것'은 유한함을 진실로 인식하기 위하여 '무한한 것'의 통일성으로 올라가는, 이른바 '상승'의 길과 '하강'의 길, 일자一者와 다자多者의 합일과 조화를 지향하여야 한다는 것

⑥ 트랜스퍼스널한 원리와 개념적인 틀을 치료 · 교육 · 생태환경 · 정치 · 종교 · 예술 및 그 밖의 생활에 적용할 수 있다는 것

끝으로 이 책의 편집과 출판을 위해서 수고한 학지사의 김진환 사장과 편집진에게 사의를 표하며, 언제나 독자에게 감동을 주는 좋은 책을 많이 내어 우리 사회의 빛이 되기를 기원한다.

2012. 7.
자이열재自怡悅齋에서
정인석鄭寅錫 적음

편저자 머리말

서양과학의 급속한 발달은 기묘한 패러독스를 가져왔다. 인간 상황의 진보와 개선의 비전을 추구하고 있는 사이에 기계론적 과학은 점점 비인간화와 소외를 가져다주었다. 심리학과 정신의학, 특히 인간적 현상을 연구하는 학문은 정신 psyche 을 신경학적 반사작용과 본능적 힘들이 상호작용하는 복합체로 환원하는 경향을 보여 왔다.

1950년대 중반에는 정통적 심리학의 주류를 차지하고 있던 행동주의와 정신분석학은 인간의 정신적 과정들에 대한 이와 같은 환원적인 이해의 방식을 가장 현저하게 대표하는 두 개의 큰 조류였다. 그러나 1960년대에 이르러서는 인간의 마음에 대한 연구를, 인간이 동물이나 정서장애자가 공유하고 있는 그 부분으로 환원하는 것에 이의를 제기하는 유력한 전문가 집단이 나타났다. 즉, 에이브러햄 매슬로 Abraham Maslow 에 의한 '제3세력 Third Force'이라고 부르는 '인간학적 심리학 humanistic psychology' 운동이 시작되었다.

이 새로운 운동은 연구 대상인 인간 존재의 의의를 강조하였으며 조사 결과의 타당성 결정 기준으로서 인간의 목적을 강조하였다. 인간의 행동을 예측하고 통제하는 것을 목적으로 하는 행동주의와는 완전히 대조적인 이 새로운 운동은 인간을 독자적 개성을 갖는 통일적 존재로 보아 개개인의 자유와 개인의 자기 인생을 결정하는 능력을 중시하였다.

그러나 인간학적 심리학이 급속도로 그 기세를 펼치고 있는 사이에, 그 내부에서는 개개인의 성장과 자기실현의 강조만으로는 여전히 이론의 범위가 너무 좁고 한정적이라고 주장하는 새로운 세력이 나타났다. 여기서 새로 강조된 것이 인간성의 본질적 측면인 영성과 초월적 욕구와 누구나 자신의 영적인 길을 추구하는 권리였다.

주도적인 인간학적 심리학자들은 신비체험 · 초월성 · 엑스타시 · 우주의식 · 명상 · 개인 간 · 종간種間 의 시너지라고 하는, 지금까지 무시되어 왔던 심리학의 영역들에 관심을 보였다. 이들의 관심은 마침내 새로운 운동 트랜스퍼스널 심리학 의 출현으로 결실을 맺었다.

1960년대 후반에 하나의 학문분야로 자리 잡은 트랜스퍼스널 심리학은 칼 구스타프 융Carl Gustav Jung, 로베르토 아사지올리Roberto Assagioli, 에이브러햄 매슬로Abraham Maslow 의 업적, 그리고 향정신성 약물, 특히 LSD 정신치료의 임상실험 등을 추진력으로 받아들였다. 인간의 정신에 대한 이 새로운 통찰은 인간학적 심리학자 안소니 수티치Anthony Sutich 와 에이브러햄 매슬로에 의해서 '제4의 세력Forth Force' 이라는 새로운 운동으로 뿌리를 내리게 되었다.

트랜스퍼스널 심리학은 최근 10년간 급속히 성장 발전하였다. 즉,

트랜스퍼스널 심리학회지의 발간, 트랜스퍼스널 심리학회, 캘리포니아 트랜스퍼스널 심리학 연구소가 설립되었고, 미국, 특히 캘리포니아 지역을 중심으로 한 트랜스퍼스널 운동의 각종 활동은 해외에서도 상당한 관심과 반향을 불러일으켰다. 또한 1972년에 시작된 트랜스퍼스널 심리학과 관련한 여러 국제적인 모임은 점증하는 영향력을 보여 주었다.

제1회 및 제2회 국제회의가 아이슬랜드에서 개최되었고, 제3국제회의는 랩플랜드 Lapplend, 인나리 Inari에서, 제4회 국제회의는 브라질, 벨로 리존테 Belo Horizonte 해협에서 개최되었다. 이들 국제회의는 모두 트랜스퍼스널에 경도된 심리학자들, 특히 게이르 빌함센 Geir Vilhjamssen, 레오 마토스 Leo Matos, 피에르 베일 Pierre Weil이 주축이 되었다.

1977년 제4회 국제회의에서는 검증하는 인기와 활력을 바탕으로 국제적인 기관으로서 국제트랜스퍼스널학회 International Transpersonal Association (ITA)가 발족하였다. ITA의 초대 회장으로 선임된 스타니슬라프 그로프 Stanislav Grof는 향후 회의의 개최 및 ITA의 철학·전략·법적 구조와 목표를 수립해야 할 책임을 맡았다.

스타니슬라프 그로프가 구상한 ITA의 개념 및 구조는 ITA 조직의 국제성 및 학문 간의 협력을 명시적으로 강조함으로써 트랜스퍼스널 심리학회와는 다른 모습을 보였다. 트랜스퍼스널 심리학과 여타 과학과의 급격한 융합으로 인해 상대론적 양자역학자, 정보시스템 이론가, 생물학자, 인류학자, 타나톨로지스트, 신학자, 철학자, 예술가 등 다양한 분야의 전문가들이 ITA 회원이 되었다. 그러므로 ITA는 트랜스퍼스널 지향적인 세계관을 공유함과 동시에 다양한 국적, 전문분야, 철학적·영적 관심도를 가진 개인이 연합한 과학적 조직으로 정의할 수 있다. 다시 말해, 학자들은 각자의 관심 분야에서 고유의 연구법 및 관찰법을 사용하여 개별적 존재와 사물로 구성된 세계의 기저를 이루고 있는 '근본적인 단일체'임을 인식하게 되었고, 학자들은 이 새로운 깨달음을 다시 자신의 분야에 적용하는 것이었다.

ITA는 개별 학문 간의 간극을 메워 인간 본성에 대한 포괄적·통합적 상像을 정립하려는 노력을 지지한다. ITA는 기존의 개별적·상호모순적 접근법을 통합하고, 심신의 일체성을 강조하며, 인간을 그가 처한 대인적·사회적·생태학적·우주적 관계 속에서 파악하는 새로운 과학적 패러다임 개발을 장려한다. 현실은 어떤 과학 이론 또는 사상 체계보다 훨씬 복잡하고, 세상을 탐구함에 있어 기존 패러다임의 속박에서 벗어나 열린 태도를 견지하는 것이 절대적으로 필요하다는 인식을 바탕으로 하여, ITA는 기존의 이질적인 접근법들신비주의적 전통과 상대론적 양자역학, 서양 실용주의와 동양철학, 고대 지혜와 현대과학, 현대의학과 민간치료을 통합, 조화시키려는 시도를 지지한다.

ITA는 새로운 원리 및 개념의 틀을 치료·교육·경제·생태환경·정치·종교·예술과 그 밖의 인간의 삶에 실질적으로 적용할 것을 장려한다. ITA는 인간의 내적 생활, 인간 경험의 질, 자기실현 및 의식의 진화를 옹호한다. ITA 활동들은 적대주의, 경쟁 및 자기 주장에 반대하며 상보성·시너지·협력을 강조하고, 현실의 특정 영역에 대한 선택적 집중보다는 전포괄적 접근holistic approach 을, 조작적 개입과 통제보다는 자연스러운 과정과 우주적인 순환으로 나아가는 조화로운 동조를 강조한다.

ITA의 최근 세 차례의 연례회의에서는 트랜스퍼스널 운동에 있어 중차대한 사안들을 집중적으로 다루었다. 1979년 매사추세스 주 보스톤에서 개최된 회의에서 트랜스퍼스널 분야의 주요 인사들이 모여 '현실의 속성 : 새로운 패러다임의 출현 *The Nature of Reality : Dawning of a New Paradigam*'이라는 제목하에 과학의 새로운 발전과 트랜스퍼스널 운동과의 관련성을 논의하였다.

멜본 근처 필립섬에서 개최된 1980년 회의는 '실재 : 새로운 관점 *Reality : New Perspectives*'을 주요 의제로 하여 다양한 과학 분야의 혁신적인 발전과 트랜스퍼스널 이론과의 관계를 탐구하였다. 또한 이 회의는 오스트레일리아에 새로운 움직임을 소개하였고, 트랜스퍼스널 분야에 관심을 가진 다양한 개인과 집단을 결속시켜 통합 네트워크로 조직화하였다. 이어 1982년 2월 인도 봄베이에서 '동양과 서양 : 고대의 지혜와 현대과학 *East and West : Ancient Widsom and Modern Science*'이라는 제목하에 개최된 세 번째 회의는 이 모든 노력의 장점을 보여 주었다. 이번 회의는 과학계 및 영적 분야의 저명인사들이 모여 고대 교수법 및 현대과학 간의 급속한 융합과 동양사상 및 서양실용주의 간의 급속한 융합현상에 대해 논의하였다.

싯다 요가 *Siddha Yoga* 의 고대 전통의 적통 계승자인 고故 스와미 묵타난다 파라마항사 *Swami Muktananda Paramahansa*, 스와미 프라즈나난다 *Swami Prajnananda*, 스와미 크리파난다 *Swami Kripananda* 가 회의에 참석하였고, 기독교 대표 중에는 인도주의의 국제적 명사인 캘커타의 마더 테레사 *Mother Thersa* 와 베네딕트 수도사이자 작가이며 철학자이자 신부인 베드 그리피스 Bede Griffiths 등이 포함되어 있었다. 율법사인 잘만 샤커 Zalman Schacher, 슐로모 칼레바흐 Shlomo Carlebach 및 데이비드 젤라 David Zeller가 유대교 노래와 춤에 카발라 Kabbalah 의 요소를 결부시킨 '유대신비주의의 밤' 행사에 공동으로 참가하였다. 중국의 경극, 태극권, 서예의 대가인 황충양黃忠良은 일련의 시범 · 체험 워크숍을 통해 회의 참가자들에게 생생한 도교 전통을 보여 주었다. 탄트라 Tantra 학자이자 작가인 아지트 무케르지 Ajit Mookerjee 는 쿤달리니 Kundalini 의 과학과 기교를 청중들에게 소개하였고, 미국의 심리학자이자 승려이며 교사인 잭 콘필드 Jack Kornfield 는 불교 위파사나 전통을 대표하였다. 캐나다 야소드하라 아슈람 Yasodhara Ashram 의 설립자이자 영적 지도자인 스와미 시바난다 라다 Swami Sivananda Radha 는 인도에서 영적 훈련을 받았던 서양인으로서 요가의 원칙과 사상을 서양인들에게 잘 전달해 주었던 특별한 재능을 본 회의 참가자들에게도 보여 주었다. 원래 본 회의는 달라이 라마 Dalai Lama 의 개회사와 축복으로 시작하여 카르마파 Karmapa 의 검은 왕관 의식 Black Crown ceremony 으로 막을 내릴 예정이었으나 카르마파의 갑작스러운 타계와 달라이 라마의 발병으로 인하여 타랍 툴쿠 나왕 로상 림포체 Tarab Tulku Ngawang Losang Rinpoche 가 대신하여 티베트 불교 대표로 참가하였다. 파시교 Parseeism 의 고승 다스투어 미노체어 홈지 Dastoor Minocher Homji 의 예정에 없던 방문은 이번 회의를 크게 빛내 주었다.

봄베이 회의에는 저명한 과학계 인사들도 다수 참석하였다. 혁신적인 두뇌 홀로노미 이론을 정립한 신경과학자 칼 프리브램 Karl Pribram, 물리학과 신비주의의 통합이론으로 유명한 물리학자 프리쵸프 카프라 Fritjof Capra, 최근 형태공명이론으로 과학계를 뒤흔든 생물학자 루퍼트 쉘드레이크 Rupert Sheldrake 등이 연설자로 참가하였다. 그리고 바이오피드백 치료의 선구자 알리스 그린과 엘머 그린 Alyce & Elmer Green, 영국인 스트레스 연구가 말콤 카루터스 Malcolm Carruthers 는 요가와 서양의술의 관계에 대하여 연설하였다. 분석심리치료사 준 싱어 June Singer, 세실 버니 Cecil Burney, 도라 칼프 Dora Kalff 와 트랜스퍼스널 심리치료사 프란시스 본 Frances Vaughan, 가족심리치료의 창시자 버지니아 사티어 Virginia Satir, 작가이자 교육가인 조셉 칠튼 피어스 Joseph Chilton Pearce 가 심리학계를 대표하여 참석하였다.

정신과 의사 클라우디오 나란조 Claudio Naranjo 와 스타니슬라프 그로프는 그들의 학문과 동양 시스템 간의 관계를 탐구하였다. 인류학자 미카엘 하너 Michael Harner 는 산드라 하너 Sandre Harner 와 함께 그의 정규 고등교육 경험과 주술훈련을 독특하게 결합시켜 참석자들이 고대 주술을 경험할 수 있는 워크숍을 가졌다.

또한 다수의 트랜스퍼스널 예술가들이 참석하여 이번 회의에 다양성을 더해 주었다. 그 가운데서 파울 혼 Paul Horn 은 독주로, 중국인 황 충양과 더불어 탁월한 멀티미디어 쇼에 출연하여 다양한 모습을 보여 주었고, 인도의 떠오르는 무용스타 알라멜 발리 Alarmel Valli 는 인도 클래식 발레의 밤에 멋진 공연으로 참가자들을 감동시켰다.

붐베이 회의의 참석자들과 참석하지 못했던 많은 이들이 ITA에게 회의 진행에 관한 문서의 출간을 계속해서 요청해 왔다. 이에 ITA 위원회는 뉴욕주립대학 출판부의 윌리암 이스트만 William Eastman 의 도움으로 붐베이 회의와 관련된 책의 출간 제안을 기쁜 마음으로 수락하였다. 이번 회의의 프로그램이 지극히 다채로워서 모든 프레젠테이션을 책에 포함하는 것은 불가능하였고, 이에 출판사 및 편집자는 논문발표의 일부만을 채택해야 하는 어려운 작업에 직면해야 했다. 한정된 지면을 고려하여 이번 회의에 대한 기여도 일부는 본질적으로 실험적이어서 책으로 출판하는 것이 불가능하기도 하였다 에 따라 채택 여부가 결정되었다. 선택기준은 이번 회의 주제에 가장 근접하며 동시에 가장 포괄적인 논문들을 채택하는 것이었다.

새로운 패러다임의 출현 및 과학과 신비주의 간의 점증하는 융합은 오늘날 과학계가 직면한 가장 중요한 논제라 할 수 있다. 따라서 이 책은 붐베이 회의에 대한 역사적인 자료를 넘어, 지속적인 가치를 지니고 향후의 발전을 기대하는 독자적인 보고서로 볼 수 있다.

스타니슬라프 그로프

일체의 물物은 서로 의존함으로써 그 존재의 성질의미을 가질 수가 있으며, 물 그 자체에 의미는 없다.

나가르주나 Nāgārjuna, 龍樹(150?~250?),
『중론中論, Madhyamakaśāstra』

만물은 복잡하게 얽혀 있는 형상의 직물로서 그 모습을 보인다.

이 세계에서는 다양한 종류의 연결이 이리저리 엇갈려 뒤섞이고 겹치며 다시 연결됨으로써 그 직물의 모습이 결정되어 간다.

하이젠베르크 Werner Heisenberg(1901~1976),
『물리학과 철학 Physik und Philosophie』

차 례

제 1 부
트랜스퍼스널 시각과
통합의 지혜

Stanislav Grof

Frances Vaughan

1

동양과 서양:
고대의 지혜와 현대과학

스타니슬라프 그로프(Stanislav Grof)

과학과 기술은 근대 세계의 지배적인 견인력이 되어 왔으며, 근대 기술을 개척한 서양문명은 일반적으로 진보와 계몽의 상징으로 인식되고 있다. 그 결과 진보와 진화를 찬미하는 한편, 과거를 유치하고 미숙한 시대로 경시하는 경향은 동서의 이데올로기와 문화의 차이를 절대적인 것으로 보아 서로 연결될 수가 없는 것으로 보는 견해에 연결되고 있다.

이와 같은 관점을 가장 간결하게 표현한 것으로는 루드야드 키플링 Rudyard Kipling 역주 1 의 말로 유명한 "동은 동, 서는 서, 양자는 결코 서

역주 1. Joseph Rudyard Kipling(1865~1936)은 영국의 소설가이자 시인이며, 인도 봄베이 Bombay 태생이다. 영국에서 교육을 받고 인도에 가서(1853) 저널리스트로

로 만날 수가 없을 것이다."가 있다.

동양과 서양, 나아가서는 고대와 근대가 양립될 수 없는 큰 이유는 동서의 세계관과 철학의 근본적 차이에 있다고 여겨 왔다. 서양의 과학은 우주를 상호작용하는 독립된 입자와 분리된 물체로 이루어진 끝없이 복잡한 기계적 시스템으로 설명해 왔다.

이와 같은 문맥에서는, 물질은 견고하며, 수동적이고, 비활성적非 活性的이며 무의식적인 것으로 생각되어, 생명·의식·창조적 지성과 같은 것은 물질의 발전에서 도출해 낼 수 없는 무의미하고 우발적인 사건으로 보게 되었다. 요컨대, 이러한 것들은 수십 억 년에 이르는, 물질의 무작위적인 기계적 진화의 결과로 나타난 것이며, 이는 광대한 우주의 아주 작은 한 부분을 차지하고 있음에 지나지 않다는 것이다.

이에 비해서, 아주 먼 고대와 동양문화의 영적 철학 올더스 헉슬리(Aldous Huxley, 1894~1963)는 이를 '영원의 철학(perennial philosophy)'이라고 불렀다. 참고 1은 의식과 창조적 지성을 존재의 제일 특성으로 보아 이는 현상계에 내재함과 동시에 이를 초월한다고 보았다.

요컨대, 서양과학은 객관적인 관측과 측정이 가능한 현상만을 현실적인 것으로 인정하지만, 영원의 철학은 리얼리티reality의 전 계층

활약하였다. 기자생활 중에 시집 『*Departmental ditties*』(1886), 단편소설 『*Plain Tales from the Hills*』(1887)를 발표하였다. 일본·미국 등을 여행(1887~1889)하고 귀국하여 『*Life's handicap*』(1891), 『*The jungle book*』(1894) 등 단편소설을 썼으며, 시집으로는 『*Barrack room ballads*』(1892), 『*The seven seas*』(1896), 『*The recessional*』(1897), 『*The Five Nations*』(1903) 등을 발표하여 애국시인으로서 선전되었다. 또한 1907년에는 노벨상을 받았다.

을 현실적인 것으로 본다 어떤 것은 현재 顯在 하고 있지만 또 어떤 것은 통상적인 상황 하에서는 숨어 있으므로 특수한 의식상태에서만 직접 관찰할 수가 있다.

물질주의적 과학과 영원의 철학은 인간의 본성 human nature 에 대한 관점에 있어서 현저한 차이를 갖고 있다. 서양과학이 그리는 인간상은, 전체적인 사물의 조직 속에서 잠깐 동안 하찮은 역할밖에 하지 못하는 고도로 발달된 동물이나 생각하는 생물학적 기계와 같다고 본다. 이와는 달리 영원의 철학은 인간을 기본적으로 온 우주와 조화된 존재로서, 그리고 궁극적으로 신성스러운 존재로 생각한다.

뿐만 아니라 서양과학은 인간의 비참한 곤경에 적응하지 못하고 있는 사람들에게 심리학적·정신약리학적인 도움을 준다 정신분석학의 창시자 지그문트 프로이트(Sigmund Freud, 1856~1939)는 심리치료의 목적을 '신경증 환자의 극단적인 고통을 인간 존재의 통상적인 고뇌로 변화시키는 데 있다.'고 말하였다 참고 2. 그러나 영원의 철학은 자기 자신의 성성 聖性, divinity 을 체험함으로써 고통으로부터의 해방을 가능케 하는 다양한 영적 방법을 제공한다.

물질주의적 과학은, 예컨대 질병·빈곤·기아와 같은 가시적인 형태의 고통을 완화하는 효과적 수단을 발전시켜 왔지만, 내적인 만족이나 순수한 정서적인 만족을 가져다주는 노력은 거의 하지 못했다. 물질적 풍요의 증가는 정신적 장애·알코올 중독, 자살률·범죄·폭력과 같은 것들의 급격한 증가를 가져왔다. 이와는 달리 영원의 철학은 선택된 소수자에 대해서는 내적인 해방 inner liberation 을 주어왔지만, 긴급을 요하는 일상생활의 실제적인 문제에 해답을 주는 일과 인간 생활의 외적인 조건을 개선하는 일에 있어서는 공헌하지 못했다.

이와 같은 서로 다른 점에 대해서 우리의 생각을 짜낼 때, 서양의 과학과 영원의 지혜를 각각 그 장점을 취하고 단점을 보완하는 방법으로 화해시킬 수 있지 않을까 하는 생각을 하게 되는 것은 당연한 일일 것이다. 고대의 예지와 영원의 철학을 이제 와서 변화시킨다는 것은 불가능한 일이다. 따라서 그와 같은 통합의 시도는 어떤 경우에 있어서나 서양의 과학철학의 변화를 포함한 것이 아니면 안 된다. 그러나 서양과학의 만만찮은 실용주의적인 파워를 보존한 채 과학의 기본적 전제를 바꾼다는 것이 과연 가능한 것일까? 또한 기계론적 과학이 일상생활에 있어서 보여 주는 승리는 과학의 기본적인 철학적 전제의 정확성을 증명해 주고 있는 것은 아닐까?

서양과학 철학의 가장 중요한 업적의 하나는, 과학이론이라는 것이 필요할 때마다 손에 넣을 수 있는 리얼리티에 관한 자료를 조직화하는 개념모델에 지나지 않다는 것을 인식했다는 점에 있다. 그러나 리얼리티에 대한 유효한 근사치인 '개념모델'을 '리얼리티'의 정확한 표현으로 혼동해서는 안 된다. 이론과 그 이론이 기술하는 진실과의 관계는 코르지브스키 Korzybsky 역주 2가 말한 '지도와 영토 map and territory'와의 관계와 같다.참고 3 이 두 가지를 혼동하는 것은 과학적 사고의 침범 중대한 논리적 유형화의 오류 을 의미한다.

미국의 인류학자이며 제너럴리스트인 그레고리 베이트슨 Gregory Bateson (1904~1980)은 이와 같은 논리적 오류를 범하는 사람은 언젠가는 식사 대신 메뉴를 먹게 될 것이라고 말하였다. 손에 넣을 수 있는 자료를 설명하는 방법이 한 가지만 있다고 할 수는 없다. 따라서 문제는, 영

역주 2. Korzybsky(1879~1950)는 미국의 철학자, 논리학자이며 폴란드 태생이다. 1916년 미국에 이주하여 1940년에 귀화하였다. 의미론의 제창자이며 1938년 시카고의 일반의미론연구소 Institute of General Semantics 의 소장을 역임했다.

원의 철학의 기본적 전제를 통합하고 나아가서는 기계론적 과학의
실용주의적인 파워를 보전할 수 있을 정도의 폭넓은 이론을 발견할
수 있느냐 없느냐에 달려 있다.

여기서 '패러다임 paradigm'역주 3 이라고 하는 개념은 매우 유용하다. 미
국의 물리학자이며 과학사가로서 『과학혁명의 구조 The Structure of scientific

역주 3. paradigm은 본래는 그리스어에서 범례 · 견본 · 모델 · 교훈 등을 의미하는
파라데이그마 paradeigma 에서 유례하였다. 역사적으로는 플라톤 Platon 의 자연철
학에 관한 저서 『티마이오스 Timaios』는 그의 이데아를 모델로 서술되었으며, 라
틴어의 파라디그마 paradigma 에서는 격어미 · 인칭어미 변화의 범례 範例 를 의
미하였다. 현대사상의 용어로서 정착한 것은 과학사가인 토마스 쿤 Thomas Kuhn
이 『The Structure of Scientific Revolution』(1962) 에서 패러다임이라는 용어를
사용하기 시작하여 과학사가나 과학철학자 등이 널리 사용함으로써 이루어졌
다. 쿤에 있어서 초기 패러다임에 대한 관심은 '과학에 종사하는 사람에게 질문
과 응답의 모델을 제공하는, 보편적으로 인정되고 있는 과학적 업적'에 있었다.
그러나 마스터맨 Margaret Masterman 에 의해서 패러다임 용어의 양의성 兩義性 · 다
의성 多義性 이 지적되었다 "The Nature of Paradigm" in Imre Lakatos and Alan Musgrove 〈eds.〉
Criticism and the Growth of Knowledge, Cambridge: Cambridge University Press, 1990, pp. 59-89. 그
는 이 비판을 부분적으로 받아들여 보다 엄밀한 개념규정을 거친 술어로서 패
러다임의 용어 대신 '전문학문모형 diseiplinary matrix'으로 바꿀 것을 제안하였다
1970, 제2판. 즉, 패러다임을 특정 전문학문분야에서 세밀하게 규정되어야 할 각
종 규범적 구성요소라고 재정의하였다. 그러면서도 1970년대에 이르러서는 '해
석학적 철학 hermenentic philosophy'에 심취하여, 패러다임은 해석학의 한 술어에 의
해서 표현 가능하다는 것을 알게 되었다. 요컨대, 한 술어 術語 란 '해석학적 기저
hermenentic basis'로 본 것이다.
1991년에 발표된 논문 「해석학적 전환 : 자연과학과 인문과학 hermeneutic shift: humane
studies and natural science」에서는 한 공동체에 속하는 역사가나 인류학자가 다른
문화공동체의 사고방식을 이해하기 위하여 알고 있어야 할 기법과도 같이, 자
연과학의 개념도 정확히 이해하기 위해서는 역사적 공동체에 귀속하는 전제적
제 개념을 이해하고 있어야 한다고 보아 후자의 경우와 같이 제 개념의 구성을
'해석학적 기저'로 보았다.

Revolution 』를 저술(1962)한 토마스 쿤 Thomas Kuhn(1922~1996)에 의해서 명명된 '패러다임'이라고 하는 용어는 과학 진화의 어느 특정 기간에 과학계의 사고를 지배하는 개념 시스템을 가리킨다.참고4 하나하나의 새로운 패러다임은 처음에는 긍정적 · 진보적 역할을 하게 된다. 즉, 정당한 과학적 문제를 명확히 하고 과학적 실험을 유도하는 방법론을 제시하며 데이터를 평가하는 기준을 제시한다. 하나의 패러다임은 무엇이 '진실 reality'이냐는 것뿐만 아니라 진실이 아닌 것과 진실한 것이 될 수 없는 것까지도 분명하게 규정한다.

일단 패러다임을 받아들이면 그 패러다임의 기본적인 철학적 전제는 의문의 대상이 되지 않으며, 과학자들은 그 전제에 준한 조사와 분석에 주의와 노력을 기울인다. 그렇지만 진실은 그 어떤 정밀하고도 복잡한 과학적 이론보다 항상 복잡한 것이기 때문에, 연구를 진행해 가다 보면 반드시 지배적 패러다임과 양립할 수가 없는 데이터가 발생하게 된다.

처음에 지배적 패러다임에 도전하는 모든 연구는 억압받는 경향이 있다. 왜냐하면 그때 통용되고 있는 기성 이론이 진실을 사실과 다르지 않게 철저하게 표현하고 있다고 쉽게 오해받기 때문이다. 지배적 패러다임에 억압되고 있는 과학자들은 진실의 성질에 관하여 강한 확신을 갖추고 있다. 물의를 일으키는 데이터를 가져다주는 과학자는 소외되거나 어리석고 무능한 사기꾼으로 불리거나, 심한 경우에는 정신이상자로 취급받기도 한다.

새로운 데이터가 후속 실험에서도 지지되고 개별연구에 의해서 추인될 때, 문제의 학문은 쿤이 '비정상적인 과학의 시기 a period of abnormal science'라고 말한 심각한 패러다임의 위기에 직면하게 된다. 새로운 가설을 만들어 내려고 하는 노력과 개념을 수정하여 이를 펼치려고 하는 시도가 실패로 끝난 다음, 보다 대담하고 훌륭한 이론이 나오게 되고, 최종적으로 그와 같은 혼돈에서 하나의 대안이 새로운 패러다임의 승리로서 등장한다. 과학의 역사에 있어서는 이러한 경과가 끊임없이 반복된다.

신·구의 패러다임은 양립 불가능한 다른 세계관을 전형적으로 표현하고 있다. 역사상 일어났던 큰 패러다임 전환의 예로서는 프톨레마이우스 Ptolemaius 역주 4 의 '지구 중심적 천문학'에서부터 코페르니쿠스 Copernicus(1473~1543) 와 갈릴레오 Galileo(1564~1642) 의 '태양 중심적 천문학'으로의 전환, 플로지스톤 flogiston[연소(燃燒) 또는 phlogiston] 설 역주 5 에서부터 라보아지에 Lavoisier 의 역주 6 근대화학으로의 전환, 그리고 가장

역주 4. Klaudios Ptolemaius는 2세기, 그리스의 천문학자, 지리학자로서 과학사상 중요한 학자의 한 사람이다. 로마제국하의 이집트 Alexandria에서 천문관측에 힘썼고(121~151), 달 운동의 불규칙성을 발견하고 천체운동에 관한 독창적인 관측을 하는 등 수학적 천문학상의 지식을 체계화하여 『천문학대통론 Megale syntaxis』 아라비아학자들은 알마게스트(Almagest)라고 번역함 을 남겼다. 그는 Nikaia의 그리스의 천문학자 힛파르코스 Hipparchos(B.C. 190~120?) 의 이론에 따라 지구는 구형으로 우주의 중심에 있고 태양, 달 등 그 밖의 항성이 타원궤도를 그리면서 지구의 주위를 회전하는 천동설을 주창하였다.

역주 5. 연소설은 독일의 생리학자이자 화학자였던 슈탈 Georg Ernst Stahl(1660~1734) 이 연소燃燒를 설명하기 위하여 상정하였던 물질을 플로지스톤이라고 보고, 연소는 이 화합물 가운데서 플로지스톤이 없어지는 현상으로 보았다.

역주 6. 프랑스의 화학자 Antoine Laurent Lavoisier(1743~1794)는 화학혁명의 중심적 인물로서 근대적 화학명명법의 보급과 연소이론의 확립에 업적을 남겼다. 그는 플로지스톤설을 뒤엎고 연소의 본질과 산소의 성질을 해명하고 산소의 이론

가깝게는 뉴턴역학에서부터 양자론적 · 상대론적 물리학으로의 전환을 들 수 있다.

과거 300년간 서양과학은 뉴턴 · 데카르트적 패러다임 Newtonian–Cartesian Paradigrm 에 의해서 지배되어 왔다. 프리초프 카프라 Fritjof Capra(1939~) 가 『현대물리학과 동양사상 *The Tao of Physics*』에서 개관한 바와 같이, 이런 사상체계의 철학적 전제는 뉴턴과 데카르트의 생각에서부터 연유하였다. 참고 5

뉴턴의 기계론적 우주는 정의상으로는, 이 이상 분할이 불가능한 기본적 구성요소 또는 원자 atom 로 구성된 물질우주다. 원주*

이들의 구성요소는 중력에 의해서 서로 영향을 주고받으며 고정불변의 법칙에 따라서 상호작용을 한다. 이들의 상호작용은 절대공간 속에서 일어난다. 절대공간은 균질의 3차원 공간이며 물질의 존재로부터 독립되어 있다. 뉴턴적 우주에 있어서의 시간은 1차원적이어서 과거에서 현재를 거쳐서 미래로 균일하게 흘러간다.

뉴턴적 우주는 직선적인 인과 因果 의 사슬에 의해서 지배된 거대한 초기계 supermachine 와 같다. 이 점은 엄밀하게는 '결정론적'이다. 요컨대, 현재 작동되고 있는 요소의 모든 것을 알게 되면 과거의 모든 상황을 정확하게 재구축할 수도 있고, 미래의 어떤 사상 事象 의 예측도 가능하다. 우주의 복잡성 때문에 과학적으로 증명하는 것은 불가능하지만 이와 같은 결정론 determinism 이 기계론적 과학의 초석이 되고 있다.

을 펼쳤다.

원주* 그리스어의 *a−tomos*는 부정의 접두사 *a−*와 동사 *temnein* 자르다 으로부터 합성되었으며, 이 이상 더 분할이 불가능한 것을 의미한다.

이런 뉴턴의 모델에 프랑스의 철학자 데카르트는 '물질 *res extensa* 과 정신 *res cogitans*'[역주 7] 이라고 하는 '절대적 이원론'을 덧붙였다. 데카르트에 의하면 우주는 인간의 관측자가 객관적으로 지각할 수 있는 형상으로 존재하며 그 존재는 관측의 과정으로부터 완전히 독립되어 있다.

뉴턴과 데카르트의 이와 같은 관점은 서양의 기계론적 과학의 기초가 되었고 산업혁명의 견인력이 되었다. 그리하여 우주의 기계론적 모델은 실용적인 기술의 전용에 있어서 대단한 성공을 거두었다. 그 결과 이런 모델은 모든 과학적 사고의 이상적인 원형 prototype 이 되어, 심리학 · 정신의학 · 사회학 · 인류학 그 밖의 다른 관련 분야를 포함한 학문들의 모형이 되었다.

프로이트 Freud 는 이른바 '헬름홀츠협회 Helmholtz Society'[역주 8] 의 일원이

역주 7. 데카르트 Descartes 철학의 『방법서설 *Discours de la methode*』(1637)에서, 정신을 사유하는 것 *res cogitans*, 물질을 연장하는 것 *res extensa* 으로, 정신과 물질의 독립적인 영원한 실체를 통한 그의 이원론적 사상을 말해 주고 있는 용어다.

역주 8. 헤르만 폰 헬름홀츠 Herman Ludwing Ferdinand von Helmholtz(1821~1894)는 19세기 독일의 위대한 과학자물리학 · 생리학 · 해부학의 대가 의 한사람이다. 아직 학문이 엄밀하게 분화되지 않았던 시대가 낳은 다방면적인 과학자의 최후 인물이다. 그의 중핵적인 관심은 물리학이었으나 지식은 생리학 · 심리학과 과학적 인식론에까지 이르고 있다. 특히, 시각 · 청각에 관한 연구는 광역에 걸친 연구로서 현대에도 활용되고 있는 고전이다. 심리학사에서도 그의 감각에 대한 실험적 연구는 실험심리학의 길을 열어 놓았다. 페히너 Gustav Theodor Fechner(1801~1887)가 우주를 의식적 존재로 본 신비적 경향을 갖는 철학자였다고 한다면, 그는 엄밀한 경험과학자였다.
헬름홀츠협회 Helmholtz Gemeinschaft 는 1871년 헬름홀츠가 베를린 대학의 물리학 교수가 된 후, 1888년 발명가이자 독일 전기산업의 세계적인 발전의 기초를 구축한 지멘스 Ernst Werner von Siemens(1816~1892) 의 도움으로 샤르롯텐버그 Charlottenburg

었거니와 이 협회의 공적인 목표는 정신과학에 뉴턴역학을 도입하는 일이었다. 프로이트는 정신분석을 공식화함에 있어서 매우 의식적이며 엄격하게 뉴턴적 사고법을 사용하였다. 이와 같은 사고의 극단적인 예가 행동주의 behaviorism－의식적 요소를 정당한 과학적 대상으로는 보지 않고 주관적인 내성적(內省的) 데이터를 사용하지 않는 과학적 심리학을 수립하려는 시도 다.

기계론적 모델에 기초를 둔 각종 과학적 학문은 창조적 지성의 어떤 관여도 없이 발전하며, 생명도 의식도 없고, 수동적이며, 끝없이 얽힌 물질의 복합체로서의 우주상을 만들어 냈다. 기계론적 과학자들의 주장은 '빅뱅'으로부터 최초 은하의 확장을 거쳐서 태양계와 지구의 창조에 이르는 우주의 과정은 맹목적인 기계적 힘에 의해서 지배되었다고 말한다.

그리고 그들은 유기물과 생명은 원시의 바다 속에서 무작위적인 화학반응을 통해서 우연히 발생한 것으로 생각한다. 마찬가지로 유기물의 세포의 조직화와 보다 높은 생명형태에 이르는 다윈적 진화 Darwinian evolution는 지성원리와는 관계없이 돌연변이와 최적자의 생존을 보증하는 '자연도태 natural selection'를 통해서 전적으로 기계적으로 일어난 것으로 보게 된다.

또한 진화가 상당히 이루어지게 되면서, 고도로 발달되고 조직된

에 '국립물리공학실험소 Physikalisch－Techische Reichsanstalt'를 창설 초대 소장 역임 한 것이 모체가 되었다. 헬름홀츠협회는 독일 최대의 과학연구조직체로서 15개의 과학 · 공학 · 생물학 · 의학 등을 비롯한 연구센터를 갖고 있으며, 연구의 중심은 이론 · 실험과 실제응용의 결합에 두고 있다. 또한 연구분야가 같은 다른 연구소와의 연합된 연구와 정부의 전체적인 연구에 대해서도 자문하는 등 대규모의 연구조직을 갖춘 연구회 Arbeitsgemeinschaft der Groβ－forschungsenrichturgen로 발전하고 있다.

물질의 소산으로서 중추신경계 central nervous system 및 뇌가 형성되었고 의식이 나타났다. 그리하여 물질진화의 특정 지점 기계론적 과학은 그 지점을 명확히 하고 있지 않았다 에서 지금까지 맹목적이고 비활성적이었던 물질이 돌연 자기를 자각할 수 있게 되었다고 말한다.

이런 기적적인 사건에 관련하는 메커니즘에 대한 설명은 상당히 큰 틀에 있어서도 모두 실패하고 있다. 그럼에도 불구하고 물질로부터 의식이 발생하였다고 하는 관점은 당연한 일로 생각되어 물질주의적 · 기계론적 세계관의 기본정리 基本定理, fundamental postulate 로 되고 있다.

'의식이 물질의 소산이다.' 라는 신념은 물론 완전히 자의적인 것은 아니다. 그 신념은 각종 의식적 과정과 뇌의 외상 · 종양 · 감염과 같은 생리학적 · 병리학적 과정 사이에 명백하게 연결되어 있다고 하는 것을 보여 주는 임상적 · 실험적인 신경학의 방대한 관찰 결과를 기초로 하여 도출되었다.

뇌의 타박상 · 마취 · 혈액공급의 제한 등은 의식의 상실을 가져온다. 예컨대, 측두부의 종양은 전두엽의 종양에 수반하는 의식의 변화와는 매우 다른 특수한 의식의 변화와 연관되어 있다. 이와 같은 연결은 매우 높은 일관성을 가지고 있으며, 예측이 가능하기 때문에 신경학적인 진단을 내릴 경우에는 유용하게 사용할 수가 있다. 경우에 따라서는 의식적 과정의 왜곡현상을 신경외과와 약물치료, 그 밖의 의학적 개입을 통해서 교정하는 것도 가능하다.

의식과 뇌의 구조 또는 그 과정과의 사이에 밀접한 상관이 있다고 하는 관점은 의문의 여지도 없이 수용되어 왔지만, 기계론적 과학에서는 인과관계를 오해할 경향이 있다. 기계론적 과학의 결론에서 발견할 수 있는 논리적 모순이란, 예컨대 TV의 프로그래밍이 TV의 부품에 의해서 이루어져 있다고 하는 그릇된 결론과도 같다.

경험이 풍부한 TV수리공은 TV의 부품을 수리함으로써 화상이나 음향을 수정할 수 있다. 그러나 인간이 만든 발명품인 TV의 경우, 이와 같은 부품 수리를 프로그램이 부품에 의해서 만들어져 있다는 것에 대한 과학적 증명이라고 생각할 사람은 없다. 이는 다만 장치의 완전성이 음향과 화상의 완전 상태를 위한 필요충분조건이라는 것을 의미하고 있는 것에 지나지 않다.

이렇듯 그릇된 결론을 내리게 되면 인과관계를 오해하게 된다. 기계론적 과학이 신경학에서 발견된 것에서 도출되는 결론은 잘못된 결론이다. 여기서 참고로, 신경외과의 개척자뇌과학의 전문가였던 와일더 펜필드Wilder Penfield(1891~1976)가 그의 최후의 저서 『마음의 정체 Mystery of The Mind』에서, 의식은 뇌의 소산이며 신경생리학에 의해서 설명이 가능하다고 보는 관점에 대하여 깊은 불신을 표명한 점을 말해 두고자 한다.참고 6

물질주의적 심리학materialistic psychology 은 심적 과정을 환경에 대한 유기체의 반응으로서 또는 뇌 안에 축적된 감각 입력의 재결합 recombination 으로 설명한다. 이 관점은 "마음속에는 그때까지 감각 속에 존재하지 않았던 것은 존재하지 않는다 nihil est in intellectu quod non antea fuerit in sensu."참고 7라고 하는 존 로크John Locke(1632~1704) 의 경험주의적 신조를 지지하고 있다. 어떠한 종류의 기억도 '특정한 물질적 기체基 體' specific material substrate – 중추신경계의 세포라든가 유전자의 생화학적 암호와 같은 것 를 갖지 않으면 안 된다.

새로운 정보에 대한 접근은 직접적인 감각입력이나 옛날의 데이터와 새로 획득한 데이터의 조합을 통해서만 가능하다. 이렇듯 기계론적 과학은 인간의 지성 · 창조성 · 예술 · 종교 · 윤리 그리고 과학 자체까지도 뇌의 물질적 과정의 소산으로 설명하려고 한다.

그러나 인간의 지성이 원시 바다의 화학적 분비물로부터 무작위적인 기계적 과정을 통해서 현 단계에 이르기까지 발달한 개연성은, 거대한 고물수집장을 강타하는 토네이도가 우연히 747점보제트기를 만들어 내는 개연성에 필적할 만하다.

기계론적 · 물질주의적 과학의 환원주의적 세계관 reductionistic world-view 에 있어서는 신비주의나 종교가 비집고 들어갈 여지는 없다. 영성 spirituality 도 원시적 미신, 지적 · 정서적 미숙의 표시로 보며, 또는 어느 날 과학이 뇌 안에서 생긴 이상한 생화학적 과정으로 설명할 수 있는 심각한 정신병리로 보게 된다. 예컨대, 정통파의 정신분석학은 신비가가 말하는 통합적 · 대양감각적인 의식상태를 원초적인 나르시시즘 primary narcissism 이나 유아적 무능성의 퇴행으로 보아 종교를 인간의 강박신경증 obsessive-compulsive neurosis 으로 해석한다. 참고 8

정신분석가인 프란즈 알렉산더 Franz Alexander(1891~1964) 는 불교의 명상에 의해서 달성되는 상태를 자기유도적인 긴장형 분열병 self-induced catatonia 으로서 설명하였다. 참고 9 서양의 인류학은 샤먼 Shaman 을 분열병이나 간질 때문에 괴로워하는 정신적 질환으로 보아, 많은 샤먼의 발단이 되고 있는 최초의 체험을 '샤먼적 질병 shamanic illness '으로 보고 설명한다. 정신의학연구단체의 보고는 신비주의를 정상과 정신병의 중간적 현상으로 해석하였다. 참고 10

뉴턴-데카르트적 과학 Newtonian-Cartesian science 은 위대한 명성을 얻었지만, 한때 과학을 위한 진보적이며 강력한 수단이었던 기계론적 패러다임은 인간 지식의 더 이상의 진화를 방해하는 구속의 멍에가 되고 말았다.

하나의 패러다임은 과학에 있어서는 유효한 이론적 모델 그 이상의 것이다. 그리고 그 철학은 사회에 간접적으로 강한 영향력을 가지고 있다. 뉴턴-데카르트적 과학은 인간을 짐승 같은 본능적 충동에 의해서 행동하는 생물기계와 같이 묘사하였고, 매우 부정적인 인간상을 만들어 냈다.

이와 같은 인간상은 경쟁과 '적자생존 survival of the fittest'의 원리를 자연적이며 기본적인 건전한 경향성으로 보아 이를 지지하게 된다. 세계를 기계적으로 상호작용하는 분리된 단위의 집합체로 본 모델에 의해서 분별을 잃은 현대과학은, 협조協調 · 시너지 · 생태학적 관심과 같은 중요성을 인식할 수가 없었다. 인류를 괴롭히는 문제의 대부분을 해결해 줄 가능성을 내포하고 있는 기술적 업적 원자력 에너지 · 레이저 · 우주로켓 · 사이버네틱스 · 현대화학과 세균학의 기적 은 위협으로 전락되고 말았다.

과거 수십 년간, 기계론적 과학의 권위는 내부로부터도 그 토대가 침식되어 왔다. 프리초프 카프라는 『현대물리학과 동양사상 The Tao of Physics』과 『터닝포인트 The Turning Point』에서, 20세기 물리학의 발전이 뉴턴-데카르트적 모델의 모든 정리定理에 의문을 던졌으며 이들을 초월하였다는 것을 명시하였다.

거시적 세계와 미시적 세계, 이 두 세계의 경이적인 탐구는 기계론적 과학이 사용해 온 17세기의 모델과는 완전히 다른 진실의 이미지를 만들어 냈다. 기계론적 과학의 중심적 신조를 형성하고 있던 실체를 갖는 분할 불가능한 물질이라고 하는 신화는 "우주의 기본적 구성요소원자가 궁극적으로는 공허한 것이었다."라고 하는 실험적 · 이론적 증거의 충격에 의해서 해체되고 말았다.

소립자는 실험방식에 따라서 입자로서 또는 파동으로서도 나타난다고 하는 역설적인 본성을 보여 주었다. 실체 substance 의 세계는 과정 · 사건 · 관계의 세계로 치환置換 되었다. 소립자의 분석에 의해서 실체를 갖는 뉴턴적 물질은 소멸하고, 남은 것은 활동 · 형태 · 추상적 질서 · 패턴이었다. 영국의 유명한 수학자이며 물리학자이기도 한 제임스 진스 경 Sir James Jeans(1877~1946) 의 말을 빌린다면, 우주는 기계가 아니라 하나의 사고 시스템 Though System 처럼 보이기 시작한 것이다. 참고 11

뉴턴의 3차원적 공간과 1차원적 시간은 아인슈타인 Einstein(1874~ 1955) 의 4차원적인 시공연속체에 의해서 치환되었다. 새로운 물리학에서 객관적 세계는 관측자에게서 분리할 수 없으며, 직선적인 인과율 linear causality 은 유일무이한 강제적인 우주의 '접속원리 connecting principle '도 아니다.

현대물리학의 우주는 뉴턴이 말하는 거대한 기계장치 시계가 아니라 통일된 사건과 관계의 네트워크다. 저명한 현대과학자들인 유진 위그너 Ugene Wigner(1902~1995) , 데이비드 봄 David Bohm (1917~1992) , 제프리 추 Geoffrey Chew , 에드워드 워커 Edward Walker , 그레고리 베이트슨 Gregory Bateson(1904~1980) , 프리초프 카프라 Fritjof Capra(1939~) , 아서 영 Arthur Young 등은 마음과 지성, 그리고 어쩌면 의식까지도 하잘것없는 물질들의 소산이 아니라 존재 그 자체에 빠뜨릴 수 없는 요소라고 확신하고 있다. 참고 12

양자론적 · 상대론적 물리학은 기계론적 세계관에 대한 가장 설득력 있는 근원적인 비판을 제공하고 있지만, 기계론적 세계관에 대한 제 인식은 다른 하드 사이언스hard science의 여러 분야에 의해서도 추진되어 왔다. 과학적 사고는 또한 사이버네틱스 · 정보이론 · 시스템이론 · 논리적 유형이론 등의 발전에 의해서도 변화되어 왔다.

그레고리 베이트슨에 의하면 실체와 별개의 대상을 기초로 한 사고는 중대한 인식론적 오류논리적 유형화의 오류, error in logical typing원주*를 보이게 된다는 것을 지적하고 있다. 우리는 일상생활에서 물체가 아니라 물체의 감각적 변용이나 차이에 대한 메시지를 다루고 있다. 코르지프스키의 말을 인용한다면 '영토'가 아니라 '지도'에 접하고 있는 것이다.

인간 세계에 관한 지식을 구성하는 정보 · 차이 · 형태 · 패턴과 같은 것은 시간이나 공간 속에 자리매김하지 않을 수 없는 차원을 갖지 않는 실재다. 정보는 습관적인 개인 환경의 경계를 초월한 회로 안을 흐르게 된다. 이와 같은 과학적 사고법은 세계를 분리한 물체나 실재entities에 비추어서 다룬다거나, 개인 · 가족 · 종과 같은 것을 '다윈적인 생존단위Darwinian units of survival'로 생각하는 것을 불합리한 것으로 만든다. 또한 마음과 신체 사이에 선을 긋는 것이나, 또는 '자아-신체'알란 왓츠(Alan Watts)가 말한 '피부에 싸인 자아(skin-encapsulated egos)'에서 아이덴티티를 찾고자 하는 것을 어리석은 짓으로 본다. 요컨대, 강조점이 실체와 대상에서부터 형태 · 패턴 · 과정으로 이행한 것이다.원주**

원주* 기계론적 과학에 대한 이와 같은 비판의 가장 중요한 논점은 Gregory Bateson의 저서 『정신의 생태학 Steps to an Ecology of Mind』과 『정신과 자연 Mind and Nature』에서 찾아볼 수가 있다.
원주** 기계론적 과학과 현대의 혁명적인 이론들과의 대립은 그리스 철학의 주요 학파들 사이에서 일어났던 고대적 대립의 재현이다. 이오니아 학파Ionic School—밀

시스템 이론 System theory 은 마음에 대한 새로운 정의를 공식화할 수 있게 하였다. 이 이론은 폐쇄된 인과성 회로의 적당한 정도의 복잡성을 가지고 있으며, 적당한 정도의 에너지의 영향을 받는 사건들의 집합은 한결같이 심적 특성을 나타내 준다. 요컨대, 차이에 반응하고 정보를 처리하며 자기수정을 한다고 주장한다.

이와 같은 의미에서는 신체의 세포 · 조직 · 기관 · 문화적 단체 · 국가 · 생태계는 말할 것도 없고, 혹성 전체 가이아 이론, Gaia theory 조차도 심적 특징을 갖추고 있다고 말할 수 있다. 또한 하위의 모든 계층을 통합하는 보다 큰 마음을 생각할 때, 그레고리 베이트슨과 같은 비판적 · 회의적 과학자조차도 이 개념이 내재적인 신 immanent God 의 개념에 가깝다고 하는 것을 인정하지 않을 수가 없다.

기계론적 과학에 대한 또 하나의 뜻깊은 비판은 브뤼셀 Brussel 과 텍사스 주의 오스틴 Austin 을 중심으로 행한 노벨상 수상자 일리야 프리고진 Ilya Prigogine 역주 9 과 그의 공동연구자들에 의해서 실시된 연구 결과다. 참고 13

레토스의 탈레스(Thales), 아낙시메네스(Anaximenes), 아낙시만드로스(Anaximandros), 그 밖의 사람들은 '세계가 무엇으로 만들어졌는가?' '세계의 기본물질은 무엇인가?'를 기본적인 철학적 문제로 보았다. 이와는 대조적으로 플라톤 Plato 과 피타고라스 Pytahgoras 는 형태와 패턴과 질서가 중요한 문제라고 믿었다. 현대과학은 분명히 신플라톤주의적 neo-platonic , 신피타고라스주의적 neo-pythagorean 이다.

역주 9. Prigogine(1917~2003)은 모스크바 태생 벨기에의 물리학자다. 브뤼셀 자유대학을 졸업, 1951년부터 동대학 물리학교수로 활동하였으며, 벨기에의 솔베이 Solvay 국제물리화학연구소장, 텍사스 대학 통계역학 · 열역학연구센터 소장 등을 역임하였다. 1977년에 노벨화학상을 수상하였다. 그의 과학상의 업적은 '산일구조론' 또는 '비평형열역학'에 있어서의 이론이다. 과거처럼 생명계와 비생명계를 이원적으로 대립시키지 않고 자연계를 전체로 하는 일련의 자생적인 질서형성계秩序形成系로 이해할 수 있게 하였다. 그리고 세계를 '존재'로서 정적靜的으로만 이해하는 가역적可逆的인 역할시대의 세계관에서부터 '생성'으로 이해하

전통적 과학은 생명을 특수하고, 희한하며, 궁극적으로는 쓸데없는 과정 열역학 제2법칙의 절대적 명령에 대한 돈키호테적인 투쟁(Don Quixotean struggle)에 의해서 태어나는 것에 지나지 않는 우연의 변측상태 으로 묘사한다.

무질서와 엔트로피 entropy 의 증대로 나아감과 동시에 어떻게 할 도리가 없는 경향에 의해서 지배되고 있고, 가차 없는 '열사熱死, thermal death'역주 10를 지향하는 우울한 우주상은 이젠 과거지사가 되어 버렸다. 요컨대, 그것은 프리고진이 말하는 '산일散逸구조dissipative structures' 원주*의 연구와 화학 반응의 근저에 존재하고 있는 원리 동요를 통한 질서, order through fluctuation의 발현 의 발견에 의해서 부정되었다. 다시 그 후의 연구에 의해서 이 원리가 화학적 과정에만 한정되지 않고, 원자에서부터 은하, 개개의 세포에서부터 인간, 더 나아가서는 사회와 문화에까지 걸치는 모든 영역에 있어서 혁신의 기본적 메커니즘이라고 하는 것이 밝혀졌다.

는 비가역적 변화의 열역학시대의 세계관으로의 전환을 제시하였다. 또한 과학사가 스텐저스Isabelle Stengers(1948~)와의 공저 『혼돈으로부터의 질서Order out of Chaos』(1984)에서는 인간과 자연을 대립시키는 세계관으로부터 양자를 연대시키는 세계관으로의 전환까지도 시사하고 있다.

역주 10. 열사현상은 1852년 영국의 물리학자 톰슨William Thompson(Lord Kelvin, 1824~1907)에 의해서 제창되었다. 그는 '역학적 에너지는 산일dissipation하는 경향을 갖는다'는 이론을 제안함으로써 열역학thermodynamics(제2법칙)의 분야에 공적을 남겼다. 그는 평생 물리현상을 역학적 모델에 기반을 두고 설명하는 관점을 고집하였다. 그의 과학상의 업적은 '산일구조dissipative structure' 또는 비평형 열역학non-equilibrium thermodynamics에 관한 이론이다.

원주* 산일구조라고 하는 명칭은 끊임없이 엔트로피를 생산하면서, 환경과의 교류에 의해서 발생한 엔트로피를 산일시킨다고 하는 사실에서 유래한다. 가장 유명한 예는 '벨로소프 자보틴스키 반응Belousov-Zhabotinski reaction'이며, 세륨cerium · 철 · 망간 이온Manganese ione을 포함하는 황산용액 가운데서 브롬과 화합된 브롬

이들의 관찰 결과는 안정된 상태가 아니라 비평형체계 non-equilibrium systems 의 역동적인 동요 상태를 통일 원리에 따라서 진화한다고 보는 통일관에 이르게 한다. 모든 영역에 있어서 모든 수준의 개방체계 open systems 는 생명이 새로운 역동적인 복잡성을 영원히 지향하고 있음을 보증하는 총체적인 진화의 운송자인 것이다. 어떤 영역의 시스템이라 할지라도 과거의 엔트로피 생산에 의해서 질식당하게 되면 새로운 체제로 변화한다. 그 수준이 어떤 것 물질·생명력·정보·심적 과정 이든 동일한 에너지와 원리가 온갖 수준의 진화를 하게 만든다.

소우주와 대우주는 통일되고 통일하는 동일한 진화의 두 측면이다. 생명은 이젠 비활성의 우주에서 전개되는 현상으로는 볼 수 없다. 우주 그 자체가 더욱더 살아 있는 것으로 변해 가고 있는 것이다. 역주 11

자기조직화 self-organization 역주 12 에 있어서 생각해 볼 수 있는 가장 간단한 수준은 자기갱신하는 화학반응계에 있어서 형성되는 산일구조의 수준이지만, 이들 원리의 생물학적·심리학적·사회문화적 현상에 대한 적용에 있어서 환원주의적 사고는 포함되지 않는다. 이와 같

산염 bromate 에 의한 말온산 malonic acid 의 산화 oxidation 가 일어난다.
역주 11. 과거처럼 생명계와 비생명계를 이원적으로 대립시키지 않고, 자연계를 전체를 형성하는 일련의 질서 형성계로 볼 수 있게 되었다.
역주 12. 자기조직화란 1970년대 이후 '시스템론'의 이론 속에서 생명의 자율성을 개념화하기 위하여 제기되었으며, 그리하여 자기조직화의 성능을 가지고 있는 시스템을 자기조직시스템이라고 한다. 자기조직시스템은 자율적으로 생성하고 진화하는 시스템이다. 각종 생명체 세포·개체 등, 인격시스템, 사회시스템 등이 자기조직시스템에 속한다.

은 적용은 기계론적 과학의 환원주의reductionism 와는 다르며 기본적인 상동성fundamental homology , 요컨대 수많은 수준에 있어서 볼 수 있는 자기조직화유기체화 의 역학적인 상관관계에 근거를 두고 있다.

이와 같은 관점에서 볼 때, 인간은 다른 유기체보다 수준이 높은 것은 아니며, 진화사상 인간보다 빨리 나타난 생명 형태보다 더 많은 수준에서 동시에 살고 있다고 생각할 수 있다. 여기서 과학은 인간의 진화가 우주진화에 있어서 불가결의 중요한 일익을 담당하고 있는, 이른바 영원의 철학적 진리를 재발견한 것이다.

인간은 진화의 중요한 대행자다. 진화의 무력한 주체가 아니라 '인간, 즉 진화'인 것이다. 낡은 '존재'의 과학에 대신한 이 새로운 '생성becoming'의 과학은 양자론적 · 상대론적 물리학과도 같이 그 역점을 실체로부터 과정으로 이행시키고 있다. 이 문맥에서는 '구조'는 상호작용하는 과정의 부수적인 산물에 지나지 않다. 천체물리학자 에리히 얀치Erich Jantsch(1929~1980) 의 말을 인용한다면, 그것은 두 하천의 합류지점에서 발생하는 물결의 패턴이나 항상 능글맞게 웃는 사람Cheshire cat 처럼 고정적인 것은 아니다. 원주*

기계론적 사고에 대한 최신의 중요한 도전은 영국의 생물학자이자 생화학자인 루퍼트 셀드레이크Rupert Sheldrake 가 그의 혁명적인 저서『생명의 신 과학A New Science of Life 』참고 14 에서 펼친 이론이다. 셀드

원주* 에리히 얀치의『진화의 설계 Design For Evolution』(Brazillier, New York, 1975)와『자기조
직화하는 우주 The Self-Organizing Universe』(Pergamon Press, New York, 1980) 참조.

레이크는 개체의 발달, 종의 진화, 유전자, 본능적 행동 형태와 이보다 더 복잡한 행동 형태의 진화에 있어서 형태 발생 Morphogenesis 에 관한 기계론적 과학의 설명에 탁월한 비판을 가하였다.

기계론적 과학은 셸드레이크가 '에너지 인과율 energetic causation'이라고 말하는 양적 현상만을 고려하고 질적인 면 '형태의 발달'이나 '형태 생성의 인과율'에 대해서는 아무것도 말하고 있지 않다. 셸드레이크에 의하면 생명유기체는 단순히 복잡한 생물학적 기계는 아니다. 생명은 화학반응으로 환원되지 않는다.

유기체의 형태·발달·행동은 현재로선 물리학에 의해서 인식되고 있지 않는 형태 형성의 장 field 에 의해서 형성된다. 이들의 장은 같은 종의 과거 유기체 형태와 행동에 의해서 공간·시간을 초월한 직접적인 연결을 통해서 형성되고 누적된 특성을 나타낸다. 요컨대, 종의 일정량의 구성인자가 특정한 유기체적 특징을 발달시키거나 특정한 행동 형태를 습득하게 되면, 그들의 특징과 행동 형태는 통상적 형식의 접촉이 없어도 자동적으로 다른 구성인자에 의해서 획득하게 된다. 셸드레이크가 말하는 '형태공명 morphic resonance'의 현상은 생명유기체에만 국한하지 않으며, 수정水晶의 생장과 같은 초보적인 현상에서도 관찰할 수 있다.

기계론적인 사고방식에 길들어져 있는 사람들에게 있어서는 이런 이론이란 믿기 어려우며, 매우 어리석은 일로 생각하겠지만 이는 검증이 가능한 일이다. 이론 형성의 초기단계에 있는 현대임에도 불구하고 쥐의 실험이나 원숭이의 관찰 원주'에 의해서 지지되고 있다. 셸드레이크는 자신의 이론이 심리학적인 함축성을 가지고 있음을 깨닫고,

융Jung(1875~1961) 의 집단적 무의식 collective unconscious 의 개념과의 관련성을 논하고 있다.

한때는 아인슈타인 Albert Einstein 의 공동연구자였으며, 상대성이론과 양자물리학의 기본 텍스트의 저자였던 데이비드 봄 David Bohm(1917~1992) 에 의해서 공식화된 우주의 '홀로노미 이론 holonomic theory'도 기계론적 세계관에 대담한 수정으로 다가가게 되었다. 봄에 의하면, 우리가 일상적인 의식상태하에서 보고 있는 현상계란 진실의 한 측면 드러난 질서(explicate order) 또는 펼쳐진 질서(unfolded order) 에 지나지 않다. 그리고 그 발생기반인 감추어진 질서 implicate order 또는 접힌 질서 enfolded order 는 다른 진실의 수준에 존재하며, 이는 명상적 · 신비적 또는 사이키텔릭한 비일상적 의식상태에 있어서만 볼 수 있으며, 직접적으로 볼 수는 없다.

봄은 닐스 보하 Niels Bohr(1885~1962, 덴마크의 이론물리학자), 어윈 슈레딩거 Erwin Schroedinger(1887~1961, 오스트리아의 이론물리학자), 로버트 오펜하이머 Robert Oppenheimer(1904~1967, 미국의 물리학자, 원폭의 아버지), 알버트 아인슈타인 Albert Einstein(1879~1955, 독일 태생의 유대인 이론물리학자)을 포함한 다른 유명한 물리학자와 마찬가지로 현대물리학이 신비적 세계관과 양립할 수 있다는 것을 발견한 것이다. 참고 15

원주* 가장 유명한 것은 『생명조류 *Lifetide*』(Bantam Books, New York, 1980)에서 라이알 왓슨 Lyall Watson 에 의해서 보고되고 있는 일화적인 관찰이며, '100마리째 원숭이의 현상'에 대한 관찰이다. 고시마 Koshima(こうしま華島)에 살고 있는 한 마리의 젊은 암컷 일본원숭이 Macaca Fuscata 가 전혀 새로운 행동 모래가 묻어 있는 고구마를 씻는 행동을 습득했을 경우, 같은 섬에서 살고 있는 원숭이에게도 그 행동이 전파되었을 뿐만 아니라, 그 행동을 습득한 원숭이 수가 임계상태에 이르게 되면 인접 섬들에서 살고 있는 원숭이에게서도 그와 같은 습관이 나타났다는 것이다.

저명한 신경외과의 칼 프리브램 Karl Pribram (1919~) 은 장래에 봄의 홀로무브먼트 holomovement 역주 13 의 이론과 합일할 수 있는 새로운 뇌의 모델을 개발하였다. 참고 16 프리브램은 뇌가 디지털처리 digital processing 에 더하여 홀로그래피 holography 의 원리를 포함한 병렬처리 parallel processing 까지도 할 수 있음을 입증하는 일에 성공하였다.

프리브램의 모델은 다른 방법으로는 설명되지 않는 많은 뇌기능의 측면을 설명해 줄 뿐만 아니라, 지금까지 엄정한 과학적 조사의 대상으로부터 제외되어 왔던 신비적, 사이키델릭 상태, 초심리학적 현상, 영적 치유, 그 밖에 많은 문제영역에 관한 사색의 지평을 열어 주었다. 이 시점에서, 통합된 우주와 뇌의 홀로노미 이론에 관해서 말하는 것은 시기상조이기는 하지만 쌍방의 어프로치가 양립 가능한 설명 원리를 사용하고 있다는 것은 매우 흥미 있는 일이다.

과학에 있어서 새롭고 유망한 동향을 논할 경우에는 아서 영 Arthur Young 의 연구를 빼고서는 말할 수가 없을 것이다. 그의 프로세스 이론

역주 13. 봄은 우리의 존재 차원신경조직 · 오관을 통해서 지각하는 세계 을 드러난 질서 explicate order 펼쳐진 질서, unfold order 질서라 하고, 실재의 더 깊은 차원을 감추어진 질서 implicate order 접힌 질서, enfolded order 질서라고 보았거니와 이는 우주의 모든 현상의 나타남을 이 두 질서 간의 무수한 접힘과 펼쳐짐의 결과라고 보았기 때문이다. 그러나 드러난 질서 속에서는 사물들이 분리되어 있는 것처럼 보이지만, 각 사물은 다른 만물의 이음새 없는 연장이며 궁극적으로는 감추어진 질서와 드러난 질서는 서로 하나로 융합되어 있다고 본 것이다. 때문에 우주의 삼라만상은 단일 연속체의 부분인 것이다. 이 경우에 우주 삼라만상의 변동과정을 배후에서 받쳐 주고 있는 감추어진 질서는 영원히 살아 움직이는 역동적인 과정으로서 구조의 의미를 갖는다. 봄은 이런 점에서 우주의 삼라만상을 홀로그램 hologram 으로 보기보다는 홀로무브먼트 holomovement 로 보았다.

theory of process 은 미래에 도래할 과학적 메타패러다임 metaparadigm 의 중요한 후보자다. '프로세스 이론'은 각종 학문기하학 · 양자학 · 상대성이론 · 화학 · 생물학 · 식물학 · 동물학 · 역사학 · 심리학 · 신화학 의 데이터를 가장 포괄적인 방식으로 해석 · 조직하며, 이들을 전포괄적인 우주론적 비전으로 통합한다.

영의 우주모델에는 자유도 degrees of freedom 와 포괄적인 새로운 패러다임에 의해서 정의되는 네 가지의 수준과 빛 · 핵입자 · 원자 · 분자 · 식물 · 동물 · 인간이라고 하는 일곱 가지 연속적인 단계가 있다.참고 17 영은 자연에 있어서 상이한 진화의 수준으로 끊임없이 반복되는 우주의 기본적 패턴을 발견하는 일에 성공하였다. 이 패러다임은 모든 현상을 설명하는 파워일 뿐만 아니라 예언력도 가지고 있다. 마치 러시아의 화학자 멘델레에프 Dmitrii Ivanovish Mendelyev(1837~1907) 에 의해서 발표1869년 3월에 발표 된 원소의 주기율표 periodic table of elements 처럼 이 기본적 패턴은 자연현상의 특정 측면을 예측할 수가 있다.

영은 양자활동의 의도적인 작용과 빛에 우주의 중요한 역할을 부여함으로써 과학과 신화학과 영원의 철학 사이의 간극을 극복할 수 있게 다리를 놓았다. 그의 메타패러다임은 과학의 가장 좋은 부분과도 모순되지 않을 뿐만 아니라 통상과학의 한계를 월등히 뛰어넘은, 정의할 수 없는 진실의 비객관적 측면까지도 다룰 수가 있다. 영의 이론을 정당하게 평가하려면 다양한 학문을 섭렵하지 않으면 안 되기 때문에 영의 어프로치에 관심이 있는 사람은 그의 저술을 접해 보기 바란다.

지금까지 열거한 현대과학의 여러 가지 혁신적 이론을 일관되고 포괄적인 패러다임으로 통합하기란 아직은 불가능한 일이다. 그러나 이들은 모두 하나의 공통점을 가지고 있는 것처럼 생각된다. 요컨대, 혁신적 이론을 제창하는 사람들은 뉴턴-데카르트적 과학에 의해서 만들어진 우주의 기계적 이미지는 이미 진실을 정확하게 기술하지 못하고 있다는 깊은 신념을 공유하고 있다.

뉴턴-데카르트적 패러다임에 대한 가장 근원적인 도전은 심층심리학과 현대의 의식연구의 분야에서 일어났다. 기계론적 과학의 권위가 흔들리기 시작하고 있는 현재, 현명한 연구자들은 과거에는 낡은 패러다임과 양립할 수 없다는 이유로 억압 또는 비웃음을 받아 온 광범위한 데이터를 재발견·재평가하고 있다. 이와 동시에 실험적인 의식연구, 향정신성 약물치료, 체험적 심리치료, 현장 인류학, 초심리학, 타나톨로지죽음의학문 등에 의해서 방대하고 새로운 혁명적인 관찰이 일어나고 있다.

조세프 뱅크스 라인Joseph Banks Rhine, 가드너 머피Gardner Murphy, 스탠리 크립프너Stanley Krippner, 줄스 아이젠버드Jules Eisenbud, 찰스 타트Charles Tart, 엘머 & 알리스 그린Elmer and Alyce Green, 아서 헤이스팅스Arthur Hastings, 럿셀 타그Russell Targ, 해롤드 푸소프Harold Puthoff와 같은 초심리학 연구자들은 텔레파시, 투시, 영적인 진단과 치유, 폴터가이스트Poltergeist(집 안을 떠돌며 장난을 즐기는 유령), 염력Psychokinesis과 같은 것들의 존재를 시사하는 상세한 과학적 연구를 해 왔다. 이런 연구 분야는 현대물리학자들의 관심을 끌었을 뿐만 아니라 여기서 이룬 발견을 새로운 패러다임에 접목시키는 일이 중요한 이론적 과제가 되고 있다.

뉴턴-데카르트적 패러다임에 도전하며 점점 과학적 인지를 받고 있는 또 하나의 심리학의 주요 분야는 융의 연구다. 서양 심리학의 두 지배적인 조류인 행동주의와 프로이트의 정신분석학은 기계론적인 정신의 모델을 만들어 왔다. 극단적인 형태의 행동주의는 의식을 심리학으로부터 배제하고, 심적 기능을 반사활동이나 '자극－반응 S-R' 원리에 환원시키려고 하였다. 프로이트의 정신분석학은 심리적 현상을 기본적 본능과 생물적 기능의 파생물로 보아 왔다.

그렇지만 융은 집단적 무의식, 정신이 갖고 있는 신화형성력과 끝없는 치유능력, 그리고 원형 archetype 의 존재 개인의 한계를 초월할 뿐만 아니라 의식과 물질(사이코이드, psychoid)과의 경계면을 나타내는 정신의 초개인적인 역동적 패턴(transindividual dynamic patterns)를 발견하였다. 참고 18 '프로이트'의 개인적 무의식을 본능의 힘이나 억압·거절된 심리적 성향의 지옥이라고 한다면, '융' 심리학은 정신을 '우주적인 지위'로 되돌려 정신의학 속으로 '영성'을 재도입한다는 점에서 다르다. 참고 19

생애를 통해 심리학을 뉴턴역학에 환원시킴으로써 심리학의 위상을 높이려한 프로이트와는 달리, 융은 자신이 발견한 것이 기존의 과학철학과는 양립할 수가 없으며 전혀 새로운 패러다임을 필요로 하고 있다는 것을 자각하였다.

융은 양자론적·상대론적 물리학에서 말하는 발달에 깊은 관심을 가지고 모색하였으며, 특히 볼프강 파울리 Wolfgang Pauli 역주 14와 알버트

역주 14. W. Pauli(1900~1958)는 오스트리아 출신 스위스의 이론물리학자다. 취리히 국립공과대 핵이론물리학 교수(1928~1940). 프린스턴 대학미국 고등연구소객원 교수(1940~1948). 취리히 공과대학 교수(1948~종신직 교수로서 취임)를 역임했다. 대표적인 업적으로는『상대성 이론 Relativitätstheorie』(1921),『양자론 Quantentheorie』(1926),『파동역학 Wellenmechanik』(1933),『배타율과 양자역학 Exclusion principle and quantum mechanics』(1947) 등이 있으며, 특히 융Jung과는 공저『자연해석과 정신 Naturerklärung

아인슈타인 Albert Einstein 과의 개인적 교제를 통해서도 깊은 영향을 받았다. 참고 20

　수십 년에 걸친 사이키델릭 연구도 또한 새로운 패러다임에 있어서 매우 중요한 데이터를 가져다주었다. 세계의 다양한 문화집단은 옛부터 의식儀式이나 치유의 목적을 위하여 강력한 향정신성 작용을 하는 식물을 이용해 왔다. 전설적인 식물 소마 *soma* 는 베다 *veda* 역주 15 의 종교와 철학의 발달에 중요한 역할을 했다. 콜럼버스의 아메리카 대륙 발견 이전의 전 콜럼비아기의 중앙아메리카 문화에서는 다종다양한 향정신성 식물이 사용되었다. 그 가운데서도 가장 유명한 것은 멕시코 선인장의 일종인 페요테 *peyote*, 성스러운 버섯 테오나나카틀 *teonanacatl*, 나팔꽃의 씨인 올로리우퀴 *ololiuqui* 등이다.

　아마존에서 살고 있는 남아메리카의 인디언들은 정글의 덩굴식물 야헤 *yagé* 나 아야후아스카 *ayahuasca* 로 만든 달인 약을 몇 세기 동안 사

---

und Psyche』(1952)을 남겼다. 1946년에는 파울리의 원리 Pauli's principle 인 '배타율'로 노벨 물리학상을 수상했다. 파울리도 융과의 교제를 통해서 초심리학에 심취한 면을 보였으며 엄격한 과학적 정신과 신비주의와의 결합을 보이기도 하였다.

역주 15. *Veda* 는 인도 최고最古 의 종교문헌으로서 약 3,000년 전 아프가니스탄에서 인도의 서북방 갠지스 강 지방으로 이주하여 온 인도 아리안족의 자연현상을 찬미하며 노래한 종교적 서사시를 모은 『성전聖典』이다. 어원상으로는 '알다'를 뜻하는 동사 '*vid*'에서 유래하였으며, 재능 있는 시인들이 신의 계시를 온몸으로 느끼면서 만든 성전이라는 점에서 명사로서는 '천계성전天啓聖典, śruti'의 의미를 갖는다. 베다는 성립 시기에 있어서 최고층最古層과 최신층最新層 의 사이에는 1,000년 이상의 시간적 간극을 가지고 다수의 문헌으로 구성되어 있다. 이 성전은 불교 이전의 바라문교Brahmanism 사상의 근본 성전이기도 하다. 즉, 제1부분은 '본집本集, Saṃhitā', 제2의 부분은 '제의서祭義書, brāhmna', 제3의 부분은 '삼림서森林書, āraṇyaka', 제4의 부분은 '오의서奧義書, upaniṣad'로 구성되어 있다.

용하고 있었다. 아프리카에서는 많은 부족이 향정신성 식물인 에보가 eboga 의 비밀을 알고 있으며, 그중의 소량은 홍분제로서, 또는 의식을 올릴 때 성™ 물질로서 다량 섭취하고 있다. 터키의 카탈 휴이크 Catal Hüyuk 에 있는 기원전 6000년의 신석기시대의 거주지를 발굴했을 때 발견된 샤먼의 묘에는 독성검사를 한 결과, 향정신적 작용을 한다는 식물이 매장되어 있었다.

동양의 여러 나라나 아프리카, 그리고 카리브해 지역에서는 오락·쾌락·치유·의식儀式을 위하여 수종의 대마를 혼합한 조합제調合劑가 다양한 명칭 하시슈(hasish)·차라스(charas)·방(bhang)·간쟈(ganja)·키프(kif)·마리화나(marijuana)으로 피우거나 섭취되어 왔다. 이런 조합제들은 인도의 브라흐만 Brahman, 몇몇 수피 교단 orders of the sufis, 아프리카 원주민, 고대의 스카이시안 Skythian, 자마이카의 래스터패리안 Rastafarian 과 같은 다양한 집단에게는 중요한 성™ 물질이었다.

최근의 연구에 의하면 유명한 고대 그리스의 엘레우시스 Eleusis 의 비의秘儀에서 LSD와 같은 맥각 알카로이드 ergot alkaloid 가 사용되었던 흔적이 인정되었다. 플라톤 Plato 과 아리스토텔레스 Aristotles 도 이런 비의의 참가자였으며, 그들의 사고체계는 비의秘儀의 참가체험으로부터 깊은 영향을 받았다.참고 21

스위스의 화학자 알버트 호프만Albert Hofman 에 의한 반합성半合成의 사이키텔릭 물질인 LSD의 발견은 정신약리학에 일대 파문을 던졌다.참고 22

앞에서 말한 성스러운 식물의 거의 대부분이 사이키텔릭 효과를 발휘한다고 보는 알카로이드는 현재 메스칼린 mescaline, 실로사이빈 psilocybine, 사일로신 psilocin, 리세르가미드 lysergamid, 부포테닌 bufotenin, 디메틸트립타민 dimethyltryptamine, 테트라히드로카나비놀 tetrahydrocannabinol,

하르민 harmin , 이보개인 ibogain 의 순수한 형태로 분리되고 있다.

편협된 전기적 伝記的 영역에만 초점을 맞추려는 서구적인 정신모델은 사이키델릭 상태에서 일어나는 다양한 현상을 충분하게 설명할 수 없다는 것이 밝혀졌다. 정신적으로 현저한 촉매적 작용을 하는 이들 약제의 영향하에서 피험자는 자전적 自伝的 영역만이 아니라 출생과 죽음, 나아가서는 '초개인적 transpersonal'인 영역의 현상에 대해서도 강렬한 직면 confrontation 을 체험하게 된다. 이와 같은 체험의 재발견과 의식연구에 미치고 있는 체험의 중요성에 대한 인식은 새로운 심리학 트랜스퍼스널한 방향성, transpersonal orientation 의 발달을 촉진하는 주된 인센티브의 하나가 되었다. 참고 23

통상적인 의식상태에 있어서 사람들은 체험적으로 알란 왓츠 Alan Watts 가 '피부에 싸인 자아 skin-encapsulated ego'라고 말한 '신체이미지'에 동일화되고 있다고 생각된다. 통상적으로 전全 감각적인 체험을 할 수 있는 것은 현재의 순간과 장소뿐이다. 과거에 대한 상기에는 현재의 순간과 같은 감각적인 선명성은 없으며, 또한 미래를 체험한다는 것도 원칙적으로 있을 수 없다고 인식되고 있다. '지금-여기'에 대한 지각은 감각기관의 신체적·생리적 특징에 의해서 한정된다.

자기초월적 체험에 있어서는 이상과 같은 한계의 하나나 둘, 또는 그 이상이 초월되는 것으로 생각된다. 지기정체성의 감각은 신체이미지를 넘어서 확장되며 타인과 집단, 나아가서는 전인류를 포함할 수 있다. 그리고 인간의 한계를 넘어서 동물과 식물, 또는 생명이 없는 비활성 非活性 의 물체나 과정까지도 포함할 수 있다.

뿐만 아니라 시간적 한계의 초월에 있어서는 개인·조상·민족·종족의 역사, 나아가서는 지질학적 역사나 천문학적 역사에서 일어났던 사건뿐만 아니라 미래의 사건까지도 현재의 체험과 동일한 선명성으로 체험할 수 있다. 극단적인 경우에는 다양한 발달단계에 있는 전혹성全惑星 이나 또는 전 우주에 동일화하는 경우도 있다.

이와 같은 종류의 체험은 개인의 지적 능력이나 교육적 배경을 훨씬 뛰어넘은 직관적 지식을 순간적으로 가져다줄 수 있다. 의식적으로 타인과 동일화하고 있는 동안은 그 사람의 사고 · 감정 · 신체감각 · 기억에 접할 수도 있다. 또한 동물에 동일화하고 있는 동안은 동물심리, 본능의 역학, 생식의 주기, 구애행동 같은 것에 대해서 상세한 통찰이 가능한 것도 그렇게 신기한 일은 아니다.

마찬가지로 식물과의 동일화 체험도 광합성 · 발아 · 성장 · 수분授粉 또는 뿌리의 계통에서 일어나고 있는 무기물과 물의 교환 같은 것에 관해서도 새롭고 정확한 통찰을 가져다주는 경우도 있다. 이와 같은 통찰은 별들의 탄생과 죽음, 소립자의 사건, 큰 회오리바람이나 화산분출의 역학과 같은 비유기적인 과정에도 종종 적용된다.

또한 융적인 의미 Jungian sense 에서 생각할 수 있는 민족의 기억이나 과거의 윤회체험은 과거의 문화와 역사적 시대, 또는 그와 같은 시대의 건축 · 의상 · 병기류 · 종교적 의식 · 사회구조에 관련한 새로운 정보를 가져다주는 경우도 적지 않다. 마찬가지로 예지 · 투시 · 아스트랄 투사 astral projection 와 같은 ESP extra sensory perception, 초감각적 지각 체험의 내용이 정확하게 리얼리티를 반영하고 있음을 확인할 수 있는 것도 신기한 일은 아니다.

더욱 흥미 있는 것은, 현상계의 다양한 측면을 정확하게 묘사해 내는 체험이 '비일상적인 의식상태'에 있어서는 서양에서 말하는 '객관적 진실objective reality'에 기초하고 있지 않는 다양한 문화의 신화적 배경을 수반한 원형적인 신이나 악마의 모습으로 나타난다는 점이다. 이들의 체험은 전혀 새로운 정보를 전해 주는 경우도 있다. 이러한 것들은 그때 그 문화의 신화를 정확하게, 그리고 자주 상세하게 반영하게 된다.

이와 같은 정보의 성격과 질은 본인의 교육수준이나 지적 능력을 훨씬 뛰어넘는 것이 통례다. 가장 포괄적인 자기초월적 체험의 경우에는 우주적 · 초월적 성격을 갖는 경우도 있다. 여기에는 보편적인 마음 또는 우주의식삿치다난다, sacchidānanda 역주 16, 초우주적인 공空(슌야타, śūnyatā) 체험의 동일화 등이 포함된다.

자기초월적인 체험은 사이키델릭 상태에만 국한되지 않는다. 네오 라히안적 어프로치neo-Reichan approach, 원초적 치료절규치료, primary therapy 역주 17, 정신통합치료psychosynthesis, 게슈탈트 치료Gestalt therapy, 마라톤 세션marathon session, 다양한 형태의 재탄생rebirthing과 같은 새로운 체험 심리치료에 있어서도 일어난다. 특히 나의 처인 크리티

역주 16. 산스크리트의 *sacchidānanda*는, 존재 · 의식 · 환희를 절대 존재로 한 계층화된 의식의 발전을 상정하고 인간 존재로부터 신성을 지향하는 초월의식이며, 개인을 넘어 전 인류와 전 우주의 변혁에 직결되는 의식이다. 통합된 요가의 중심사상도 삿치다난다를 돕는 데 둔다.

역주 17. Primal therapy란 치료의 성질로 보아 '절규치료' 또는 '원초치료'라고 의역한다. 야노프Arthur Janov에 의해서 제창된 카타르시스 치료를 말한다. 예컨대, 유소년기의 심적 외상피거부(被拒否) · 사랑의 박탈 등을 그 당시의 자기로 돌아가서 모든 것을 고백한다. 그리고 난 연후에 집단 안에서 지금까지 억압되고 있던 원한 · 고통을 외치고 소리 높여 부르짖으며 울음으로써 발산케 한다. Janov는 효과가 크다고 하나, 이 방법이 클라이언트에 따라서는 오히려 심적 외상이 증대한다고 비판하는 사람도 있다. 로스앤젤레스에는 절규치료연구소가 있다.

나 Christna 와 더불어 내 자신이 개발한 홀로노믹 통합 holonomic integration (홀로트로픽 치료, holotropic therapy) 역주 18 에 있어서도 그와 같은 체험이 빈번히 발생하였다. 참고 24

이 방법은 제어된 호흡에 환기적인 음악과 집중적인 보디워크를 결합시킨 기법이다. 많은 영적 수행에서 자기초월적 체험을 유발시킬 수 있다는 사실은 초월명상, 선, 티베트의 정신에너지적 수련 Tibetan psychoenergetic exercise, 각종 요가 등을 체험한 많은 서양인에 의해서 입증되고 있다.

이리하여 '자기초월적 현상'에 대한 새로운 이해는 서양과학에 의해서 정신병을 심적인 질병의 표증으로 다루어 왔던 비일상적인 의식상태에 대한 깊은 통찰을 가져다주었다. 그리하여 현재는 이들의 상태를 '영적 위급상태 spiritual emergency' 또는 '자기초월적 위기 transpersonal crises'로 해석하게 되었다. 요컨대, 이를 올바르게 다루게 되면 심신의 치유, 퍼스널리티의 변용, 의식의 진화를 가져올 수 있다고 볼 수 있게 되었다. 고대와 동양의 문화는 이와 같은 상태의 정밀한 밑그림을 만들어 냈을 뿐만 아니라 그러한 상태를 유발할 수 있는 강력한 기법을 가지고 있다. 예컨대, 원주민 문화의 다양한 통과의례, 고대의 죽음과 재생의 비의秘儀, 영적인 치유의 의식, 샤먼의 행위, 비의 전수秘儀傳授 등은 두드러진 그 예가 된다. 참고 25

엘머와 알리스 그린 Elmer and Alyce Green, 바바라 브라운 Barbara Brown, 조 카미야 Joe Kamiya, 그 밖의 사람들에 의해서 개발된 바이오피드백,

---

역주 18. 정인석(2003), 트랜스퍼스널 심리학(제2판), 서울: 대왕출판사, pp. 260-268. 참조.

감각의 차단과 과중부담, '마녀의 요람 witches cradle '과 같은 각종 근감각 筋感覺 장치의 사용, 비권위적 형태의 최면술의 사용, 진 휴스톤 Jean Houston 과 로버트 마스터스 Robert Masters 에 의해서 개발된 '마인드 게임 mind game '이라고 하는 약물을 사용하지 않는 실험적인 의식변용의 기법 등에 있어서도 각종 자기초월적 현상이 보고되어 왔다.참고 26

자기초월적 체험에 관한 매력적인 데이터의 중요한 원천이 되고 있는 또 하나는, 학문으로서는 아직 일천한 타나톨로지 thanatology(죽음과 죽어 가는 과정에 대한 연구) 를 둘 수가 있다. 임사체험자와 가사상태로부터 소생한 사람들에 대한 임상관찰은 본질적으로 영적 문헌, 특히 티베트의『바르도 퇴돌 Bardo Thos-grol 』『티베트 사자의 서(The Tibetan Book of the Dead) 』, 이집트의『페르 엠 흐루 Pert em Hru 』사자의 영혼의 부활과 영생을 위하여 주문으로 쓰여진 부활의 서 , 유럽의『아르스 모리엔디 Ars moriendi 』『죽음에 이르는 기술(Art of dying) 』와 같은 고대 '사자의 서'에서 죽음의 기술 記述 을 지지하고 있다.참고 27

또한『의사와 간호사에 의한 임종의 관찰 Death-Bed Observations of Physicians and Nurses 』참고 28 을 저술한 카리스 오시스 Karlis Osis ,『사후의 세계 Life After Life 』참고 29 를 저술한 레이몬드 무디 Raymond Moody , 여기에 엘리사베스 퀴블러-로스 Elisabeth Kübler-Ross 등에 의해서 수집된 획기적인 자료는 현재 케네스 링 Kenneth Ring 의『죽음에 있어서의 생 Life At Death 』참고 30 과 미국의 심장학자 마이클 사봄 Michael Sabom 의『죽음의 회상 Recollections of Death 』참고 31 과 같은 보다 체계적인 연구에 의해서 자기초월적 체험이 확증되어 가고 있다.

사봄은 신중한 과학적 어프로치를 사용하여, 종래의 연구나 고대의 '사자 死者 의 서'에서 말하고 있는 것과 같은 신체이탈체험 out-of-the body experiences 을 경험한 많은 임사체험자의 보고를 재검토하였다. 여기서 그는 보고한 사람들이 대부분의 경우 죽음에 수반하는 상황을 상세히 설명하는 것을 확인할 수 있었다. 여기에는 일반적으로 비전문가들에게는 잘 알려져 있지 않는, 특수한 의학적 개입이나 비교적 秘敎的인 의식도 포함된다.

눈을 감고 누워 있는 의학적으로 죽었다고 인정되는 사람이 천장의 높은 곳에서 방 안에서 일어난 일들을 정확하게 목격한다든가, 다른 방이나 원격지에서 일어나고 있는 사건들까지도 정확하게 목격한다고 하는 상황만큼, 뉴턴 - 데카르트적 과학이나 여기에 기초를 두고 있는 뇌와 의식의 관계에 대한 해석을 근저로부터 뒤흔드는 도전은 없을 것이다.

지금까지 논술한 현대 서양과학 천문학·물리학·생물학·의학·정보이론·시스템이론·심층심리학·초심리학·의식연구의 혁명적인 발전 가운데서 가장 흥미 있는 점은 우주와 인간의 본성에 관한 새로운 이미지가 고대와 동양의 영적 철학 각종 요가의 체계, 티베트의 금강승(金剛乘), Tibetan *Vajrayana* 역주 19, 캐쉬미르의 샤이비즘(Kashmir Shaivism), 선불교, 도교, 카발라(*Kabbalah*) 역주 20 , 그리스도교 신비주

역주 19. 인도의 밀교 Esoteric Buddhism 승僧 파드마삼바바 Padmasambhava(蓮花生: 8세기 후반)에 의해서 티베트에 전해진 밀교 密敎 로서, 진언종 眞言宗, mantrayāna 이라고도 한다. 9세기 이후의 후기 밀교에서는 탄트라 불교 Tantric Buddhism 라고 불렀다.

역주 20. 카발라의 어의는 '전승 伝承'을 의미하며, 좁은 의미로는 비닉 秘匿 시킬 전승의 유대교 Judaism 신비주의를 말한다. 종교법 '할라하 Halakah'와 더불어 유대인의 정신적 원천이다. 성서시대부터 전승되었다고 전해지고 있으나, 11세기 이후부터 유대교도에 파급되기 시작하여 14세기 이후에는 공공연하게 대중적으로 받아들이게 되었다. 카발라에서 가장 중요한 문헌은 1300년경에 만들어진 『광휘 光輝의 서 Zohar』이며 『탈무드 Talmud』와 더불어 제3의 성전 聖典이다. 조하르에서는 신의 섬김, 신 이름의 비밀, 인간의 영혼, 그 성질과 운명, 선과 악, 토라

의, 그노시스주의(gnosticism) 역주21 의 이미지와 점점 유사해져 가는 경향이 있다는 사실이다. 우리는 고대와 현대의 놀라운 통합, 또한 혹성에 존재하는 모든 생명에 매우 큰 영향을 줄 것으로 믿는 동양과 서양의 위대한 업적들이 엄청난 통합을 지향하고 있는 것처럼 생각된다.

참고문헌

1 HUXLEY, A. *Perennial Philosophy*. London: Fontana, 1958.
2 FREUD, S. *Civilization and Its Discontents*. New York: Norton Press, 1962.
3 KORZYBSKI, A. *Science and Sanity: An Introduction to Non-Aristotelian Systems and General Semantics*. Lakeville, Conn.: The International Non-Aristotelian Library Publ. Co., 1933.
4 KUHN, T. *The Structure of Scientific Revolutions*. Chicago, Ill.: University of Chicago Press, 1962.
5 CAPRA, F. *The Tao of Physics*. Berkeley, CA.: Shambhala Publications, 1975. See also Capra, F. The Turning Point. New York: Simon & Schuster,

---

thrah, 율법의 참뜻, 메시아, 구원 등에 대한 신비주의적 해설이 펼쳐지고 있다.
역주 21. 그리스도교의 기원과 거의 같은 시기에 지중해 연안의 동방세계에서 발생하여 그리스도교에 접촉하면서 2~3세기에 지중해 세계 전역 및 중동까지 확대한 종교운동이다. 우주도, 인간도 신적·초월적 본질과 물질적·육체적 실체로 이원적으로 분열되어 있다고 보고, 인간 속에 깃들어 있는 신적 실체는 가시적 우주를 초월한 '원인原人'의 신적 실체의 단편이라고 본다. 구제란 그 단편이 모여서 '원인'에 귀일하는 것을 말하며, 이 때문에 인간은 계시에 따라서 자기의 신적 본질을 각지覺知하지 않으면 안 된다고 한다. gnōsis란 이 각지를 의미하는 그리스어다.

1982.

6 PENFIELD, W. *The Mystery of the Mind.* Princeton, N.J.: Princeton University Press, 1976.

7 LOCKE, J. "An Essay Concerning Human Understanding." In *The Works of John Locke.* London: T. Tegg, 1823.

8 FREUD, S. "Obsessive Acts and Religious Practices." *Collected Papers,* vol, 6, Institute of Psychoanalysis, Hogarth Press, London, 1924.

9 ALEXANDER, F. "Buddhist Training As Artificial Catatonia." *Psychoanalyt. Rev.* 18 (1931): 129.

10 Group for the Advancement of Psychiatry, Committee on Psychiatry and Religion: "*Mysticism: Spiritual Quest of Psychic Disorder?*" Washington, D.C., 1976.

11 JEANS, J. *The Mysterious Universe.* New York: Macmillan, 1930.

12 See WIGNER, E. *Symmetries and Reflections.* Bloomington, Ind.: Indiana University Press, 1967; CHEW, G.F. "Bootstrap: A Scientific Idea?" *Science* 161(1968): 762; BOHM, D. *Wholeness and the Implicate Order.* London: Routledge and Kegan, 1980; WALKER, E.H. "The Nature of Consciousness." *Mathemat. Biosciences* 7 (1970): 183; BATESON, G. *Mind and Nature: A Necessary Unity.* New York: E.P. DUTTON, 1979; and BATESON, G. *Steps to An Ecology of Mind.* San Francisco, CA.: Chandler Publications, 1972; Capra. op. cit.; and YOUNG, A.M. *The Geometry of Meaning.* New York: Delacorte Press, 1976.

13 PRIGOGINE, I. *From Being to Becoming: Time and Complexity in the Physical Sciences.* San Francisco, CA.: W.H. Freeman and Co., 1980.

14 SHELDTAKE, R. *A New Science of Life: The Hypothesis of Formative Causation.* Los Angeles, CA.: J.P. Tarcher, 1981.

15 참조 BOHM. op. cit.

16 PRIBRAM, K. *Languages of the Brain.* Englewood Cliffs, N.J.: Prentice Hall, 1971. 참조 PRIBRAM, K. "Non-Locality and Localization: A Review

of the Place of the Holographic Hypothesis of Brain Function in Perception and Memory." Preprint for the Tenth ICUS, November 1981.

17 참조 YOUNG. op. cit.

18 JUNG, C.G "On the Nature of the Psyche." *Collected Works*, vol. 8, Bollingen Series XX. Princeton, N.J.: Princeton University Press, 1960.

19 JUNG C.G. *"Symbols of Transformation."* *Collected Works* vol. 5., Bollingen Series XX. Princeton, N.J.: Princeton University Press, 1956.

20 참조 PAULI, W. "The Influence of Archetypal Ideas on the Scientific Theories of Kepler." In *The Interpretation of Nature and the Psyche.* Bollingen Series LI. New York: Pantheon Books, 1955.

21 참조 WASSON, R.G. et al. *The Road to Eleusis: Unveiling the Secrets of the Mysteries.* New York: Harcourt, Brace Jovanovich, 1978; Croissant, J.: *Aristôte et les mystères. Faculté de Philosophie et Lettres,* Liège, 1932; and Plato, "Phaedrus." *In The Collected Dialogues of Plato.* Bollingen Series LXXI. Princeton, N.J.: Princeton University Press, 1961.

22 HOFMAN, A. "The Chemistry of LSD and Its Modifications." In D.V. SIVASANKAR et al. *LSD: A Total Study.* Westbury, N.Y.: PJD Publications Ltd., 1975.

23 Sutich, A. "The Emergence of the Transpersonal Orientation: A Personal Account." *J. Transpersonal Psychol.* 8 (1976): 5.

24 GROF, S. Journeys Beyond the Brain. Manuscript pending publication.

25 GROF, S., GROF, C.: *The Concept of Spiritual Emergency: Understanding and Treatment of Transpersonal Crises.* Mimeographed manuscript. 참조 GROF, S. HALIFAX, J.: *The Human Encounter with Death.* New York: E. P. Dutton, 1977 and GROF, S., GROF, C., *Beyond Death.* London: Thames and Hudson, 1980.

26 MASTERS, R. E. L., Houston, J. *Mind Games: The Guide to Inner Space.* New York: Dell Publ. Co., 1972

27 참조 RAINER, R. Ars Moriendi: *Von der Kunst des heilsamen Lebens*

und *Sterbens.* Koeln, GRAZ: Boehlav Verlag, 1957.

28 New York: Parapsychology Foundation, 1961.

29 Atlanta, GA.: Mockingbird Press, 1975.

30 New York: Coward, McCann, & Geoghegan, 1980.

31 New York: Harper & Row, 1981.

제1부 | 트랜스퍼스널 시각과 통합의 지혜

2

트랜스퍼스널 시각

프란시스 본(Frances Vaughan)

원자폭탄의 발명자로 널리 알려진 로버트 오펜
하이머Robert Oppenheimer (1904~1967) 역주1 는 최초의 핵폭발을 목격했을 때,
그의 뇌리를 스쳐 갔던 것은 『바가바드기타 *Bhagavad Gita*』역주2 에 실려

역주 1. Oppenheimer는 미국의 이론 물리학자이자 '원폭의 아버지'로 불리었으며,
수소폭탄의 개발에 반대한 과학자의 양심으로 유명하다. 뉴욕의 유대인 실업가
의 가정에서 태어났다. 제2차 세계대전 중에는 로스 알라모스Los Alamos 의 원자
폭탄연구소장(1943~1945), 종전 후는 프린스턴 고등연구소Institute for Advanced Study
소장(1947), 그리고 에너지 위원회 고문을 역임했다(1947~1952). 특히 1953년에는
수폭개발에 반대함으로써 매카시즘McCarthyism 의 선풍 때문에 공직 추방 처분을
받기도 했다. 만년에는 고에너지의 핵반응에 수반하는 다수의 중간자군이 동시
에 발생하는 현상에 대한 연구를 하였다.
역주 2. Bhagavād-gitā란 Bhagavād숭고한 신 +gitā노래 '신의 노래'1세기경에 성립라는 있는 두 줄의 구절이었다고 한다. 그것은 "나는 죽음, 세계의 파괴자가 되리라. 그 멸망의 때를 나는 기다리노라."라고 하는 신의 말씀이었다.^{참고1}

일찍이 우리는 "동은 동, 서는 서, 양자는 결코 만날 수가 없을 것이다."라고 말한 키플링 Kipling(1장의 역주 참조)의 한 구절을 믿어 왔다. 그러나 오늘날 우리의 뇌리에 남아 있는 것은 이 말에 이어지고 있는 "머지않아 천지가 신의 위대한 심판의 자리에 설 때까지."라는 문장이다. 키플링이 말한 '머지않아'는 원자력시대와 더불어 현실이 되었다. 지금이야말로 심판의 능력과 파괴하는 능력을 가지고 있는 존재는 인류다. 파멸의 갈림길에서 물러나, 글로벌한 사회의 창조를 가능케 하는 지혜를 발견해 내는 책임이 이제는 우리에게 있다.

우리는 과연 그 지혜를 발견할 수가 있을 것인가? 우리의 노력을 결집하여, 동과 서를 묶지 않는 한 공포의 시대를 변용의 시대로 전환시킬 가망은 없다. 그렇지만 인간의 본성을 부적절한 모델에다 기반을 두고 생각한다면, 결코 바람직한 인간사회를 구축할 수는 없을 것이다. 요컨대, 우리는 고대의 예지에 정신을 기울여 고대의 전통으로부터 배운 바를 우리의 생활방식에 짜 넣는 노력을 하지 않으면 안 된다.

트랜스퍼스널 시각이란 메타시각 meta-perspective 이며, 서로 다른 다

뜻이며, 인도의 서사시 『마하바라타 *Mahābhārata*』의 제6편에 포함된 전체 700시절 詩節로 구성되어 있다. 힌두교의 각 교파를 초월하여 애독되고 있으며, 독립의 성전聖典으로도 인식되었다. 인도의 정치인, 학자, 일반인도 이를 애독하고 있다. 인도 독립의 아버지 간디 Gandhi(1869~1948)의 비폭력주의 철학도 바가바드기타의 영향을 받아 성립되었다.

양한 시각에서 배우려는 노력이다. 새로운 신념체계나 형이상학을 강요하는 것이 아니라 기존의 다양한 세계관의 관계에 눈을 돌려, 세계에 있어서 진정으로 변용적인 것을 산출하려고 하는 노력이다.

트랜스퍼스널한 시각은 고대의 예지와 현대과학을 통합할 필요성에서 출발하였다. 지혜 없는 과학은 세계를 파괴할 수 있고, 과학 없는 지혜는 무력하다. 트랜스퍼스널한 시각은 동서 어프로치를 상보적인 관계로 보며, 모든 종교의 초월적인 '신비적 일체성mystical unity'을 인정한다. 또한 모든 신비적 가르침은 지혜의 원천이 내면에 있다는 것에 동의하고 있다.

파멸로 향하고 있는 시대의 흐름을 일변시키기 위해서는 이 '지혜의 원천'에 접근하지 않으면 안 된다. 이 점에 대해서 개개 지혜의 전통은 각각 다른 표현법을 쓰고 있다. 그리스도교에서는 "하느님의 나라는 네 안에 있다."라고 말하며, 불교에서는 "깨달음이란 인간의 참본성의 발견이다."라고 말한다. 그리고 힌두교에서는 "내적인 탐구란 아트만Atman 으로서의 자기실현에 이르러 완결된다."라고 말한다. 심리학에서는 영원의 지혜에 연결된 자기를 '초개인적 자기transpersoncal Self'라고 말한다.

우리는 무엇을 해야 할 것인가를 가르쳐 주는 스승이나 가르침에만 의존할 수가 없을 때가 온다는 것을 인식할 필요가 있다. 트랜스퍼스널운동의 유일한 특성은 어떠한 카리스마적 지도자도 없다는 점이다. 그것은 네트워킹을 통해서 인류의 가능성에 대한 관심·목적·비전을 공유한 사람들을 끌어들이면서 성장해 온 유기적 운동체다.

이 운동에서는 참가자 전원이 진실reality 의 평등한 공동창조자다.

이는 '자기결정' '자기실현' '자기요해' '자기초월'에 역점을 둔 유기적인 상호관련을 맺고 있는 작업형태다. 뿐만 아니라 통문화적cross-cultural이고 학제적interdisciplinary이며, 고대 영원의 철학에 기초하고 있으면서도 현대과학까지도 활용한다. 왜냐하면 과학이란 신비주의와 마찬가지로 진리의 탐구이며, 단지 보는 방법을 달리하고 있는 것에 지나지 않기 때문이다.

나는 지혜를 '의식'과 '사랑'이 융합된 것이라고 생각한다. 달라이라마Dalai Lama는 자주 자비의 필요성을 말하며, 마더 테레사Mother Theresa는 사랑의 필요성을 말한다. 우리가 이와 같은 자비와 사랑을 발견할 수 있는 곳은 외적인 세계는 아니다. 그것은 우리의 생에 있어서, 사랑의 현존을 자각할 수 없게 하는 장애를 능동적으로 제거할 때 직접 체험할 수가 있다. 이럴 경우에 우리는 개인과 사회의 변동에 참여한 것이 된다. 중요한 것은, 먼저 자기 자신의 내적인 체험에서 지혜의 원천을 찾아내고, 여기서 그 지혜를 서로 나누어 갖는 일이다. 지금까지 나는 트랜스퍼스널운동의 체험을 통해서 큰 힘을 얻어왔다.

트랜스퍼스널 목적의 일부는 인간의 고차적인 가능성을 환기시키는 일이다. 그것은 인간의 마음이 가장 위대하고 무한한 자원의 하나라고 하는 인식을 바탕으로 기술과 자원의 현명한 이용을 목적으로 변용과정을 촉진·조장하기 위하여 그 이해에 힘쓰는 일이다. 또한 전체성을 지양한 성장의 가능성도 인식되고 있다. 이는 자아ego를 넘어선 성장을 의미한다. 자아를 대신하여 초월로 나아가는 것이 아니라 자아의 발달을 지혜와 진실의 원천에 이르는 자기초월을 통한 자기실현에 이르는 중도의 한 단계로 보는 것이다.

요컨대, 자아의 발달을 '크고도 위대한 존재의 사슬 the great chain of being'의 중간점으로 보아, 정상적이며 건전한 성인으로서의 발달에 의해서 얻게 되는 자아의 힘을 사용하여 자아를 초월한다는 것이다. 전 개인적인 prepsronal 의식의 낮은 측면에서 나온 의식적 존재로서, 우리는 자아의 발달 자아와의 일체화에 수반하는 온갖 소외 을 꿰뚫어 자아발달의 개인적 목표를 넘어서는 초개인적 자각으로 나아가게 된다. 트랜스퍼스널한 지향성에서는 누구나 서로가 환경에 상호의존하고 있다는 자각에 기초한다 서로가 조건화된 관계의 망 속에 존재하고 있다는 것을 인식하고 있다. 우리는 우리가 환경에 의해서 형성되어 있을 뿐만 아니라 동시에 그 환경의 형성자임을 알게 된다.

'전개인적 상태'와 '초개인적 상태'의 차이를 강조하는 것은 중요하다. 그것은 모든 비자아적 상태 non-ego states 가 초개인적 상태는 아니기 때문이다. 찰스 타트 Charles Tart 는 고차의 의식상태를 이렇게 정의한다. '고차의 의식상태 higher states of consciousness'란 통상적으로 깨어 있는 상태의 모든 속성과 기능에 더하여 '다른' 속성과 기능을 포함한 상태다. 참고 2 이들 고차적인 상태를 변성의식이나 부차적 상태와 혼동해서는 안 된다. '초개인적인 발달'은 자아를 넘어서는 발달이며, 자아를 대신하는 것도 아니며 전자아적 상태로 퇴행하는 것도 아니다.

트랜스퍼스널 심리학은 탐구영역을 넓히며, 영적 차원을 포괄하는 일을 꾀하여 왔다. '트랜스퍼스널 Transpersonal'이라는 용어는 글자 뜻 그대로 '개인을 넘어서 beyond the personal' 또는 '퍼스널리티를 넘어서 beyond the personality'의 의미다. 때문에 우리가 누구이며, 무엇인가를 퍼스널리티에만 한정하지 않는다.

단지 신체·자아·퍼스널리티에만 일체화一体化하게 되면 제한되고 융통성 없는 자기관自己觀을 갖게 된다고 생각한다. 트랜스퍼스널 심리학은 내외의 체험이나 자각이 상호 의존적인 리얼리티의 두 측면을 갖고 있다는 인식에 입각하여 양자의 균형을 가져오게 하는 일에 관심을 갖는다.

트랜스퍼스널 심리학이 심리학의 독자적인 분야로 되기 전에는 '트랜스퍼스널'이라고 하는 용어는 자아심리학의 기층적 기반이라는 의미로 융 심리학파에 의해서 사용되었다. 또한 LSD심리치료의 연구에서 관찰된 여러 체험을 묘사하기 위하여 스타니슬라프 그로프 Stanislav Grof 에 의해서도 사용되었다. 그의 저서『인간의 무의식의 영역 Realms of the Human Unconscious』에서 그로프는 초개인적 체험을 자아의 경계가 사라지고 자각이 통상적인 시간과 공간의 한계를 넘어서 확장되어 가는 체험이라고 설명하고 있다. 참고 3

1960년대 후반에, 스타니슬라프 그로프, 안소니 수티치 Anthony Sutich , 에이브러햄 매슬로 Abraham Maslow 로 대표되는 심리학자들은 인간학적 심리학 humanistic psychology 에 대한 해석의 일부와 동양적 전통의 통합을 시도하였다. 에이브러햄 매슬로와 안소니 수티치는 이 새로운 심리학의 분야에는 '트랜스퍼스널'이라고 하는 용어가 적당할 것이라고 생각하였다. 그리하여『인간학적 심리학지 Journal of Humanistic psychology』의 편집자 수티치는 1969년『트랜스퍼스널 심리학지 Journal of Transpersonal psychology』를 발간하게 되었다.

안소니 수티치는 놀랍고도 훌륭한 인물이었다. 1976년 그는 62세에 타계하였으나, 10대에 야구로 인한 부상으로 전신마비가 되어 그 이후부터는 휠체어로 생활했음에도 불구하고, 놀라울 정도의 활동적인 일생을 보냈다. 그는 독서와 대화도 가능하였고, 세계 누구와도 전화 통화를 할 수도 있었다. 특히 그는 시민권 운동을 위해 활약하였으며, 심리치료가로서 생계를 유지했다. 수티치는 인간학적 심리학 운동과 트랜스퍼스널 심리학 운동을 일으켰으며, 카리스마적 지도자로서가 아니라 촉진자로서 그 역할을 다하였다. 안소니는 타인의 가능성을 실현하기 위해서는 어떤 방법으로 힘을 내도록 북돋아주면 되는가를 알고 있었다.

1965년, 에살렌 연구소 Esalen Institute 에서 있었던 인간학적 심리학에 관한 세미나에서 그를 처음 만났을 때, 나는 내가 참석하고 있는 워크숍의 지도자가 전신마비된 사람인 것을 전혀 몰랐다. 여기서 나는 놀라움과 감동으로 일찍이 없었던 감격을 체험하였다. 그 후 나는 심리학자가 되는 데 필요한 철학박사 학위를 취득하기 위하여 학교로 돌아갔다. 나는 안소니로부터, 그리고 초기의 트랜스퍼스널 심리학지의 편집원으로서 일하는 그의 모습으로부터 매우 많은 것을 배웠다.

현재 편집자 마일즈 비크 Miles Vich 에 의해서『트랜스퍼스널심리학지』는 주류의 학회지로서 발표되고 있지는 못하지만, 독창적인 경험주의적 연구와 이론적 논문을 계속 발표하고 있다. 이 학회지는 언제나 서양 심리학과 동양 신비주의로 대표되는 지금까지의 성과를 기반으로 탐구하는 일에 힘써 왔다.

나는 이 학회지의 편집자들이 이곳에 제출된 여러 논문에 대하여 매우 활발한 토론을 펼치고 있다는 사실을 보고 감동하였다. 때로는 편집자들이 완전히 정반대의 견해를 보이기도 하지만 의견의 다양성은 권장되고 있었다. 모든 사람의 의견에 누구나 귀를 기울이며, 누구 한 사람도 자기 의견을 고집하는 사람은 없었다. 의견의 차이는 있어도 전원이 훌륭한 친구들이었다. 의견이나 견해에 고집하지 않는 자세, 그리고 다양한 의견의 놀라운 힘, 여기서 창출되는 엄청난 사랑, 협력과 배려와 더불어 기능하는 조직 등, 나는 이와 같은 생산적 분위기에 실제로 접할 수 있었던 것이 처음이었다.

트랜스퍼스널 심리학의 분야에서 주도적 이론가는 아마도 켄 윌버 Ken Wilber 일 것이다. 그의 눈부신 업적은, 융 Jung , 프로이트 Freud , 윌리엄 제임스 Willian James 의 업적에 견줄 만하다. 그의 처녀작 『의식의 스펙트럼 The Spectrum of Consciousness 』(탈고는 1973년, 간행은 1977년) 에서는 초개인적 의식과 다른 의식관과의 비교를, 제2의 저서 『아트만 프로젝트 Atman Project 』(1980) 에서는 유아에서부터 아트만으로서의 자기실현에 이르는 인간 발달에 대한 트랜스퍼스널 전망을, 그리고 제3의 저서 『에덴으로부터의 상승 Up from Eden 』(1996) 에서는 인간의 진화에 관한 트랜스퍼스널한 견해를 각각 펼쳤다.

켄 윌버가 말한 바와 같이 지知 의 영역경험적 또는 감각적 영역, 가치와 의미에 관한 심적 또는 합리적 영역, 통찰과 진리에 관한 영적 · 초월적 영역 차이를 구별하는 일은 매우 유용하고 중요하다. 왜냐하면 각 지의 영역에는 독자적인 정보 획득 방법이 있고 독자적인 확인 규칙을 가지고 있기 때문이다. 한 영역을 다른 영역으로 환원시키거나, 한쪽 발견을 다른 쪽 관점에서 해석하려고 할 때는 범주오류category error 를 범하게 된다. 예컨대, 우리는 수학의 정리定理 와 같은 진리와 인생의 의미, 목적, 사랑과 같은 가치를 경험주의적으로 입증할 수 없다는 것을 인정할 필요가 있다. 이런 점에서 '관상觀想, contemplation 이나 묵상meditation'역주 3의 혹독한 수행을 거쳐 온 사람의 정신적·영적 통찰을 지적으로 이해하고 감득한다는 것은 불가능하다. 이들의 특이한 지의 영역은 오직 그 영역 안에서만 이해된다. 어떤 영역이든 이를 실현하기 위해서는 훈련이 필요하다.

대부분의 사람은 물리학자로서의 훈련이 안 되어 있을 때는 물리 실험실을 찾아가서 거기서 실험되고 있는 것에 평가를 하고자 하는 생각은 꿈에도 생각하지 않을 것이다. 그런데도 우리는 누구나 아무런 훈련도 받지 않은 채, 즐거운 듯 정신적·영적 스승들에 평가를 내리고자 한다. 만약에 개개의 학습영역이 우리에게 제공해 주는 것을 진정으로 탐구하고자 한다면 우리는 훈련이 필요하다는 것을 분명하게 인식할 필요가 있다.

트랜스퍼스널 심리학의 경험주의적인 연구영역에서는 '변성의식상태altered states of consciousness'의 생리적인 상관현상과 명상의 치료효과에 대한 수많은 연구가 행해지고 있다. 그중에서도 스타니슬라프 그로프의 연구와 메닝거재단the Menninger Foundation 역주 4에서 있었던 엘

역주 3. 일반적으로 Meditation, Contemplation을 명상으로 동의적 해석을 하는 경향이 있으나, 이 두 용어는 명상의 다른 두 양태를 지적하고 있다. 라틴어에서 *Meditatio*는 *Contemplatio*의 준비 단계이며, 어떤 대상의 의식을 집중하여 심사숙고하는 이성적 상태인데 반하여, *Contemplatio*는 '성소·신전*templum*'에 '같이 한다*con-*'는 말이 합성된 용어이며, 이성을 초월한 영적이며 직접적 관조觀照의 의미를 갖는다. 따라서 영어의 Meditation은 묵상, Contemplation은 관상觀想의 의미를 갖는다. 관상은 진리의 직관적 파악 그 자체이며, 묵상은 궁극적 진리에 이르는 방법의 의미가 있다. 이런 점에서 어의상의 명상은 진리의 직관적 파악 그 자체관상와 여기에 이르는 방법묵상의 두 가지 의미를 갖고 있다.

역주 4. 메닝거재단은 1919년 독일계 미국 이민인 내과의사 Charles Menniger와 정

머와 알리스 그린 Elmer and Alyce Green 부처의 바이오피드백 연구는 주목받을 만하다. 나는 인도 여행 중에 방갈로르 Bangalore 의 정신건강연구소를 방문할 수 있는 기회를 얻었다.

여기서는 요가의 생리적인 상관현상의 연구와 흥미 있는 의식 프로젝트가 진행되고 있었다. 하버드 대학의 다니엘 브라운 Daniel Brown 은 지각 감도 perceptual sensitivity 에 미치는 명상의 효과를 연구하고 있었다. 또한 '순수지성과학연구소 Institute of Noetic Science '원주' 는 예외적인 인간의 능력과 최상위의 건강연구에 기금을 제공하고 있었다.역주 5

여기서는 우리가 의식단련 conssiousness discpline 으로 부르게 된 동양적 명상수련의 효과에 대해서도 연구가 진행되고 있었다. 사회과학자 두에인 엘진 Duane Elgin 은 그의 저서『자발적 검소 voluntary simplicity 』에서, 사람들이 의식단련을 하게 되면 생활양식과 가치에 변화가 생긴다고 하는 증거를 모으고 있다.참고 4 엘진은 주로 동양의 수행을 생활 속에 도입시킨 결과, 생활양식이 자발적으로 간소화되는 방향으로 변화하고 있는 사람들의 운동이 미합중국에서 일어나고 있다는 것을 발견했다. 현재 진행 중인 사회적 변용에 관해서는 마릴린 퍼거슨 Marilyn Ferguson 의『아쿠애리안 혁명 The Aquarian conspiracy 』참고 5 역주 5 에서 더

신과의사의 두 아들인 Karl Menninger, William Menninger가 중심이 되어 캔자스 주 토페카Topeka 에 정신의료 시설인 Menninger Clinic을 발족한 후, 1949년에는 성인병원, 아동병원, 토페카 정신분석연구소1942년 설립 , 정신의학교1945년 설립 이 밖의 각종 진료레지던트 교육연구시설을 통합하여 만들었다.

원주' noetics는 마음mind 을 의미하는 그리스어다.

역주 5. '아쿠애리안 혁명'이란 서구 점성술占星術, horoscopy 에서 라틴어 '물병자리 aguarius 아쿠아리우스'에서 유래된 말이다. 그리스도가 탄생하면서부터 '물고기자리pisces'의 시대가 시작되었으나, 20세기 말부터 '물고기자리'의 시대는 끝나고

욱 많은 증거를 발견할 수 있다.

트랜스퍼스널 심리학의 응용은 교육과 심리치료에도 발전적으로
반영되고 있다. 트랜스퍼스널 교육은 인간의 제 능력에 대한 확대된
인식에 기초하여, 웰빙할 수 있는 신체적·정서적·심적·영적 측면
의 통합을 강조한다. 또한 여기서 학습된 것이 응용되어 세계에 대한
봉사활동으로 응용될 것을 강조한다.

내가 가르치고 있는 캘리포니아 트랜스퍼스널 심리학연구소^{California}
Institute of Transpersonal Psychology 에서는 다섯 가지 분야가 강조되고 있다
신체적·정서적·심적·영적 분야와 공동체의 분야. 어느 학생이나 합기도^{合氣道}
나 태극권 등 신체적 훈련을 하며, 전체 학생이 정서적 활동에 참여
하고 임상적 훈련을 받으며, 집단 과정에 참가한다. 또한 학생들은
트랜스퍼스널 심리학과 일반 심리학의 이론을 학습하며, 각자가 선
택한 영적 훈련을 받는다.

여기서는 어느 하나의 신념만이 지지되는 일은 없으며, 오히려 자
발적으로 여러 신념에 대하여 문제의식을 가지며, 또한 복수의 전통
을 지적으로 이해할 뿐만 아니라, 적어도 한 가지 전통의 체험적 지식
을 가지려는 자세가 강조된다. 요컨대, 트랜스퍼스널 이론은 체험을

'물병자리'의 시대가 시작된다는, 이른바 신세대의 도래를 의미하게 되었다.
퍼거슨^{Ferguson}은 1968년 국가 반역죄로 재판을 받았던 'Chicago Seven'에 의한
혁명적 '공모^{conspiracy}' 사건을 의식하여, Aguarian conspiracy라는 말을 사용하
였다. 퍼거슨에 의하면, 물고기자리 시대는 구시대에 속한다고 보아, 새로운 시
대는 한 사람 한 사람이 상호 연결된 우주의 구성원이라는 자각을 갖게 되는 의
식 변용을 이루어, '깨어난 무명의 시민'이 비폭력과 투명한 지성의 침투를 통해
서 만들어진다고 주장하고 있다.

통해서 불어넣어 주려고 하는 것이 필요하다고 본 것이다.

우리는 영성 spirituality 을 단지 입으로만 말할 수는 없다. 체험적으로 실현시키지 않으면 안 된다. 왜냐하면 지혜의 가르침에 따른다 해도 깨달음에 이르게 되는 것은 아니기 때문이다. 깨달음은 직접 체험을 통해서 오게 된다. 때문에 체험적 요소를 통해서 이론에 생명을 집어넣어 주기 위해서는 무엇보다도 체험적 워크는 필수적이다. 또한 이 워크는 우리가 강조하는 커뮤니티에 있어서도 중요하다. 여기서는 지적 워크와 개인적 변용이 커뮤니티 서비스로 변환되지 않으면 안 되기 때문이다.

앞에서 말한 교육과도 같이, 트랜스퍼스널 심리치료에 있어서도 전통적 훈련을 받은 다음, 동양의 수행에 관심을 갖게 된 수많은 테라피스트의 워크로부터 새로운 발전을 많이 가져왔다. 그리고 테라피스트 자신의 영적 성장을 추구하면 할수록 그만큼 심리치료에 뜻 깊은 효과가 있다고 하는 테라피스트의 경험을 통해서, 트랜스퍼스널 치료에서는 테라피스트의 신념·가치·태도에 의해서 확립되는 콘텍스트 context 와 클라이언트에 의해서 확립되는 치료의 내용인 콘텐트 content 를 구별하게 되었다. 트랜스퍼스널 테라피스트란 반드시 트랜스퍼스널 내용만을 다루는 것은 아니며, 전개인적인 분열상태 pre-personal state of disintegration 에서 '통합된 자아상태 integrated ego state'의 성장을 촉진하는 경우도 있다.

트랜스퍼스널 테라피스트는 자아를 넘어서서 성장할 준비가 되어 있는 사람들, 그리고 자아목표의 달성에 환멸을 느끼거나 실망하여 치료를 받으러 오는 사람들과 워킹할 때 치료 효과를 기대할 수 있다고 생각한다. 실망에 이르는 길에는 두 가지가 있다. 하나는 원하는 것을 얻지 못했을 때, 또 하나는 원한 잘못된 것을 얻었을 때의 경우다.

우리 누구나 때로는 성공이라고 하는 것이 공허하며 우울한 감정을 갖게 한다는 것을 알고 있다. 어떤 때는 죽음의 예감이나 상실감 또한 성공에 의해서 실존적 위기 existential crisis 가 촉진되기도 한다. 우리 스스로가 죽음과 고독과 존재의 본질에 직면할 때, 우리로 하여금 실존적 절망의 위기를 돌파시켜 주는 초개인적 각성이 시작되는 것도 대체로 이 시점이다. 우리가 심혼의 칠야漆夜 로 불러왔던 그 어둠도 아마 '자아의 칠야'로 바꿔 부르는 것이 더 좋을 것이다.

요컨대, 치료의 초개인적 '내용'이란 초개인적 체험을 하고 있거나 초개인적 탐구영역으로 나아가려는 준비가 되어 있는 클라이언트에게서 나온다는 것이다. 때로는 명상 실천의 결과나 임상가 외의 향정신제 psychedelics 사용의 결과 불의에 일어나는 초개인적 체험은 클라이언트를 동요시키고 만다. 그 원인이 무엇이든, 초개인적 차원에 대해서 어떤 이해와 지식을 가진 치료자가 점점 필요하게 되었다. '영적 위기 spiritual emergency'를 체험하고 있는 클라이언트는, 자기 자신의 영성을 탐구한 바도 없으며, 실제로 영성문제를 다룰 준비가 되어 있지 않은 치료자로부터는 자기가 잘 다루어지고 있다고 느끼지 못한다.

트랜스퍼스널 시각은 열려 있으며 고정되어 있거나 완성된 것은 아니며 진행 중인 과정임을 강조하고 있다. 우리는 한 사람 한 사람이 펼쳐 가고 있는 의식진화의 과정에 참가하고 있는 것이다. 홀로노믹 이론 holonomic theory 은 놀라운 비유라고 본다. 왜냐하면 모든 것이 우리 안에 있으며, 우리가 그 모든 것 안에 있음을 시사하고 있기 때문이다.

우리는 자기가 전 존재全存在 와는 별개로 존재하고 있음을 상상하고 있는 것에 지나지 않다. 이는 환상이다. 우리는 자기 정체에 눈을 뜨게 될 때 누구나 모든 존재와 더불어 존재하고 있음을 발견하게 된다. 우리는 각자가 나름대로의 중요한 역할을 맡고 있기 때문에 누구나 자기만의 독자적인 역할을 발견하는 방법을 배우지 않으면 안 된다.

때로는 지도자의 도움을 받아 그 역할을 발견할 때도 있지만, 최종적으로는 스스로 자신의 내면에 눈을 돌려 내면의 가르침에 접함으로써 자기정체를 발견하게 된다. 이는 우리의 지도자들도 그렇게 말해 주고 있다. 개인적 성장만이 아니라 사회의 변용을 이끄는 지혜를 발견하려면 스스로 마음속에 있는 '보편적 자기 universal Self'에 접할 필요가 있다고 지도자들 gurus 은 말하고 있다.

지도자들도 우리 한 사람 한 사람이 혼자서는 손에 넣을 수 없는 지혜의 원천을 가지고 있지 않다. 그들도 또한 '보편적 원천 universal source'에 접하기 위해서는 내면을 직시하지 않으면 안 된다. 우리 모두는 자기 자신의 인생과 인간관계에 대해서 책임을 질 필요가 있다. 위대한 인도의 스승 고타마 붓다 Gautama Buddha 는 이렇게 말하고 있다.

그대가 들었던 것을 믿어서는 안 된다. 여러 세대에 걸쳐 전해져 왔다고 해서 전통을 믿어서는 안 된다. 무엇이든 많은 사람의 입에 오르고 소문이 돌고 있다고 해서 믿어서는 안 된다. 옛날의 현자賢者가 말한 것이 기록되어 있다고 해서 믿어서는 안 된다. 추측을 믿어서도 안 된다. 교사와 손윗사람의 권위를 분별없이 그저 믿어서도 안 된다. 관찰과 분석을 하고 나서 그것이 이성에 합치하고, 만인의 이익에 도움이 될 때 그것을 받아들이며 그것에 따라서 살아야 한다.

『칼라마 수트라 Kalamas Sutra』참고 6

참고문헌

1 SMITH, H. *The Religions of Man.* New York: Harper & Row, 1958.

2 TART, C. *Transpersonal Psychologies*, New York: Harpes & Row,1975.

3 GROF, S. *Realms of the Human Unconscious*, New York: Viking, 1975.

4 ELGIN, D. *Voluntary Simplicity*, New York: Morrow, 1981.

5 FERGUSON, M. *The Aquarian Conspiracy*, Los Angeles: J.P. Tarcher, 1980.

6 KALAMAS SUTRA. As Cited in *Transpersonal psychotherapy*, edited by S. Boorstein, Palo Alto, CA.: Science and Behavior Books, 1980.

제 2 부
트랜스퍼스널 심리학의 방향성

June Singer

Cecil E. Burney

Alyce M. Green

Claudio Naranjo

3
양성구유兩性具有의 요가

준 싱어(June Singer)

우리는 우리에게 대두되고 있는 '새로운 패러다임'과 '상승문화' 속에서 우리의 역할을 이해하기 위하여, 다종다양한 길을 걸어왔다. 어떤 사람은 대학의 연구실로부터, 어떤 사람은 구루를 받들고 있는 아쉬람으로부터, 어떤 사람은 인간의 조건에 대한 보다 명쾌한 지식을 추구하는 치료자로서의 역할로부터, 어떤 사람은 지혜의 탐구자로서, 또 어떤 사람은 개인적으로 보다 통합적으로 살아가는 방법을 발견하기 위하여 길을 걸어왔다.

그러나 우리는 모두가 트랜스퍼스널한 배경 속에서 결합되고 있는 것이다. 우리는 자기가 이 세상에서 개별적인 실체로서 존재하고 있지 않다는 것, 자기 인생을 자기 자신의 자아로 제어하고 있는 것이 아니라, 자아를 초월하고 있는 쪽이 보다 큰 무게를 가지고 있다는 것을 배웠다. 우리는 여기서 자기 자신의 체험을 통해서, 자신의 내적인 결합과 자기 자신과 우주 전체와의 결합을 알아보고자 하는 것이다.

나는 이 강연의 제목을 '양성구유의 요가 The Yoga of Androgyny'로 정하였다. 양성구유란, 특히 자기 자신의 내적인 결합 내적인 대립의 결합 을 의미한다. 요가는 '연결하다' 또는 '결합시키다'라고 하는 의미의 산스크리트에서 연유하였으며, 개인적인 것과 초개인적 것과의 결합을 시사하고 있다. 요가는 '하위의 의식수준' 여기에는 개인적 무의식, 개인과 인격의 억압된 부분들, 집단적 무의식의 전 개인적이며 고대적(古代的) 측면이 포함된다 과 '상위의 의식수준' 집단적 무의식과 집단적 의식의 초개인적 측면 과의 결합을 의미한다.

나는 융 심리학파 분석가의 전문적인 신념과 가치관으로부터 트랜스퍼스널 운동에 참가하였다. 내가 융 심리학파의 분석가가 된 경위는 일종의 요행으로 우연적인 것이었다 어쩌면 우연에 의해서 일어나는 상호연결이나 상호관계 같은 것은 우주에는 있을 수가 없을지도 모른다. 내가 취리히 Zürich 에 간 것은 융 심리학파의 분석가가 되기 위해서가 아니었으며, 융 연구소에서 연구하기 위하여 갔던 남편을 관습적으로 동반하는 아내로서였다. 이곳에서 나는 한 방문자로서 '아니마 anima 와 아니무스 animus'라고 하는 제목의 강좌에 참석하였다.

이 강좌는 나의 여성으로서의 자신에 대한 관점을 갈라놓았으며, 자신에 대한 의식적인 '성적' 이미지와 무의식의 '이성적' 이미지 간의 관계에 대해서 지금까지와는 다른 관점을 제공해 주었다. 융이 '아니무스'라고 말했던 여성 속의 '이성적 이미지'는 '문화변용 acculturation'의 과정에서 어느덧 굳어져 버린 일체의 탐색 · 추진 · 결실 · 창조 · 활성화의 역동성을 말해 주고 있다. 이와 같은 충동은 사회적으로 수용할 수가 없으며, 여성답지 않아서 여성으로서도 있을 수가 없는 일이라는 것을 배우게 되었다.

내가 처음으로 아니무스 animus 에 관하여 들었을 때 나는 내 우리 속에 어떤 호랑이가 갇혀 있으며, 문이 열리게 되면 금방 뛰어나가려고 대기하고 있다는 것을 알았다. 나 자신의 분석은 그 문이 열려서, 스스로의 내적인 대립을 통합한다고 하는 전율적이며 매혹적인 가능성으로 나를 이끌어 주었다.

융 Carl Gustav Jung(1875~1961), 그는 아인슈타인의 친구였다 은 현대물리학에 관한 상당한 지식을 동양사상에 결합시킴으로써 그 자신의 요가를 실천하였다. 융의 『역경 I Ching 』에 관한 주석은, 그가 우주적 차원과 인간적 차원과의 상호관계를 이해하고 있던 혹은 적어도 인정하고 있었다 것을 보이고 있다. 융은 물리학자 파울리 Wolfgang Pauli(1900~1958) 와의 공동작업 역주 1 에 기초한 연구를 통해 동시성 synchronicity 역주 2 의 이론을 세웠으며, 이 이론을 통해 물질과 마음의 '비인과적 관계 acausal relationship'를 생각하게 되었다.

역주 1. 융 Jung 은 오스트리아 출신인 스위스의 이론물리학자 볼프강 파울리 Wolfgang Pauli 와 다음과 같은 공동연구를 하였다. 『자연해석과 정신 Naturerklarung und Psyche』 (1952); *The Interpretation of Nature and the Psyche*, New York and London, 1954; also in *The Structure and Dynamics of the Psyche*(CW. 8). 과학적 정신과 신비주의와의 결합을 다룬 희유稀有 의 이론을 발표하였다.

역주 2. 'Über Synchronizität', *Eranos−Jahrbuch*, 1951; Zürich:Rhein−Verlag, 1952. 융은 시공간의 법칙이나 인과성에 따르지 않는 일들을 반복적으로 경험함으로써 시공간의 원리나 인과성에 숨어서 보이지 않는 '제3의 가능성'을 탐구하기 위하여 '동공, 共 시성 Synchronizität'의 개념을 제기하였다.

초개인적 심리학의 문제는 1907년에서부터 1913년에 걸쳐서 융이 밀접하게 교제하고 있었던 프로이트 Fureud 와의 절교를 가져온 주된 이유의 하나였다. 융은 일찍부터 의식의 과학에서 '영적 함의 spiritual implication'를 발견한 것과는 달리 프로이트는 이를 인정하는 것을 완강히 거부하였다. 어쩌면 융은 그의 세계관을 '초개인적 transpersonal'이라고 언급한 최초의 심리학자였기 때문에 그는 초개인적 무의식(überpersonliche Unbewusste)이라는 용어를 1917년이라는 빠른 시기에 사용하였다. 융은 트랜스퍼스널 심리학의 아버지로 보아도 옳다고 생각한다.

여성의 무의식적, 이성적 또는 남성적 측면인 '아니무스'라고 하는 융의 개념에 대응하는 개념으로 남성의 무의식적, 이성적 또는 여성적 측면인 '아니마 anima'라고 하는 개념이 있다. 아니마와 아니무스는 원형 archetype 이다. 융에 의하면, 원형이란 의식의 내용에 '형태 form'와 '구조 structure'를 주는 마음의 무의식적 부분의 경향성이다.

때문에 아니무스는 이 세상의 남성적 기능에 대한 여성의 기대감을 조건화시켜, 여성적 성질의 콘텍스트를 벗어나 있다고 생각되는 여성 자신의 특정 성질에 대하여 의문을 갖게 한다. 마찬가지로 아니마라고 하는 원형도 남성 자신과 세상의 여성적인 것에 대한 남자의 이미지와 기대를 일깨워 주게 된다.

융에게 있어서 '원형'은 단순히 구조적 형태는 아니며, '역동적인 패턴화의 과정 dynamic patterning-process'으로서도 기능하였다. 이는 원형이 심혼 psyche 의 자기갱신기능에 속하고 있음을 의미한다. 원형은 내적인 이미지를 만들어 낼 수 있다. 예컨대, 기원전 4천 년에서부터 기원전 2천 년에 걸쳐서 있었던 초기 모권문명 early matriarchal civilization 에 있어서, 아니마는 '태모 Great Mother' 또는 풍요의 여신으로 이해되었다. 후일, 부권제 patriarchy 하에서 아니마는 천박하고 유혹적이며, 보잘것없는 모습의 의미로 이해되는 일이 많아졌다. 그러나 오늘날에는 다시 아니마의 모습은 달라졌다. 아니마는 보다 강해지게 되었다. 발키리 Valkyrie 역주 3 나 아마존 Amazon 역주 4 이 남자와 여자의 꿈속에서 종종 나타나기도 한다.

내가 생물학자 루퍼트 셸드레이크 Rupert Sheldrake 의 '형성적 인과작용의 가설 hypothesis of formative causation'을 처음으로 들었을 때, 나는 이것이 융의 '원형이론'과 암묵적으로 닮아 있음을 발견하였다.

셸드레이크는 '형태형성장 morphogenetic field'을 가정하고 있다. '형태형성장'이란, 선행하는 유사형태의 축적이 지리적 경계를 넘어서 동일종同一種의 그 후 일체의 형태에 영향을 주게 된다는 관점이다. 그는 유기체의 형태반복경향은 과거의 유사시스템의 끊임없는 영향력에 의해서 시간·공간을 초월하여 작용한다는 것을 시사한다. 이들 형태형성장은 무의식의 마음과 같이, 기지旣知 의 어떤 기계적·물리적 시스템의 성질과는 다른 성질이 부여되고 있다.

역주 3. 발키리는 북유럽 신화에 나오는 게르만 민족의 최고신 오딘 O'din 신예술·문화·전쟁·예언·사자(死者) 등의신 의 12신녀의 하나. 발큐렌 WalKñren 이라고도 하며, 전쟁의 소녀로서 게르만 민족의 싸움에 참여하여 신의 뜻에 따라 싸우는 군주에게 승리를 안겨 주며, 또한 전사자의 영혼을 발할라 Valhalla(Walhall: 천당) 에 안내하는 시중을 든다고 함.

역주 4. 아마존은 희랍신화에서, 그리스인들에게 알려져 있는 지구의 북동변경 테미스카라(Themiskyara) 또는 타나이스(Tanais) 에 살고 있다고 전해진 여자 무인족女子武人族 이다. 일정한 계절에 타국의 남자와 관계하여 얻은 자식 중 남자는 불구로 만들거나 죽이든지 하며, 전쟁 중에는 떼어 놓고 출정하였다고 한다. 이런 점에서 여장부, 여걸의 의미도 있다.

셸드레이크는 이렇게 지적하고 있다.

> 이와 같은 개념을 발전시킨 것은 융 C. G. Jung 이지만, 그는 이와 같은 특성을 개인의 무의식에만 있다고 생각하지 않고, 모든 사람의 마음에 있는 공통된 근저 common substratum 라고 생각하였다. 이것이 집단적 무의식이다 (Sheldrake, 1981, p. 27).

또한 그는 융의 다음과 같은 문장을 인용하고 있다.

> 우리의 직접적인 의식은 완전히 개인적인 것이며 경험에 바탕을 둔 것임에 지나지 않다 설혹 개인적 무의식을 여기에 부가시킨다 할지라도 고 생각할 수가 있다. 그러나 이외에도 제2의 심적 체계가 있다. 이는 집단적 · 보편적 collective, universal 그리고 비개인적 impersonal 인 것으로서 모든 개인에 완전히 동일한 성질로 존재한다. 집단적 무의식은 개개인 속에서 형성되는 것이 아니라 유전에 의해서 전해진다. 그것은 원형으로 불리면서 옛부터 존재한 형 forms 으로 이루어져 있으며, 2차적으로만 의식되고, 어떤 심적 내용에 명확한 형상을 주게 된다 (Jung, 1959, p. 43).

셸드레이크는 심리학 이론을 기계론적 이론의 틀 안에만 한정시킬 필요는 없다고 시사하고 있다.

만약 기억 학습된 행동 이 뇌 안에 물리적으로 저장될 수 있는 것이 아니라고 한다면 어떤 종류의 기억이 개인의 마음을 제한한다고 생각할 필요는 없다. 융이 말한 유전에 의해서 전승된 집단적 무의식은 일종의 집단적 기억 collective memory 으로 해석될 수가 있을 것이다 (Sheldrake, 1981, p. 28) .

만약에 '집단적 기억'이 원형적 패턴으로서 조직된다고 한다면 이들 원형적 패턴이 영구적으로 고착된 불변한 것인가를 물을 수 있을 것이다. 그것은 원형이 우리 안에서 이미지 · 사고 · 행동을 형성하는 기능으로 작용하는 한편, 또 하나의 과정이 일어나고 있다고 볼 수 있기 때문이다. 개인으로서의 인간과 우주와의 상호작용에 있어서 우주는 우리에게 영향을 주며, 우리는 우주에 대하여 역으로 반응하게 된다.

이와 같은 반응이 동화되는 한, 이것들은 '의식의 원형적 배경 archetypal background of consciousness'에 영향을 주게 된다. 우리는 자기의 의식을 갱신하지만, 그 일부는 원형의 영원한 자기 갱신적인 성질에 의해서 이루어진다. 이는 심혼 psyche 의 성숙과 자기갱신을 지속하는 무의식적 측면이 끊임없이 변화하는 배경을 만들어 냄으로써 우리의 태도나 행동이 이에 좌우된다고 하는 것을 시사하고 있다.

이 이론에 의하면, 의식적 경험의 배경을 제공하는 진화를 계속하는 원형의 하나가 양성구유 兩性具有, androgyny 라고 하는 원형 남녀공존의 원형, 결합과 분리의 원형 이다. 이와 같은 원형의 역사는 집단적 심혼의 언어나 신화를 통해서 더듬어 갈 수 있다.

서양 최초 양성구유신화의 하나는 그리스가 기원이며, 이는 제우스 시대 the age of Zeus 에 선행하는 초기 모권시대에 속한다. 이 설화에 의하면 당시 태모신 에우리노메 Eurynome 는 혼돈의 한복판에서 혼자 춤추고 있었다. 그녀는 춤을 추고 또 춤을 추었으나 아직 태양이 없었기 때문에 매우 추위를 느꼈다. 그녀의 춤으로 만들어진 에너지에 의해서 사방에 한바탕 바람이 일어났다. 이 에너지가 북풍이 되었다. 에우리노메는 고독감에 덮친데다 북풍을 만나게 되자 자기 수중에서 반죽하여 형상을 지었다. 그것이 큰 세계뱀 great world serpent 오피온 Ophion 이 되었다. 오피온이 에우리노메와 춤을 추고 있는 동안에 춤은 점점 열광적으로 고조되어 마침내 결합되었다.

그리하여 얼마 있지 않아 에우리노메는 세계 알 world egg 을 낳았다. 에우리노메가 알을 품음으로써 알은 쪼개지고 지상의 삼라만상이 뛰쳐나왔다. 에우리노메와 오피온은 화목하게 살고 있었으나, 마침내 어느 날 오피온은 머리를 쳐들고 "당신도 알다시피 나는 이제 창조의 일역을 충분하게 수행했다고 생각한다."라고 말하였다. 이에 에우리노메는 격노하여 발뒤꿈치로 오피온을 짓밟아서 땅 밑의 타르타루스 Tartarus 역주 5 에게 건네주었다. 모권제적 신화는 이 정도로 대단하였다.

이보다 후세의 신화는 플라톤 Platon 의 『향연 Symposium』에서도 등장하고 있다. 이 역시 양성구유의 신화이며, 이는 의심할 것도 없이 부권적 배경에서 나온 신화다. 당시 지상에는 남인족 男人族과 여인족 女

역주 5. Tartarus는 그리스 신화에서 대지의 여신 가이아 Gaia 의 남편이지만, 모권중심 신화에서는 지옥 밑바닥의 끝없는 '구렁'을 뜻하며, 일반적으로는 지옥의 뜻으로 사용한다.

人族 외에 양성구유의 불가사의한 인종이 살고 있었다. 몸은 둥글며, 팔과 다리는 네 개이고, 머리는 둘이며, 두 쌍의 생식기를 가졌고 각각 반대 방향을 향하고 있었다. 짐작할 수 있는 바와 같이 이 생물은 에너지가 넘쳐 있었다. 그들은 차륜처럼 회전하였으며, 네 개의 팔과 다리로 훌륭한 회전을 할 수 있게 되어 있었다.

그들은 이렇게 생각하기 시작하였다. "이 에너지와 힘으로 올림푸스 산에 올라가 정복하면 어떻겠는가?" 그래서 그들은 올림푸스 산의 낮은 비탈을 수레바퀴 굴러가듯이 올라가기 시작했다. 제우스는 이 인종을 내려다보고서 마음에 걸렸다. "이토록 에너지를 갖고 있는 양성구유자들이 신들을 위협하고 있다." 그리하여 제우스는 번개를 붙잡아 땅바닥에 내동댕이쳐서 양성구유자들을 둘로 갈라놓았다. 이리하여 한쪽은 남자, 또 한쪽은 여자가 되었으며, 그 후부터 남자와 여자는 서로 상대를 얻으려는 에너지를 소모하게 됨으로써 신들은 안전하게 지낼 수가 있었다.

엘렌판타 Elanphanta 에 있는 시바 Shiva 의 고대 동굴 사원역주 6 을 찾아갔을 때 나는 시바의 신상神像 에 매료되고 말았다. 그것은 아르다나이슈바라 Ardhanarisvara(양성적인 면) 역주 7 로서의 시바이며, 한쪽은 강인하면

역주 6. 인도 봄베이 만내灣內 의 엘렌판타 섬에 있는 힌두교의 석굴 사원. 이 사원에 있는 시바Shiva 신상神像 과 거상조각 등은 7~8세기의 힌두교 미술을 이해하는 데 귀중한 자료가 되고 있다.

역주 7. Ardhanārisvara는 반은 은색, 반은 금색이며, 육신의 반은 10개의 팔과 5개의 얼굴 각각 3개의 눈을 가짐을 가진 사다시바Sadaśiva 신의 '양성적인 면'을 뜻한 데서 나온 말이다.

서도 탄력적인 남성의 몸, 또 한쪽은 우아하면서도 곡선적인 관능적 여성의 몸으로 되어 있는 신이다. 안내자가 말해 준 옛날 신화에 의하면, 인류가 창조되었을 때 최초는 남성밖에 없었다.

당연히 예상할 수 있는 일이지만, 남성만의 세계에서 시바는 매우 불행하였다. 그리하여 시바는 한쪽이 여성의 모습을 보이는 상像으로 나타나기를 원하였으며, 창조의 힘에게 별종의 인간을 만들도록 하였다. 엘렌판타의 신상은 현실적으로 있을 수 있는 인간 모습의 상이 아니라, 내적인 이미지 남자와 여자 가운데서 살아갈 수 있는, 남성이며 여성이기도 한 내적인 양성구유의 이미지 의 상인 것이다.

생각해 본다면, 인도인들은 이제 겨우 서양에서 인식하기 시작하고 있는 샥티(Shakti) 없는 시바는 시체와 같고 샥티가 시바에 능력을 준다고 한다 역주 8 진리를 아주 옛날부터 알고 있었던 것이다. 양자가 함께함으로써 인류의 양성구유적 성질을 형성하게 된다. 시바와 샥티, 남성과 여성이 결합하지 않는 한 양자는 재생할 수가 없다. 남성과 여성이 동등한 가치와 중요성을 가지고 있지 않는 한, 인간의 생명은 끝나 버리게 될 것이다. 어느 쪽이나 한쪽만으로는 갱신도 생식도 불가능하다.

엘렌판타의 신상은 다음과 같이 시사하고 있다.

역주 8. Shakti는 산스크리트 Śakti의 영어식 음역 표기이며, 이는 '힘' '에너지'를 뜻하는 보통 여성명사이지만, 비교秘敎, esoterism 의 가르침인 탄트리즘tantrism 에서는 '우주의 전개를 맡고 있는 여신'으로서, 힌두이즘Hinduism 에서는 '우주의 원초적인 힘'을 상징하는 여신으로 생각한다. 우주 최고 원리의 신이 영원불변의 남신男神 인데 반하여, Śakti는 활동적이며 모든 존재에 내재하는 여신으로서의 의미를 갖는다. 시바와 샥티의 관계는 상키야 철학 Saṃkhya 의 푸루샤puruṣa[순수한 정신원리 · 영혼 · 신아神我]와 프라크리티prakṛti[근본원질 · 원형 · 자성自性 · 물질원리]의 관계와 유사하지만, 샥티는 신의 활동 에너지로서는 시바와 불가분의 관계에 있다.

만약에 우리가 인간생명의 끊임없는 갱신에 참가하고자 한다면 진화의 과정을 전진시
키기 위하여, 인류는 이 지상에 위치하고 있는 목적에 서로가 참가하여 남성과 여성은
'절대적 대등자absolute equals'로서 결합되지 않으면 안 된다.

물론, 이는 특별히 새로운 것은 아니다. 인간이라고 하는 동물은
항상 짝을 지어 자손을 얻어 왔다. 새로운 것은 원형적 양성구유의
이미지를 형태진화에 의한 양성구유 원형의 갱신이다. 셸드레이크
의 용어로 말한다면, '특정한 형태공명 a certain morphic resonance'이 일어
나고 있는 것이다. 예컨대, 동양의 예지와 현대과학, 그리고 개개인
의 내적인 남성과 여성의 인식이 부각되어 가고 있다.

인간 유기체의 양성구유적 이미지 androgynous image 가 과거의 경험을
통해서 진화해 온 새로운 형태로 우리의 의식 속에 재출현하고 있다.
우리는 우리의 본성 속에 있는 대립을 인식하고 식별하는 법을 배우
고 있다. 이들의 대립을 남성적인 것과 여성적인 것, 창조적인 것과 수
용적인 것, 지식과 지혜, 경쟁과 협력, 외적 파쇄 外的破碎 와 내적 파쇄 內
的破碎, 또는 로고스와 에로스로 보아도 하등 달라질 것은 없다.

중요한 것은 형태만 다를 뿐, 이들의 대립이 자기 자신의 '내적인
자기 inner self'의 여러 측면으로서 합일된 모습으로 체험되고 있다는
사실이다. 합일은 자기 스스로의 개인성의 '자기갱신적인 가능성 self-
renewing posibilities'이다. 또한 서로를 풍요롭게 하며 인간존재에 잠재
하고 있는 창조력을 낳아 주게 된다.

그렇다면 우리는 이 사실을 자기 자신의 인생에서 어떤 방법으로 경험하게 되는 것일까? 우리의 인생은 전개인적 prepersonal , 전자아적 단계 pre-ego stage 에서 시작한다. 사람은 수태시, 그리고 어쩌면 그 후 최초의 5~6주 사이에 우리 미래의 성별이 결정되지만, 남자와 여자의 태아 사이에는 아무런 명확한 차이가 없다. 이윽고 분화가 일어나기 시작한다. 어린이 생식계통의 특징적 형태가 형성되기 시작함에 따라서 '이성적 요소 contra-sexual elemeats '는 억압받게 된다. 출생 후에도 계속 분화는 이어진다.

　　생물적 차이가 다양한 심리적 함의와 더불어 인식되어 감에 따라서, 우리는 심리적 영역에서 이성적인 것을 계속 억압해 간다. 이로 인하여 소년 소녀들이 생물적 성별 때문에 어떤 일은 할 수 없다고 배워감에 따라서 이성적인 것이 불필요하게 억압되며, 인간존재가 불필요하게 한정되어 버리게 된다.

　　남자는 남성이기 때문에 할 수 없는 일이란 조금밖에 없다. 남자는 월경을 할 수 없고 출산이나 수유를 할 수도 없지만, 어린이가 자라면 사장이 되려고 갈망하는 것과도 같이 요리 · 재봉 · 양육은 할 수 있다. 또한 여자가 생물적 성별 때문에 할 수 없는 것은 단지 한 가지밖에는 없다. 요컨대, 타인에게 수정시킬 수 없다는 것이다. 물론 평균적으로 남자가 여자보다 더 크고 강하다든가, 여자가 더 장수하기는 하지만, 이는 단지 통계적인 것에 지나지 않다. 성차보다는 개인차에서 오는 변이變異가 더 크다.

　　이와 같은 기본적 차이를 인식한 관점에서 양성구유론은 인간의 충만한 창조적 가능성을 살려 살아감에 있어서, 생물적 성별이 아무런 장애도 되지 않는다는 것을 인식하고 젊은이들에게도 그렇게 교육하도록 바라고 있다. 우리의 본성 속에 있는 대립을 결합하고, 내적인 다양한 성향을 조화시킨다면, 우리는 우리의 어린이들과 세계의 어린이들을 위하여 합일의 개방체계 속에 창조적 모델을 수립할 수 있을 것이다.

이제 여기서 양성구유론을 트랜스퍼스널한 차원에서 생각해 보는 것은, 상승문화에 수반하는 여러 대립을 인식하고 결합시키는^{짝이 되다, yoke together} 것을 의미한다. 페미니즘의 대두는 우리 속으로 여신을 되돌려 준다. 이것이야말로 엘렌판타의 시바가 바라고 있는 것이었다. 예컨대, 협력과 인내와 같은 여성적 가치의 부활은 전쟁에 의해서 갈기갈기 찢어졌고, 핵의 위협, 빈곤, 질병, 영토의 약탈에 시달리고 있는 세계가 갈망하고 있는 일이기도 하다.

풍요의 여신이 의식의 신과 다시 결합하게 되면 소생한 문화^{renewed culture}를 잉태하게 될 것이다. 우리가 힘을 기울이고, 헌신하며 매일 실천해야 할 책무는 잉태된 문화를 탄생시키고 잘 키우고 기르는 데 있다.

양성구유의 요가^{the Yoga of androgyny}는 다른 모든 요가와 마찬가지로 단순한 철학이 아니다. 그것은 하나의 살아가는 방식이며, 우리로 하여금 한 걸음 한 걸음 연속되는 '의식의 축차적^{逐次的} 수준^{successive level of consciousness}'의 여러 한계를 초월하여 심혼의 여러 경계의 확대를 가능케 하는 영적 수행의 끝없는 원천이다.

몇 백만 명의 남녀와 어린이들이 텔레비전 앞에 앉아서 역사상 처음으로 달 표면을 밟은 사람들의 눈을 통해서 지구를 보았을 때 현대 과학은 동양의 예지에 가장 가깝게 접근했다고 말할 수도 있다. 그들이 멀리 떨어진 지구를 뒤돌아 본 것이 시청자들에게 보내져서 그것을 텔레비전으로 보았을 때의 놀라움은 대단한 것이었다. 우리는 처음으로 지구를 눈앞에다 두고 그것이 전체적으로 완벽하다고 하는 것을 실감한 것이다.

검푸른 대양의 군청색이 지구를 둘러싸고 있었다. 에메랄드그린선 녹색의 반점이 대륙의 소재를 나타내 주고, 황색의 줄무늬 모양은 대사막을 나타내 주고 있었다. 그리고 이 아름다운 지구를 소용돌이치는 투명한 구름이 주위를 두르고 있었다. 신은 스스로의 창조물의 완전함을 본 것이다. 그리하여 인류는 어슴푸레하게 태양에 비치면서 서서히 회전하고 있는, 있는 사실 그대로의 완벽한 모습을 본 것이다.

이때 우리는 지금까지 일상적 진실의 전후관계였던 것을 초월할 것이다. 현대과학을 매개로 신비적 비전이 모습을 갖추어 우리 앞에 나타난 것이다. 그것은 결합된 세계라고 하는 하나의 가능성으로서의 리얼리티를 일별一瞥한 순간이었다.

이런 전체성wholensess 의 일별一瞥은 우리를 진화의 과정과 의식적 협력을 향해 나아가도록 하는, 수많은 트랜스퍼스널한 비전의 하나인 것이다.

칼 융Carl Jung 은 개인 및 우주 전체에 있어서, 전체성의 비전에 구체적인 형상을 부여한 최초의 서양 심리학자 중 한 사람이었다. 말하자면 그는 모세Moses 같은 존재였다 그는 성스러운 산의 정상까지 올라갔다. 개개인이 저마다 고투를 지속하고 있는 노력의 훨씬 위로부터 그는 '약속의 땅Promised Land', 전체성의 땅을 보았다. 그렇지만 그는 그 땅에 이르지 못하였다. 그곳에 이르는 책임의 몫은 다음 세대에 지워졌다. 이 새로운 의식수준으로의 이행이야말로 트랜스퍼스널한 시각의 모든 것을 말해 주고 있다. 뿐만 아니라 '양성구유의 요가'라고 하는 것이 의식수준의 이행에 어떤 의미의 실제적 도움을 준다고 나는 생각하고 있다. 첫째는 무엇보다도 먼저 대립의 긴장에 견뎌 내는 능력이다. 둘째는 융이 '그림자 shadow'라고 불렀던 개인 및 문화 내에 있는 어두운 무의식 측면의 수용이다.

긴장상태란 내면의 불화에서 발생한다. 대립의 결합을 가져오는 명상인 요가의 실천을 잊어버리게 되면 어느 한쪽의 극極에 동일화되어 버리게 된다. 우리가 '대극 opposite' 개인 내와 개인 간의 대립을 필요로 하고 있다는 것을 잊어버리게 될 때, 내면의 남성과 여성은 붕괴되어 버리고 만다. 신체는 마음과 분리되어 있다고 보며, 선善은 정적靜的이어서 화해하기 어려운 악惡에 대립되어 있다고 보게 된다.

서양에는 동양사상을 신봉한 나머지 과학적 세계를 날조된 것으로 생각하여 이를 버리고 마는 '그림자'의 경향이 있다. 페미니즘운동의 그림자 측면에서는 문명에 대한 남성의 공헌을 얕보는 경향이 있다. 일방적인 합리주의에 고심하고 있는 사람들 사이에는 그 대극을 신봉하려고 하는 그림자의 경향이 있다.

융은 종종 강우 주술사 rainmaker 에 관한 도교 taoism 의 옛 전설에 관해 말하곤 하였다. 그 옛날 중국의 한 마을에 심한 가뭄이 들었다. 농작물은 말라서 타 버리고, 사람들은 굶주림으로 위협받게 되었다. 공포와 근심 끝에 그들은 어느 현자를 불러내 마을로 모시고 올 것을 결정했다. 이 현자는 비를 내리게 하는 주술사였다. 현자는 지팡이에 작은 포대를 매달고 왔다. 현자는 마을 공기의 냄새를 감지하며 사방을 둘러보았다. 마을 사람들은 말하였다. "우리는 당신이 불가사의한 재능을 가진 사람으로서, 때로는 비를 내리게 할 수가 있다고 듣고 있습니다."

현자는 대답하였다. "나를 마을 밖에 있는 오두막까지 데려다 주지 않겠습니까? 누구에게도 방해가 되고 싶지 않습니다. 매일 오두막 밖에 작은 사발밥을 놓아 두기 바랍니다. 다음에는 어떻게 되는가를 지켜 봅시다." 그리하여 마을 사람들은 현자를 오두막으로 데려갔으며, 매일 사발밥을 날랐다. 며칠 후 비는 내리기 시작하였으며, 현자는 오두막에서 나왔다.

마을은 기쁨으로 넘쳤으며, 사람들은 말하였다. "어떻게 해서 이렇게 되었을까? 당신은 무엇을 하였습니까?"

현자는 대답하였다. "아무것도 하지 않았습니다. 내가 당신들의 마을에 왔을 때 혼란과 불화의 냄새를 감지했습니다. 당신들의 근심을 포착한 것입니다. 그래서 서둘러서 마을을 떠나 오두막으로 오지 않으면 안 되었습니다. 내가 눈을 내면으로 돌려, 자기 자신의 내적인 동요를 치유했을 때 자연히 외적인 상태도 변화한 것입니다."

우리 취리히^{Zürich}의 융 연구자들은 중국의 도교적 전설을 들었을 때, 크게 용기를 얻었다. 만사가 바람직한 방향으로 나아가려면 자기 자신에 대결하여 설득하면 된다는 것을 배웠기 때문이다. 그러나 오늘날의 중국에서는 전설의 시대만큼, 도가^{Taoist}나 강우 주술사의 존재가 확실하게 느껴지지 못하고 있다고 생각한다.

도교사원은 정부에 의해서 파괴되었고, 승려들은 떠나고 말았다.

고대 지혜의 온화한 정신은, 예컨대 태극권의 우아하고 아름다운 동작 속에 겨우 살아남아 있을 뿐이다. 젊은이나 노인을 막론하고 누구나 매일 실시하는 이 태극권은 자신의 몸을 천·지·풍·수의 힘과 조화시키고 있는 것이다. 그 정신은 죽은 것이 아니었다.

강우 주술사의 무위無爲는 절대적으로 불가결한 것이다. 구루들이 감동적으로 가르쳐 준 정적靜的인 핵심에 이르는 요가의 명상은 하루하루의 생활을 시작하는 출발점인 동시에 귀착점이다. '내적인 자기지 inner self knowledge'는 아직도 서양 문화 속에는 충분히 통합되어 있지 않다. 그것은 우리 행위의 깊은 '기본원천'을 의미한다. 또한 그것은 인생이 가져다주는 것들의 전면적 수용과 그 수용을 키우는 일에 자진해서 나 자신을 맡기려고 하는 정신이다.

만약에 그 원천에 자신을 맞출 수가 있다면 스스로 자신의 내면에서 '자연의 패턴'을 꽃피우게 될 것이다. 그것들은 우리의 의식에 나타나서, 전형적인 서양적 지적 훈련에 의해서 우리의 머릿속을 꽉 채워 왔고, 일반적으로 인정된 지식의 대부분을 초월하게 된다.

합리적 학문 rational discipline 은 그 자체로는 위험하지도 않으며 파괴적인 것도 아니다. 위험은 그 학문들을 도구로 사회에서 사용하는 방법에 의해 일어난다. 예컨대, 원자력은 본래 그 자체에 있어서는 중립이며, 그것이 무기로서 사용될 때 파괴로 이용되는 것이다. 이와는 달리 생산성의 증대와 에너지 공급에도 이용할 수가 있으며, 건강증진을 위하여 의학연구에도 이용할 수가 있다.

융은 1938년에 인도를 여행역주 9하였을 때, 구루들이나 요가지도자의 가르침을 받고 나서 그들에 대한 깊은 존경심으로 충만했다. 융은 요가가 얼마나 깊게 인도의 대지에 뿌리 내리고 있는가를 이해하였다. 먼 곳에서 인도를 찾은 우리 모두는 언어 사이의 침묵, 움직임 속의 사려 깊은 간극, 내면성에 심취하는 심심한 충격을 체험하였다. 그렇지만 우리는 아직도 동양의 지혜를 그대로 소화하지 못한 채 받아들여서는 안 된다고 하는 융의 서양인에 대한 경고를 귀담아들을 필요가 있다.

서양인과 동양인은 태어날 때부터 차이가 있는 것은 아니지만, 우리는 체험적으로 존재의 다른 측면에 주의를 기울여 왔다. 대인관계, 물질적 대상과 문제해결, 그리고 과학적 진보로 불리고 있는 것들에 관심을 두어 왔다. 정신적 구원을 가져오는 일에 실패한 서양세계에 환멸을 느낀 나머지, 서양인이 서양의 방식에 등을 돌려, 동양의 '정신적 의상'을 입어 보고 싶어 하는 것은 충분히 생각할 수 있는 일이다. 그러나 융은 그것만으로는 불충분하다는 것을 경고하였다. 타인의 지혜를 내게 충당시켜도 내 문제를 해결해 주지는 못할 것이다. 서양인의 경우, 자아 ego 란 한쪽으로만 치우친 경향을 가지고 있다. 자아는 합리적 시각을 수용하여 외부지향적인 것이 될 수 있도록 훈련되어 있다. 그렇지만 '자기 Self' 의식과 무의식, 현재(顯在)와 잠재(潛在), 드러난 질서(explicate order)와 감추어진 질서(implicate order) 역주 10 의 총체에는 자아를 보완하는

역주 9. 융은 1938년 63세, 인도 캘커타 대학 개교 25주년 기념행사에 인도주재 영국 총독부의 초청을 받아 인도를 여행하였으며, 캘커타 대학, 베나레스 힌두 대학, 파키스탄의 알라하바드 대학에서 명예박사학위를 받았다. 또한 영국 옥스퍼드에서 열린 국제정신치료의학대회에 참석하여 명예박사학위를 받았다. 이로써 융은, 기독교 · 힌두교 · 이슬람 대학에서 모두 학위를 받은 셈이 되었다.

역주 10. 드러난 질서 explicate order 는 펼쳐진 질서 unfolded order, 감추어진 질서 implicate order 는 접힌 질서 enfolded order 라고도 한다. 이 말은 아인슈타인이 총애했던 런던

정신적 측면이 존재하고 있다.

융은 이와 같은 내면적인 영적 생명을 내면으로부터 개화시켜 언제나 현존하고 있는 내적인 빛을 존재의 전체성에 불어넣을 필요가 있다고 가르쳤다. 여기에는 기묘한 패러독스가 존재한다. 서양인은 자기 자신의 심혼을 찾기 위하여 일부러 인도에 갈 필요는 없다. 자기 자신의 인생에 심혼이 나타날 수 있는 여지를 만들면 되는 것이다. 지금까지 길들여지고 친숙해진 자세에서 일보 후퇴하여 '다른 것'이 유입될 수 있을 만큼의 빈틈과 여지를 만들기만 하면 되는 것이다.

그것은 자기 자신의 심장만큼이나 우리 가까이에 있다. 그럼에도 불구하고, 우리는 인도에 가 볼 필요가 있다. 왜냐하면 우리가 인도에 가 봄으로써 경의를 마음에 품고 또 다른 길이 있다는 것을 인정할 수가 있기 때문이다. 이와 같은 다른 길로 생각을 돌리는 입장에 자신을 둠으로써 우리는 '자기 안에서 공명하는 것'을 발견하게 된다.

우리는 소년이 남성으로서, 그리고 소녀가 여성으로서 성장한다는 것을 알고 있다. 양자의 차이는 제약을 갖고 올 때도 있지만 이것이 올바르게 이해될 때는 서로 간의 성장을 촉진할 수 있도록 북돋아 주는 경우도 있다. 이성 간의 다른 점은 차별의 구실로 사용되는 경우

대학의 양자물리학자 데이비드 봄David Bohm(1917~1992)이 『전일성과 감추어진 질서 Wholeness and the implicate order』(1980)에서 정신세계를 포함한 우주의 전체적 관련성holism, 만물의 불가분의 전일성을 설명하면서 사용한 이론이다. 이 이론의 기초에는 봄이 파인즈David Pines(1924~)와 공동으로 '플라스마plasma 진동'을 양자 역학적으로 연구하여 발표한 '봄·파인즈의 이론'과 야키르 아하로노프 Yakir Aharonov와 함께 '전자포텐셜의 양자효과'를 발견하여 발표한 '아하로노프효과'가 깔려 있다.

도 있지만 남성과 여성, 모성mothering 과 부성fathering , 내면성과 세속성이 가지고 있는 특수한 속성을 함께 이용함으로써 자신의 가능성을 넓히는 방법을 가르쳐 주는 경우도 있다.

양성구유는 때로는 성적 용어로서 받아들이기도 한다. 성적 충동은 중요하다. 성적 충동에 의해서 우리는 인류의 생명을 유지하며 나아가 진화를 가능케 하는 다음 세대를 낳게 된다. 양성구유는 그것이 어떤 형태로 나타나든 우리 자신의 내적인 대립의 결합을 의미하는 비유인 것이다. 그것은 우리가 꺾였을 때도 스스로가 '정당하다'고 주장하며, 반대 입장에 있는 사람들에게 죄나 오류를 투사하는 것을 허용하지 않는다. 또한 양성구유는 의기소침하거나 실망했을 때도 자기 자신을 책망하여 일체의 가치를 타인이나 별도의 생활방식에 투사하는 것도 허용하지 않는다.

우리는 그 모든 것을 구유하고 있다. 그리고 자신의 내적인 불화와 개인적으로 영향을 줄 수가 있는 우주의 일부를 치유할 능력을 가지고 있다. 우리는 누구나가 서로에게서 얻은 씨앗을 지구 구석구석으로 뿌릴 씨앗의 그릇인 것이다. 동시에 이들 씨앗을 자기 자신의 신체 · 마음 · 정신의 내면에서 키움으로써 그 씨앗은 강하게 자라고 성숙해지게 된다. 남성이든 여성이든 우리는 자기 안에 두 종류의 잠재적 에너지를 가지고 있다. 이들 잠재적 에너지를 자기 자신의 내면과 바깥세계에서 조화시키는 것이 우리에게 주어진 과제다. 바로 이것이야말로 내가 '양성구유의 요가'라고 말하는 특별한 요가인 것이다.

참고문헌

JUNG, C.G. *The Archetypes and the Collective Unconscious, Coll. Works, Vol. 9, i.* Princeton: Princeton University Press, 1959.

SHELDRAKE, Rupert. *A New Science of Life*, Los Angeles: J. P. Tarcher, 1981.

SINGER, JUNE. *Androgyny: Toward a New Theory of Sexuality.* New York: Doubleday/Anchor, 1976.

_____, *Energies of Love: Sexuality Re-Visioned.* New York: Doubleday/Anchor, (in press) 1983.

4
융의 적극적 상상/
서양 명상의 한 기법

세실 버니(Cecil E. Burney)

서양의 심리치료 가운데서 가장 의의 있는 유용한 기법의 하나는 스위스의 정신과 의사 칼 융 Carl G. Jung(1875~1961)이 개발한 '적극적 상상 active imagination '역주1이다. 이 기법은 동양의 여

역주 1. 이 용어는 융이 1935년 영국의 타비스톡기념 강좌 Tarvistock lecture 에서 처음으로 사용하였다(*CW*. 6, para. 723n). 적극적 상상은 그 성질로 보아 적극적 연상법으로 볼 수도 있다. 적극적 상상은 의식과 무의식의 대화·협력을 통해서 무의식을 이해해 나가는 방법이며 체험의 과정이다. 그 대화는 어떤 꿈이나 환상적극적 환상(active fantasy)과 강박관념 및 특정 문제점에 관하여 그림이나 글과 말로 표현할 수 있다. 이들은 일련의 의식의 간섭을 받지 않는 한 연상의 매개체가 되어 무의식의 심상心像과 그 과정을 보여 주게 된다. 때문에 적극적 상상에서는 자아기능의 성숙이 필요하다. 왜냐하면 자아가 미숙한 경우에는 무의식에 휘말리기 쉬워서 무의식을 간섭하기 때문이다. 또한 자아기능이 어느 정도 성숙되어 있어야 무의식의 심상을 관조하고 그 의미를 붙잡을 수 있다. 융은 적극적 상상

러 유파流派에서 전승되고 있는 명상에 대비되는 '서양' 명상의 한 방법을 이루고 있다고 생각한다. 그러나 그 방법이 본질적으로 '적극적인' 어프로치라는 점에서 동양의 여러 어프로치와는 다르지만 서양인에게는 보다 적합한 방법이라고 생각한다.

🌿 이론적 고찰

융에게 있어서 의식의 중심, 즉 자아 ego 는 마음의 전체 속에서는 비교적 작은 국면밖에 차지하고 있지를 않다. 이 자아를 초월한 곳에 '개인적 무의식 personal unconscious'이 펼쳐 있다. 이 개인적 무의식은 그 사람의 미래의 경험을 조건화하게 될 출생 이후 각종 경험에서 형성되었다. 예컨대, 어떤 유아기의 경험은 한 개인이 어떤 상황을 이해하고 이에 기초하여 행동하는 방식에 영향을 주게 될 것이다. 이와 같은 영향력은 일반적으로 무의식적이며, 그것이 음미되어 의식 속에 통합되지 않는 한 무의식상태로 머물러 있다. 그러나 이 개인적 무의식을 초월한 곳에 '집단적' 또는 '초개인적'인 무의식 the transpersonal unconscious 으로 볼 수 있는 영역이 위치하고 있다.

이 집단적 무의식은 인류의 여명기부터 현재에 이르기까지의 인간경험 전체를 담고 있는 저장고와 같다. 이와 같은 시각에서 볼 때, 개인적 무의식의 형성에는 개인의 일상행동에 영향을 주게 되는 고대古代 이래의 각종 형식이 있다. 융은 집단적 무의식 속에는 어떤 종

에서, 자아의 적절한 관심에 의하여 의식적 내용과 무의식적 내용의 통합을 통해서 무의식의 내용이 각성상태에 드러내는 새로운 상황을 창조하는 초월적 기능을 중요시하였으며, 이는 의식적인 날조와는 다르다고 보았다 (*CW*, 14, para.706).

류의 '원초적인 경험의 형식型式 들 primordial patterns of experience'이 있다는 것을 발견하고 이를 '원형 archetype'이라고 명명하였다. 이런 점에서 원형은 각종 경험의 개별적 변형으로부터 끌어내진 '주형 鑄型, template'과 같다. 예컨대, 세 사람의 여성이 각기 어린이를 키우고 있는 어머니로서 어떤 경험을 할 때, 자신들의 역할과 어린이와의 관계에 있어서 세 사람이 제각기 다른 경험을 하면서도 세 사람이 모두 어린이를 키워 본 일이 있는 모든 여성에 타당한 모성 mothering 의 몇 가지 특징적인 형식을 공유하는 경우다. 바꿔 말한다면, 개인적 경험이라고 하는 무대의 배후에는 '초개인적'인 배경이 있는 셈이다.

우리 개인의 자각의 배후에는 그 어떤 것이 작용하고 있는 것처럼 보이는 이상, 개인이 전체성 wholeness, 융 학파 분석의 도달 목표 역주2 을 지향하여 노력할 때, 그와 같은 시도가 무엇이든 간에 원형의 역할과 영향을 고려하지 않으면 안 된다.

우리의 생활 속에서 원형의 영향력을 발견할 수 있는 한 방법은 반

역주 2. 융에 의하면, wholeness란 건강과 동등한 시각에서 보아, 인격의 모든 측면에 걸친 잠재력과 가능성으로 보았다. 사람은 근원적 전체성을 가지고 태어나지만 성장함에 따라서 그 전체성은 해체되고 분화된다. 때문에 분화로부터의 의식적인 전체성의 달성이 인생의 목표 또는 목적이라고 보았다. 이 경우에 타인과 환경과의 상호작용이 상황에 따라서 그 달성이 촉진되는 경우도 있으며, 그 역의 경우도 있다. 그러나 전체성이란, 개개인의 적절성에 관련된 것이기 때문에 양적量的 달성이 아니라 질적質的 달성이다. 융은 전체성이라는 말은 '완벽 perfection'의 뜻보다는 '원숙 completeness'의 뜻으로 사용하였다. 요컨대, 전체성은 '대립하고 있는 것 opposites'(CW.14, para 206) 이 갈등상태에서 화해 · 결합 coniunctio함으로써 보다 큰 전체성을 돕게 된다고 보았다.

복적인 것으로 보이는 경험에 눈을 돌리면 된다. 반복적인 경험은 종종 번거롭고 귀찮은 것이기도 하다. 그것은 몇 번이고 같은 어려움에 직면하게 하기 때문이다. 융은 이와 같은 경험의 반복적 성질이야 말로 '콤플렉스complex'의 증후라고 생각하였다. 이 증후는 그 증후가 나타나는 기제를 음미하고, 증후를 일으키는 핵심을 밝혀내지 않는 한 끝없이 되풀이 된다.

융은 각종 콤플렉스에는 각각 원형적인 핵 nucleus 이 있다고 생각했다. 그리하여 콤플렉스의 핵심을 밝힐 수가 있게 되면 콤플렉스의 유해한 영향으로부터 피할 수가 있다는 것이다. 원형은 감정과 이미지 속에 표출되고 있다. 샌프란시스코의 분석의 分析醫 존 페리 John Weir Perry 박사는 원형을 '정동 심상 affect images'으로 보아 기술하였다.

이 점은 왜 많은 분석의가 자신이 담당하고 있는 환자의 심상군 心像群 에 대해서 관심을 가지며, 그와 같은 심상군의 표출에 수반하여 무엇 때문에 자주 변덕스러운 정동이 일어나게 되는가를 설명해 주고 있다. 어떤 한 원형이 경험에 미치는 결과가 반복적일 때 이를 변화시키려고 하는 과정은 험악하고도 어렵다. 그러나 이 과정에는 '적극적인 역할'이 관계하고 있으며, 이 역할이야말로 적극적 창조의 본질적인 구성요소가 된다.

미국의 시인 로버트 프로스트 Robert Frost(1874~1963)는 그의 시 『눈 Snow 』 (1936)에서 반복적 경험의 원형적 원천에 주목하였다. 여기서 그중 한 절을 인용하면 다음과 같다.

거짓말의 하나는 이렇게 주장하고 싶어 한다.

한 번 출현한 것은 두 번 다시 나타나지 않는다고.

만약에 그렇게 된다면, 최후에 우리는

도대체 어디에 있게 되는 것일까?

바로 우리의 생명을 떠받치고 있는 것은 만물의 반복이며,

언젠가는 우리가 마음의 심층으로부터 응답하는 날까지 그러하리라.

천 번째의 그 날, 아름다운 매력은 알게 될 것이다.

인간의 경험이 갖는 반복성에 관하여 그리스에는 옛날부터 전해오는 설화가 있다. 죽을 수밖에 없는 운명의 인간들을 내려다보는 신에게는 인간들은 볼 수도 없는 것을 볼 수 있게 된 것을 다룬 일화가 있다. 요컨대, 인간들은 전지한 것이 아니라 불완전하였던 것이다. 그리하여 신들은 때때로 이 가련한 죽을 수밖에 없는 것들을 적어도 그들이 살아 있는 동안에 도와주기 위하여 유익한 정보를 보내 주려고 결정했던 일이 있었다. 이를 위하여 '꿈의 어머니 The Mother of Dream' 로 불리는 여성의 도움을 빌리게 되었다.

꿈의 어머니가 하는 일이란 신들의 메시지를 받아서 그 메시지를 매일 밤 동물들의 가죽에 싸서 마음에 두고 있는 사람의 꿈속에 보내는 일이었다. 만약에 상대가 주의 깊은 사람이라면 자신이 꾼 동물의 꿈을 기억하고 있다가 상징적으로 꿈 해석의 형식에 따라서 동물의 가죽을 버리고 신들이 계시한 바를 깨닫게 될 것이다. 그러나 꿈을 상기할 수가 없는 경우에 동물은 '꿈의 어머니'에게로 돌아갈 수밖에 없다.

꿈의 어머니는 아마 다음날 밤이나 며칠 지난 밤에 같은 동물을 다른 꿈속으로 동물의 꿈을 꾼 사람이 메시지의 의미를 깨닫도록 희망을 담아서 다시 보낸다. 몇 번이고 시도해도 잘 되지 않을 때는 꿈의 어머니는 다른 종류의 동물 가죽에 메시지를 싸서 보내 본다. 이를 반복하여 신들의 메시지가 상대의 마음에 닿을 때까지 계속해서 보내는 것이 꿈의 어머니가 해야 할 일이었다.

현대 심리학의 용어를 사용해도 반복적인 꿈이나 경험도 이와 동일하게 볼 수 있다. 본질적으로 무의식인 마음의 원천으로부터 무언가 어떤 생각을 소통하도록 해 보려 하게 된다. 그리하여 소통해 보려고 하는 생각을 들을 수 있도록 하는 데 필요한 행동을 할 때까지 집요하게 무의식의 호소는 멈추지 않는다.

🍃 개인적/초개인적인 예

내가 융의 '적극적 상상'이라고 하는 기법에 처음으로 접하게 된 것은 1976년 융 학파의 분석을 해 보고 싶다는 목적으로 취리히를 여행했던, 말하자면 동부로 순례여행을 갔을 때였다. 나는 융 학파의 정신분석을 받을 사람이라면 당연한 일로 생각하여, 산더미 같은 꿈의 보따리를 안고 예정대로 취리히에 도착하였다. 나는 좋은 정신분석을 받을 사람이란, 자신의 꿈 보따리를 들고 좋은 분석가를 찾아내서 분석상의 신뢰관계를 맺은 다음, 철저히 내성적인 방법으로 꿈을 숙고하면서 꿈이 지니고 있는 위대한 의미와 메시지 내용을 탐구하는 데 있다고 생각하였다.

취리히에서 내가 찾은 분석가는 융과 밀접한 공동연구자이자 비서였던 아니엘라 얏훼 Aniela Jaffé 부인이었다. 나는 생전의 융과 한 번도 만나본 일이 없었기 때문에 가능한 그의 정신에 접근해 보고 싶은 바람으로 얏훼 부인을 찾았던 것이다.

처음 4회의 면접 때까지는 모든 일이 예상했던 대로 되었다. 나는 꿈을 생각해 냈으며, 내가 연상했던 것이 무엇이었으며, 그 의미를 어떻게 생각하였는가에 대해서 질문을 받았다. 그리고 나서 얏훼 부인은 통찰적인 부연 敷衍, insightful amplification(꿈 내용의 상징적 측면에 관한 견해) 을 해주었다. 1회의 면접이 끝날 때마다 한 가지 꿈과는 결별하였으며, 한 알의 '지혜의 진주'를 얻고 돌아왔다. 나는 '융의 천국 Jungian heaven '에 있을 수 있었다.

그러나 네 번째의 면접 끝에 가서는 얏훼 부인도 나를 향해서 이렇게 말했다. "당신은 엄청난 실수를 범하고 있습니다." 이 말에 나는 숨을 죽이며 좀 위축되고 말았다. 왜냐하면 내가 생각하고 있는 것과는 다를 뿐만 아니라 무엇이 잘못된 것인지 짐작이 가지 않았기 때문이다.

나는 조심스러운 마음으로 물었다. "죄송합니다만 잘못된 점이 무엇입니까?" 그녀는 말했다. "당신은 다수의 '융학파 사람들'이 범하는 잘못된 생각을 하고 있습니다. 요컨대, 그들은 융이 마음을 단지 내면의 세계, 꿈이나 심상의 세계에만 있는 것으로 생각했다고 알고 있습니다. 그러나 그렇지 않았던 것입니다. 융은 '외적인' 세계도 마음 psyche 역주 3 이라고 생각하였습니다. 존재하고 있는 모두가 마음인 것

역주 3. 융은 영어의 psyche를 독일어의 Seele와 같은 뜻으로 사용하였다. 그는 의식과 무의식 모두를 포함한 심적 과정의 전체라고 기본적 정의를 내렸다 (CW. 6, para.

4. 융의 적극적 상상/서양 명상의 한 기법

입니다. 그렇기 때문에 당신이 꿈을 가지고 온 것은 그것으로 잘한 일입니다. 그렇지만 자신의 외면적 생활에 관해서는 한 번도 내게 말해 주지는 않았습니다. 당신의 친구·친족관계·여가를 사용하는 방법, 또한 하고 있는 일에 대해서도 말해 주지 않았습니다."

다음 면접부터 나는 함께 실시할 분석 작업의 순서를 바꿔 나의 '외적인' 생활도 '내적인' 생활과 똑같이 중요한 것처럼 분석하기 시작했다. 얏훼 부인과 대화를 나누고 있는 동안에, 나는 어떤 사람들과의 관계에서 나를 몹시 괴롭혀 힘들게 했던 측면이 있었다는 것을 알기 시작했다. 나의 감정생활 가운데는 나의 시간이나 에너지를 모두 자기 것으로 만들고 싶어 하는 여성들에 의해서 숨 막히게 하는 반복적 형식이 있는 것처럼 보였다. 나는 그와 같은 여성들에게서 볼 수 있는 것, 즉 상황으로부터 엉킨 나를 풀고자 했을 때 때로는 구제될 수 없는 감정에 사로잡히게 된다는 것을 느꼈다.

얏훼 부인은 '적극적 상상'을 이용하면 도움이 될 것이라고 조언해 주었다. 적극적 상상을 이용하여 분석 작업을 진행시키고 있는 동안에 얏훼 부인이 도와준 배려를 나는 잊을 수가 없다. 그녀는 "나는 언제나 적극적 상상의 방법을 자신의 분석 작업의 상대에 추천할 만한 것인지 아닌지를 양심을 걸고 자문하지 않을 수 없다."라고 말하였다. 그녀는 적극적 상상은 강력한 방법이지만, 그 적용에 있어서는 조신한 마음으로 다루지 않으면 안 된다고 생각하고 있는 것처럼 보였다. 드디어 나는 그녀가 옳았다고 하는 것을 알았다.

9n). 이런 점에서 psyche는 심리학적 탐구의 특유한 문제로서 주관적–주체적 관심과 객관적 관심의 중복을 두드러지게 부각시키고 있다.

얏훼 부인은 본질적으로는 과거에 나와의 사이에 내가 가지고 있는 이런 문제를 일으켰던 여성들을 상기시켜 주는 어떤 심상이 내 마음에 떠오르게 될 것이라고 시사하였다. 또한 "그녀는 그것이 동물이든, 인간이든, 혹은 다른 그 어떤 것이든 그것은 분명하게 상상의 산물이며, 내가 지금까지 알았던 현존하는 인물의 심상은 아닐 것이다."라고 말하였다. 그러자 바로 한 마리의 '낙지의 심상'이 떠올라 왔다. 그리고 낙지의 발은 나를 휘감고 숨통을 막아 움직일 수 없게 하였다.

얏훼 부인의 다음 시사는, 어딘가 글을 쓸 수 있는 조용한 장소로 가서 낙지와의 대화를 말끔하게 쓰는 작업을 시작해 본다면 도움이 될 것이라는 것이었다.

얏훼 부인의 말에 의하면 적극적 상상이 가장 잘 되는 것은 글을 쓰는 일에 몰두할 때이며, 그것은 필연적으로 예상 이상으로 몸을 쓰게 함으로써 정신을 집중시켜 주기 때문이다. 대화는 먼저 낙지의 이름을 물어보는 것부터 시작하는 것이 좋을 것이라고 그녀는 시사했다. 또한 하나하나의 질문과 이에 대한 응답을 기록해 두지 않으면 안 된다는 것이었다.

나는 취리히 근교에 있는 집으로 돌아가 작업을 시작했다. 나는 낙지에게 이름을 물었더니 바로 '에스터 Esther'라고 말하였다. 에스터에게 계속해서 질문을 하면서 응답을 받기 시작할 때 내가 두려워하고 있다는 것을 알았다. 실제로 에스터가 나를 완전히 제압하려 하고 있다고 들었을 때는 극도의 공포를 느끼기 시작했다.

내가 에스터에게 말하고 있는 사이에 그녀는 힘 센 강자로 자라고 있었다. 나는 후들후들 떨기 시작했다. 이런 곤혹스러운 대화를 매일 얏훼 부인의 도움으로 그런대로 수일간 계속하였다. 그리고 면접시에는 낙지와 대화할 때 무엇이 일어나고 있었는가를 논의하도록 되어 있었다. 얏훼 부인은 나를 격려하고 지지해 주면서 기록을 계속하도록 힘을 실어 주었다.

수일 후 나는 절망의 극에 달하여 마침내 에스터와의 싸움을 포기하고 오직 도움을 구하는 기록을 하면서 허공을 향해 비명을 질렀다. "누가 나를 도와줄 사람은 없습니까? 나는 지금 정말로 자제력을 잃어 가고 있습니다. 이 괴물 에스터는 아무리 해도 내게는 벅찹니다." 라고 나는 기록하였다.

이처럼 기록하였을 때, 돌연 두 번째 인물이 나타났다. 눈을 감거나 기록하고 있으면 그 모습은 거의 눈으로 보는 듯하였다. 나는 소리를 들었다. "두려워하지 마십시오. 내가 여기 있습니다. 내가 그대를 돕고자 합니다." "그대는 누구입니까?"라고 나는 물었다. 그 모습은 응답하였다. "내 이름은 글렌다 Glenda 입니다. 북쪽 나라의 착한 마녀입니다." 글렌다는 내게 말하기 시작했다. 글렌다는 에스터를 문제를 많이 가지고 있는 존재라고 말하였다.

이때까지만 해도 나는 에스터를 단지 괴물로서만 보지 않았지만 글렌다의 말로 인하여 에스터에 대한 감정이 변해 가는 것을 알기 시작했다. 글렌다는 에스터로 인해 생긴 곤혹스러운 상황에서 나를 도와준다고 약속하였다. 글렌다는 이때 처음으로 에스터가 내게 지운 비참한 운명에 대하여 얼마간 동정을 느끼기 시작했다. 어떤 사람이 남을 완전히 지배하지 않고서는 만족할 줄 모르는 사람은 상당히 결함이 있는 인간임이 틀림없을 것이라고 생각한 것이다. 나는 글렌다가 어려울 때 등장해 준 덕택으로 그 전보다는 훨씬 강해졌다고 생각하였다.

이 무렵에 또 작은 개구리가 나타났다. 이 개구리는 내가 쓰고 있는 문장에 끼어들어 허미스Hermes 라고 자기를 소개했다. 허미스는 자기는 우리의 친구이며 글렌다도 그렇다고 말했다. 그들 두 사람은 내가 에스터를 어떻게 하려는 것을 돕고자 한다고 말하였다.

내가 에스터의 어려운 처지에 대해 동정심이 커짐에 따라, 최초에 일어난 그녀를 죽이고 싶었던 생각은 점점 줄어들고, 대신 나를 질식시키며 제압하려는 부분을 그녀에게서 말살시킬 수 있다면 얼마나 좋을까 하는 바람을 갖게 되었다.

그러나 글렌다와 허미스의 도움을 받아도 에스터의 파멸적 측면이 저절로 소멸되는 것은 아니라는 것을 알게 되었다. 나는 무언가 하지 않으면 안 되게 되었다. 나는 몇 자루 색연필을 가지고 십자가를 그렸으며, 그 십자가로 에스터의 심장을 찔러 그녀가 흡혈귀같이 보이기 시작했던 속성을 말살하고자 하였다 나는 흡혈귀의 심장을 꿰뚫고 나가는 것만이 그녀를 죽이는 유일한 방법이라고 하는 것을 잊지 않고 있었다.

이 행위는 에스터에게 흡혈귀의 성질을 없애면서도 살아남을 수 있는 것을 허용하는 것이 되었다. 나는 에스터의 살아남아 있는 부분과 다시 대화를 지속할 수가 있다는 점에서, 우리는 충분한 이해에 도달했다는 생각이 들었다. 이 시점에서 성서의 왕 다윗David 의 심상이 등장하였다. 매우 시적인 언어를 사용하여 다윗은 말하였다.

당신은 이미 상당히 강인함을 발견하였으며 앞으로의 인생에서 더욱 강인함을 발견해 가지 않으면 안 된다. 또한 당신의 전 인생은 당신이 발견한 강인성의 영광을 찬양하는 일에 바쳐지지 않으면 안 된다.

나는 매우 감동하였다. 이 말들은 지금까지 내가 실제로 들었던 그어떤 말보다 박진감을 주는 말이었다.

나의 '적극적 상상'은 이렇게 하여 하나의 결과에 이르게 되는 것처럼 보였다. 또한 이와 더불어 주목해야 할 점으로는, 벌써 이전에 경험한 여성들과의 숨막히는 만남 같은 것은 상당히 장기간에 걸쳐서 없어졌다는 것이다. 수년 후에 전에 있었던 일의 반복으로 생각할 수 있는 만남이 한 번 있었다. 하지만 내가 과거의 노트를 꺼내어 에스터에게 다시 글을 쓰게 되자 그녀는 자기가 몰래 나를 붙들어 괴롭히려 하고 있었다는 것을 인정하였다. 불과 수분 동안의 일이었지만 나는 그녀와의 문제를 해결했고, 이제는 두 번 다시 그와 같이 반복되는 경험 때문에 괴로움을 느끼는 일은 없어졌다.

🍂 몇 가지 임상 사례

이전에 언젠가 나의 임상심리학 상담실을 찾은 한 여성은 처음부터 아주 많은 문제를 털어놓았다. 그녀의 말에 의하면, 체중은 급격히 줄어들고 터무니없을 만큼 의기소침한 상태였다. 지금까지의 인생에서 모든 인간관계가 불운하기만 하여 완전히 자신을 잃고 있었다. 질병으로 인하여 병원에 입원하고 있는 꿈을 여러 번 꾸었던 탓으로 어딘가 몸 상태가 좋지 않은 것이 틀림없을 것이라는 생각에 사로잡혀 있었다. 그녀는 심한 절망의 절정에 달해 있었다.

몇 번의 초기면접 후에 나는 그녀에게 자신의 문제를 파악하기 위해서는 '적극적 상상'이 유용한 방법일 것이라고 권하였다. 그리고 그 가능성에 대하여 이야기를 나눈 다음, 그녀는 해 보려고 마음을 결정하였다. 처음에는 두 가지 모습이 그녀의 마음에 나타났다. 하나는 '흰 겉옷'으로서 나타났다. 그것은 긴 천으로 만들어진 품이 넓은 옷이며 어딘지 모르게 신체의 형상을 보이고 있었으나 얼굴은 없고 본질적으로는 미분화된 상태였다.

이 흰 겉옷은 그녀에게 있어서는 매우 긍정적으로 보였다. 제2의 심상은 그녀에게는 단지 '검은색'으로만 묘사될 수밖에 없었다. 검은색은 형태가 없는 흐릿하고 모호한 어두운 심상이었으며, 그녀를 위협하며 두렵게 만들었다.

이 여성은 적극적 상상 과정의 초기에 흰 겉옷에 무언가 말하고자 하는 것이 있는지 없는지를 물었다. "내게 말하고자 하는 것이 많이 있는 것처럼 보입니다. 그렇다면 내게 와서 말해 주십시오." 흰 겉옷은 대답하였다. "나는 당신에게 말을 하고자 오랫동안 기다리고 있었습니다. 지난 주말 무렵부터 집요하게 따라다니고 보니 이제 겨우 돌아보아 주었습니다."라고 말하였다. 흰 겉옷은 자신의 신상에 대해서 말하고 싶은 것과 어느 의미에서는 급히 말하지 않으면 안 될 비상사태가 박두하고 있다는 것을 말하였다. 흰 겉옷이 한 말의 내용은 처음에는 일반적이었지만 나중에는 점점 구체적인 것이었다.

이와는 달리, 검은색은 처음부터 심술궂게 말하기 시작했을 때는 화가 난 모습이었다. 검은색은 흰 겉옷을 '나약한 자'라는 이유로 비난하였다. 그리고 흰 겉옷의 말에 일체 귀를 기울여서는 안 된다는 것을 말하려고 애썼다. 검은색은 일을 처리하는 것은 자기이며, 그녀는 어떤 말참견도 할 수 없다고 말하였다.

이 여성은 지금까지 써 온 대화를 통해서 시간이 지나감에 따라서 흰 겉옷이 좋은 친구로 달라지는 것을 알게 되었다. 흰 겉옷은 그녀가 검은색을 이해하는 것을 도와주고자 제안하였다. 잠시 후, 흰 겉옷은 점점 선명한 모습을 띄기 시작하더니, 살이 부드럽고 통통한 아름다운 여성의 얼굴과 몸으로 달라졌다. 이 아름다운 여성이 나타나게 되자 그녀는 나의 환자의 더욱 친밀한 친구로서 협력자가 되었다.

이 아름다운 여성은 내 환자를 도와서 검은색의 속성을 다소 이해할 수 있게 하였다. 환자가 검은색을 이해함에 따라서 점점 위협이나 공포를 덜 주게 되었다. 검은색은 자기 자신의 이야기를 하고 있는 동안에 검은 구름으로 변하기 시작했다. 검은 구름은 자기 자신의 생애에서 있었던 비극이나 실망을 털어놓았다. 그리고 쏟아지는 눈물을 흘리면서 소리 내어 울었다. 잠시 후 내 환자는 검은 구름을 흰 겉옷의 미녀 못지않게 좋아하고 있다는 것을 알게 되었다. 그리하여 검은 구름이 눈물을 흘리고 있는 동안에 대지는 축축해져서 새로운 생명이 대지에게도, 그녀 자신에게도 찾아오고 있다는 것을 느꼈다.

잠시 후 이 여성은 자기 인생에 대해서 전보다 훨씬 낙관적인 마음을 갖기 시작했다. 그녀는 직장을 바꿨으며, 태어나서 처음으로 자기가 가장 소중하게 마음 쓰고 싶은 남성과 만나게 되었다. 그녀는 분명하게 적극적 상상을 통해서 내적인 여러 가지 모습과 관계를 맺는 방법을 배웠으며, 이 방법이 타인과의 만족스러운 관계를 유지해 가는 능력을 향상시켜 주었다.

또 마찬가지로 한 사람의 여성은 처음 상담을 할 때는 침울한 상태였으나 적극적 상상을 시작했을 때 '이고르 Igor'라고 부르는 검고 무서운 독수리를 발견하였다. 이고르와의 최초의 접촉은 그녀를 놀라 겁나게 하였다. 이는 어느 '종교적인 칼트 religous cult'역주 4 의 리더였으며,

---

역주 4. 칼트cult 의 기본적인 의미는 종교의 교조나 특정 지도자의 '가르침'을 중심으로 추종자가 모여서 만들어진 집단을 뜻한다. 이런 의미에서는 전통적인 불교·기독교·이슬람을 비롯한 여러 종교단체도 칼트다. 그러나 전통적 종교의 경우에는 카리스마charisma[카리스마는 그리스어에서 신의 '은총'을 의미한 charis에서 왔으며, 또한 신의 은사(恩賜)를 뜻하는 라틴어와 그리스어의 charisma에 관련됨] 적인 지배를 완화·분산할 수 있는 구조적인 장치가 되어 있지만예: 로마법왕, 달라이라마, 칼트 종교는 영구적인 지도자의 권위로 교조적敎祖的 인 사람cult figure 을 초인간화하는 폐쇄된 단일 체제에 의해서 운영된다는 점에서 다르다. 칼트 종교는 현대적인 의미의 협의로 정의한다면, 극단적인 망설妄說 을 설하는 카리스마적 지도자와 광신적으로 추종하고 의존하는 신도들이 만드는 일원적인 지배구도를 갖는 반사회적인 집단이라고 정의할 수 있다. 칼트 종교의 가르침의 전형은 현대사회의 부패와 타락을 고발함과 동시에 시대의 종말이 가까워졌음을 역설하며, 이 위기로부터 구원받기 위해서는 칼트에 들어와서 그 가르침에 따를 것을 반복적으로 주장함으로써 신도를 늘려 가는 데 있다. 통념상으로는 초인간적·비일상적인 능력, 주술적·계시적인 자질, 대중을 매료시키는 마술적 또는 비범한 힘을 가진 자를 의미한다. 예컨대, 이러한 특징은 예언자, 군사적 영웅, 위대한 지도자 등에서 발견할 수 있다.

Ken Wilber는 신종교운동Jim Jones의 인민사원, 미국 통일교회 등 에 관하여 1년간에 걸쳐 조사·연구하고 나서 그 특징을 다음과 같이 해설하고 있다. 첫째, 전 합리적 영역에 관계한다. 합리적 설명이 불가능한 마술적·성적 의식性的 儀式 을 사용하며 나아가서는 고대적 공의古代的 供儀 의 형태로 퇴행하는 경향도 있다. 둘째, 영구적인 권위를 갖는 사람이 있다. 카리스마적인 신앙의 스승·지도자가 권위를 행사하며, 이 권위를 상대화하는 계기가 배제된다. 셋째, 분리·고립된 정당성, 또는 단일한 근원의 정당성이 행사된다. 외부와의 교류가 차단되며, 정당성을

그녀를 유혹한 나머지, 그녀의 의형을 상기시켰기 때문이다. 잠시 후 이고르는 매우 우호적인 사이가 되었다. 이고르의 설명에 의하면, 그가 위협적인 것으로 되어 버린 것은 혼자 외로웠고 그녀를 무서워하게 만들어서 주의를 끌 수밖에 없었기 때문이었다는 것이다. 사실 자기는 불안하였기 때문에 친구를 찾고 있었다고 이고르는 말하였다.

나의 환자가 이고르의 친구가 되고 보니 이고르는 그녀를 돕기 시작했다. 그 후에는 도움이 되어 줄 다른 심상도 등장하여 내 환자와 이고르의 공통되는 친구가 되었다. 그것은 마치 이고르가 우리 안에 가두어져서 고립되어 있으면 있을수록 사람의 주의를 끌려고 기를 쓰는 동물이었던 것 같았다. 서서히 이고르 속에 있던 야수는 인격화되고 우호적인 상태로 변하여 최후에 가서는 손을 내미는 친구이자 협조자가 되었다.

이고르와 나의 환자는 서로 충성을 다짐하였으며, 언제든지 서로 돕자고 약속하였다. 이 여성의 우울상태는 가벼워졌으며, 이전에는 두렵게 생각했던 것도 완전히 잊어 버리고 참여하기 시작했다. 그녀는 거의 무가치했던 것을 매우 가치가 있는 것으로 변환시킬 수 있게 되었다.

내게 상담하기 위하여 찾아온 세 번째의 여성은 언제나 목에 무거

상대화하는 계기가 차단된다. 심한 경우에는 신자의 생사 여탈권까지도 한 사람에 의해서 좌우된다.

운 금속제의 십자가를 걸고 있는 경건한 그리스도교 신자였다. 그녀는 이미 60대의 길에 들어섰으며, 많은 세월을 그리스도교의 연구지답과 교회예배에 참석하면서 보내왔다. 그러나 무언가 일이 잘 풀리지는 않았다. 그녀에게 있어서 교회의 여러 가지 제도는 이미 그녀의 인생에서 발생한 깊은 감정을 담아 주지는 못했다. 그녀는 오직 그리스도교의 전통만이 자기에게 의미를 줄 수가 있다고 생각하고 있었는데, 웬일인지 거기에서는 자기가 추구하고 있는 의미는 발견할 수가 없었다. 그녀는 매우 침울하여 망연자실한 상태였다. 그녀의 슬픔에 잠긴 얼굴은 그녀의 그리스도교에 대한 확신을 실망시키고 있었다.

잠시 있다가 그녀는 적극적 상상 속에서 한 사람의 '정신적인 안내자'의 존재를 발견하였다. 그리고 자기가 신뢰하는 일체가 그리스도교적임을 확인하고자 그녀는 "당신은 성인聖人 이십니까?"라고 물었다. 이에 대한 대답은 "나는 성스러움이라는 말을 좋아하지 않습니다. 그것은 내게 동떨어진 말입니다."라는 것이었다. 그래서 그녀는 "모든 것의 근원이 되는 것은 없습니까?"라고 물었다. 안내자는 말했다.

"근원이 되는 것은 개개의 원자 속에 있습니다. 당신은 '선과 악'이나 '성스러운 것과 그 이외'의 논쟁과 싸우고 있습니다. 그렇지만 일체는 있습니다. 때문에 만약에 당신이 차별을 두지 않는다면 일체는 신성하든가 아니면 악이든가 할 것입니다. 그러나 이들 선과 악을 가지고 있는 의식의 지점이야말로 '성스러움 the divine'인 것입니다. 이 점을 나는 알고 있습니다. 그리고 당신 자신이 '성스러움'이라는 개념에서 자유로워질 것을 바랍니다. 당신은 지금 의식적으로 '전체 the whole'를 갖춘 지점에 도달하려 하고 있는 것입니다."

그 여성은 물었다. "전체라고요?" 이에 안내자는 대답하였다. "그렇습니다. 그러나 의식되고 있는 전체는 없습니다. 왜냐하면 전체는 언제나 매우 무의식적인 것이기 때문입니다. 따라서 의식적인 사람은 언제나 깨어 있으면서 미지의 대상에 경의를 표하게 됩니다. 은하계의 성운星雲처럼 미지의 영역에는 경계가 없습니다. 때문에 당신이 '나는 모른다.'라고 말하게 되면 나는 마음이 흐뭇해질 것입니다."

이 대화는 이 여성에게 있어서 매우 뜻깊은 것이었다. 그녀는 언제나 진리를 알고 있다고 생각하고 있었기 때문이다. 어쨌든 그녀는 자신의 인생경험에서 초자연적이며 신비적인 감각을 되찾기 시작했다. 또한 다른 사람들의 관점에 대하여 지나치게 이것저것 평가하는 것도 줄어들었으며 새로운 친구들도 몇 사람 만들게 되었다. 면담할 때도 무거운 십자가를 목에 걸지 않고 오게 되었다. 얼굴 표정도 밝아졌다. 태어나서 처음으로 보석류의 장신구를, 그것도 이문화, 이국적인 것을 몸에 달기 시작했다. 그녀는 이전보다는 자기가 더욱 세계의 일부라는 것을 느끼기 시작했으며 더욱 행복해졌다.

🌿 실천상 고려할 점

적극적 상상을 시작하려고 하는 결정은 환자 자신의 결심에 의해서 이루어져야 하며 강제로 시켜서는 안 된다. 적극적 상상을 실시하는 것은 환자가 이를 희망하며, 또한 적극적 상상을 통해서 얻은 심상을 다른 사람과 더불어 나누어 가질 수 있는 적절한 장소가 있을 경우에만 시작해야 할 것이다. 뿐만 아니라 적극적 상상에 있어서는 때로는 분석적이며 치료적인 기밀유지와 보호가 충분히 보장될 필요가 있다. 그리고 이 과정은 환자를 압도하는 강력한 심적 에너지의 힘을 해방시키는 가능성을 가지고 있기 때문에, 치료자는 언제나 양심으로 돌아가 지금이 실시하는 시간으로서 적기인가 아닌가를 자문하지 않으면 안 된다.

적극적 상상을 시작할 경우에는, 치료자는 먼저 환자에게 본인의 인생에 있어서 있었던 일반적 상황이나 특정한 반복적 상황을 예시例示해 줄 수 있는 심상에 접할 수 있도록 시사해 주지 않으면 안 된다. 그 심상은 동물이나 인물로서 등장하며, 환자에게 친숙한 경우도 있고 그렇지 못한 경우도 있다. 그리고 이 심상은 때때로 모호해서 형상이 분명하지 않을 때도 있다.

중요한 것은 환자가 현존하고 있는 실제 인물의 심상을 이용하여 분석 작업을 하지 않도록 주의시키는 일이다. 적극적 상상의 중심 대상으로서 현존 인물을 사용하는 것은 위험하다. 왜냐하면 적극적 상상의 진행 중에 무언가 좋지 않은 일이 본인에게 일어났을 경우에, 환자는 그 원인이 자기에게 있다고 하는 깊은 죄책감에 사로잡히지 않을 수가 없기 때문이다.

일반적으로 말하자면, 적극적 상상은 '인격화 personification'의 방향으로 진행하게 된다. 환자에게는 심상에 접하게 되면 그 이름을 묻는다든가, 또는 적어도 그 이름들이 누구이며, 무엇인가에 대해서 가능한 한 명확한 심상을 추구할 수 있도록 묻지 않으면 안 된다. 이 심상과 접촉하는 과정에서 탐색되는 것은, 접촉하고 있는 바로 그 심상과 관계를 맺고 있는 어떤 종류의 '관계성 relationship'이다. 그렇지만 이 관계성은 반드시 긍정적이거나 애정이 깃든 관계가 되지 않으면 안 된다는 것은 아니다. 실제로 많은 관계에서는 적극적 상상 과정의 어느 한 시점에서 강렬한 저항이 두드러지게 나타나게 된다.

환자가 적극적 상상을 시작할 때는 외부인이나 전화, 그 밖의 방해가 개입하지 않는 조용한 장소에서 하는 것이 바람직하다. 떠오르는 각종 모습을 보거나 듣기 위해서는 마음의 걸림거리가 되는 것에서 벗어나 유의미한 시간을 가질 필요가 있다. 또한 환자는 진행하고 있는 대화에 대해서 모종의 구체적인 표현을 부여하는 일이 절대적으로 필요하다고 생각한다.

특히 구체적 표현을 어떤 종류의 검열도 하지 않고 기록하는 것은 때로는 이 과정의 진행상 만족할 만한 방법이 될 수 있다. 왜냐하면 쓴다는 것은 각종 감각을 보다 많이 통합해 주며, 적극적 상상은 오로지 순수한 상상보다도 오히려 '심리물리학적인 과정 psychophysical process' 이 되기 때문이다.

때로는 분석 작업을 하기 위한 장소를 준비하는 격식 의식(儀式) 도 유용하다. 촛불을 켜는 일, 성스러운 장소의 한계를 정하는 일, 그 밖에 이와 같은 실제상의 배려 등은 도움이 될 것이다. 적극적 상상은 또한 기록하는 것 이외에도, '창작적인 표현의 통로'로 이끌어 줄 수도 있다. 때로는 자신이 상상을 통해서 보고 있는 내적인 모습을 그림으로 묘사하고, 점토로 조형해 보고자 하는 욕구가 빈번히 솟아오르는 것을 느낄 때도 있다. 이와 같은 종류의 표현을 온화하게 수용하고, 그러한 욕구가 자연스러운 순서에 따라서 넘쳐나는 대로 허용하는 것은 매우 유익한 일이라고 생각한다. 내가 일관되게 관찰한 바에 의하면, 표현 expression 은 억울상태 depression 에 대한 균형과 조화를 살려감에 있어서 필요한 실제 활동이라고 보아도 좋을 것이다.

또한 적극적 상상을 이용하여 분석 작업을 하기 위한 면접시간은 제한을 두고 하는 것이 중요하다고 생각한다. '내적인' 심상은 시간과 공간의 세계에 살고 있는 것이 아니기 때문에 이 세상에서 살고 있으려면 때로는 세탁도 하고, 요리도 하고, 수면도 취하는 것과 같은 실제적 배려가 필요하다고 하는 것을 가르쳐 주지 않는 한, 내적 심상에 대한 이해가 안 되는 경우도 흔히 있는 것 같다.

그래서 나는 가끔 환자에게 조언하기를, 적극적 상상 속에 등장하는 심상을 일정한 제한 시간 내에 분석 작업을 할 것과 미래의 면접을 위한 '예약'을 하도록 시사한다. 환자는 이렇게 말하면 좋을 것이다. "지금 이대로 당신과 대화를 지속하고 싶습니다만, 세탁소에 가서 세탁물을 찾아오지 않으면 안 됩니다. 좋으시다면 내일 오후 5시부터 6시까지 한 시간 대화를 나누고 싶습니다." 이렇듯 제한을 설정하는 것은 '내적인 심상'이 지나친 요구를 함으로써, 환자 본인의 의식을 지배하고 현실 생활에 대한 배려를 할 수 없을 때까지 환자를 압도할 가능성을 피하는 데 도움이 된다.

또 한 가지, 지극히 중요한 것은 적극적 상상을 이용하여 분석 작업을 하는 과정에서 환자가 자신의 체험을 공유할 수 있는 사람이 있다는 점이다. '내적인 여정 inner journey'에 관하여 말하는 것은 내적인 실재 reality 와 외적인 실재 사이에 새로운 다리를 놓는 데 있어서 도움이 된다. 적극적 상상은 우선 먼저 관계성 relationship 에 관계된 것이기 때문에, 심층적인 개인적 경험을 말하는 것은 개인적이며 초개인적인 시각의 접촉을 심화시켜 가는 데 있어서 효과적이다.

드디어 적극적 상상은 정지점에 도달하게 된다. 정지점 도달이 언제 일어날 것인가는 환자 본인은 확실하게 알 수가 있으며, 경험을 쌓은 치료자라면 종종 그 시기가 도래하고 있음을 예감할 수가 있다. 이 시점에서는 심상들이 단지 등장한 것만으로는 충분하지 않다. 등장한 적극적 심상을 자신의 인생 속에, 살과 피와 뼈의 세계 속에, 인간 활동의 무대 속에, 그리고 자연 속에 밀고 나아가 그 심상경험으로 살지 않으면 안 된다.

또한 적극적 심상이 끝날 때까지 환자는 내적인 심상과 실제로 만나서 그 심상들과 더불어 결론을 얻을 때까지 분석 작업을 지속했다고 하는 경험을 하지 않으면 안 된다. 이를 매우 잘 묘사하고 있는 말로서, 독일어에는 *Auseinandersetzung* 분석·논쟁·대결의 의미 이라는 말이 있다. 이 말은 환자와 그의 내적인 심상으로 내적인 실재와 외적인 실재의 상호 관계성에 대한 '최종적인 동의'를 이끌어 가는 일종의 윤리적 대결 ethical confrontation 을 함의하고 있다.

🌿 트랜스퍼스널 심리치료의 시사적 의의

트랜스퍼스널한 시각은 인간성과 물질세계의 모든 기저에 공통적 특성으로서 본질적인 통일 essential unity 이 존재하고 있음을 확신하고 있다. 이 입장은 본질상 비이원론적 non-dualistic 이며, 지금까지 고전적으로 '내쳐'와 '외쳐'로 구분하여 이해해 왔던 양자 사이의 울타리를 걷어치울 수 있다는 것을 가능하게 한다. 이런 점에서 적극적 상상은 이 비이원론적 통합을 달성하기 위한 필수적인 도구다.

한 문명이 발달하게 되면 강력한 본능의 힘은 마음의 심층 속으로 우리 cage 안의 동물처럼 묻혀 버리게 된다. 현대인은 이와 같은 본능의 힘을 억압하면 할수록 그 본능은 강렬한 반발력을 키워서 때로는 무서운 폭력성·공격성·파괴성을 수반하여 폭발하게 된다. 이와 같은 본능의 힘과 적절한 관계를 맺는 일은 개인의 내적인 평화와 세계의 평화를 위해서 필수불가결한 것이라고 본다.

물질의 지배를 추구하기 위하여 현대인은 자기 자신의 영혼까지도 정복하려고 노력해 왔다. 그러나 영혼은 이에 반란을 일으켜 배려를 요청하여 왔다. 적극적 상상은 본인을 영혼과의 쇄신된 접촉 속으로 끌어들여, 여기서 형성된 새로운 관계성으로부터 다시 '전체성 wholeness' 을 회복할 수 있게 한다.

우리는 현대 생활 속으로 흡수할 가치가 있는 것은 이미 암흑 속에 숨어 있지 않다는 것을 믿기 시작하였다. 그렇지만 연금술사의 가르침에 따라서, 우리는 경험의 가장 비천한 요소조차도 무언가 위대하고 가치 있는 것, 황금으로 변형시킬 수 있는 '제일질료 prima materia' 역주 5 가 될 수 있다는 것을 깨닫고 있다. 파라켈수스 Paracelsus 역주 6 의 말은

역주 5. 제일질료란 연금술의 중심적 관점인 제 요소의 변질 transmutation of elements 에 있어서, 제 요소의 원초적인 혼돈된 덩어리 massa confusa를 뜻한다.

역주 6. Paracelsus(1493~1541)는 스위스의 취리히 호수에 가까운 아인쉬데른에서 태어났으며, 르네상스기의 스위스의 의학자·자연과학자·신학자·철학자다. 의사였던 아버지에게서 자연철학의 가르침을 받고, 이탈리아의 페랄라 대학에서 의학을, 스위스 바젤 대학에서 연금술·점성술을 배웠으며, 진료를 하면서 유럽 각지의 편력 遍歷 생활을 마치고 난 후, 의학계를 지배하고 있던 그리스의 의학자 히포크라테스 Hippokrates(BC 460?~375?) 이래의 4종의 '체액병리설 體液病理說'과 갈레노스 Galenos(129?~199) 등의 교조적인 의학을 '넘어섰다'고 하는 자부심을 갖고 로마시대의 명의 켈수스 Celsus 까지도 능가한다고 하여 파라켈수스 Paracelsus, 초월(para)-켈수스(celsus)임을 자처하였다. 본명은 폰 호헨하임 Theophratus Bombastus von Hohenheim 이다. 산화철·수은·안티몬·납·동·비소의 금속을 처음으로 내

그 실마리를 잘 제시해 주고 있다. 즉, "우리의 황금은 예사로운 황금은 아니다 *au rum nostrum non est aurum vulg*."라고. 연금술사들의 황금은 금전이 아니며, 통일과 전체성이라고 하는 황금이 될 경험인 것이다.

트랜스퍼스널 심리학과 심리치료는 적극적 상상이, 전체성에 이르는 왕도 *via regia* 를 여행할 사람에게는 헤아릴 수 없을 만큼이나 귀중한 수단이라고 하는 것을 깨닫게 될 것이다.

복약으로 사용한 의화학醫化學, iatrochemistry 의 시조, 의학의 루터 Luther 로 불리고 있다.

5
정신생리학과 건강/
퍼스널과 트랜스퍼스널

알리스 그린(Alyce M. Green)

상당히 오래 전의 일이기는 하지만 남편인 엘머 그린Elmer Green과 나는 서양의 문학·미술·연극·학문, 특히 심리학에 등장하는 인간의 이미지에 불만을 품게 되었다. 그것은 인간이 유전자와 조건화, 환경과 운명, 또는 우연성 등에 의해서 속박되고 있는 구제할 수 없는 희생자로서 묘사되고 있다고 느꼈기 때문이다.

우리는 이와 같은 인간상을 용인할 수가 없었다. 우리는 '불가능'이라고 생각되는 일들을 잘 해내는 사람들이 있다는 것을 알고 있었다. 그리하여 우리는 행동의 선택, 자기방향의 결정, 자기조정에 관한 인간의 잠재능력에 대해서 연구해 보고자 생각하게 되었다. 그러기 위해서는 많은 정보가 필요하기 때문에 우리 두 사람은 시카고 대학으로 가서, 정신과 의사인 남편은 정신생리학 뇌·신경계·지각에 대한 연구을,

스피치와 드라마를 전공하고 있던 나는 심리학, 카운슬링, 내담자중심치료, 창조성 등에 관하여 연구를 시작하였다.

시카고 대학에서부터 메닝거재단 Menninger Foundation 역주1 의 연구부로 옮긴 1964년 무렵의 사회는 오늘날보다는 그 양상이 달랐다 초심리학 (parapsychology)은 말할 것도 없이. 명상, 요가, 각종 자율신경기능을 수의적 隨意的 으로 컨트롤하는 요가수행자의 능력 같은 화제는 품위 있는 학회나 의사회 같은 데서는 언급되지도 않았던 시대였다.

보통사람은 직접·간접의 방법과는 관계없이 신체의 '불수의 不隨意' 기능에 변화를 줄 가능성 같은 것은 있을 수가 없는 일로 인식되고 있었다. 실제로 시카고 대학의 심리학과에서는 마음·이미지·의식에 관해서 말하는 것은 어리석은 것으로 볼 정도였다. 이러한 개념들의 존재가 '증명'되어 있지 않았기 때문이다. 당시 어느 유명한 심리학자는 이렇게 말하였다. "심리학은 먼저 영혼을 잃었고, 이어서 정신을 잃고, 이제는 의식도 잃어버리고 말았다."

이런 시대적 상황 속에서 우리가 메닝거재단에서 생리학과 심리학의 '불수의'적인 측면을 수의적으로 컨트롤하는 능력에 관하여 연구를 시작했을 때 문제가 되었던 것은 '어디서부터 연구를 시작할 것인가?'였다. 우리는 20세기 초에 독일의 정신과 의사 요하네스 슐츠박사 Dr. Johannes Schultz(1884~1970) 에 의해서 개발된 자율훈련법 autogenic training 역주2 에 대한 지식을 갖고 있었다. 이 치료는 '자기암시적인 용어

역주 1. 제2장에 있는 '역주 4' 참조.
역주 2. 자율훈련법 Autogenic Training 은 독일의 정신과 의사 Schultz와 캐나다의 정신생

와 심상 self-suggestive phrases and visualization '을 사용하여 환자 자신이 증상을 치료하도록 가르치는 치료기법이다 (Schultz and Luthe, 1959).

이 치료기법은 서양인, 특히 독일인에 의해서 개발되었다는 이유와, 여기에 메닝거재단 의사의 한 사람이 한 국제학회에서 이 문제가 논의된 것을 들었다고 하는 정황이 맞물림으로써 메닝거재단에서도 자율훈련법을 상당히 검토할 만한 가치가 있다고 생각하고 있었다.

최초의 연구프로젝트는 2주간이라고 하는 단기간의 자율훈련법으로, 이때는 슐츠의 기법을 우리 나름대로 응용하여 피험자가 자기의 지로 손의 온도를 올릴 수 있는가 없는가를 조사하였다. 이 조사의 대상은 동 재단에서 근무하고 있는 32명의 여성 피험자였다. 우리는 체온바이오피드백 temperature biofeedback 과 자율훈련법의 암시 용어를 병

리학자이자, 심신의학자인 루테 Wolfgang Luthe(1922~1985) 에 의해서 개발된 자기제어를 위한 심신이완법이다. Schultz는 일찍이 인간을 '심신일여적 존재 心身一如的 存在, psychophysiologische Einheit '로 보아 현대 심신의학 psychosomatic medicine 의 기초를 만들었다. 자율훈련법은 자기최면법 autohypnotic method 의 일종이며, 융 Jung 이 개발한 심상요법 imagery therapy 의 이론을 기초로 한 자기암시 self-suggestion , 주의집중 attention , 이완 relaxation 의 3원리를 살린 응용기법이다. 자율상태가 되면 심리적으로는 감정의 진정화 鎭靜化 , 생리적으로는 자율신경계의 안정이 이루어진다. Schultz는 또한 요가 Yoga 와 선禪, dhyana 의 영향도 받았으며, 이는 자기제어 self-control 의 원리 속에 반영되고 있다. 주요 저서에는 『 Das Autogene Training 』 (1932); 『 Bioneme Psychotherapie 』(1951); 『 Arzt und Neurose 』(1953) 등이 있다. 캐나다의 정신생리학자 Luthe는 자율훈련 중에 발생하는 심리적·생리적인 자발적 반응에 착안하여 심리치료에 유효한 자율성 해방 autogenic discharge 이라는 개념을 도입하였다. 그는 자율성 해방을 적극적으로 일으키기 위하여 자율성 제반응 自律性除反應, autogenic abreaction 과 자율성 언어화 autogenic verbalization 의 치료법을 제창하였으며, 이 두 방법을 결합하여 자율성 중화법 自律性中和法, autogenic neutralization 을 개발하였다. Schultz와 공저한 『 Autoganic Training 』은 자율훈련법의 대표적 저서다.

용하게 되면, 피드백에 의해서 학습능력이 현저하게 향상할 것이라고 기대하였지만, 중요한 체온피드백장치 엘머 그린(Elmer Green)이 설계하고, 재단의 생체의학기술연구소(Biomedical Engineering Laboratory)가 제작하였다 가 시간적으로 이에 따르지 못하여 1일 2회의 이완법과 온감溫感 훈련만을 실시하였다. 그럼에도 불구하고 몇 명의 여성은 의지의 힘으로 온도를 화씨 2~3도 섭씨 약 1.1~1.7도 올릴 수 있게 되었으며, 그중에 두 사람은 암시법과 심상의 이미지법을 2주간 병용한 것만으로도 화씨 10도 섭씨 약 5.6도 까지 올릴 수 있게 되었다.

체온피드백장치를 사용하게 되었을 때는 10명의 건강한 정상인 가운데서 9명이 2~3일 이내에 손의 온도를 화씨 10도만큼 상승시키는 요령을 터득했다는 것을 알았다. 이렇듯 최초의 연구에서 손의 온도를 수의적으로 올릴 수 있다는 것 손의 혈행(血行)을 촉진하여 그것이 교감신경계 (sympathetic nervous system)에서 일어나는 스트레스반응의 전환을 의미한다 에 의해서 편두통이 완화되거나 제거된다고 하는 사실을 발견하였다 (Green & Green, 1983).

메닝거재단의 내과부장 조세프 사젠트 박사 Dr. Joseph Sargent 는 두통에 관한 연구와 치료 면에서 생각지 않았던 성과를 거둠으로써, 흥미를 갖고 이 방향으로 연구를 진행하였다. 그러나 엘머와 나의 주된 관심사는 인간의 의식상태의 연구에 있었다.

바이오피드백 biofeedback 역주 3 을 사용한 의식연구의 중심이 되는 것

역주 3. 자율신경계에 지배된 생리반응에 관한 정보를 본인에게 알림으로써 생리적 반응을 변화시키는 장치다. 예컨대, 뇌파에 알파파가 나타난 것을 알리게 되면 알파파의 출현이 점차로 증가한다. 불안이나 스트레스의 자기컨트롤 방법으로 이용된다. 뇌파 이외에도 피부온도, 피부전기반사, 심박, 근육활동에 수반되어

은 일반적으로 '뇌파 brainwaves'라고 부르는 뇌의 전기적 리듬을 수의 적으로 제어하는 훈련이다. 이 경우에 피험자가 뇌파를 감지할 수 있는 어떤 감각적 표상 sensory representation 이 있는 것은 아니기 때문에 뇌파의 제어는 피험자가 뇌의 특정 리듬에 관련하는 주관적인 의식상태를 자기유도함으로써 실시된다. 예컨대, 의식이 바람직한 상태가 되면 피드백신호 보통은 소리의 고저 를 보냄으로써 피험자의 의식상태에 대응하는 뇌의 리듬상태를 알리게 된다는 것이다.

뇌파는 주로 네 가지로 나뉜다. '베타파 BETA wave' 1초당 13~26헤르츠 는 보통 주의를 외부세계로 돌리며, 스트레스가 많은 상황에 직면하였을 때 구체적인 문제해결을 위하여 머리를 짜내는 등 '적극적 사고'를 할 때 나타난다. '알파파 ALPHA wave' 1초당 8~13헤르츠 는 보다 이완된 상태에 있을 때 나타난다. 마음은 깨어 있는 상태지만 외적 세계나 조직화된 논리적 사고에 주의를 기울이기보다는 오히려 내적인 체험 예컨대 백주몽 에 몰두하고 있을 때와 같다. '세타파 THETA Wave' 1초당 4~8헤르츠 는 보통 마음속 깊이 내면화되어 무의식에 가까운 상태에서 일어나며, 졸음이나 깊은 몽상 속에서 느닷없이 의식이 엇갈림으로써 찾아오며, 의식적인 사고와는 무관계한 이미지를 수반하는 경우가 많다. '델타파 DELTA wave' 1초당 0~4헤르츠 는 주로 깊은 수면상태에서 나타난다. 심리상태가 적극적이고 구체적인 정신활동에서부터 몽상이나 수면상태로 변해 감에 따라서 신체의 다른 생리적 리듬과 동일하게 뇌파도 느리게 낮아진다.

일어나는 전류, 혈압 등의 바이오피드백이 사용되기도 한다.

우리는 다시 피험자로서 대학 2학년생을 선정하여 몇 번의 뇌파연구의 프로젝트를 실시하였으며, 이 연구를 통해서 매우 흥미 있는 사실을 발견하였다. 즉, 뇌파가 낮아져서, 세타파와 낮은 알파파가 나타나게 되면 이때는 신체도, 감정도, 마음도 평온함을 나타냈다, 몇 명의 피험자가 입면 시 심상入眠時 心像, hypnagogic imagery 을 보았다는 것이다. '히프나고지크 hypnagogic'란 그리스어에서 '잠'을 의미하는 '히프노스 hypnos'와 '유도'를 의미하는 '고기크 gogic'에서 유래한 말로서, 입면 시의 특수지각을 말한다. 그전에는 그와 같은 지각은 깊은 잠에 들기 전 상태 pre-sleep states 에서만 나타난다고 생각하고 있었으나, '입면 시 특수지각'이라고 하는 말은 이때부터서는 입면 시에만 국한하지 않는다고 하는 것을 알게 되었다.

　　이제는 이와 같은 지각은 '심화된 이완' '심화된 명상' '심화된 내적 정적內的靜寂'의 경우에 돌연 어떤 무의식의 세계에서 의식의 세계로 떠오르게 된다는 것은 알게 되었다. 어떤 학생이 말한 것처럼 "다만 불쑥 나타난 것 뿐이었다."라고 한다. 그것은 시각 이미지만이 아니라, 청각·촉각·후각·미각 등의 오감을 통해서도 일어날 수 있는 지각이다.

　　이 연구가 시사하고 있는 것은, 입면 시 특수지각과 낮은 알파파나 세타파, 우리가 '몽상 reverie'이라고 불렀던 깊게 침잠된 주관적 상태와는 아무래도 관계가 있을 것이라는 점이었다. 시카고 대학에 있을 때 창조성 연구를 하고 있었던 나는 깊은 '정적 상태'와 입면 시 '특수지각'은 '창조성'과도 관계가 있다는 것을 알게 되었다. 가장 창조성이 풍부한 '직관적' 발상이나 '문제해결법'은 창조적인 사람들이 몽상이나 꿈에 가까운 상태에 있을 때 나오게 된다는 것을 알게 되었다.

이와 같은 지각은 보통 적극적인 사고나 문제해결을 위한 노력을 하지 않는 예상 외의 경우에, 예상 외의 방법으로 불시에 일어나게 된다. 그러나 자기를 그와 같은 의식상태로 들어가게 하여, 의도적으로 이런 이미지 형성능력 image-making faculty 을 작동시키는 사람도 있다. 예컨대, 로버트 루이스 스티븐슨 Robert Lewis Stevenson 역주 4 은 자고 있는 동안에 자기 마음속에 있는 '브라우니 brownie, 요정 '역주 5 에게 스토리를 만들게 할 수 있었다. 즉, 자는 동안 줄거리와 등장인물이 정해지고 충분하게 정착되어 있을 때 깨어나면 그것을 지면에 기록하기만 하면 되었다.

장 콕토 Jean Cocteau 역주 6 의 경우도, 단속적斷續的 인 잠을 자면서 '극장 좌석에서 보았던 것'이 그의 희곡작품 『원탁의 기사 The Knights of the Round Table 』의 기초가 되었다. 프랑스의 수학자이며 물리학자인 포엥

역주 4. Stevenson(1850~1894)은 스코틀랜드 애든버러 출생의 영국 소설가 · 수필가 · 시인이며, 강건한 공상적 모험담과 참신한 문체가 특징이다. 대표적인 작품으로는 『신 아라비아 야화 New Arabian nights』(1882), 『보물섬 Treasure island』(1883), 『지킬박사와 하이드씨 Dr. Jekyll and Mr. Hyde』(1886) 등이 있다.

역주 5. brownie는 스코틀랜드의 전설에 나오는 요정이며, 밤에 몰래 농가의 일을 도와준다는 작은 요정이다.

역주 6. Cocteau(1889~1963)는 프랑스의 시인 · 소설가 · 극작가 · 연출가 · 화가였으며, 제1차 세계대전 후에는 피카소 Picasso(1881~1973), 6인조 작곡가와 더불어 전위예술운동을 일으켜 전후의 혼란을 단순히 사회적 · 정치적 제도의 경화쇠퇴 硬化衰頹의 결과로 보지 않고, 인간 자체에 본래 고유의 비참해질 요인이 있다고 보아, 시대에 민감한 감각, 자기충실, 고전적 미학을 살려 독특한 작품을 썼다. 제2차 세계대전 중에는 반나치 진영에 있었으며, 전후에는 영화 시나리오와 시집의 작품활동에 주력하였다.

카레 Henry Poincaré(1854~1912) 도 침대에 누워 잠에 들려고 하였을 때, 눈앞에 마치 구름을 탄 듯한 수학기호가 나타나서 춤을 추듯 나풀거리며 서로 부딪치고 결합되어 '푹스 함수 Fuchsian function' 역주 7 의 최초의 식이 되었다고 말하고 있다. 이성적·논리적인 사고로는 아무리 하여도 생각해 낼 수 없었던 수학함수다.

이와 같은 종류의 '환영 vision' 에 대해서는 반복적으로 언급하고 있는 독일의 유기화학자 케쿨레 Kekule 역주 8 도 이미지형성상태를 활용한 명인이었다. 그는 자기가 주최한 어느 만찬회에서 일련의 깊은 몽상상태에 빠졌을 때의 체험담을 들려주었다. 어느 땐가 눈앞에서 원자atoms 가 '여기저기 뛰어 돌아다니는 것'을 보고 그것이 후일에 분자구조론 theory of molecular structure 으로 발전되었다고 한다.

또한 어느 날 밤늦게까지 작업을 하고 있었던 케쿨레는 의자를 난로쪽으로 돌려놓고 앉아서 졸고 있었다. 그러자 원자가 그의 눈앞에서 뛰어 돌아다니더니, 이윽고 그것이 몇 마리의 뱀처럼 꼬불꼬불 구부

역주 7. Immanuel Lazarus Fuchs(1833~1902)는 독일의 수학자이며, 수학자 바이에르슈트라스 Karl Weierstrass(1815~1897)에 사사하였으며, Heidelberg, Berlin 대학교수를 역임하였다. 기하학·수론·해석학을 연구, 또한 'n차선형미분방정식'의 이론에 '군론 群論, Gruppentheorie'의 방법을 적용, 새로운 면을 개척하여 '타원함수론 generalisations of elliptic function'(푹스함수)에도 공헌함으로써 '푹스군 Fuchs Group'의 이론을 펼쳤다.

역주 8. Friedrich Auqust von Kekule(1829~1896)는 독일의 유기화학자다. 1858년에는 원자가설을 발표, 탄소화합물의 구조의 근저를 구축할 수 있는 이론을 만들었다. 이어서 케쿨레는 '환영'의 암시를 받아, 1865년 탄소의 6원자는 하나의 환을 만들며, 여기에 부속하는 수소가 다른 기基로 치환되어서 화합물이 만들어진다는 벤젠 benzene 의 구조식을 밝힘으로써 유기화합물의 연구에 박차를 가했다.

러진 가늘고 긴 모양으로 보였다. 이때 갑자기 한 마리의 뱀이 자기 꼬리를 물고 '놀리는 것처럼' 케쿨레 앞에서 또아리를 틀었다. 이 이미지로부터 많은 유기화합물이 '벤젠고리 benzene ring'처럼 닫힌 고리나 환상環狀을 이루고 있다고 하는 유명한 분자개념이 나왔다. 이로 인하여 유기화학에 있어서 오랫동안 풀지 못했던 과제가 해결되었다고 한다.

엘머 그린은 오래 전부터 '이미지형성능력 image-making faculty'에 관심을 갖고 있었다. 그에게 있어서 이미지형성능력은 극히 자연적인 것이어서, 자기도 때로는 물리학이나 수학의 문제를 풀기 위해 이용하였다. 그리하여 우리는 그의 경험과 나의 '창조성 연구'에서 얻은 정보와 학생을 피험자로 한 일련의 '실험결과'를 모아서 생각한 결과 창조성을 발휘하게 하고 강화시키는 한 방법으로서 바이오피드백을 사용한 뇌파훈련의 가능성을 찾아보기로 하였다.

먼저 우리는 간단한 속임술로는 별 효과가 없는 심리적 훈련을 하기 위하여 요가명상반의 사람들을 피험자로서 시험적인 실험 pilot study을 하였다. 그 결과 얻은 이미지는 흥미 있고 유망적이라고 생각되었기 때문에 우리는 "알파 · 세타훈련 · 몽상 · 심상Alpha-Theta Training, Reverie, and Imagery"이라는 타이틀로 연구프로젝트를 국립정신건강연구소의 기금으로 발족시켜, 피험자의 학생들이 알파 · 세타훈련에서 깊은 몽상상태에 도달할 수가 있는가와 입면 시 특수지각을 의식하며 그 보고가 가능한가를 조사하였다. 피험자로서는 토페카에 있는 워시번 대학Washburn University of Topeka의 3, 4학년 학생들로 구성된 26명을 선정하였다(Green & Green, 1977).

뇌파의 피드백은 시각기능이 위치하고 있는 후두부의 시각영역에서 발생하는 것을 사용하였다. 피드백은 음성신호로서, 세타파가 나타났을 때는 낮은음이, 알파파가 나타났을 때는 약간 높은음이 나오도록 하였다. 실험을 시작함에 있어서 학생들에게는 특수지각이나 창조성에 관해서는 말하지 않았다. 우리는 다만 그들에게 의식과 무의식을 연결하는 다리를 놓을 수 있는가 없는가, 그리고 그 다리에 어떤 제어를 가할 수 있는가 없는가의 실험이라고 말했을 뿐이었다.

각 학생을 2주간에 1회씩 실험실로 불러서 알파ㆍ세타 바이오피드백 alpha-theta biofeedback 을 실시하고 그동안의 뇌파를 기록하였다. 실험 후 매회 피험자를 면접하여 실험 중의 주관적 보고를 테이프에 녹음하였다 그러한 체험을 자각하고, 보고하는 능력도 바이오피드백 훈련 과제의 일부였다. 또한 각 학생은 다시 휴대용 피드백장치로 2주간에 한 번씩 실험실에 와서 그 내용에 대해서 보고하고 토의하게 하였다.

훈련은 5주씩 전후로 나누어 총 10주에 걸쳐서 실시하였다. 전기에서는 피험자 전원이 '알파파'를 크게 나타냈으며, 많은 피험자가 어느 정도의 '세타파'도 나타냈다. 세타파를 나타내는 것은 더 어렵다. 왜냐하면 보다 깊은 신체적ㆍ정동적ㆍ정신적인 안정이 요구되기 때문이다. 비록 개인차는 컸지만 피험자는 점점 주관적 체험을 의식하며 이를 표현할 수 있게 되었다.

후기의 5주가 시작될 때, 우리는 처음으로 피험자에게 입면 시 심상특수지각 에 대한 설명을 하고 우리의 관심이 세타파 출현의 증가와 특수지각에 대한 자각의 증가에 있다는 것을 설명하였다. 후기에서는 알파파의 출현이 크게 줄어들고, 세타파의 증가와 더불어 특수지각의 회수ㆍ다양성ㆍ복잡성의 증가를 보였다.

간단하게 요약한다면, 이 '뇌파ㆍ몽상실험 brainwave-and-reverie research '

연구의 결과는 다음과 같다.

- 훈련 초기에는 많은 피험자가 회상빈도의 증가와 꿈의 선명성을 보고하였다. 그들 중 몇 사람은 실험 중 입면 시 특수지각을 통해서 잊고 있었던 유아체험을 생각해 냈다고 보고하였다.
- 모든 문화에 공통되는 보편적 이미지인 융 Jung 의 '원형적archetypal' 이미지를 보았다고 하는 보고도 있었다. 때로는 두 사람 또는 그 이상의 사람들이 같은 종류의 이미지를 보기도 했다. 예컨대, 터널을 통과했다. 산이나 계단을 올라갔거나 내려갔다. 바다와 초원과 같은 광활한 공간을 체험했다. 우주에서 부유浮游했다. '노현자老賢者'를 만났다. '지혜의 서'가 주어졌거나 보았다. 둘 또는 하나의 '눈'을 보았다고 하는 이미지 등이었다.
- 창조성에 관련된 체험도 보고되었다. 예컨대, 실험 중에 대학에 제출할 논문의 구상이 정리된다는 것이다. 사진전공 학생은 어느 사진가의 작품집의 이미지를 보았다. 미술과 학생은 퍽 마음이 편안하여 거침없이 그림을 그리게 되는 것과 같은 것이다. 창조성의 훈련을 거듭하고 있는 동안에 대인관계에 얽힌 문제를 해결할 수 있게 되었다고 하는 보고도 있다.
- 몇 가지 영적 체험이나 초감각적 지각 ESP체험도 보고되었다. 세타파 훈련에서 신체·정동·정신이 깊게 가라앉아 있게 되면, 평소에는 '들리지 않는' 소리나 '보이지 않는' 것이 의식에 떠올라 오게 된다.
- 예상 외의 일로, 피험자는 비교적 높은 빈도로 '알파·세타 훈련'을 집중적으로 하게 되면 통합적인 체험을 할 수 있다고 하는 것

을 보고하였다. 요컨대, 학생들은 이전보다는 에너지가 넘치고, 집중력이 증가하여 시험이나 논문에 편안하게 대처할 수 있게 되었으며, 대인관계에 있어서도 개선되어 자기와 타인에 대한 의식이 대폭 증가하고 자연에 대한 감수성이나 감상력도 증가하였다. 그들 가운데 어떤 사람들은 그들의 느낌을 다음과 같이 말하고 있다. "감이 매우 좋다." "때는 왔다." "내가 해야 할 것은 무엇이든지 할 것 같다."

이와 같은 결과에서 우리는 다음과 같은 가설을 세웠다. 즉, 신체적·정동적·정신적으로 평온한 상태에서 체험하는 '입면 시 특수지각'의 잠재적 창조력이나 그와 같은 상태에서 마음속에 똑똑하게 그릴 수 있는 창조적인 이미지를 생각해 낼 수 있는 능력은, "문학적·예술적·과학적 통찰에만 한정할 필요는 없지 않은가." 하는 가설이다. 피험자인 학생들에게 있어서는 그와 같은 능력은 그들의 일상생활, 학교공부, 남들과 사귀는 대인관계에까지도 영향을 주었다. 이와 같은 창조적 이미지는 마음에 걸렸던 문제를 해결하는 데도 도움이 되었다.

그들은 아직 과학자도 예술가도 되어 있지 않은 존재지만, 그래도 깊은 내면적인 평온·정적靜寂 상태가 창조적 사고, 문제해결, 심신통합에 도움이 되고 가치가 있다는 것을 알게 된 것이다.

이런 연구결과로 우리는 창조성에 대한 개념을 확대시켜, '창조적 심상법 creative visualization'이 신체적·정동적·정신적·영적인 건강촉진에 도움이 된다고 생각하게 되었다. 특히 무엇보다도 중요한 것은 이와 같은 생각들이 모든 사람에게 응용할 수가 있고, 매일매일의 건강회복과 유지는 물론 인생 그 자체를 창조하고 심신을 일신시키는 데도 도움이 된다고 하는 점이다. 왜냐하면 생생하게 상상하고 창조적으로 이미지화할 수 있는 것이 때로는 신체면과 생활면에서도 그대로 현실이 될 수가 있기 때문이다.

우리가 이 연구를 하고 있을 때 메닝거연구소의 정신과 의사들이 이따금 찾아와서 환자의 치료에 도움이 될 가능성에 대한 상담을 받았다. 우리는 시도해 보자고 말했더니, 근긴장 muscle tension , 불안 긴장 anxiety tension , 출혈성 위궤양 blooding stomach ulcer , 빈맥 頻脈, tachycardia , 고혈압 high blood pressure 등 각종 증상의 환자가 찾아왔다. 다행히도 초기 증상의 환자가 많았고, 치료 효과도 좋았기 때문에 1975년에는 동료와 더불어 치료를 목적으로 한 '메닝거 바이오피드백 · 정신생리학 센터 the Meninger Biofeedback and Psychophysiology Center'를 설립하였다.

우리는 바이오피드백을 사용한 정신생리학치료를 받기 위하여 센터에 찾아온 사람들에게는 먼저 바이오피드백의 용어를 설명하게 된다. 요컨대, '바이오피드백'이란 심장의 움직임 · 혈압 · 근육의 긴장 · 체온 · 뇌파와 같은 생리적 정보를 미터의 바늘이나 빛과 소리를 통해서 피드백해 주는 것이라는 것, 그리고 바이오피드백 훈련이란 그 정보를 사용해서 생리상태의 수의적 제어훈련 隨意的制御訓練 을 확대하는 훈련이라고 하는 것을 설명해 준다. 또한 무의식으로 나타나는 생리변화도 다음 방법으로 자기통제가 가능하다는 것도 설명해 준다.

• 신체 · 감정 · 정신의 진정법 鎭靜法 을 몸으로 익힌다.

- 바람직한 변화의 상태를 생생하게 이미지화한다.
- 변화가 일어나고 있는 것을 '느낀다.'
- 마음을 비우고 초연하게 '일어나는 대로 맡기며' 심상에 몸을 맡긴다. 바이오피드백의 미터는 성취도를 나타내며 안내자의 역할을 하게 된다.

우리는 환자에게 인간의 사고와 감정이 어떤 방법으로 중추신경계에서부터 대뇌변연계(大腦邊緣係) · 시상하부(視床下部) · 뇌하수체(腦下垂体를 통해서 건강에 영향을 주고 있는가를 설명하며, 좋든 싫든 인간은 그 영향을 언제나 받고 있다는 것을 강조한다. 신체가 치유되어 건강하게 살아가는 것은 자연스러운 일이며, 마음이 건강을 달성하고 유지해 가는 데 있어서 중요한 역할을 하고 있다는 것을 역설하게 된다.

우리는 환자와 선택의 중요성에 대해서도 이야기를 나눈다. 인간에는 어떤 특정 사고가 아니라 또 다른 사고를, 어떤 특정 감정이 아니라 또 다른 감정을 선택할 수 있는 능력이 있다. 장기간에 걸쳐서 불안 · 분노 · 욕구불만 · 절망 등을 가슴에 품고 있게 되면 심신상관적 질병심신증, psychosomatic illness 이 된다. 그러나 쾌활하며, 사랑하고, 잘 웃을 경우에는 심신상관적 건강 psychosomatic health 을 가져다준다. 요컨대, 선택 여하에 의해서 질병이 되기도 하고 건강해질 수도 있다.

환자가 바이오피드백 훈련의 이론적 근거와 과정을 이해하게 되었을 때 우리는 목표에 대해서 이야기를 나눈다. 예컨대, 이때는 체온과 근긴장을 콘트롤하여야 할 달성 목표와 환자가 호소하는 증상을 완화시켜야 할 달성 목표 등에 관해서 말하게 된다. 그다음에 설정하는 목표에는 때때로가정에서나 또는 일을 할 때 일어나는 대인관계의 개선,

자신을 갖고 자기주장을 하는 능력의 획득, 자기가치의 재인식 등이 포함된다. 왜냐하면 명확한 목표는 동기를 강화시켜 주기 때문이다. 또한 자기조절기술 self-regulation skills 을 익히게 할 만한 동기가 중요한 요소가 되기 때문이다.

제1회 세션에서는 환자에게 체온피드백장치를 사용하는 방법을 가르치며, 자율훈련법 autogenic training 의 온감암시 자기암시의 메시지 로 신체를 이완시키고, 이미지법 visualization 으로 손을 따뜻하게 함으로써 (Schultz & Luthe, 1959), 어떻게 하면 손의 온도를 상승시키고 동굴생활시대의 조상들로부터 물려받은 교감신경의 긴장에 의한 '투쟁 혹은 도피반응', 즉 대부분의 현대병의 원인인 '스트레스반응'의 전환이 가능한가를 실례로 보여 준다.

체온피드백장치 temperature feedback instrument 의 사용법과 손의 온감암시법을 배운 환자는 자기 집으로 이 장치를 가져가, 1일 2회, 15분씩 실습을 해 보게 한다. 이 실습의 시작은 자기조정훈련에서 인생의 중대한 상황으로의 이행을 시작하게 된다는 것을 의미한다.

또한 환자는 주 1회씩 '센터'에 와서 EMG electromyograph, 근전계(筋電計) 훈련을 받게 된다. 근육긴장을 표시해 주는 EMG를 보면서 자기조정을 해 본다. 대부분의 경우 EMG전극은 환자의 이마에 장치한다. '이완'은 보통 턱과 목 부위의 근육, 그리고 때로는 전신으로 퍼져 간다. 이와 같은 방법으로 EMG피드백은 금후에 목·어깨·등 부위의 근육긴장을 이완시키는 데 사용될 수도 있다. 온감제어도 일단 요령을 알게 되면 손만이 아니라 인후부위, 관절염에 걸린 무릎부위, 등부위, 발부위 등의 혈류를 개선하고 온도를 올리는 데도 사용하게 될 것이다 (고혈압의 치료, Green, Green, & Norris, 1980).

환자의 요구에 따라서 다른 바이오피드백법을 사용해도 상관은 없다. 불면증 insomnia 이나 통증억제를 위해서는 '뇌파피드백'을, 빈맥 tachycardia 과 부정맥 arrhythmia 에 대해서는 '심박피드백'을, 정동적 반응의 제어를 위해서는 피부전기반응 galvanic skin response(GSR) 을 사용할 수가 있다. 자기 집이나 '센터'에서 바이오피드백 훈련을 끝낸 환자는 훈련 중에 나타난 신체적인 감각 · 감정 · 사고 · 환상 등에 관한 것을 질문지에 기입한다. 이것이 '자각의 증가 awareness increasing'라고 하는 방법이다.

우리는 바이오피드백 훈련을 곧잘 '자각의 훈련 awareness training'이라고 부르고 있으나, 그 질문지에 대한 응답이 환자와 치료자에게 있어서는 문제의 소재와 개선을 이해하는 데 일조가 된다.

바이오피드백에 더하여 또 다른 정신생리학적 방법도 가르친다. 예컨대, 긴장완화를 위한 복식호흡, 정신 안정을 위한 특수한 호흡법, 안내자 유무에 따른 이미지법, 신체와의 내적 대화 등이다. 운동 보행 · 주행 · 수영 · 테니스 등의 활동적 운동과 요가와 같은 스트레칭 운동 을 권장하며 영양에 관한 정보와 시사도 환자에게 준다. 특히 모든 방법에 있어서는 달성할 상태를 마음속에 그리는 것이 중요하다. 이는 이미지법이 바람직한 변화를 일어나기 쉽게 도와주게 되기 때문이다.

'자기조정법 techniques of self-regulation'은 환자에게 스트레스 대처법만을 가르치지 않는다. 자기조정법에 의해서 환자는 건강한 호메오스타시스 homeostasis(항상성 · 평형상태)를 유지하며 몸에 자기치유력을 갖추게 된다. 이와 같은 방법은 많은 심신상관병, 또는 정신생리학적 장애의 치료에 유용하다고 하는 것이 증명되고 있다. 예컨대, 두통편두통·긴장성두통, 소화관장애 위궤양, 결장염, 과민성 대장증후군, 식도기능장애, 순환장애빈맥, 부정맥, 고혈압, 각종 암 치료 등에도 유효하다. 또한 만성적인 동통疼痛 완화, 사지마비 재활교육, 간질 치료 등에도 유효하다.

여기서 바이오피드백을 사용한 정신생리학적 치료의 실례로서 고혈압컨트롤의 자기조정에 대해서 간단하게 설명한다. 고혈압의 가장 일반적인 병태는 '본태성 고혈압', 즉 아무런 신체적 원인이 없이 정상보다 높은 혈압을 보이는 증상이다. 이는 스트레스에 의한 질환으로서, 뇌졸중, 심장발작, 신장기능부전 등 가장 사망률이 높은 질병의 원인으로 인식되어 있다.

미국의 메이요 클리닉the Mayo Clinic 의 내과부장 제임스 헌트박사Dr. James Hunt 의 말에 의하면, 고혈압은 '무언의 살인자'다. 왜냐하면 혈압이 상승해도 평소에는 아무런 경고도 없기 때문이다. 이 점은 예방조치와 비약물치료의 필요성을 우리에게 말해 주고 있다.

스트레스는 긴급사태에 대비하기 위한 자율신경계 부문section of the autonomic nervous system 인 교감신경계 sympathetic nervous system 를 활성화시킨다. 교감신경이 흥분하면 순환기계와 호흡기계의 활동이 높아지며, 위장활동은 저하되고, 혈중포도당이 방출되어 전신으로 보내는, 혈액의 배분과 혈중의 화학성분을 변화시킨다. 이렇게 볼 때 '교감신경계'는 '투쟁이냐 도주냐.'고 하는 긴급 시에 대비하게 되는 신경이다. 예컨대, 인류의 동굴시대 당시 밤에 곰이 동굴에 침입했을 때와 똑같은 긴장이 작동하게 된다.

그러나 감정이 고도로 발달한 현대인은 감정문제가 가장 빈번히 만나게 되는 스트레스의 중요한 요인이 되며, 돌을 던지고 곤봉을 집어 들며 동굴에서 도주한다고 하는 행동은 설혹 그와 같이 행동했다 할지라도 현대인에게 어울리는 반응은 될 수 없다.

우리가 처음으로 고혈압 환자를 접하게 된 것은 조금 예상 외의 사건의 결과로서, '바이오피드백 정신생리학 센터'를 설립하기 전의 일이었다. 의료기기의 의미를 갖는 바이오피드백에 관하여 취재차 온 한 여성 저널리스트가 체험취재를 한 다음 '실험을 위하여' 온감피드백장치를 자기 집에 가져가고 싶다고 말하였다. 1주 후에 이 장치를 반환하기 위하여 온 그녀는 덕택으로 고혈압이 '안정되었다'고 말하였다.

그녀의 말을 들은 즉, 지금까지 그녀는 가벼운 증상의 고혈압 증세로 트랭퀼라이저의 일종인 디아제팜 diazepam 을 복용하고 있었다고 한다. 그런데 집에서 손의 온감암시법의 훈련을 하고 있는 중에 혈압이 내려가는 것을 느꼈다고 한다. 그녀는 "혈압이 내려가는 것은 당연한 일이지요."라고 말하였다. "손을 따뜻하게 하는 것은 혈류를 조절한다는 것아니겠습니까?" 그녀는 복약을 중지하고 주말에 주치의를 만나 혈압을 측정했다. 병원에서는 혈압이 정상이기 때문에 의사는 그대로 약을 먹지 않고 있다가 2, 3일 후에 다시 검사해 보자고 하였다.

그 후 우리는 바이오피드백 워크숍에 출석한 내과의사들에게 매우 흥미 있는 '미결' 증상으로서, 이 사건을 보고하였다. 여기서 한 외과의사가 심한 고혈압증세에 잘 듣는 약이 없었을 때는 외과의사들이 때로는 하지에 연결되어 있는 교감신경의 절제술을 하였다는 말을 하였다. 이로 인하여 하반신의 혈관확장 vasodilation 에 크게 공헌하였

다고 한다. 그 결과 전신의 혈압이 내려갔다는 것이다. 그 외과의사
는 만약에 온감훈련으로 하반신의 혈류가 증대하게 되면 이는 '가역
적 교감신경 절제술reversible sympathectomy'로 부를 수도 있을 것이라고
지적하였다.

　이로부터 1주일도 안 되었는데 메닝거병원의 내과의사가 전화를
걸어 약물치료로는 만족할 만한 효과가 없는 고혈압 환자를 맡아 달
라고 부탁을 하였다. 이 여성 환자의 평균혈압은 190/100밀리HG였
다. 그녀의 나이는 38세였고, 첫째 아이 출산 후, 16년간에 걸쳐 고혈
압의 약물치료를 받고 있었다. 또한 신장감염증의 약물치료도 받고
있었다. 5개월 이내에 그녀의 혈압은 정상으로 돌아갔으며, 신장도
완치되어 복약은 완전히 제로로 돌아갔다. 실로 16년만에 약으로부
터 해방되었다. 약을 쓰지 않은 비약물적인 고혈압에 대한 임상연구
와 치료를 시작함에 있어서 이는 행운의 길조였다.

　고혈압의 치료는 '온감훈련'과 '근전도筋電圖EMG훈련'으로부터 시
작하여, 스트레스에 대처하며, 심신의 호메오스타시스 밸런스의 회
복을 목표로 한다. 특히 하지의 혈류개선을 위한 족부온감훈련足部溫
感訓練, 스트레스반응에 대처하기 위한 심호흡훈련, 속보, 조깅, 수영
등과 같은 운동, 영양에 관한 지식에 주안점을 둔다. 또한 체온측정
의 기록에 더하여 고혈압 환자는 각 온감훈련세션 전후에 혈압을 측
정해서 기록한다. 8명의 고혈압 환자 중 7명까지가 평균 소요기간이
17주로 의사의 관리하에서 정상혈압이 달성되거나 유지되고 있는 한 복약은 제로가 되
었다. 대부분은 6명에서 8명을 한 그룹을 만들어 훈련을 받게 하며, 지
금까지 150명 이상의 고혈압 환자가 치료를 받아 성공을 거두고 있다.

'바이오피드백 정신생리학센터'에서 실시한 고혈압 치료가 환자의 생활 상황을 변화시켰다고 하는 것은 특별한 가치가 있다. 예컨대, 우리는 차를 운전하는 사람에게는 정지하는 적신호를 만나도 짜증내지 말고 이때가 손의 이완을 위해서 주어진 절호의 기회이기 때문에 감사하라고 가르친다. 양손의 힘을 빼고 심호흡을 하며 전신으로부터 긴장이 빠져나가는 것을 느끼라고 가르친다. 그리고 '웃음을 불러낼 수 있는 만화나 조크'(Cousins, 1979), 책상 위의 유리판 밑에나 냉장고 문에 붙여 놓으면 '무의식중에 놀라 신기하게 생각할 수 있는' 사진이나 시, 또는 미소 짓는 스티커 등을 혼자서 발견할 것도 권장하였다.

환자가 회복하기 시작하면, 우리가 지시하는 것은 자신의 말을 사용함으로써 독자적인 암시 이미지를 고안해 내어 자기만의 자기조정법을 실행한다는 것이다. 이는 자율훈련법에 의해서 결정된 암시법이나 바이오피드백 기기機器, 치료자 등에 의존하지 않게 하기 위해서다. 이렇게 함으로 해서 환자는 책임이나 목표달성을 자신이 해야할 일로 알게 된다.

우리는 바이오피드백 치료가 성공적일 때는 신체적 장애의 치유만이 아니라, 자신감과 자기결정력을 증진시키고 생활양식의 개선에도 도움이 된다는 것을 알았다. 때로는 다른 모습으로 다시 태어난다고 하는 '변환 transformation'의 체험을 하며, 희망을 안고 변화·확장·성장의 가능성을 믿음으로써 환자가 사는 보람을 갖게 되는 일에도 연결된다.

비정상적인 특이한 사례도 있다. 다음은 '복약 제로'의 목표를 달성하여 정상혈압을 유지하기까지 가장 긴 시간이 걸린 고혈압 환자의 예다. 히틀러시대의 독일에서 성장하였고, 15세 때에 부모를 홀로코

스트에 의해서 잃었으며, 소형배로 미국으로 망명한 경력을 지닌 유대계 남성으로서, 현재는 정신과 의사로 있다. 미국 사회에 잘 순응해서 대학과 의과대학원을 나와 마침내 정신과 의사가 되었다.

그는 전형적인 타입 A[역주9]에 속하는 인물로서 이 타입을 좋아했다. (Friedman & Rosenman, 1981) 자신의 '아드레날린 하이adrenaline highs/ norepinephrine highs(긴장 · 흥분에 의한 고양 상태)'를 좋아하였으나, 복용하고 있던 고혈압용 약의 부작용은 싫어했다. 예컨대, 전화로 누구와 통화하면서 그 날의 마지막 환자의 진료기록카드에 기록을 할 정도로, 언제나 동시에 두 가지나 세 가지 일을 처리한다고 말하였다. 항상 서두르며 쫓기는 듯 차를 몬다고 말한 이 남자는 몇 주의 치료를 받고 났을 때, 이번에는 "적신호를 찾아 달리고 있다."라고 말하였다. 조급해지는 마음을 누를 수 있는 기회를 찾기 시작한 것이다.

그는 의과대학생 시절부터 때때로 약물의 도움을 받아 왔으며 우

역주 9. type A란, 로젠만R. Rosenman과 프리드만M. Friedman이 1974년에 관혈관장애 冠血管障碍, 심근경색 등을 일으키기 쉬운 성격이 있다는 것을 구조화된 면접방법에 의해서 확인하고, 이를 type A관상동맥증에 걸리기 쉬운 성격 타입(A coronary-prone type A)라고 이름하였다. Type A 성격자는 성공욕구가 높고, 자기주장도 강하며, 도전적이고, 강박적이어서 급한 성격을 가지고 있다. 이 타입은 미국의 기업사회에서는 생존의 적격자이기는 하지만 심근경색, 그 밖에 혈관장애의 발생률이 높다. 엘리트 샐러리맨의 급사현상이 'type A' 행동 경향자에게서 많이 일어나고 있는 것을 한 원인으로 보기도 한다. 이와는 달리 type B관상동맥증에 견디는 성격타입(B coronary-resistent type B)는 보다 성질이 느긋하고 관용적이며 비경쟁적인 생활양식을 보인다. 도전적인 과제를 주었을 경우, type B는 A처럼 심한 혈압 상승을 보이지 않는다. 이런 점에서 카운슬링에서는 type A의 행동경향이 강한 사람에 대해서는 type B와 같은 태도와 인생관을 갖도록 권장하기도 한다.

리의 치료를 받기 전 10년간은 쭉 약을 복용한 바가 있었다. 훈련을 시작하여 12주째에 그는 주치의인 순환기전문의에게 투약을 좀 줄여 달라는 부탁을 결심하였다. 이런 일을 생각한 것만으로도 혈압은 상승하였다. 며칠 후 다시 혈압이 내려갔기 때문에 주치의는 투여량을 줄였다. 이런 패턴이 5, 6회 되풀이될 때마다 그는 신경과민이 되었다. 그리하여 이렇게 말하였다. "나는 의사다. 약의 처방에는 익숙해져 있지만 약을 멈추는 일에는 익숙하지 않다."

그럼에도 불구하고 그가 정신생리학적 치료법을 선택한 것은 약물을 사용하고 싶지 않다고 하는 욕구에서부터였다. 수개월 동안, 필사적으로 자기조정훈련을 하고 나서 그는 조깅을 시작했다. 처음에는 자기 집 주위부터 달리기 시작하여 점차 거리를 늘려 드디어 매일 3마일을 달리게 되었다. 건강에 더 유익한 감염식減塩食으로 바꾸어 체중도 40파운드로 감량시켰다. 이 시점에서 엄격한 자기단련에 의해서 그는 평상시의 페이스로 돌아갔다.

52주간에 걸친 정신생리학적 치료를 받고 나서 건강진단을 받으러 갔을 때 의사는 이렇게 말하였다. "이제는 고혈압의 증후는 없습니다. 집에 가서 약을 전부 버려 버리십시오. 그리고 나서 1년마다 정기검진을 받으러 오면 됩니다."

치료가 끝났을 때 그는 나에게 이렇게 말했다.

"나는 이제 겨우 정신생리학적 치료가 어떤 것인가를 알게 되었습니다. 나는 어린이처럼 순진한 '무심'으로 돌아갔습니다. 어린이 같은 유치함이 아닌 '무심' 말입니다. 어렸을 때처럼 여러 가지 생각을 하게 되었습니다. 이웃집 정원이 아름답다고 하는 것조차도 의식하지 못하였습니다. 정원 같은 것은 보려고 하지도 않았습니다. 매주 카운 슬링을 하러 갔음에도 가는 도중에 주변에 무엇이 있는지도 몰랐습니다. 오직 차로 가서 내 일만을 하고 있었을 뿐이었습니다. 지금은 편안한 마음으로 천천히 차를 몰면서 주위에도 관심을 두게 되었습니다. 어쨌든 나는 캔자스 주에는 새가 있는 것도 잊어버리고 있었기 때문에 캔자스에도 새가 지저귀고 있다는 것을 생각도 못한 것입니다." 그의 이 말에서 우리는 트랜스퍼스널한 울림이 있다는 것을 느낄 수가 있다(Green & Green, 1971).

환자 가운데는 보다 더 강렬하게 트랜스퍼스널한 방향으로 기울어진 사람도 있다. 다음에 소개하는 것은 암환자 로라 Laura(가명) 의 이야기다. 몇 년 전에 내가 치료한 환자다. 그때 그녀는 나의 조언으로 심한 출혈성궤양 bleeding ulcer 을 치료한 바가 있다. 그러나 그 후 그녀는 수술불능의 폐암에 걸렸다. 강력한 화학치료와 방사선치료를 받았지만 예후는 좋지 않았다. 이윽고 60세를 맞이한 그녀는 친구도 거의 없이 독거생활을 하고 있었다. 그녀에게는 아들이 한 명 있었는데 아주 오래 전에 화가 나서 가출하고 말았다.

이는 당시 로라가 알코올 의존증 alcoholism 으로 술을 마시게 되면 잔인한 사람으로 변해 버리곤 하였기 때문이었다. 그후 알코올 의존증에서 벗어났지만 아들은 어머니를 용서하려고 하지 않았을 뿐만 아니라 손자들에게도 만나게 하려고 하지 않았다. 그녀는 자기가 앞으로 살아가기 위하여 노력을 해야 할지 말아야 할지조차 알 수 없는 상태였다.

지적이며 예술적 기질의 로라는 이전과 마찬가지로 바로 우리의 치료에 쉽게 따라 주었다. 훈련이 진행됨에 따라서 감정과 사고에도 변화가 일어나기 시작하였다. 그녀는 오래 전부터 점토를 사용하여 무언가를 만들고 싶었던 것을 생각해 내어 이를 위해 녹로轆轤(도공이 사용하는 물레)를 발주하였다. 그리고 암 발병 전에 그림을 그린 일도 있는 그녀는 그림 그리는 도구도 발주하였다.

어느 날 깊은 이완상태 세타파 상태와 비슷한 상태에 있을 때 그녀는 "나를 유혹하고 있는 젊은 남자의 얼굴이 보인다."라고 말하였다. 그리고 "검은 망토를 걸친 저 그림자 같은 사나이, 그것은 죽음이다."라고 말하였다. 그 남자는 납작돌을 깐 통로 끝에 서서 그녀에게 손짓을 하고 있었다. 예전에 알코올 의존증 때문에 힘들었을 때도 여러 차례 나타나 손짓으로 나를 불렀던 남자였다.

그때는 그 유혹에 끌리어 자살미수로 끝난 일도 있었다. 그렇지만 지금은 유혹에 따르지 않는다고 남자에게 말하였다. 그리고 그림이나 도예에 관심을 쏟고 있다는 것을 말하였다. 그 남자는 그저 냉소적인 웃음을 지을 뿐이었다. "당신은 죽음밖에 모릅니다."라고 로라는 말했다. 그리고 "내게는 하고 싶은 것도 많고 읽어 보고 싶은 책도 많습니다. 더 늙기 전에 말입니다."라고 말했다.

잠시 침묵이 흐르다가 로라는 내게 이렇게 말했다. "그린 Green 선생님. 그 남자는 가 버렸습니다. …… '늙기 전에'라고 말한 순간 망토를 버리고 사라져 버렸습니다." 그녀는 그것이 자기의 삶의 의지를 상징해 주고 있는 것으로 생각하였다. 그 이후 죽음의 이미지는 두 번 다시는 나타나지 않았다.

로라에게는 공상력이라고 하는 놀랄 만한 천부적 재능이 있었다. 영화 '스타 워즈 Star Wars'를 보고 나서 3PO라고 하는 로봇에 매료된 그녀는 자기 나름대로 로봇을 마음속에 그리고 나서 이를 '로비 Robie'라고 이름하였다. 로비는 현명하며 신뢰할 만한 지휘관으로서, R2-D2 로봇군단 그녀의 백혈구 을 이끌고 밤낮을 가리지 않으며 암세포를 죽이기 위하여 싸우고 있었다. 그녀는 훈련의 모든 국면에서 결코 두려워하지 않고 매우 용기 있고 열심히 행동했다. 2개월 후의 X레이 검사에서 암이 축소된 것을 알았다.

그리고 나서 3주 후 그녀는 이렇게 쓰고 있다. "면역계 immune system 는 표적을 향해서 정확하게 작동하고 있다. X레이 검사 때마다 종양은 줄어들고 있다. 1개월이면 소멸되고 말 것이다." 사실 그렇게 되었다. 로라의 담당의 가운데 한 사람은 내게 이런 편지를 주었다. "그토록 큰 악성 종양이 불과 수주간에 흔적도 없이 사라져 버린다는 것은 경이로운 일이라고 볼 수밖에 없다."

그렇지만 그 사이에도 강력한 화학치료와 방사선치료를 받아서 로라는 야위어 쇠약해졌다. 하려고 했던 많은 것이 너무도 지쳐서 할 수 없게 되었다. 식욕이 떨어져 먹는 양도 줄어서 식욕을 돋우는 것을 찾기도 하였지만 허사로 끝나고 말았다. 사태는 심각하였다. 왜냐하면 이는 면역계가 극도로 쇠약해지고 있다는 증거였기 때문이다.

로라에게 암시적인 이미지법 significant imagery 은 계속되고 있었다. 그녀는 이미지법을 통하여 남북전쟁의 옛 싸움터를 보았다. 이는 그녀에 내면화되어 있는 어머니와의 긴 싸움을 상징해 주고 있는 것이었다. 그렇지만 "지금은 간신히 평화가 찾아왔습니다. …… 싸움은 끝났습니다." 이렇게 로라는 녹로轆轤(물레)를 돌리며 심상을 만들게 되었다. 녹로 위에서 돌아가고 있는 점토덩어리를 내려다보면서 내 자신에게 이렇게 들려주는 것이었다.

"내게는 점토의 중심점을 잡아서 이를 사발로 만들어 가는 힘이 있다. 내면화된 나의 바람을 점토에 담고 있는 것처럼 말이다. 바라건대 나도 나의 정확한 중심점을 찾을 수가 있으면 얼마나 좋을까." 어떤 때는 속으로 이렇게도 말했다. "내 자신이 매우 작아져서, 녹로 위에서 돌아가는 점토의 소용돌이 속에 빨려 들어가는 듯한 묘한 느낌이 생긴다. 바로 작은 내가 그 속에 있다. 뱅뱅 돌아가는 녹로 위의 항아리의 소용돌이에 말려들어 가고 있는 느낌은 마치 내가 위에서 내려다보고 있는 것 같기도 하며, 동시에 내가 소용돌이 안에 있는 것과도 같은 불가사의한 느낌이 들기도 한다."

그녀는 또 되풀이해서 그리스 풍경의 이미지를 보는 일도 있었다. 과거에 한 번 본 기억이 있는 풍경으로, 그녀는 전생에 그리스에서 살지 않았을까 생각할 정도였다. 자주 높은 바위산에 올라가 휴식을 취하며 푸른 골짜기를 내려다보는 일이 많았다. "화창하며, 산뜻하고, 아름다우며, 안전한 곳이다. 나는 거기서 살 생각으로 골짜기를 내려가려고 하였다. 그곳은 상쾌하며, 청아하고, 정연整然한 곳이었다. 나는 어떻게 해서라도 울퉁불퉁한 바위산 길을 내려가 평화스러운 골짜기에 안겨 보고 싶었다." 그로부터 약 6주 후 다음과 같은 이미지가 생겼다. "내가 산길을 따라 내려가 푸른 골짜기에 들어가기 시작한 이미지를 보았다. 가는 도중에 대부분의 짐은 버리고 말았다. 지금은 필요한 것만 가지고 있다."

그런데 로라의 건강상태는 점점 나빠져서 공포심이 생기고 말았다. 그때까지는 혐오감과 공포심도 없이 편안한 마음으로 화학치료와 방사선치료를 받아왔는데 이 치료를 받다가 죽게 되는 것이나 아닐까 하고 두려움을 느끼기 시작하였다.

칼 사이몬튼 박사Dr. Carl Simonton도 이렇게 말하였다. "어떤 종류의 암치료법은 너무도 강력해서 환자는 암 그 자체에 대한 두려움과 더불어 치료의 부작용에 대해서도 두려움을 안고 있다(Simonton, Simonton, and Creighton, 1978).

로라의 담당의는 내게 이렇게 말했다. 치료를 받다가 죽을지도 모른다고 생각하는 그녀의 두려움은 당연한 것이라고 말하였다. 담당의의 이런 말을 그대로 전하지는 못했지만, 나는 그녀에게 의사와 잘 상담하여 의사의 말을 신중하게 검토한 후에 결단을 내리라고 말했다. 이 결단에 그녀의 육체와 생명이 걸려 있기 때문이다. 로라는 화학치료와 방사선치료를 거부하였다.

화학치료와 방사선치료를 중지하고 나서부터 로라는 전보다 더 밝고 긍정적인 면을 보이게 되었다. 식욕은 좀 회복되었지만 체중은 늘어나지 않았다. 담당의는 '체중을 10파운드 늘리기 위하여' 그녀를 입원시켰다. 체중은 늘지 않았다. 그녀는 억울상태가 되어 퇴원이 허가되었다. 자기 집에서 두 번의 치료세션을 가졌으나 쇠약해질 뿐이었다. 2주 후 내가 학회에서 돌아왔을 때 그녀는 또 입원하고 있었다. 다시 한 번 보디스캔을 하기로 되어 있었다. 폐는 깨끗하였으나 간장에 작은 암이 생긴 것이었다.

몸이 극도로 쇠약해져서 처음에는 로라도 암과 싸우려는 마음을 쉽게 결정할 수가 없었다 이때의 쇠약상태는 말하기 어려울 정도였다. 그러나 최종적인 답은 '싸우지 않는다.'고 하는 것이었다. 그녀도 로비 Robie도 두 번 다시 일어설 수 있는 기력을 잃어버렸으며, 그녀는 지칠 대로 지친 몸에서 해방되는 것만을 생각하기 시작했다. 그리고 자기가 어떤 것을 선택할지라도 우리가 결코 포기하지 않고 모든 수단을 다해 줄 것을 알고 있었다. 그리하여 그녀는 품위 있는 죽음을 맞이하기 위하여 내게 도와줄 것을 부탁하였다.

로라는 퇴원은 하지 않았다. 약물치료는 힘들지 않았으며 거의 자고 있는 시간이 많았지만, 그녀가 그렇게 바랐을 때는 의식은 정상이었다. 아들이 문병을 와서 모자 간의 화해도 이루어졌다. 변호사가 와서 유언장도 작성되었다. 통증과 쇠약이 심했음에도 불구하고 그녀는 존엄과 명확한 의식을 갖고 유언장 작성을 한 것에 대해 자랑스럽게 생각하고 있었다. 최후의 나날은 빛을 명상하며, 그 빛을 향해서 간다고 하는 이미지를 마음속에 떠올리는 것으로 시간을 보냈다.

환자는 치료자의 도움을 받아서 보다 의식적으로 살아가는 방향을 잡을 수가 있는 것처럼 보다 의식적으로 죽는 길의 방향도 잡을 수가 있다는 것을 깨닫게 된다. 말기 증상의 시점에서도 몸에서 자기통제, 통증제어, 마음의 평화 등 인간에게 본래 갖추어져 있던 힘을 일깨우는 능력을 갖추게 되면, 이는 모든 사람에게 있어서 가치 있는 일이 된다. 죽음은 우리 모두가 언젠가는 공유할 체험이며, '존엄사 dying with dignity'란 품위를 지니며 최후에 아름답게 마무리하는 삶의 일부인 것이다.

마지막으로, 그레고리 Gregory 라고 하는 소년에 관한 이야기로 끝을 맺으려고 한다. 그 소년이 부모를 따라서 센터에 찾아왔을 때는 9세였으며, 온갖 손을 다 써 본 의사들이 앞으로 6개월밖에 살 수 없다는 진단을 내린 상태였다. 수술불능의 뇌종양으로 방사선치료와 화학치료를 중지한 지 수개월 후의 뇌 스캔에서도 좋아진 증후는 볼 수가 없었다. 정신생리학적 치료자와 죽음에 대해서 말하고 있던 그레고리는 죽음은 싫으며 '극히 평범한 어린이'인 내가 왜 이런 일을 겪어야 하는지 아무리 해도 알 수 없다고 말하고 있었다.

그레고리는 '자기조정'을 위해 바이오피드백 훈련을 받았으며, 치료자가 고안한 전신적인 건강법 약간의 좌반신의 운동장애임에도 불구하고 기분 좋은 베개던지기 놀이도 포함되어 있었다 도 실천에 옮겨 보았다. 그 소년은 놀라운 상상력을 가졌으며, 자발적으로 창조적 이미지 형성에 열심이었다. 그는 신속하고 강력한 전투부대 이미지를 떠올리고 있었다. 그는 종양이 어디에 있다는 것을 정확히 알고, 폭음을 떨치면서 공중전을 통해 정확히 적을 쓰러뜨려야 된다고 말했다. 그레고리는 작전을 다듬고 지휘하며 스스로 스타워즈형 전투기의 조종사가 되어 치료자와 더불어 전투를 수행하였다(Norris, 1983).

수개월이 지난 후 그레고리는 종양이 없어진 것과 같은 생각이 든다고 말하기 시작했다. 적기는 한 대도 보이지 않는다고 말하면서도 이미지의 공중전은 계속하였다. 훈련 개시부터 13개월 후 뇌 스캔을 해 보았지만 종양은 마치 외과적으로 절제한 것과도 같이 완전히 사라지고 없었다. 다음 해의 이미지법 visualization 은 '감시작전 surveillance' 으로 바뀌어, 남은 종양의 부스러기나 몸에 새롭게 발생했을지도 모를 종양에 대해서도 격파하였다. 그로부터 2년 후의 현재, 때때로 담당치료자를 찾아오는 그레고리는 어른이 되면 자기도 같은 치료자가 되고 싶다고 말하고 있다. 또한 자택 전화를 통해서 암에 걸린 젊은 이들의 상담에 응하며, 위로하고 격려도 하고 있다.

정신생리학적 치료가 트랜스퍼스널적 치료와 합류하여 하나로 될 것이라고 하는 것은 분명하다. 특히 죽음을 눈앞에 둔 절박한 경우에는 그렇게 말할 수 있다. 언젠가는 그것이 일상생활의 사소한 일에까지도 침투해 갈 조짐도 보인다. 가치관은 나날이 변하고 있다. 다른 암환자의 말을 빌려 말한다면, 중요한 것은 '가족이나 친구의 애정과 그들과 더불어 보내는 시간, 자연의 아름다움과 자연과 더불어 보내는 시간'이다. 이 치료에 의해서 정적靜寂한 명상상태가 달성되면, '무의식으로부터의 답 answers from the unconscious'은 사랑·자비·평온한 마음을 키우며 높여 주게 된다.

참고문헌

COUSINS, NORMAN. *Anatomy of an Illness.* New York: Norton, 1979.

FRIEDMAN, M. and ROSENMAN, R.H. *Type "A" Behavior and Your Heart*, New York: Fawcett Book Group,1981.

GREEN, ELMER E., GREEN, ALYCE, M., and NORRIS, PATRICIA A. "Self-regulation: some metaphysical perspectives." *J. Transpersonal Psychology* 3(1971): 27-46.

_____ BEYOND BIOFEEDBACK. New York: Delacorte, 1977 (also New York, Delta Books, Dell Publications, 1978).

_____ "General and specific applications of thermal biofeedback." Chapter in *Biofeedback-Principles and Practice for Clinicians*, (J. V Basmajian, ed.). Baltimore: Williams & Wilkins, 1983.

GREEN, ELMER, E., GREEN, ALYCE, M., and NORRIS, PATRICIA A. "Self-regulation training for control of hypertension." *Primary Cardiology* 6(1980): 126-137.

NORRIS, PATRICIA A. "The role of psychophysiologic self-regulation in the treatment of cancer: a narrative case report." Voluntary Controls Program, The Menninger Foundation, Topeka, KS 66601, 1983.

SCHULTZ, J.H. and LUTHE, W. *Autogenic Training.* New York: Grune and Stratton, 1959.

SIMONTON, O. CARL, MATHEWS-SIMONTON, STEPHANIE, and CREIGHTON, JAMES. *Getting Well Again.* Los Angeles: J.P. Tarcher, 1978.

6

서양의 심리치료와 동양의 명상

클라우디오 나란 조(Claudio Naranjo)

명상이란 다차원적인 영역이며, 헤아릴 수 없는 다양한 형태를 갖는다. 어떤 정신적 전통이라 할지라도 적어도 하나 또는 복수의 명상 형태를 띠고 있다. 그러나 이와 같은 다양한 명상 형태를 분석하게 될 때, 이내 알 수 있는 것은 침묵, 호흡에 의식을 모으는 주의 attention , 관상법 觀想法, visualisation 과 같은 형태의 요소가 보편적으로 존재하고 있다는 점이다. 이와 같은 명상의 구성요소는 내가 제안하는 세 가지 근본적인 '차원'에 관계시킴으로써 그 의의를 도출할 수 있다고 말할 수 있다. 나는 먼저 이 가설을 설명하고 나서, 명상을 심리치료를 위하여 응용한 경험적 논증에 관하여 설명하고자 한다.

모든 명상으로 통하는 하나의 근원적인 차원은 '하지 않는 것'에서 부터 '해방하다/놓아 주다'에 이르는 양극적인 차원으로 되어 있다. 전자non-doing는 마음의 안정, 또는 파탄잘리 Patanjali 역주 1가 말한 짓타브리티니로다 cittavrttinirodha 역주 2, 혹은 보다 일반적인 표현을 사용한다면, 정서의 안정을 통해서 신체를 이완시키는 것에서부터 사고·내적 대화·공상의 정지를 포함하는 활동의 억제를 포함한다.

이 차원의 또 하나의 극極은 '해방하다/놓아 주다'letting go이며 여기서는 샤만적·예언자적 몽환의 경지prophetic trance나 도교와 선禪의 기술에서 볼 수 있는 것과 같이 자아ego가 없는 과정에 스스로를 내주는 것이 강조된다. '전자'에 있어서는 명상자란 '부동不動의 동자動者, unmoved mover[만물유전(萬物流轉)에 관여하는 절대자]'역주 3, 즉 우주창조의 조용한 중심과 일체화一体化를 지향하며, '후자'에 있어서는 '우주의 무도 cosmic dance'역주 4에 관여하는 것을 지향한다.

역주 1. Patañjali기원전 2세기경의 사람는 인도의 산스크리트 문법학자. 기원전 4세기경 당시의 다양한 산스크리트의 문법을 집대성한 파니니 Panini와 더불어 고전 산스크리트의 대성자다. 『요가경 Yoga-sutra』을 전술한 동명인 요가학파 철학자와 동일인물인지 아닌지는 불분명하다. 서양의 학자들은 동명이인으로 보는 경향이 있고, 인도의 학자들은 동명일인으로 보는 경향이 있다.

역주 2. citta 마음 + vrtti 작용 + nirodha 멈춤 의 합성어로서 '심작용心作用의 지멸止滅'을 의미한다.

역주 3. unmoved mover는 제1운동자 primum movens(라틴어)/prime mover 라고도 하며, Aristoteles 가 외부의 영향으로 인한 운동함이 없는 자기원인으로서 상정한 운동의 궁극적인 제1원인이다. 요컨대, 부동의 운동자는 제1운동자로서 존재하며, Thomas Aquinas의 '신의 존재'의 제1증명도 제1운동자=신에 근거하고 있다. 만물유전에 관여하는 절대자의 의미를 갖는다.

역주 4. 우주의 무도는 현대물리학에서 힌두교의 3주신의 신화 브라흐마(Brahmā)는 우주를 창조하고 비슈누(Viṣṇu)는 그 우주를 보존시키며, 시바(Śiva)〈시바파 Śaivism에서〉는 창조·파괴하는 신

이렇듯 대조적인 두 가지 길은 서로가 모순되는 것이 아니라 보완적인 관계에 있다. '무집착 nonattachment'은 멈춤과 흐름의 양자에 의해서 일어나는 것이며, 속박이나 장애가 없이 일어나는 '표현이 풍부한 명상'의 무애자재 無碍自在로운 창조행위는, 자아가 없는 자연체 自然體에 스스로를 비워 주는 것이 마음의 진정 鎭靜에 이어지는 것처럼, 내재적인 '하지 않음 non-doing(noninterference)'의 역동적인 결과라고도 생각할 수 있다. 경험을 쌓은 명상자라면 고요하고 편안한 정밀 靜謐과 내적 자유가 하나로 합치는 상태를 알게 된다.

이런 정지 靜止/해방이라고 하는 두 극의 차원 외에도 마음을 내면으로 돌려 의식을 집중시키는 것 념(念), mindfulness 과 신의식 God-mindedness 으로 불리는 양극이 있다.

'마인드풀니스 mindfulness'란 역주 5 체험의 기본적 요소에 주의를 기울이는 일이다. 신체 · 감정 · 심리상태 또는 '지금과 여기'에 주의를 기

으로 전해지고 있다에 나오는 시바의 무도를 우주의 '아원자적 입자 subatomic particle'가 에너지 춤을 출 뿐만 아니라 창조와 붕괴의 요동치는 에너지 춤에다 비유해서 은유적으로 사용한 말이다. 전우주의 창조와 소멸이 연속적인 흐름, 아원자적 물질이 서로 용해되는 모험들의 무한한 다양성을 거쳐 가는 에너지의 끊임없는 흐름의 율동을 '춤추는 우주 dancing universe'로 본 것이다. 이 관점에서는 우주의 무도에 관여하고 있는 것은 창조와 소멸의 율동에 영향을 주고 있는 물질이나 입자뿐만 아니라 진공이나 공 void도 참여하고 있다고 본다제7장의 소제목인 '우주의 무도'를 참조할 것.

역주 5. mindfulness는 의식의 내용을 관찰하기 위한 독특한 의식상태. 긴장을 풀고 편안한 마음으로 자기 내면을 향하여 의식을 집중하고 안으로 수용하며, 의식의 체험 내용을 분류하여 망념을 버리고 정적 靜寂한 의식과 명지 明智를 키우는 의식상태다. 불교에서 말하는 '지관 止觀(三止 三觀)'이나 '정념 正念' 또는 '관조 觀照' '내관 內觀'의 개념과도 상통한다.

울이는 것을 의미한다. 이와는 달리 '신의식'이란 신체·감각·심리적 과정으로부터 주의를 다른 곳으로 돌려 의식을 초월적 중심으로 방향을 바꾸는 일이다. 이 초월적 중심 transcendent center 은 '신 God' '자기 Self' '무 Nothing'로 불리기도 하고, 전혀 불리는 명칭이 없는 경우도 있다. 또한 이는 무정형 無定形 의 명상, 만트라 mantra 역주 6, 또는 창조적인 상상력을 통해서 추구되기도 한다.

마인드풀니스와 신의식 神意識 은 각각 그 명상 형태가 크게 다르지만 영적 전통에서는 양자를 보완적인 것으로 보기도 한다. 이 두 형태는 양립하고 있을 뿐만 아니라 하늘과 땅 사이의 기둥으로서 현세와 피안에 있으며, 완전한 기능과 균형이 잡힌 인간에게 있어서는 최종적으로는 두 길이 수렴하게 된다고 말할 수 있다.

또한 보완성 complmentarity 뿐만 아니라 정지(靜止), 해방의 차원의 경우와 같이 한 극에서 또 하나의 다른 극을 향한 운동과 양극의 상호교류에 대해서도 말할 수가 있다. 구도자가 성스러운 감각의 탐구에 빠져서 현실을 도피해 버리는 것은, 어렵고 힘든 단계와 고양감 高揚感 을 주는 단계에

역주 6. 산스크리트의 *mantra*는 주呪·신주 神呪·진언 眞言 을 뜻한다. 초기 대승불교화의 수단으로써 수용한 주문인 다라니 *dharani* (陀羅尼)와 같다. 또는 고대 인도의 경전인 베다 *eda*의 신앙을 중심으로 발달한 바라문교 Brahmanism 에서는 *Veda* 천계성전, 天啓聖典 의 제1부 상히타 *samhita*, 본집(本集)에 포함되고 있는 신들에 대한 찬미가, 제사 때 부르는 축구 祝句·주사 呪辭 를 만트라라고 하였다. 힌두교 Hinduism 에서는 *Veda* 이후 성립된 다수의 만트라가 사용되었으며, 특히 만트라를 많이 사용한 것이 탄트라 *tantra*다. *tantra*는 '진실의 언어'를 의미하며 이는 *tattva* 진실 + *mantra* 언어 = *ta(ttva)(ma)ntra* 의 합성어다. 후기 밀교인 탄트라 불교 Tantric Buddhism 에서 신성시되고 있는 옴 *Om*, 마니 *mani*, 반메 *padme*, 훔 *Hum*, 육자진언도 만트라의 일종이다.

서만 일어난다. 그러나 결국에 가서는 영적 체험은 '지금-여기here-and-now'를 배제하는 것이 아니라 오히려 이를 더욱 빛나고 기적적인 것으로 만든다는 것을 알게 된다. 그리고 역으로 '지금-여기'에 주의를 기울이는 것에는 영적 지각 spiritual perception 으로 이어지는 정화의 과정이 포함된다.

위파사나 Vipassana 역주 7 명상의 체험을 충분히 쌓은 사람이라면 '지금-여기'의 덧없는 무상함과 공허함에 대한 통찰이 마음을 자발적으로 삼매三昧, samadhi[삼마지(三摩地)] 의 경지로 돌리게 한다는 것을 알게 될 것이다. 이 삼매에 있어서 마음은 스스로를 체험의 '집합체 aggregates'를 반영하는 거울과 같은 공성空性, emptiness/sunyata 으로서 인식하게 된다. 그리고 대상으로부터 떠난 마음이 본래 있어야 할 자리에 정착할 때 마음이 열리고 감사할 줄을 알게 될 것이다.

역주 7. 위파사나는 산스크리트의 위파샤나 Vipaśyanā 의 팔리어이며, 관조觀照・통찰을 뜻하는 '관觀'을 의미한다. 산란한 망념을 그치고止, 샤마타(śmatha) 정적한 명지明智로써 제법실상諸法實相을 관조하는 것을 말한다. 이런 점에서 지止와 관觀은 불법을 자각하고 일체법一切法의 진실 그대로의 양상을 통찰함에 있어서 연동連動하고 있음을 알 수가 있다. '止觀'은 중국 수나라의 천태종天台宗의 대성자 지의智顗(538~597) 대사의 『천태소지관天台小止觀』 『마하지관摩訶止觀』에 의해서 그 뜻이 정립되었으며, 여기서 '止'는 선정 禪定[dhyāna, 선나(禪那)] 에 해당하고 '觀'은 지혜 prjñā[팔리어 판나(Pañña)] 에 해당한다고 보았다.
만유진상萬有眞相의 관찰을 중시한 지의는 '정定'의 일변만이 아니라 '관觀'도 중시하여 '정定'과 '혜慧'를 통합한 지관止觀이라는 용어를 사용하였다. 특히 '마하지관'에서는 점차지관漸次止觀, 부정지관不定止觀, 원돈지관圓頓止觀 의 3종 지관 가운데서 원돈지관을 설하고 있다. '원돈지관'이란 얕은데서부터 점차 깊어지는 지관이 아니라 수행 초기부터 가장 깊고 높은 실상實相을 대경對境, 관찰의 대상계 으로 보아 수행하는 지관이다. '마하지관'은 『법화문구法華文句』 『법화현의法華玄義』와 더불어 천태삼대부天台三大部, 법화삼대부法華三大部 로 불리며, 이는 지의가 구술한 것을 관정灌頂(561~632) 에 의해서 문장화되었다.

주의의 초점에 관련하는 '인지적 차원'과 활동에 관련하는 '능동적 차원'에 더하여, 나는 명상에 있어서 정서적 차원의 양극을 각각 '보편적 사랑 universal love'과 '우주적 무심 無心, cosmic indifference'이라고 본다. 박타 *bhakta* 역주 8 와 초월적 무심을 수련할 경우에는 상호보완적이라고 말할 수도 있다. 왜냐하면 사랑은 마음의 평정 平靜 에서 우러나고, 욕망이 초월되었을 때 자연스럽게 발현되는 것이며, 그 무한한 마음의 풍요함에 대한 인식이야말로 그 자체가 '무집착'을 만들어 내기 때문이다.

지금까지 설명한 바를 그림으로 만들어 본다면, 양극을 갖춘 세 개의 차원을 세 좌표 three coordinates 로 나타낼 수가 있다. 다시 말해서 그중의 두 좌표는 평면을 이루며, 세 번째는 평면과 직각으로 교차한다고 생각할 수가 있다. 만약에 세 좌표가 서로 완전히 독립하고 있다고 한다면 이는 적절하다고 볼 수 있으나, 이 경우는 아무리 생각해 보아도 그렇지 않은 것 같다.

이상의 설명으로 독자들은 이미 이해했을지도 모르지만, 각 차원의 음극과 양극, 또한 각 차원은 서로가 공명 共鳴, resonance 하고 있는 것

역주 8. *bhakta*는 신에 대한 헌신을 의미한다. 이 말은 후기 힌두교 신앙에 있어서 슈랏다 Śraddha(믿음)를 대신하여 사용한 매우 중요한 개념이다. 슈랏다의 어의는 '마음을 두는 것' '마음을 맡기는 것'을 의미하며, 리그베다 『*Ṛg-veda*』에서는 대표적인 신인 인드라 *Indra*에 대한 '신뢰'의 의미로 사용되었다. 또는 브라흐마나 *Brahmana* (祭儀書)에서는 제식 祭式 에 대한 헌신·신뢰·확신을 의미하기도 하였다. 이 말을 대신하는 *bhakta*는 *bhaj*라고 하는 어근에서 유래하였으며, 그 어의는 '참여'의 뜻을 가지며, 이는 최고신에 대한 절대적 귀의로서의 신앙·숭배를 나타내는 말로 시바 Śiva 교파와 비슈뉴 Viṣṇu 교파에서 널리 사용되었다.

이다. 이 점은 이들 보완적인 세 가지 차원이 기실은 그 근저에 있는 '음/양' 또는 '시바 shiva /샥티 shakti'[역주 9]의 차원을 각각 다른 각도에서 반영하고 있음을 시사한다.

또한 명상의 특정한 테크닉은 여섯 가지 기본적 요소의 비율에 따라서 도식에서 차지하고 있는 위치가 달라진다고 볼 수는 있지만, 각 차원의 '능동적' 극과 '수동적' 극과의 결합에 의해서 두 가지의 다른 '명상복합체 meditation complexes'를 분별할 수 있다. 요컨대, 동양의 명상이 '하지 않는 것' '무집착' '마음을 내면으로 돌려 의식을 집중시키는 것'을 연합시킨 것이라면, 서양의 명상은 '신의식' '해방' '사랑'의 조합인 것이다[그림 6-1] 참조.

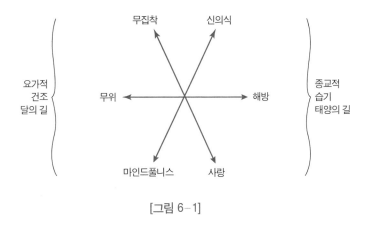

[그림 6-1]

역주 9. 제3장/역주 8)을 참조할 것. 탄트리즘 tantrism에 있어서 최고의 샥티 Paraśakti 는 의욕 icchā · 활동 kriyā · 지智, jñāna 의 3종 형태로 전개되어 활동한다. 또한 최고의 남신과 여신과의 관계는 자기 aham 와 자기성 ahaṃtā(달과 달빛처럼)으로 표현되기도 한다. 그리고 특히 샥티를 여신으로 강조해서 표기할 경우에는 대문자로 시작되는 샥티 Śakti로 표기하는 것이 일반적이다.

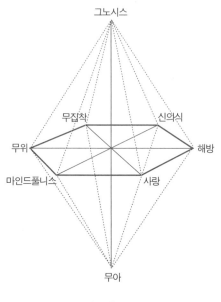

[그림 6-2]

이와 같은 명상 영역의 각 차원의 상호관계를 생각해 볼 때, 각 차원은 좌표로서 직교한다기보다는 두 쌍의 삼각추에서 교차하는 변 edges[사면체와 그 경상(鏡像)의 관계]으로 생각하는 것이 가장 적절하다고 생각한다. 편의상 나는 2차원 공간을 60°의 앵글로 잡아 표현해 보았다 [그림 6-2 참조].

평면의 6각형에 수직의 좌표축을 덧붙인 것은 명상에 관하여 다시 '두 가지 논점'을 서술하는 수단으로 삼기 위해서다. '첫째'는 이미 말한 명상의 각 측면은 자아정지 ego suspension 의 공통과정으로 수렴한다는 것이다. '둘째'는 자아의 정지에 도움을 준다는 것이며, 각 측면이 궁극적으로는 영적 지각이나 그노시스 gnosis, 영지(靈知) 의 본질을 밝히는 효과를 갖고 있다는 것이다. '평면'의 6각형이 명상의 '내적 몸짓', 요컨대 실제 테크닉의 배후에 있는 방법론을 그림으로 설명하고 있다고 한다면, '수직축'은 무 nothingness 와 전체성 totality, 투명성과 빛, 무아와 존재, '파나 *fana* 와 바카 *baqa*' 역주 10, 죽음과 영원한 생명과 같은 명상 결과의 보완적 측면을 나타내 주고 있다고 말할 수 있다.

그러면 이제부터 명상의 심리치료적 응용 psychotherapeutic application of meditation 으로 문제를 바꾸어 설명해 가고자 한다.

먼저 최초의 훈련을 위한 준비로서, 일어나서 주위를 둘러보고 남의 얼굴을 자세히 쳐다보아 주기 바란다. 왜냐하면 수분 내에 관계성 relationship 을 테마로 한 명상훈련을 같이 할 상대를 선택하도록 부탁할 것이기 때문이다.

일반적으로 예컨대, 개개인에게 위파사나(*vipassana*)의 실천을 권장하는 경우와 같이 심리치료를 보완하기 위하여, 또는 치료적 상황의 한 구성요소로서, 명상을 심리치료의 실천에 응용할 수가 있다. 몇 가지 명상 형태로 행하는 정신적 작업을 대인관계에까지 확대할 수 있다. 예컨대, 마음의 침묵을 사람과의 접촉이나 성스러운 것을 상기하는 데도 응용할 수 있다. 대부분의 명상 형태는 일상적 세계에도 적용할 수가 있으며, 또

역주 10. fana'는 아라비아어의 소멸·소융消融을 뜻하며 수피즘 Sufism 의 신비체험의 하나다. 인간의 왜소한 개아個我는 소멸하고 유일 절대신인 알라 Allah 속에 녹아서 완전히 합일하는 것, 또는 지금까지의 더럽혀진 자기를 종교적으로 거듭나는 체험을 의미한다. 이기적인 개아를 지워 없애는 것만으로는 완전치 않으며, 지워 없앴다고 하는 의식까지도 지워 없애지 않으면 안 된다고 본다. 이를 '파나=알파나'fana al-fana (소멸의 소멸)라고 한다. 이 단계에 이르게 되면 알라 속에서 거듭나게 되며, 신비가는 알라 속에서 계속적으로 살아갈 수 있게 된다. 파나의 다음에 오는 상태를 바카 baqa (지속)라고 한다.

한 '일대일'로 타인의 세계에 가장 자연스럽게 다리를 놓을 수도 있다.

이러한 이유에서 나는 개인적으로 명상을 침묵의 대인관계의 장場으로 응용하는 일에 깊은 관심을 가져왔다. 이 밖에도 언어적 상호작용의 배경으로서 명상을 사용할 수가 있다. 심리적 과정 일대일이든, 그룹이든 에 관여하는 사람의 근원적인 태도에 눈을 돌리게 되면 명상체험을 기초로 몇 가지 치료 테크닉을 세련된 것으로 만들 수 있을지도 모른다. 여기서 그 한 실례를 들어보고자 한다.

먼저 명상과 관계성의 가장 단순한 접점부터 시작해 보자 커플로 하는 침묵의 명상이다. 자기가 선택한 파트너와 마주보고 앉았으면, 내 말에 따라 주기를 바란다.

먼저 서로가 수분간 눈을 감아 주십시오.

몸, 특히 어깨를 편안하게 하고, 복부에 기를 모아 주십시오.

몸의 이완상태를 마음에까지 펼치고, 무언가를 구하고자 찾는 것이 아니라 오직 자기가 그곳에 있는 상태 그대로가 되십시오.

눈을 떴을 때도 파트너의 얼굴을 보아서는 안 됩니다. 자기가 만들어 낸 '내적인 침묵'이 없어지지 않도록 하면서 눈을 떠 주십시오.

그러고 나서, 파트너의 가슴 쪽으로 눈을 돌리십시오. 이때는 보는 것이 아니라 시각적 자극이 입력되는 대로 맡긴다고 하는 기분으로, 마치 '자궁 속에서부터 바깥을 보는 것'처럼 될 수 있는 한 퇴행적인 상태가 되십시오.

힘을 쓰거나 무언가를 추구하지 마십시오.

아무것도 할 것은 없습니다.

아주 천천히 파트너의 얼굴 쪽으로 시선을 올려 주십시오. 목에서 잠깐 멈추고. 다음에는 입 부근으로 시선을 옮기는 기분으로.

상대의 얼굴을 볼 때는 주변 풍경의 일부로서 보아 주십시오.

초점을 맞추기보다는 전체를 바라보도록 하십시오.

인물을 보는 것이 아니라 될 수 있는 한 배경을 보는 것처럼 배경을 포함시켜 주십시오.

아무것도 하지 않는 것을 지속시켜 주십시오.

마음의 침묵을 지속시켜 주십시오.

그 무엇도 하려고 하지 마십시오.

동시에 그곳에 사람이 있다는 것을 감지하여 주십시오. 사고를 하지 말고 그곳에 또 한 사람의 '나'가 있다고 느끼십시오.

'또 한 사람'을 해체시키는 일이 없도록 자기를 될 수 있는 한 해체하십시오.

원한다면, '그대는 있고 나는 없다.'고 하는 만트라 *mantra* 를 사용해도 상관 없습니다. 이 만트라를 외면서 상대에 방해가 되지 않도록 자신을 삼가며, 파트너에 초점을 맞추면서 자기를 버리십시오. 질문이나 코멘트가 있으면 파트너와 의견을 교환해 주십시오.

이제부터 이 명상수련에 참가한 ITA 국제트랜스 퍼스널학회 회의 참가자에 대한 나의 회답의 일부를 소개하고자 한다.

─자기 안에 있는 악마를 타인에 투사하며, 자신의 불신감과 이를 버렸을 때 아직도 남아 있는 공포에 맞서는 것은 매우 유익한 일이다.

─우리가 행한 침묵의 수련은 게슈탈트 치료의 '나와 너, 지금─여기'의 한 예이거니와, 여기서는 특히 '지금─여기'에는 초점을 맞

추지 않았다. 변화를 위하고 다음에 할 것을 고려하여 남 앞에서 이완하는 것을 중시하도록 권유한 셈이다. 이는 또한 중립 neutrality 이라고 하는 치료적 차원과도 관계가 있다.

— 명상에서는 비계통적인 탈감각 nonsystematic desensitization 이 일어난다. 정적한 상태에서 자기가 무엇에 직면할 것인가를 결정하는 것이 아니라 유기적 자기조절을 신뢰하게 된다. 무언가를 해결하려고 하지 않으면 미완성된 문제가 마음에 떠올라 오게 된다. 이렇게 마음에 떠올라 오는 일련의 문제에는 그 나름대로의 지혜가 숨어 있다.

— 자발적 관계 spontaneous relationship 란, 관계를 가지려고 하거나 또는 관계를 갖지 않으려고 하거나를 하지 않을 때 일어나게 된다. 때로는 호흡의 동조화 synchronization 가 일어나기도하며 텔레파시적인 공감과 친밀관계를 상기시키는 유사한 체험이 일어날 때도 있다.

— 영적 전통에서 명상체험의 공유는, 침묵의 다르샨 dharshan, 직관/관조(觀照) 역주 11 이나 제자가 되는 장소에서, 침묵의 존재를 통해서 영성의 깊이를 보여 줄 수가 있는 경험이 풍부한 명상자와 같이 하게 된다. 그러나 그 원리는 가장 일반적인 것이며, 사람과 사람

역주 11. dharshan은 산스크리트의 동사 어근 '보다 dṛś'에서 파생한 명사로서, '직접 보는 것' '지각' '직관' '통찰' '견해' '관조'를 뜻하는 명사다. 어원적으로 보아 진리를 '보는 것' '통찰' '직관'을 의미한다. 구체적으로는 성인聖人이나 영적 지도자를 직접 만나 말을 들으며 기를 받는 것을 의미하기도 한다. 그 방법은 일대일로 만나기도 하며 집단으로 만나기도 한다. 또한 말하는 경우도 있고 침묵 속에서 하는 경우도 있다.

과의 상호작용에 있어서는 반드시 비언어적 교류가 일어난다. 그래서 나는 인습적인 성례전^{聖禮典, sacrament}을 민주화할 것을 제안해 왔다.

—카르마 요가 *karma yoga* ^{역주 12}를 사용할 경우에는 대인적 상황이 아니라 보다 단순한 타인과의 공동작업을 의미하고 있는 경우가 많다. 그리스도교·선^禪·수피^{sufi} 등의 수행에서는 수작업은 명상이나 일상생활의 연장으로서 중요시되지만 대인관계는 자칫 소외되기 쉽다. 나는 명상을 창조적으로 대인관계에까지 확대시킬 여지가 있다고 생각한다. 물론 그럴 경우 치료자로서는 그것이 카르마 요가의 일부가 될 것이다.

—명상의 위험성이라고 하는 테마는 어려운 문제가 된다. 만약에 어떤 종류의 명상 형태가 특정인에게는 잠재적 위험성을 안고 있다고 보는 보수적 견해에 집착하게 되면, 위험성이 가장 낮은 것은 현재 진행 중인 체험에 유의하면서 피하거나 공상에 빠지지 않고 '지금-여기'에 접해 가는 데 있다.

그러나 그러한 보수적 태도는 필요 없이 한정적일지도 모른다.

역주 12. *Karma yoga*는 행위의 요가이며, 득실과 성패의 집착을 갖지 않는 무사봉사의 길을 가는 요가다. 때문에 *Karma yoga*는 높은 이상과 더불어 남을 위한 봉사를 추구한다. 이기적 사심과 게으름·자만심을 극복하는 것은 대단한 수련의 의미가 있다. 스와미 비베카난다^{Swami Vivekānanda(1862~1902), 인도의 종교철학자 라마크리슈나(Ramakryṣṇa) 제자의 제일인자}는 우리가 영위하고 있는 모든 것이 그것이 물리적인 것이든 정신적인 것이든 모두가 *karma*이며, 우리에게 흔적을 남기고 간다고 말하였다^{Swami Vivekānanada, Karma-yoga, Calcutta: Advaita 1978b, pp. 3-4}. 또한 비베카난다는 "신은 사랑하기 때문에 집착하지 않으며 진정한 사랑은 우리를 무집착으로 만든다. …… 우리는 이 *karma-yoga*를 통해서 사랑의 종착점에 도달하고 자유의 몸이 될 수 있다."라고 하였다^(ibid, pp. 45-46).

왜냐하면 정신이상에는 '초월소망'이라고 하는 건강한 핵 healthy core 의 변성이라고 하는 측면이 있기 때문이다. 정신이상이란 초월에 이르는 지름길과 같다고 말할 수 있다.

정신이상자의 '피안적 의식 other worldly consciousness'을 저지하지 않고 순화시키는 것이 얼마나 중요한가는 주지의 사실이다.

어쩌면 관상적觀想的 생활 contemplative life 이야말로 정신이상의 해결법이 될지도 모른다 이는 건설적 골조의 구조 속에서 불을 붙인다고 하는 식의 방법이다. 이 방법이라면 낮은 수준의 몽상을 높은 수준의 환영으로 변질시킬 수 있을 것이다.

알렉산더 데이비드 닐 Alexander David Neel 부인은 '최 Chöd '역주 13를 실천하고 있는 수도승에 대하여 다음과 같이 쓰고 있다. '최'란 창조적인 관상법을 사용한 의식儀式으로서, 자신의 머리를 잘라 내고 피투성의 시체와 함께 신과 영혼에 바치는 의식이다.

그녀가 목격한 수도승은 소리치면서 뛰어 돌아다니며, 분명히 미친 것처럼 보였다. 그렇지만 그녀는 이렇게 말한다. "이 방법은 위험하기 때문에 하지 말라고 말할 수가 있을 것인가?" 안전하고 편안한 것만을 고집한다면 영웅적인 여정을 완수할 수는 없다. 만약에 비할 수 없는 각성을 찾고자 한다면, 자신의 생명을 위험에 노출시키지 않으면 안 될지도 모른다고 하는 것을 마음에 새겨 두는 것이 좋을 것이다.

역주 13. 최 Chöd는 티베트불교의 의식에서 사용한 용어다. 이 용어의 어의는 자르다 동사와 잘름명사이다. 머리를 잘라 낸다고 할 경우, 머리는 심리학적 해석으로는 '자아'를 의미한다.

그렇다면 언어를 사용한 커뮤니케이션의 명상으로 응용해 보고자 한다. 이를 위해 명상을 도입한 심리적 훈련의 한 가지인, 게슈탈트 테라피에서 중시하는 '자각의 연속체 awareness continuum'를 세련한 것을 소개하고자 한다.

이 자각의 연속체 훈련은 게슈탈트 테라피에 있어서 정신분석의 자유연상 free association 에 필적할 만하다. 자유연상이란 사고의 과정에 간섭하지 않고 끊임없이 사고의 발생에 주의를 기울이며 이를 표현하는 일이다. 자각의 연속체 훈련은 항상 체험을 지속적으로 표현하는 일이며, 체험에 관하여 생각하는 것이 아니다. 그것은 감각·정서·정신상태를 표현하는 데 있다.

요컨대, 기억·기대·환상·부연敷衍·일반화·판단 등이 아니라 자각의 데이터를 표현하는 데 있다. 지금까지 이런 훈련을 해 본 일이 없는 사람의 경우 여기서 심오한 길을 발견할지도 모른다. 이상적인 자기의 모습을 보증해 줄 수 있는 데이터가 아니라 있는 그대로의 '지금-여기'에만 관계하려면 겸허한 태도가 필요하다. 만약에 현재의 자기 체험이 생각한 만큼 생동적이거나 뜻이 깊지 못할 경우에는 인내가 필요하다. '지금-여기'를 타인과 더불어 나누어 가지려면 성실성이 필요하며, 훈련이 한창 진행 중에 어떤 일이 발생한다 할지라도 또 그것이 타인 앞이라 할지라도 개방적인 태도를 가지려면 용기가 필요하다. 이는 진정한 의미의 '워크'이며, 자기 자신에 관한 워크인 것이다.

그렇다면 여기서 다시 한 번 파트너와 자리를 함께해 주기 바랍니다. 가능하다면 지난 훈련 때와는 다른 사람을 선택하는 것이 이상적입니다. 한 쌍 가운데서 듣는 사람은 이번에는 파트너를 체험하는 일에 주의를 집중하는 연습을 해 주기 바랍니다. 요컨대, 파트너의 제스처나 소리를 자각하는 것입니다.

그리고 심신의 긴장을 풀며, 특히 얼굴을 이완시켜 주기 바랍니다. 상대의 말이 들려와도 전혀 반응해서는 안 됩니다. 얼굴의 표정으로 대화를 하지 말기 바랍니다. 자신의 유일한 과제는 존재하고, 자각하고, 판단을 내리지 않으며, 이완하는 데 있다고 생각하기 바랍니다. 자연체 自然体 로서 자각하면서 있는 그대로를 마음속으로 돌리기 바랍니다.

한 쌍 중 말하는 쪽은 10분간의 체험을 하게 될 것입니다. 말하는 내용은 현재 진행 중인 체험입니다. 처음 약 5분간은 감각과 감정에 주의를 집중하여야 합니다. 감정을 빠뜨리는 일이 없도록 하여야 합니다. 이 훈련에서는 각종 감각에 대한 조사 같은 것은 하지 않고, 신체감각이나 환경 및 자신의 상대에 관한 지각뿐만 아니라 감정이 어떤 상태에 있는가를 추구하게 됩니다. 그리고 잠시 후 자신의 '동작'을 자각하도록 하십시오.

거기에는 자신의 제스처나 목소리만이 아니라, 무언가 말을 더듬거리거나 또는 어떻게 말하면 좋을까를 결정하는 내면적인 작업도 포함됩니다. 동작에 대한 자각을 표현해야 할 때가 되었을 때는 제가 신호를 드리겠습니다. 숙려 熟慮 나 설명 등은 일체 삼갈 것을 명심해 주기 바랍니다. 그렇게 하고자 하는 유혹을 이겨내기 바랍니다. 한편 듣는 사람도 말과 제스처에 의한 피드백의 유혹을 이겨내지 않으면 안 됩니다.

그렇다면 이제부터 시작해 보겠습니다. 10분 정도 지나면 교체 신호를 드리겠습니다.

이번에는 감각이나 감정에 지속적으로 주의를 하면서 제스처에 대한 자각이나 말소리와 그 밖에 다른 수단에 대한 관찰을 표현하기 바랍니다. 감각·감정·동작을 관찰한 바를 공유한다고 하는 세 가지 흐름을 준수하기 바랍니다.

ITA회의 그룹이 재소집되었을 때 우리는 다시 질의응답을 하였다. 다음은 나의 회답의 일부다.

"이것을 치료에서 어떻게 사용할 수가 있습니까?"라고 하는 질문에 대해서, 본래 치료의 근원인 게슈탈트 치료에서는 자각의 연속체 awareness continuum 훈련은 치료적 개입 therapeutic intervention 의 출발점으로서 중시되고 있다.

게슈탈트에 있어서 '치료적 개입'은 어떤 특정 방향으로 주의를 돌리고 표현이나 각색을 하도록 조언하는 데 있다. 클라이언트가 그 순간의 체험에 대해서 공개적일 때 치료자는 이 상황을 통해 암시를 받아, 클라이언트에 있는 어떤 과거의 체험을 재현해 달라든가, 파멸적 환상 catastrophic fantasy 을 표현해 달라는 것과 같은 시사를 주게 된다.

'자각의 연속체 훈련'은 게슈탈트 치료의 기본임에도 불구하고 게슈탈트의 실제에 있어서는 망각하는 경향이 있다. 게슈탈트에서는 '지금-여기'가 강조되며, 실천에 대해서 말하자면 치료의 세션 중에 일어 난 대부분의 것은 지시에 의한 과거의 재현·각색화·공상의 표현 등이다. '자각의 연속체'는 다소 경시되었던 기법이지만 명상체험을 통해서 세련되고 개방적인 태도와 자각, 주의력과 유기체적 자발성의 조합에 역점을 두게 되면, 자각의 연속체는 더욱 의의 있는 것이 될 것이다.

─누구나 '지금-여기'를 기피하는 경향을 가지고 있다는 것을 마

음에 새겨둘 필요가 있다고 생각한다. 그러한 기피를 직면하지
않는 한 말잔치의 함정에 빠져 버리게 된다.

— 신체지각 body perception 이외의 지각을 제외하라고는 말하지 않았
다. 이상적인 것은 파노라마 같은 자각을 발달시키는 데 있으며,
경우에 따라서는 상대방에 초점을 맞추거나, 룸에 주의를 돌린
다거나, 융단에 시선이 가기도 하며, 지나가는 차량의 소리를 듣
게도 된다. 이렇듯 자각이 선택적이 아닐수록 바람직하다.

— 분석에 있어서 중립성은, 본래 환자가 마음 편히 소파에 눕게 하
는 방법을 사용했던 때부터 중요시되고 있으나, 그것이 단순히
외적 중립성만이 아니라 내적인 상태가 될 때 더욱더 효력을 갖
게 된다. 나는 이를 하나의 '명상장의 창조'라고 생각하고 싶다.
자신의 현존감각, 타인과 자기 자신에 대한 자각에 초점을 맞춘
감각을 진정으로 간직할 수가 있다면 그 효과는 타인에게도 전
파된다. 마치도 자각이라고 하는 것에 에너지의 측면이 있는 것
처럼 치료적 상호작용이 일어나는 것은 이와 같은 에너지 교류
의 '미지' 요인에 힘입은 바가 크다고 생각한다.

우리는 반드시 언제나 같은 종류의 침묵을 먼저 말할 이유는 없
다. 침묵에도 질의 차이가 있다. 깊은 우울과도 같은 침묵, 도전
적인 침묵이 있다는 것을 우리는 체험을 통해서 알고 있다. 그러
한 침묵 앞에서 거짓말을 할 수는 없기 때문이다. 또는 고요하고
도 의미심장함의 앞에서는 무의미함을 가장할 수는 없다. '통상'
적인 침묵이나 아귀처럼 덮쳐드는 침묵도 있다.

— 명상 중에 눈을 뜨고 있는 것은 일상생활에서 명상을 실천하는
데 도움이 된다. 모든 감각적 자극에 둘러싸인 상황 속에서 평온

하며 청징 淸澄 한 상태를 유지하기란 어려운 일이다. 이는 명상을 일상생활로 살리기 위한 시련이라고도 말할 수 있다. 그렇다고는 해도 실행이 어렵기 때문에 자칫 조금은 편하게 하려고 하는 유혹에 사로잡히게 된다.

— 치료적 상황하에서 나는 접촉의 기피를 불안이나 어떠한 탈선의 신호로 받아들인다. '지금−여기'의 기피는 '나와 너'의 기피로서 나타나게 된다. 접촉의 기피를 파고들어가다 보면 모종의 떳떳하지 못한 점에 부딪히게 된다. 접촉을 유지하기 위해서는 노력 기피하지 않는 수행 이 필요하다.

— 음악치료 music therapy 라는 것이 있거니와, 음악에는 그저 듣는 것 외에도 보다 다양한 차원이 있다. 어떻게 들을 것이며, 무엇을 들을 것인가를 알고 있느냐 없느냐에 따라서 음악에도 차이가 생긴다. 음악에는 명상적 차원이 잠재하고 있으며, 음악치료에 명상적으로 듣는 법 태도 이 포함되도록 한다. 다종다양한 음악과 듣는 법이 결합되어서 풍만한 영역이 만들어지게 될 것이다. 누구에게 있어서나 음악은 생활의 일부가 되어 있기 때문에 명상의 한 수단으로써 음악을 의도적으로 사용하는 것은 클라이언트에게 있어서는 적어도 얼마간의 도움이 될 것이다.

서양의 가장 훌륭한 영혼 가운데는 음악을 통해서 말해 주는 것이 있다. 이는 의식의 최상위적 도달경지를 음을 통하여 표현하고 있는 셈이다. 예컨대, 바흐 Bach 의 음악은 그리스도교의 '아버지인 신 God-the-father'의 지고한 표현이라고 생각한다. 낭만주의 음악은 '모성 the Mother'의 재발견자이며, 인간본성의 무의식적인 감정적 측면이라고 볼 수 있는 밤의 숭배자다.

그들은 영혼의 디오니소스적인 측면Dionysian side, '음陰' 또는 '샥티 Shakti'의 측면을 표현해 왔다. 위대한 음악가는 각자 나름대로의 체험적 특질을 표현하고 있다. 19세기 후반 독일의 피아니스트 겸 지휘자였던 한스 폰 뷜로Hans von Büllow(1830∼1894)는 바흐Bach, 베토벤Beethoven, 브람스Brahms를 각각 아버지와 자식과 성령에 비유하였다. 여기에는 상당한 진실이 담겨 있으나, 이를 아버지와 자식과 '어머니'로 말하는 편이 좋을지도 모른다.

음악은 수피교도들Sufis이 말하는 '디크르 dhikr'(반복 · 상기)역주 14에 불가결한 것이다. 구어로서의 '디크르'에 있어서 반복은 상기의 한 수단이 되지만, 의식의 다른 국면을 환기시키고자 할 때는 그것을 상기시키기 위해서 음악을 사용할 수도 있다. 나는 브람스의 제1교향곡 제2악장의 녹음테이프를 갖고 있으나, 이는 보편적 여성원리의 찬가라고 말할 수 있다. 이는 교회가 설교하는 아버지인 신이 아니라 '어머니인 신'을 환기하는 디크르로서 사용할 수 있다고 생각한다. 음악이라는 거울 속에서 자궁과 같은 대양의 깊이를 묵상하자. 성스러움을 상기할 때는 우리의 원천인 창조 · 유지 · 파괴의 성질을 상기하도록 하자.

역주 14. *dhikr*는 아라비아어로서 원의는 입으로 말하는 것을 의미한다. Sufism의 용어로서는, 신의 이름을 포함한 창구唱句를 반복하며 이슬람의 유일신 알라 *Allah*를 찬송하는 정신집중의 수행을 말한다. 이 *dhikr*에는 소리를 내어 창념唱念하는 디크르와 마음속으로 염원하는 디크르가 있다.

제 3 부
서양과학의 새로운
패러다임

Fritjof Capra
Rupert Sheldrake
Karl Pribram
Joseph Chilton Pearce

7

진실의 새로운 세계관:
동양의 지혜와 서양과학의 통합을 위해서

프리초프 카프라(Fritjof Capra)

20세기 초 30년 동안, 물리학에 있어서는 사고방식과 개념에 극적인 변화가 일어났다. 그 변화는 아직도 현대의 물질 이론 속에서 여러 가지로 보완되어 정치화精緻化 되고 있거니와, 이 새로운 개념에 의해서 우리의 세계관은 데카르트–뉴턴의 기계론적 사고에서 '전체론적이며 생태학적인 시각holistic and ecological view'으로 크게 변화해 왔다.

처음에는 그 새로운 시각은 물리학자에게 있어서는 결코 받아들이기가 쉽지 않았다. 그들은 소입자素粒子 의 세계를 탐구하던 중에 예상도 하지 못했던 불가사의한 리얼리티에 접하게 되었던 것이다. 이 새로운 리얼리티를 이해하려고 하는 노력을 통하여 과학자는 아픈 마음으로 그들의 기본적 개념·언어·사고방식 등이 원자적 현상을 설명하기에는 부적당하다는 것을 이해하게 되었다.

그들에게 있어서 문제는 지적인 것만이 아니었다. 그것은 정동적인 위기이기도 하지만 존재에 관한 강력한 위기이기도 하였다. 과학자가 이 위기를 극복하는 데는 긴 시간이 걸렸다. 그러나 그 결과 그들이 얻은 것은 물질의 본질, 그리고 인간의 마음과 물질의 관계에 대한 깊은 통찰이었다.

나는 오늘날 세계의 국가들이나 사회가 동일한 위기에 처해 있다고 생각하게 되었다. 매일같이 신문의 지면은 그 위기의 표현이라고도 볼 수 있는 기사로 채워지고 있다. 경제활동의 대부분은 심한 인플레이션과 실업을 가져다 주고 있으며, 빈곤과 기아의 수준은 전혀 줄어들지 않고 있다. 예컨대, 에너지의 위기, 의료의 위기, 환경의 위기, 상승일로에 있는 폭력과 범죄 등이 그러하다.

나는 이와 같은 것들이 동일한 위기의 다른 국면이며, 본질적으로는 '인식의 위기crisis of perception'라고 생각한다. 그 위기는 1920년대의 물리학의 위기와 같이, 시대에 뒤떨어진 세계관데카르트-뉴턴과학의 기계론적 세계관을 이미 그러한 개념으로는 이해할 수가 없는 리얼리티에 적용하려 하고 있는 사실에서 연유하고 있다.

데카르트적 세계관이란 동양문화보다는 서양문화의 특징을 가지고 있으며, 이제는 그 기본원리가 동양에서도 많이 적용되고 있다. 그것은 서양의 과학과 테크놀로지가 세계 도처에서 넓게 받아들이면서 사용되고 있기 때문이다. 그러나 물리학·생물학·의학·심리학·

경제학 등 많은 분야에서 데카르트적 세계관은 이미 한계 상황에 이르고 말았다. 오늘날 우리는 글로벌하게 상호 연결된 세계에서 살고 있다. 그 세계란 생물 · 심리 · 사회 · 환경 등의 여러 현상이 모두 서로가 의존하고 있다. 이러한 세계를 적절하게 기술하기 위해서는 데카르트적 세계관으로는 얻을 수가 없는 생태학적인 시각이 반드시 필요하다고 본다.

그렇다고 본다면 우리가 필요로 하는 것은 '새로운 패러다임'새로운 세계관 · 사고 · 인식 · 가치의 근본적 변혁 이다. 기계론적 세계관에서부터 전포괄적인 세계관으로의 이행은 이미 모든 분야에서 괄목할 만한 형태로 진행되기 시작하였으며, 앞으로 10년간을 지배할 것으로 보인다. 오늘날 위기의 중대성, 그리고 지구적인 문제의 범위는 결국 과거에는 없었던 미증유의 큰 변혁과 지구 전체의 전환점을 가져오게 하였다.

새로운 세계관

새로운 세계관은 생태학적 시각이다. 그러나 그것은 환경보호라는 근시안적인 관심사를 훨씬 넘어선 시각이다. 그것은 현대과학에 의해서 지지되고 있는 세계관이다. 다시 말해서 과학이라는 테두리를 넘어 온 생명의 일체성一體性, oneness, 다양한 상호 의존성, 그 변화와 변용의 사이클을 직관적으로 자각하는 리얼리티의 인식에 근거하고 있다.

인간의 '정신'이라는 개념을 개인이 우주 전체에 연결되어 있다는 것으로 이해하는 '의식의 양식 mode of consciousness'이라고, 자기초월적 의미로 이해한다면 '생태학적인 의식'이 진실로 정신적이라고 보는 것은 분명해진다. 실제로 개인이 우주와 연결되어 있다고 하는 생각은 '종교religion'라고 하는 말의 라틴어 어원 '렐리가레 religare (강하게 묶다)역주 1' 에서, 또는 '통합·합일'을 의미하는 산스크리트의 요가yoga에서도 표명되고 있다.

때문에 새로운 세계관이 다양한 시대의 관점과 다양한 전통의 신비가들의 관점에 특히 인도의 정신적 전통을 수용한 관점에 매우 가깝게 접근하고 있다 할지라도 그렇게 놀랄 만한 일은 아니다.

10년 전, 나는 현대물리학과 동양 신비주의의 두드러진 상사성相似性을 발견하고 놀랐다. 이러한 상사성은 오늘날 동등한 정당성을 가지고 생물학, 심리학 등 그 밖의 과학에까지 확장할 수가 있다. 우리는 고대 동양의 예지가 현대의 과학이론에 지극히 일관성 있는 철학적 배경을 제공해 주고 있음을 상당히 확신을 가지고 말할 수가 있다.

역주 1. religion이란 라틴어의 religio에서 연유하였으며, 다시 re 묶다·매다ligiō, 즉 '재결합'을 의미한다. 신의 피조물인 인간이 자기 욕망 때문에 신의 의지를 거역하였으나, 예수 그리스도의 가르침과 속죄에 의해서 다시 신에 결합된다는 의미에서 나온 말이다. 이렇듯 religion은 그리스도교의 영향을 받아서 사용된 것이며, 불교나 이슬람 같은 제 종교도 religion으로 표현하는 데는 잘못이 있다고 보는 사람도 있다. 종교의 개념은 각 문화에 따라서, 또는 각각 사상 조류에 의해서 다양하며, 단순한 개념 규정에는 문제가 따르게 된다. 근대의 인문사회와 제 과학에서 사용되었던 용법도 religion의 영향을 벗어나지 못하고 있다. 특히 서양의 보편주의universalism가 권위를 잃어 가고 있는 오늘날, religion이라는 말이 갖고 있는 특정문화의 구속성은 자각과 검토의 대상이 되고 있다.

🍂 새로운 물질관

진실에 대한 새로운 세계관을 논함에 있어서 먼저 현대물리학에서 탄생한 새로운 물질관부터 논하고자 한다. 현대물리학에 의하면, 물질의 세계는 따로 따로 흩어져 있는 물체로부터 구성된 기계적 시스템이 아니라 복잡한 관계의 직물complex web of relationship 이다. 소립자subatomic particles 는 고립된 흩어진 실체로서 이해할 수는 없으며, 사상事象, events 의 네트워크 속에서의 상호결합이나 상호관계로 이해되지 않으면 안 된다.

흩어진 물체라고 하는 관념은 하나의 이상화理想化 이며 유용하기는 하지만 하등 근원적인 정당성은 가지고 있지 않다. 양자론 창시자의 한 사람인 베르너 하이젠베르그Werner Heisenberg 역주 2 의 말을 인용한다

역주 2. Werner Heisenberg(1901~1976)은 독일의 이론물리학자이며, 현대물리학 이론을 정립한 사람이다. 처음에는 덴마크의 이론물리학자 보어Niels Henrik David Bohr (1885~1962) 의 지도하에 '원자구조이론'의 연구에 협력하여, 1925년에는 '양자역학Quantenmechanik'의 출발점이 된 논문 「운동학적 및 역학적 제 관계의 양자론적 새로운 해석에 대하여Über quantentheoretische Umdeutung kinematischer und mechanischer Beziehungen」를 발표하였으며, 이 이론과 오스트리아의 이론물리학자 슈뢰딩거 Erwin Schrñdinger(1887~1961) 의 '파동역학'에 의해서 '양자역학Quantenmechanik'의 기초를 확립하였다.

1928년에는 유명한 『불확정원리Uncertainty principle/불확정성관계Ungenauig keitsrelation』를 발표하여 양자역학과 현실과의 직관적 연결관계를 해명하였다. 1932년에는 노벨 물리학상을 수상하였다. 그는 고대 언어학자인 아버지 아우구스트 하이젠베르그August Heisenberg 의 영향을 받아 정신세계와 인문분야에 대한 관심도 높았다. 『부분과 전체 Der Teil und das Ganze』라는 저서의 '실증주의와 형이상학과 종교'라는 장에서 다음과 같이 말하고 있다. "양자이론은 인간이 내용을 완전히 이해할지라도 상징과 비유로밖에 설명할 수 없다는 사실을 훌륭하게 보여 준다." 이는 존 로크Jhon Locke 가 "사물의 진정한 본질은 감추어져 있다."라고 말한 것과

면 다음과 같다.

> 이처럼 세계는 복잡한 사상events의 직물로서 모습을 보인다. 다른 종류의
> 관련이 교체되고, 겹치며, 결합되어 전체적인 직물의 짜임새가 결정된다.

이것이야말로 동양의 신비가들의 세계에 대한 체험의 방식 그 자체다. 예컨대, 슈리 오로빈도 Sri Aurobindo 역주 3 는 다음과 같이 말하고 있다.

> 물질적인 대상은 우리가 현재 보고 있는 것과는 다른 것이다. 그것은 세계
> 를 배경으로 또는 자연에 둘러싸여 분리되고 있는 대상이 아니라, 우리가 보고
> 있는 모든 것을 통합하고 있는 통일체unity다. 또한 그것은 불가분의 부분이며,
> 그 통일체를 현묘玄妙한subtle 방식으로 넌지시 보여 주고 있다.

또 하나의 예로서 원자물리학자 헨리 스탭 Henry Stapp 역주 4 의 말을 이

상통한다. 제2차 세계대전 후에는 '원물질Urmaterie' 이론을 발전시켜 소립자의
비선형장非線型場의 이론으로 '통일장이론'을 뮌헨 그룹에서 주도하였다.

역주 3. Sri Aurobindo(1872~1950)는 인도 뱅갈Bengal에서 태어났으며, 시인·철학
자·요기·신비주의자로서 심오한 가르침을 주었다. 또한 민족주의자였으며,
영국의 지배하에 있을 때에는 자유의 투사였다. 특히 베단타Vedānta, 우파니샤드
(upaniṣad) 사상으로부터 영적 발달의 개념을 도출해 냈으며, 범아일여梵我一如의
일원론적인 가르침을 남겼다. 상키야철학sāṃkhya philosophy을 통해서는 물질주
의적인 경향을 배격함으로써 인간발달의 최고점에 대한 가르침을 주었다.

용하고자 한다.

> 소립자란 독립해서 존재하고 있는 분해 불가능한 실재entity는 아니다. 그
> 본질은 다른 존재에 영향을 주는 '일련의 관계성'이다.

이 말을 중관파中觀派, Madhyamika school 역주5 의 창시자 나가르주나Nagarjuna,
용수(龍樹)의 말과 비교해 보자.

> 사물은 서로 의존함으로써 그 존재와 성질을 얻을 수가 있으며, '물物 그 자
> 체'에는 의미가 없다.

역주 4. Henry Stapp는 캘리포니아 대학 교수로서, 양자론이 어떻게 해서 자연의 '본
　　질적인 상호 연결성essential interconnectedness'을 암시하는지를 가장 명료하게 제
　　시했다. 또한 상호 연결성의 이론을 아원자 입자들subatomic particles의 상대성적
　　모델들에까지 쉽게 확대할 수 있는 체계도 제시하였다.

역주 5. 중관파는 유가행파Yogācāra, 유식(唯識, Vijñaptimātra)의 사상을 신봉하는 학파와 더불어 인
　　도 대승불교의 2대 학파의 하나다. 대승불교를 최초로 설한 Nagarjuna(150~250경)
　　를 조사로 삼아, 초기의 대승경전을 대표하는 '반야경 prajñāpara－mitā－sūtra(정확히는
　　반야바라밀〈다〉prajñāparamita)의 '공sūnya(=무자성, 無自性)' 사상을 특히 중시하였다. 이
　　명칭은 나가르주나의 주저인 『중론中論, Madhyamakaśāstra』에서 유래하였다.

🦋 우주의 무도

물리학자와 신비가들은 우리가 '물체'라고 부르고 있는 것을, 실은 어떤 불가분의 우주적 과정 속의 패턴이라고 보는 관점에 동의한다. 그들은 또한 그 패턴이 본질적으로 역동적이라고 하는 점에 대해서도 동의한다. 소립자 물리학에서는 질량은 이젠 물질과 결합되어 있지 않으며 '에너지의 한 형태'로 인식되고 있다. 그러나 에너지는 활동과 또는 과정과 결합되어 있으며, 그것은 활동의 척도가 된다. 따라서 소립자는 물체라기보다는 '역동적인 패턴'이며 '과정'이다.

이와 마찬가지로 우리가 '사물'이라고 부르고 있는 것을 인도의 신비가들은 산스크리트어의 '삼스카라 _samskara_ 역주 6라는 용어를 사용하여 설명해 왔다. 이 말은 우선 첫째로 '사상an event' 또는 '사건a happening'을 의미하며, 오직 2차적으로 '존재하는 것an existing thing'을 의미한다. 스즈키 다이세스鈴木大拙 역주7는 "불교도들은 대상을 사상事象

역주 6. _Saṃskāra_ 는 어의적으로는 '결합' '조립' '형성' 등의 의미를 가지며, 여기서 파생하여 준비·완성·정화·장식 등의 의미를 갖는다. 종교적 술어로서는 '정법淨法', 철학적 술어로서는 '여력' '잔존한 힘'을 의미하며, 불교에서는 '행行' '유위有爲, saṃskṛta(인연에 의하여 생기는 현상)'로 해석된다. 그러나 삼스카라는 '업karma'이나 '윤회saṃsāra'의 문제와도 관계가 있다. 원시불교에 있어서는 '오온五蘊, pañca skandhāḥ' 설의 제4온인 '의지', 연기설에서는 12지호 연기의 제2지호인 '행·업', 삼법인드法印, 세 가지 법인(dharma uddāna)을 말하며, 재행무상을 설파하는 무상인(無常印), 제법무이를 설파하는 무아인(無我印), 열반적정을 설파하는 열반인(涅槃印)을 뜻한다 에서는 '제행무상諸行無常'과 관련지어 다양한 의미로 사용된다.

역주 7. 스즈키鈴木 의 본명은 사다다로貞太郞 이며, 다이세스大拙 는 도호道號 다. 가나자와金澤 출신으로, 동경전문학교현 와세다대학 중퇴, 동경대학 선과選科 재학 중, 1891년 가마구라 엔가구지鎌倉 圓覺寺 에서 임제종臨濟宗 의 명승 샤구소엔釋宗演 (1859~1919), 선을 해외에 소개한 선구자 의 가르침을 받아 참선하여 도호를 지어받았다.

으로 보며, 물질이나 물체로는 이해하지 않았다."라고 설명하고 있다.

소립자 세계의 에너지 패턴은 안정된 원자구조, 분자구조를 형성하며, 여기서부터 물질이 나와 거시적으로는 단단한 외관을 보여 준다. 그 결과 우리는 그것이 어떤 종류의 물질적인 실체로 형성되어 있다고 생각해 버린다. 거시적 수준에서 볼 때 물질이라고 하는 개념은 매우 유효하지만 원자 수준에서는 이젠 별로 의미가 없다. '원자'는 입자로 되어 있으나 그 '입자'들은 어떠한 물질로도 되어 있지 않다. 입자를 관찰해 보아도 어떤 물질도 볼 수가 없으며, 볼 수 있는 것은 끊임없이 변화하는 '역동적인 패턴 dynamic patterns, 끊임없는 에너지의 무도 (continuous dance of energy)'이다.

1893년 시카고에서 개최된 '세계종교대회'에 참석한 샤구소앤의 발표 원고, 「불교소사」를 다이세스가 영역한 것이 기연이 되어, 1897년 도미하여 1909년 귀국할 때까지 동서의 종교 · 철학을 연구하였다. 특히 마명馬鳴 아슈바고샤Aśvaghoṣa, 1~2세기 인도의 시인/불교학자 의『대승기신론大乘起信論』을『Discourse on the Awakening of Fath in the Mahayana』(1900)로 영역하였고,『대승불교개론 Outlines of Mahayana Buddhism』(1907)을 영문으로 간행하였다. 귀국 후 학습원대학學習院大學 교수, 동경대학 강사 및 콜럼비아 대학 객원교수를 역임하였고, 1949년 일본학사원 회원이 됨과 동시에 문화훈장을 받았다. 또한 같은 해에 호놀룰루의 제2회 동서철학회의 Second East-West Philosopher's Conference 에 참석한 이래 미국에서 일본문화와 선사상의 소개에 힘을 기울였다. 그는 서양문화권에 처음으로 대승불교를 소개하였으며, 서양의 지식인 분별지分別智 에 대하여 실상實相과 진여眞如를 달관하는 지혜인 동양의 반야般惹, Prajña/無分別智 · 절대지 · 근본지를 강조하고, 세계의 철학 · 과학 · 예술계에 큰 영향을 주었다. 그가 대승불교 Mahāyāna Buddhism 의 중핵으로 여겼던 선禪을 일본어의 음역으로 사용한 Zen禪 의 용어는 이미 세계의 사상계에서 확고한 자리를 차지하고 있다. 1958년『능가경楞伽經 연구 Studies in the Lankavatara Sutra』로 문학박사학위를 받았다. 그가 지은『Essays in Zen Buddhism』 (London: Rider, 1948)는 일본의 선불교를 해외에 널리 알리는 데 크게 기여하였다.

소립자의 세계를 이루고 있는 역동적인 관계의 직물을 연구하게 되면 '무도'라는 비유가 자연스럽게 떠오른다. 신비가들도 현대물리학자와 동일한 역동적인 세계관을 갖고 있었기 때문에 그들이 자연에 대한 직관을 전달하기 위하여 무도의 이미지를 사용해 왔다 할지라도 그렇게 놀랄 만한 일은 아니다. 전 우주가 끊임없는 운동과 활동을 하고 있는 우주적 무도라는 비유는 힌두교 Hinduism 의 무도 신, 시바 나타라쟈 Shiva Nataraja 의 상像 에서 가장 아름답게 표현되고 있다. 현대물리학자에게 있어서 시바의 춤은 소립자의 춤이다. 힌두교의 신화에도 있는 것처럼 그것은 전 우주의 창조와 파괴의 끊임없는 무도 모든 존재와 모든 자연현상의 기반 인 것이다.

🍃 생명의 시스템관

현대물리학의 '전 포괄적'이고 '생태학적'인 세계관은 모든 현상이 근본적인 상호 관계성과 상호 의존성을 갖고 있다는 것과 물질계가 본질적으로는 '역동적'이라고 하는 것을 강조한다.

이와 같은 관점에서 생물을 논하려고 한다면, 물리학을 넘어 현대물리학의 개념을 확장한 이론의 틀을 갖지 않으면 안 된다. 이런 짜여진 이론의 틀은 시스템이론 systems theory 으로 알려져 있지만, 때로는 일반시스템이론 general systems theory 이라 불릴 때도 있다. 그러나 실제로는 '시스템이론'이라는 용어는 약간 오해를 가져오기 쉽다. 그렇다는 것은, 시스템이론이 상대성 이론은 아니기 때문이다. 그것은 어떤 특정한 어프로치, 특정한 언어, 특정한 시각을 말하고 있는 것이다.

시스템론적 관점은 세계를 '관계성 relationship'과 '통합 integration'이라는 관점에서 본다. 시스템 systems 이란 통합된 전체이기 때문에 그 성질을 작은 구성단위의 성질로 환원시킬 수는 없다. 시스템론적 어프로치는 기본 구성요소나 기본 물질로 눈을 돌리는 대신 '조직화 organization'의 기본 원리를 강조한다.

시스템의 예는 자연에 많이 있다. 모든 유기체 극미(極微)한 박테리아에서부터 다종 다양한 동식물, 인간에 이르기까지 는 하나로 통합된 전체이며 살아 있는 시스템이다. 세포는 살아 있는 시스템이며 인체의 다양한 조직이나, 기관도 또한 살아 있는 시스템이다. 인간의 뇌는 그중에서도 가장 복잡한 시스템이다. 그러나 시스템은 개개의 유기체와 부분에서만 볼 수 있는 것은 아니다. 가정이라든가 공동체와 같은 사회시스템에서도, 또는 다양한 유기체와 무기물이 상호작용하고 있는 생태계 ecosystems 에서도 전체성을 시사하는 동일한 측면을 보여 주고 있다.

이와 같은 자연의 시스템은 모두 부분간의 상호작용과 상호 의존으로부터 구체적인 구조가 일어나고 있는 전체인 것이다. 따라서 시스템의 특성은 물리적이든 이론적이든 시스템을 고립된 요소로 분단시켜 버리면 시스템은 파괴되고 만다. 우리는 어떤 시스템에서도 개개의 부분을 분별할 수 있다. 그러나 '전체성 wholeness'의 특성은 언제나 부분의 단순한 '총화 sum'와는 다르다.

시스템은 본질적으로 '역동적 dynamic'이다. 그 형태는 경직된 구조가 아니라 근원적인 과정이 유연하면서도 안정된 모습으로 나타난 것이다. '시스템사고'는 프로세스사고 process thinking 다. 형태는 과정과 결합되고, 상호관계는 상화작용과 결합되며, 상반하는 것은 진폭 oscillation 을 통해서 통합된다고 생각한다. 살아 있는 시스템은 시스템

속의 시스템이라는 다층레벨의 구조^{multi-leveled structures} 형태를 취하는 경향이 있다. 예컨대, 인체에는 몇 가지 기관으로 구성되고 있는 기관시스템이 있으나 각 기관은 조직으로부터, 또한 그 조직은 세포로부터 만들어졌다. 이들은 모두 더 작은 부분으로 구성된 살아 있는 유기체이거나 살아 있는 시스템인 동시에 보다 더 큰 전체의 부분으로서도 기능하고 있다. 이렇듯 살아 있는 시스템에는 '층상질서^{層狀秩序, stratified order}'가 있고, 모든 시스템 레벨 사이에 상호 연결과 상호 의존이 존재하며, 각 레벨은 그 전체 환경과 상호작용함으로써 정보를 교환하고 있다.

🌿 자기 조직화

현대물리학이 그러한 것처럼 시스템론적 관점도 생태학적 관점을 갖고 있다. 그것이 강조되고 있는 점은 모든 현상의 상호 관계성과 상호 의존성, 그리고 살아 있는 시스템의 역동적인 성질이다. 모든 구조는 근원적인 과정의 발현으로 보며, 살아 있는 시스템은 조직화의 패턴으로 설명하고 있다.

그렇다면 생명의 특징인 조직화의 패턴^{patterns of organization}이란 도대체 무엇일까? 여기에는 다양한 과정과 현상이 포함되어 있지만 그것은 모두 '자기조직화^{self-organization}'의 원리라고 하는 동일한 역동적인 원리의 다른 측면임을 이해할 수 있다.

요컨대, 생물은 자기조직화의 시스템인 것이다. 다시 말해서 생물의 구조와 기능의 질서는 환경에 의해서 억지로 떠맡겨진 것이 아니라 시스템 그 자체에 의해서 만들어지는 것이다. 따라서 자기조직화의 시스템에는 어느 정도의 '자율성 autonomy'이 있다. 예컨대, 자기조직화의 시스템은 환경의 영향과는 무관하게 내적인 조직화의 원리에 따라서 그 규모를 결정해 가는 성향을 갖고 있다. 그렇다고 살아 있는 시스템이 환경과 완전히 고립되어 있는 것은 아니다. 오히려 자기조직화의 시스템은 환경과 끊임없이 상호작용하고 있는 것이다. 반면 그 상호작용이 살아 있는 시스템의 조직화를 경정하지는 못한다.

자기조직화시스템의 '상대적 자율성 relative autonomy'은 '자유의지'이며, 이는 예로부터의 철학적인 문제에 새로운 빛을 던져 주었다. 시스템적인 시각에서 본다면 결정론 determinism 도 자유 freedom 도 상대적인 개념에 지나지 않는다. 환경으로부터 자율적이라는 의미에서 시스템은 자유이며, 또한 끊임없는 상호작용을 통해서 환경에 의존하고 있다는 의미에서 '시스템의 활동'은 환경의 영향에 의해서 결정된다고 말할 수 있다. 생물의 상대적 자율성은 통상적으로 생물의 복잡성 complexity 에 따라서 증가하며, 그 복잡성은 인간이라는 생물에 있어서 정점에 이르게 된다.

이 '상대적인 자유의지'라는 개념은 신비적 전통의 관점과 완전히 일치되고 있는 것처럼 보인다. 신비적 전통은 이를 따르는 수행자들에게 고립된 자기라고 하는 관념을 초월할 것과 우리가 우주와 불가분의 관계에 있는 부분이라고 하는 것을 자각하도록 설득하고 있다. 실제로 이와 같은 전통의 목적은 일체의 자아감각을 완전히 버리고 신비적인 체험 속에서 우주 전체와 합일하는 데 있다.

그리하여 일단 그와 같은 상태에 이르게 되면, 자유의지라는 문제는 그 의미를 잃게 된다. 만약에 내가 '우주'라고 한다면 '외부'의 영향은 있을 수가 없으며, 나의 모든 행동은 자발적이며 자유로울 것이다. 그렇기 때문에 신비가의 시각에서 본다면, 자유의지 free will 라는 개념은 우리가 리얼리티를 합리적으로 설명하려고 할 때 사용하는 다른 모든 개념과 마찬가지로 상대적이며 환상적인 것이다.

자기조직화의 시스템 이론은 과거 10년 사이에 벨기에의 노벨상 수상자 일리야 프리고진 Iliya Prigogine 역주 8을 필두로 다양한 학문분야의 다수 연구자에 의해서 상세하게 논의되어 왔다. 자기조직화의 가장 중요한 특징의 하나는 자기조직화의 시스템이 '항상 작동하고 있다.'는 사실이다.

자기조직화의 시스템은 시스템 자체가 자율적으로 살아남기 위하

역주 8. Prigogine(1917~2003)은 모스코바 태생으로 독일로 이주한 후 벨기에에 정착한 물리학자다. 브뤼셀Brussels 자유대학에서 학위(1941)를 받았으며, 1961년부터 동대학 물리화학 교수, 소르베 국제물리화학 연구소장, 텍사스대학 통계역학·열역학연구센타 소장 등을 역임하였다. 1977년에 노벨화학상을 수상하였다. 그의 과학상의 업적은 '산일구조론dissipative structure theory' 또는 '비평형 열역학'의 이론을 성립한 데 있다. 즉, 평형으로부터 멀리 떨어진 시스템 비평형시스템에서는 미크로한 상태의 요동에 대해서도 불안정하며, 여기서는 요동하는 것 가운데서 어떤 것이 선택적으로 증폭되어 분자 간의 협동현상을 통해서 시스템에 새로운 질서를 가져오게 된다는 이론이다. 비평형상태에서 '요동'과 '우연성'을 통하여 형성된 질서는 자생적 질서spontaneous order다. 프리고진은 '비평형 열역학 이론'으로부터 매우 보편적인 새로운 시간 개념을 유도해 내고, 이를 정신과학에까지 연결시키고자 했다. 종래에 사용되었던 '물리학적인 시간'은 기계적인 계산범위 안에 있는 일종의 매개변수에 지나지 않았던 것에 비해 '새로운 시간'은 역사적인 면에서 그 나름의 생명을 갖고 있는 '활동하는' 시간이자 '창발성'을 가진 시간이라고 했다. 그에 의하면, 자연은 경직되고 고립된 채로 우리 저편에 존재하는 원자들의 모임이 아니라 '역동적 전체'라고 보았다.

여 물질과 에너지를 환경과 끊임없이 교환해 가지 않으면 안 된다. 이 교환에 의해서 유기체는 먹이와 같은 질서 있는 구조를 취하고 이를 분해함으로써 얻어진 성분의 일부를 자신의 질서 유지 내지는 증가에 사용하고 있는 것이다. 이 과정은 우리에게 물질대사^{metabolism}로 알려져 있다.

끊임없이 활동하며 살아 있는 시스템의 또 하나의 중요한 측면은 '자기갱생 self-renewal'의 과정이다. 모든 생물은 끊임없이 자기 자신을 새롭게 재생하고 있는 것이다. 예컨대, 세포는 구조를 붕괴시켜 구축하며, 조직과 기관은 연속적인 사이클 속에서 그 세포를 바꾸어 간다.

이런 끊임없는 변화에도 불구하고 유기체는 그 전체 구조와 겉모습을 유지하고 있다. 그리고 그 구성요소는 끊임없이 갱생되고 있지만 조직의 패턴은 안정을 유지하고 있다. 자기 치유, 기관과 조직의 갱생, 환경의 변화에 대한 적응 등은 자기조직화의 자기갱생적 측면과 밀접하게 관계하고 있다.

자기갱생의 현상은 층상질서 stratified order 의 현상과 더불어 우리에게는 죽음에 관한 적절한 시각을 부여해 준다. 연속적인 사이클 속에서 구조를 붕괴시키며, 또 구축하는 자기갱생은 살아 있는 시스템의 본질적인 측면이기도 하다. 그렇지만 끊임없이 계속적으로 바뀌 나아가는 구조 그 자체가 살아 있는 시스템이다.

따라서 '구조 structure'라는 시각에서 본다면, '보다 큰 시스템의 자기갱생'은 구조 그 자체의 탄생과 죽음의 사이클이다. 그러기에 탄생과 죽음은 자기갱생의 중심적 측면이며, 생명의 본질 그 자체인 것이다. 때문에 '죽음 death'은 생의 반대가 아니라 생의 본질적 측면이다. 이와 같은 관점은 동양의 정신적 전통의 그것과 완전히 일치한다. 동양의 정신적 전통에서는 탄생과 죽음을 끝없이 이어지는 사이클의 한 단계라고 이해하며, 그 사이클은 생의 무도의 특징인 끊임없는 자기갱생을 상징하고 있다.

율동적인 패턴rhythmic pattern(요동·진폭·진동·파동)은 자기조직화의 역동성 속에서 중요한 역할을 하고 있다. 동시에 이 율동적인 패턴이라는 개념은 신비가의 관점에 이르는 중요한 연결고리가 되고 있다. '요동fluctuations'을 질서의 기초로 보는 관점은 극히 최근 프리고진에 의해서 현대과학에 소개되었거니와 이는 동양의 정신적 전통에 있어서도 자주 볼 수가 있었던 것이다. 특히 그것은 중국의 『역경 I Ching』과 도교Taoism 에서 말하는 전통의 기본 그 자체라고 볼 수 있다. 현명한 노장 철학의 신봉자들은 살아 있는 세계에서 간파할 수 있는 요동의 중요성을 인식하였기 때문에 그들은 생명의 본질적 측면, 즉 대극적이지만 상보적인 경향성을 강조하였다.

시각적 인식에 있어서 율동적인 패턴의 중요성은 뇌의 홀로그래피 모델holographic model과 결합되어 칼 프리브램Karl Pribram 역주 9 에 의해서

역주 9. 스탠포드 대학의 신경생리학자였던 Pribram(1919~)은 미네소타(1924~1926), 시카고(1927~1929), 하버드(1935~1937)의 각 대학의 교수였으며, 특히 플로리다 주 오렌지 파크에 있었던 '여키즈 영장류 생물학연구소the Yerkes Laboratory of Primate Biology' 소장1942년 취임 재임시에는 대뇌의 전체 활동을 중시한 신경심리학의 대가 칼 라슐리Karl Lashley(1890~1950)의 지도를 받았다. 『Brain mechanism and intelligence』(1929)에서 라슐리는 쥐의 뇌를 부분적으로 절제 수술한 실험을 통해서 기억상실의 유무를 관찰한 결과, 기억은 어떤 형태로든 뇌 전체에 분포하고 있다는 이론을 제기하였다. 프리브램은 1960년대 중반에 『사이언티픽 아메리카 Scientific America』에 실린 최초로 제작된 홀로그램hologram 에 관한 기사

강조되어 왔다. 프리브램은 또한 홀로그램의 비유를 확장시켜서 홀로노미 holonomy(전체가 부분 속에 포함되어 있는 상태)가 자연의 보편적인 특성일지도 모른다는 것을 시사하였다. 이는 신비가의 저술과 가르침 속에서 빈번하게 등장하는 주제이기도 하다. 예컨대, 오로빈도 Aurobindo 는 이렇게 쓰고 있다.

초의식적 감각supramental sense 상태가 되면 그 어떠한 것도 진실로 유한한 것은 없어진다. 일체가 개개의 안에 모든 것이 있으며, 모든 것 속에 개개가 있다고 하는 것을 발견하게 된다. ·

홀로노미의 개념은 대승불교의 화엄학파 *Avatamaska school* 에 있어서 가장 광범위하게 설파되고 있거니와, 이는 또한 현대물리학의 두 이론에서도 찾아볼 수 있다. 그 하나는 제프리 츄 Geoffrey Chew 가 제창한 소립자의 '붓스트랩이론 bootstrap theory' 역주 10 이며, 또 하나는 데이비드

___

홀로그램 사진술를 읽고, 기억은 뇌에 국소적으로 기록되어 있는 것이 아니라 홀로그램처럼 뇌 전체에 저장되어 있다는 '뇌의 홀로그래피 이론'을 생각해 냈다. holography란 레이저 광선과 홀로그램일종의 사진필름 을 사용하여 3차원의 입체영상을 떠올리게 하는 사진시스템을 말한다. 홀로그래피 특징의 하나는 필름을 절단하여 작은 조각으로 분해해도, 그 단면斷面을 사용해서 완전히 전체의 모습을 재현할 수 있다는 데 있다. 이런 뜻에서 부분 속에 전체가 집약되어 있는 것을 '홀로그램'이라고 부르게 되었다. 그의 저서 『두뇌의 언어*Languages of the brain*』(Calif.: Wadsworth Publishing, 1977)는 신경생리학의 고전적 교과서다. 여기서 그는 대뇌의 기능에 대한 연구를 통해서 대뇌를 모델로 하는 과학이론을 '홀로그래피 패러다임'이라 불렀다.

봄 David Bohm 의 '감추어진 질서 implicate order '역주 11 의 이론이다.

🌿 마음의 새로운 개념

그레고리 베이트슨 Gregory Bateson 역주 12 은 '마음'은 생명체 · 사회 · 생

역주 10. 자연은 소립자나 근본적인 장場과 같은 기본적인 실체로 환원될 수 없다는
   생각에서 출발하는 입자물리학의 이론이 붓스트랩 이론이다. 우주의 모든 현상
   들이 상호적 자체 조화 mutual self-consistency 에 의해서 독특하게 결정되어 있다는
   자연에 대한 사상과 우주는 자체 조화가 아니면 의미가 없다고 보는 동양적인
   세계관이 붓스트랩 이론의 기초가 되고 있다.

역주 11. Bohm(1917~1992)은 아인슈타인이 총애했던 사람으로서 가장 존경받았던
   양자물리학자였다. 봄은 '우주는 그 자체가 일종의 거대한 유동하는 홀로그램'
   이라고 보아, 이 같은 깨달음이 그로 하여금 자신의 온갖 통찰을 하나의 포괄적
   이고 응집력 있는 통일체로 결정화시킬 수 있게 만들었다. 그는 1980년에 『전
   일성과 감추어진 질서 Wholeness and the Implicate Order(London:Routledge Kegan Paul)』라
   는 저서에서, 과학에 있어서 관찰 문제를 고찰한 결과, 인간이 오관이나 신경조
   직을 통해서 지각하는 세계를 드러난 질서 explicate order /펼쳐진 질서 unfold order 라
   하고, 이러한 지각은 더욱 큰 배경이 받쳐 주고 있다고 생각하여 이를 '감추어진
   질서 implicate order /접힌 질서 enfold order'라고 하였다. 이를 hologram에 유추시켜
   보면, 현실로서 지각되고 있는 것이 투영된 holography의 입체상이며, 그 입체
   영상을 빚어 내는 기반인 holography 사진의 시스템 전체가 감추어진/접힌 질
   서다. 봄은 holography의 영상 시스템은 정적靜的인 구조지만, 끊임없이 변동
   하는 우주의 프로세스를 배후에서 받쳐 주고 있는 접힌 질서를 동적인 구조로
   보아 이를 홀로그램이라고 묘사하기보다는 '홀로무브먼트 holo movement'라고 부
   르기를 더 좋아했다.

역주 12. Bateson(1904~1980)은 영국 태생의 미국의 인류학자다. 모국에서 학위를 받
   은 후, 뉴기니섬에서 필드워크에 종사한 후 미국으로 이주하였다. 그는 자연계
   의 다양한 패턴과 관계성의 문제를 학제적으로 연구하였다. 특히 인류학자로서
   는 뉴기니 New Guinea 의 원주민 이아트뮬 Iatmul 의 '나벤 naven 의식儀式'생후 처음으로
   남녀가 타부족의 목 베기, 동물 살해, 카누 제작, 요리 등 표준적인 문화적 행동을 잘 해냈을 때 어머니의
   형제로부터 축복의 의식을 받는다 의 연구 『Naven』(1936)로 유명하다. 또한 여류 문화인

태계生態系의 특유한 '시스템현상 systems phenomenon'이라고 말하였다. 그리하여 마음이 일어나려면 시스템이 충족되지 않으면 안 될 일련의 기준을 열거하였다. 그 일련의 기준을 충족해 주는 시스템이란 그것이 어떠한 것이든 정보를 처리할 수 있게 되며, 또한 우리가 마음과 연결되어 있는 현상, 예컨대 사고·학습·기억 등을 발달시킬 수 있다고 보았다. 베이트슨의 시각에서 '마음'이란, 어떤 성질의 복잡성의 필연적·불가피적 결과이며, 그것은 유기체가 뇌와 고도의 신경계를 발달시키기 훨씬 이전에 시작된다고 이해하고 있다.

베이트슨이 열거한 마음의 기준은 자기조직화시스템 self-organizing systems의 특징과 밀접하게 관계되고 있다는 것을 알 수가 있다. 사실 마음이란 살아 있는 시스템의 핵심에 해당하는 특성이다. 시스템적 관점에서 본다면 '생명life'은 물질도 힘도 아니며, '마음mind'은 물질과 상호작용하는 존재도 아니다. '생명'과 더불어 '마음'은 동일한 일련의 체계적 특성의 발현이며, 자기조직화의 역동성을 상징하는 일련의 과정이다.

이와 같은 마음의 새로운 개념은 우리가 데카르트적 구분 Cartesian

류학자 미드Margaret Mead(1901~1978)와 발리 섬 Bali(1936~38; 1939)에서 실시한 공동연구『Balinese character, a photographic analysis』(1942)는 인류학적 연구의 신기법을 개척하는 데도 기여하였다. 카운슬링 분야에서는 가족요법의 초기에 중심적인 그룹인 '팔로 알토 그룹Palo Alto Group'의 중심인물로서, '메타 커뮤니케이션 metacommunication'의 연구와 더불어 '치료적 이중구속therapeutic double-bind'의 이론을 제시하였다. 또한 이론면에서는 시스템이론을 가족과 인간 행동에 응용한 인물이다. 주요 저서로는 『Steps to an Ecology of Mind』(1972), 『Mind and Nature: A Necessary Unity』(1979) 등이 있다.

7. 진실의 새로운 세계관: 동양의 지혜와 서양과학의 통합을 위해서

division을 극복하려고 할 때 엄청난 가치를 갖게 될 것이다. 이미 마음과 물질은 데카르트가 생각한 것처럼 둘로 분리된 범주에 속하는 것이 아니라, 단지 동일한 '우주적 과정'의 다른 측면을 나타내 주고 있을 뿐이라고 볼 수 있다. 예컨대, '마음과 뇌 mind and brain'의 관계는 데카르트 이래 헤아릴 수 없을 만큼 많은 과학자를 혼란케 하였으나, 이제야 이 문제는 아주 명쾌하게 정리되었다. '마음'은 자기조직화의 역동성이며 '뇌'는 그 역동성이 수행되는 생물학적 구조다.

나는 베이트슨의 '마음의 개념'을 전적으로 수용한다. 그러나 약간 다른 언어를 사용하고 있다. 나는 '마음'이라는 용어를 고도로 복잡한 생물을 위해 보류해 두고, 하위 수준의 자기조직화의 역동성을 기술하기 위하여 정신작용을 의미하는 '멘테이션 mentation'이라는 용어를 사용하고자 한다.

살아 있는 시스템세포·조직·기관 등은 모두 멘테이션의 과정에 관여하고 있지만, 상위上位의 유기체에 있어서는 '내적인 세계 inner world'를 펼치는 것이 마음의 특징이다. 여기에는 자기의식·의식적 체험·개념적 사고·상징적 언어라고 하는 것이 있다. 이와 같은 특징의 대부분은 다양한 동물에 미발달한 형태로 존재하지만, 인간에게 있어서는 이런 특징이 완전히 펼쳐져 있다.

살아 있는 세계가 다양한 수준의 구조 속에서 조직화되어 있다는 사실은 마음에도 다양한 수준이 존재함을 의미하고 있다. 예컨대, 인간이라는 유기체에 있어서는 다양한 수준의 '물질대사적 metabolic' 멘테이션이 세포·조직·기관 속에서 일어나고 있으며, 또한 '신경적인 neural' 멘테이션이 뇌 속에서 일어나고 있는 것이다. 그리고 그 뇌는 인간 진화의 각각 다른 발달단계에 대응하는 다양한 수준으로 이루어져 있다.

이와 같은 정신작용의 총체 totality of mentation 가 내가 말하는 인간의 마음, 또는 정신 psyche 을 구성하고 있다. 자연의 층상질서 stratified order 속에서는 인간 한 사람 한 사람의 마음은 사회적 시스템, 생태적 시스템이라고 하는 보다 큰 마음 속에 묻혀 있으며, 또한 그런 시스템들도 혹성적인 마음의 시스템으로 통합되며, 그것이 또한 어떤 종류의 보편적 실재, 즉 우주적인 마음에 관여하고 있음은 틀림이 없다.

분명히 '마음'에 대한 이와 같은 관점은 정신적 전통의 견해에 매우 유사한 데가 있다. 실제로 층상질서라는 개념은 많은 전통에 있어서 현저하게 중요한 역할을 하고 있다. 현대과학에 있어서는 서로가 다른 복잡성의 차이와 상호작용하며 상호 의존하는 다양한 수준의 리얼리티라고 하는 개념을 필요로 한다. 그리고 여기에는 '우주의식의 다른 표현'으로 보고 있는 몇 가지 마음의 수준이 내포되어 있다.

🪶 의식관

여기서 마지막의 논제인 '의식의 본질 nature of consciousness '에 관해서 논하고자 한다. 이는 벌써 몇 천 년 동안이나 인간을 사로잡아 온 존재에 관한 근원적인 문제다. 이 중요한 문제를 논의하기 쉽도록 하기 위하여 나는 '의식 consciousness '이라는 용어를 자기인식 self-awareness 의 뜻으로 사용하고자 한다.

자각은 단 하나의 세포에서부터 인간에 이르기까지 어떤 수준에서나 발견할 수 있는 정식작용의 특성이다. 그러나 자기인식은 복잡성의 수준이 높아졌을 때 비로소 나타나는 것이며, 인간에게 있어서 전면적으로 나타나게 된다. 우리는 스스로의 감각을 자각하고 있을 뿐만 아니라, 우리 자신이 생각하는 개체이며 체험하는 개체임을 자각하고 있다. 내가 '의식'이라고 말하고 있는 것은 마음의 이런 특성이며, 이는 '내적 세계'와 더불어 나타나게 된다.

의식의 본질에 관한 대부분의 이론은 상반하는 두 가지 견해 가운데서 어느 한쪽 견해에 의해서 다양하게 만들어지고 있는 것처럼 생각한다. 그렇지만 이들 두 가지 견해는 시스템론적 어프로치에서는 상보적이며 양립이 가능할 것이다.

두 가지 견해 가운데서 하나는 '서양과학적 견해 Western scientific view'이며, 그것은 물질을 근본적인 것으로 보아, 의식은 생물 진화의 어느 단계에서 출현하는 복잡한 물질적 패턴의 속성이라고 생각한다. 또 하나의 견해는 '신비주의적 견해 mystical view'로서, 그것은 의식을 근본적인 리얼리티와 모든 존재의 기반이라고 생각한다.

이 견해에 의한다면 가장 순수한 형태의 의식은 비물질적 nonmaterial 이어서 형태를 갖지 않으며 일체 내용을 갖지 않는다고 한다. 이는 흔히 '순수 의식 pure consciousness' '궁극적 리얼리티 ultimate reality' '진여眞如, suchness/tathatā'역주 13 등으로 불리고 있다. 때문에 이 상태의 의식은 많은 정신적 전통에 있어서 말한 '성스러운 것'과 연결되어 있다. 그

역주 13. 진여眞如는 진실여상眞實如常을 줄인 말이며, '있는 그대로인 것'을 의미하는 산스크리트의 타타타 *tathatā*를 말한다. 우주 만유의 실체는 평등하고 무차별된 '절대의 진리'로서 늘 같다는 의미이며, 끊임없이 변화하는 현상의 가상假相에 대응하여 진실眞實 · 진성眞性 · 평등 무차별의 진제眞諦의 뜻으로 쓴 말이다. 여래如來 타타가타 *tathāgata*라는 말도 진여 · 진리 · *tathatā*에 도달한 자者, *gata*의 합성어이며, 또한 진여 *tathatā*로부터 온 자 *agata*를 의미하는 합성어이기도 하다.

것은 우주의 본질로서 만물 속에 현현되어 있다고 한다. 물질과 살아 있는 온갖 것의 일체 형태가 '성스러운 의식의 패턴 patterns of divine consciousness'으로 인식되고 있다.

　의식에 관한 신비주의적 견해는 비일상적 의식상태에서 체험하는 리얼리티에 기초를 두며, 그와 같은 의식상태는 전통적으로는 명상을 통해서 달성된다. 심리학자는 이런 종류의 비일상적 체험을 '초개인적 transpersonal'이라고 부르게 된다. 왜냐하면 이와 같은 체험에 의해서 개인의 마음은 집단적인 마음의 패턴과 우주적인 마음의 패턴까지도 접할 수 있다고 보기 때문이다.

　트랜스퍼스널 심리학은 비일상적인 의식상태 non-ordinary states of consciousness 의 인지·이해·실현에, 또한 그와 같은 초개인적 인식의 장애가 되고 있는 심리상태에 관심을 갖는다. 따라서 이런 관심은 정신적 전통의 그것과 매우 유사하다. 사실 심리학과 정신적 탐구에 다리를 놓아 양자를 통합하려고 하는 개념적 시스템에 몰두하는 트랜스퍼스널 심리학자는 많다.

　허다한 증언에 의하면, 초개인적 체험에는 현재의 과학적인 틀을 훨씬 뛰어넘는 리얼리티의 강한, 개인적이며 의식적인 관계를 수반한다. 그렇기 때문에 우리는 현 시점에서 과학에 대해서 의식에 관한 신비주의적인 견해를 긍정 또는 부정해 주기를 기대해서는 안 된다. 그렇지만 마음의 시스템론적 관점은 의식에 관한 과학적인 견해나 신비주의적인 견해와도 서로 모순되지 않으면서 양자를 통합하는 이상적인 틀을 제공한다.

　시스템론적 견해는 의식이 복잡한 물질적 패턴의 표현이라고 보는 종래의 과학적 견해에 동의한다. 보다 정확하게 말한다면 의식은 일정한 수준의 복잡성에 도달한 살아 있는 시스템의 발현이다. 또 한편으로는 이 둘의 시스템은 자기조직화라고 하는 근원적인 과정을 표현한다. 이런 의미에서 물질적인 구조는 이미 근본의 리얼리티로는 볼 수 없게 된다.

이 사고방식을 우주 전체에까지 확장하게 되면, 소립자에서부터 은하, 박테리아에서부터 인간에 이르기까지, 우주의 모든 구조가 우주의 자기조직화의 역동성의 발현이라 생각해도 그렇게 억지 해석은 아니다. 그러기에 우리는 자기조직의 역동성을 '우주의 마음 cosmic mind'으로 보아 온 것이다.

그러나 이 관점은 거의 신비주의의 견해이며, 유일하게 '다른 점'은 신비가가 과학적 어프로치를 초월한 우주의식의 직접체험을 강조하고 있는 점이다. 그렇지만 여전히 이 두 어프로치는 서로 양립하고 있다. 요컨대, '시스템론적인 자연관'은 생명·마음·의식·물질에 관한 옛날부터의 문제에 접근하기 위한 의미 있는 과학적 틀 scientific framework을 제공해 주고 있는 것처럼 보인다.

새로운 세계관은 과학·철학·종교만이 아니라 사회와 일상생활에 있어서도 매우 중요한 의미를 갖고 있다. 새로운 패러다임은 새로운 개념만으로 만들어져 있는 것은 아니다. 그것은 새로운 형태의 사회조직과 사회제도에 반영되고 있는 '새로운 가치시스템 new value system'에 의해서도 만들어진다. '패러다임 전환'은 미래의 어떤 시기에 일어나는 것이 아니라 바로 지금에도 일어나고 있다. 1960년대와 1970년대에 세계의 많은 나라에서 동일한 방향을 지향하는 철학적·정신적·정치적 운동이 일어났다. 이들은 모두 새로운 패러다임의 다른 측면을 강조하고 있는 것이다.

사회문제·환경문제를 중심으로 형성되고 있는 시민운동에 의해서 생태학에 대한 관심이 고조되고 있다. 이와 같은 운동은 현재 주목되기 시작하고 있는 대항경제의 근원이 되고 있다. 그것은 탈중앙집권적·협력적·생태적으로 조화된 생활양식에 기초를 두고 있다. 또한 정치계에서는 반핵운동이 오늘날의 공격적인 기술과학의 가장 극단적인 산물과 싸우고 있으며, 그러는 가운데 반핵운동은 향후 10년이 가장 강력한 정치적 세력이 될 것으로 보인다.

이와 동시에 대규모 기업과 대규모 기관의 숭배로부터 '작은 것이 아름답다 small is beautiful'로, 물질 소비로부터 자발적 간소로, 경제성장과 기술성장으로부터 내적인 성장과 발달로 가치가 이행되기 시작하고 있다. 이러한 새로운 가치는 인간잠재성 계발운동 human potential movement, 홀리스틱 건강운동 holistic health movement, 그리고 의미의 탐구와 정신적·영적 차원을 재강조하는 정신운동에 의해서 촉진되어 가고 있다. 마지막이기는 하지만 매우 중요한 것으로서, 낡은 가치시스템이 여성들의 운동에 실마리가 된 페미니즘 의식의 고조에 의해서 도전을 받음으로써 크게 변화하려 하고 있다. 어쩌면 페미니즘은 다른 많은 운동을 연합시키는 촉매가 될 것이다.

미합중국에서 가장 흥미 있는 문화적 현상의 하나는 에콜로지, 정신성, 페미니즘이라고 하는 세 가지의 큰 경향이 최근에 합류하기 시작하고 있다는 것이다. 그렇다는 것은 생태학적 관점의 정신적 본질이 페미니즘의 정신성 안에 이상적인 형태로 존재하고 있다는 것을 알았기 때문이다. 이 페미니즘의 정신성은 여성들의 운동에 의해서 주장된 것이며, 이는 또한 옛날부터 있었던 여성과 자연을 동일시하는 사고방식에 기초하고 있다. '페미니즘의 정신성'은 모든 생물의 일체성一體性, oneness 과 탄생과 죽음의 주기적인 리듬을 인식하는 데 있으며, 여기에는 생명에 대한 간절한 생태학적인 태도가 반영되고 있다.

페미니스트 작가들이 지적해 온 것처럼 여신상 Goddess image 은 남신상보다 이런 종류의 정신성을 정확히 구현화하고 있는 것처럼 보인다. 사실 여신의 숭배는 동양 · 서양을 떠나서 많은 나라에서 남신숭배보다 앞서 일어났다. 여신상의 부활과 더불어 페미니즘은 또한 새로운 여성상, 새로운 사고방식, 새로운 가치체계를 낳아 주고 있다. 따라서 페미니즘의 정신성은 종교와 철학만이 아니라 사회적 · 정치적 생활에도 지대한 영향을 주게 된다.

이와 같은 새로운 운동의 대부분은 아직도 단독으로 전개되고 있으며, 각각의 목적이 서로 어떻게 관련을 맺고 있는가에 대해서도 인식하지 못하고 있다. 인간잠재성 계발운동과 포괄적 건강운동은 때로는 사회적 시각이 결여되어 있으며, 또한 정신적 운동도 에콜로지컬한 인식과 페미니즘적 인식이 결여되고 있는 경향이 있다. 예컨대, 동양의 구루들은 서양 자본주의의 높은 사회적 신분의 상징을 과시하거나, 자신들의 경제제국을 건설하는 일에 적지 않은 시간을 낭비하고 있다. 그러나 최근에 와서 몇 가지 운동이 연합하기 시작하고 있다. 에콜로지운동과 페미니즘은 몇 가지 문제에 관해서 힘을 합치고 있으며, 환경보호단체, 소비자단체, 민족해방운동과도 접촉하기 시작하고 있다. 일단 이와 같은 운동의 공통성이 인식만 된다면 각 운동은 한 덩어리가 되어 문화를 변혁시키는 세력을 형성하게 된다고 기대할 수 있다.

나는 이 세력을 아놀드 토인비 Arnold Toynbee(1889~1975) 의 설득력 있는 문화적 역동성 cultural dynamics 의 모델에 따라서 '상승하는 문화 rising culture' 라고 불렀다. 토인비를 위시한 문화사 전문가들은 문화의 진화가 '상승 rise · 전성 culmination · 쇠퇴 decline · 붕괴 disintegration'라고 하는 정형적 定形的 인 패턴으로 특징지워진다는 것을 지적하고 있다.

한 문화는 그 사회문화의 테크놀로지나 사회조직에 있어서 너무도 경직되어 사태의 변화라는 도전에 대응할 수 없게 되면 쇠퇴가 일어난다. 이 쇠퇴와 붕괴의 과정에서 문화적 주류가 고정관념이나 경직된 행동패턴에 의해서 힘을 잃어 가는 가운데 창조적인 소수파가 무대에 등장하여 낡은 요소를 새로운 구조로 변형시킴으로써 그것이 새로운 상승문화의 일부가 되어 간다.

지금 이 패턴은 유럽과 북미에서 지극히 명백한 형태로 나타나고 있다. 전통적인 정당, 대규모의 다국적 기업, 대부분의 학술연구기관이 쇠퇴하는 문화의 일부를 이루고 있다. 그러한 것들은 지금 붕괴의 과정에 있다. 한편 1960년대와 1970년대의 사회적인 운동은 상승문화를 상징하고 있다. 한쪽에서 변혁이 일어나고 있을 때 쇠퇴하는 문화는 변화를 거부함으로써 더욱더 완강하게 시대에 뒤떨어진 관념을 고집하게 된다.

권력을 장악하고 있는 사회기관은 결코 새로운 문화적 세력에 그 지도적인 역할을 넘기려고 하지 않는다. 그러나 그러한 것들은 필연적으로 쇠퇴의 길을 피하지 못하여 붕괴하는가 하면 상승문화는 상승을 계속하여 드디어 지도적인 역할을 장악하게 될 것이다. 전환점이 가까워짐에 따라서 단기적인 정치활동에서는 이와 같은 규모의 '진화적 변화evolutionary changes'를 막을 수가 없다는 것을 인식한다고 하는 것은 미래에 대한 최대의 희망을 주는 것이 된다.

8
형태공명 形態共鳴

루퍼트 셸드레이크(Rupert Sheldrake)

　　고대 그리스 시대부터 서양의 사고는 하나의
전제 위에 성립되어 왔다. 그 전제란, 우리가 보고 체험하는 세계, 과
학의 대상이 되는 현상세계는 시간을 초월한 '영원불변의 질서세계
eternal world of order'의 반영이라는 것이다. 플라톤 철학에 근거하고 있는
이런 관념은 현대과학에 깊은 영향을 주었다.

　현대의 기계론자들은 말로는 사실과 감각에 의한 체험에만 근거한
철저한 경험주의자를 표방하고 있지만, 한 꺼풀 벗기면 그 세계
란, 영원불변 법칙의 반영이라고 믿는 플라톤적인 형이상학자Platonic
metaphysician에 지나지 않다. 과학이 그 전모를 해명할 수 있을지 없
을지는 알 수 없지만, 자연계 질서의 배후에는 수학적 균정성均整性,
regularities을 갖는 영구불변의 물리학적 법칙이 있다고 하는 것이 그들

의 생각이다.

　이점에 대해서 나는, 동물이나 식물의 형태라든가 인간이 감각에 의해서 체험하는 패턴 등에서 발견할 수 있는 자연계의 질서나 규칙은 자연 밖에 있는 어떤 영구불변 법칙의 지배를 받는다기보다는 과거에 이 세계에서 일어난 것에 의한 것이라 생각한다.

　과거에 이 세상에서 일어났던 것이 자연계의 패턴을 통해서 현재 일어나고 있는 것에 영향을 준다고 생각한다. 그것은 고정된 법칙이라기보다는 습관에 더 가깝다. 과거가 현재를 압박하는 것과 같은 형태로 현재의 사건 모든 것에 들씌워지고 있다. 과거의 사건이 피드백하여 현재 일어나고 있는 것에 영향을 준다. 이렇듯 현재의 사건들은 영구불변의 법칙과 더불어 과거의 사건에 의해서 결정된다.

　이 가설을 보다 명확히 하기 위하여 먼저 그것이 나타나는 계기에 대해서 설명하고자 한다. 이 가설은 생물의 형태의 본질을 이해하는 과학적 전통 위에 근거를 두고 있다. 동물과 식물을 포함한 모든 생명체에는 형태가 있다. 종의 식별은 형태를 근거 삼아 행하게 된다. 식물이나 동물을 분류하는 분류학 taxonomy 의 기초는 형태학 morphology, 즉 생물의 형상에 있다. 따라서 형태학은 생물학적 분류에 있어서나 생물과 종의 이해에 있어서도 없어서는 안 될 기초인 것이다.

　그렇다면 형태는 어떻게 해서 생기는 것일까? 모든 생물학적 형태는 단순한 형태에서 발생한다. 식물이나 동물도 알이나 그 전 유기체의 일부에서 서서히 성장하여 한 유기체가 된다. 형태가 이루어지는 과정인 형태형성 morphogenesis(그리스어에서 morphe는 '형태', genesis는 '발생하다'의 의미)은 작은 것에서부터 더 많은 것이 발생하는 과정이다.

처음에 원형질의 작고 둥근 덩어리인 수정란에서 출발한 배 embryo 는 몇 가지 단계를 거쳐서 발생한다. 그 결과 기관 器官 이 나타나며, 드디어 특징적인 형태를 갖는 완전한 동물이나 식물이 된다. 문제는 이 형태가 어떻게 해서 발생하느냐 하는 것이다. 우리가 발생을 과학적으로 규명할 수는 없지만, 그것이 무엇에 의해서 일어나느냐는 생물학의 중대한 문제의 하나가 되어 있다. 기계론적 해답 현재의 주류가 되고 있는 과학적 해답 에 의하면 형태는 화학적으로 설명할 수 있다고 말한다.

이 설명에서는 유전화학물질의 DNA가 주요한 역할을 한다. DNA가 유전의 중요한 요소인 것은 의심할 바가 없으며, 유전학은 유전의 여러 가지 차이를 갖는 구조에 대해서 많은 것을 밝혀 왔다. 그러나 DNA 그 자체로부터서는 형태나 형태형성에 대하여 아무런 설명도 얻을 수가 없다. 우리 몸의 모든 세포에는 동일한 DNA가 포함되어 있다. 부모의 유전자와 염색체로부터 물려받은 특정한 DNA가 몸 안의 전세포 속에 들어가 있다. 그럼에도 불구하고, 팔이나 다리의 형태는 눈이나 귀의 형태와는 완전히 다르다. DNA는 동일한데 형태가 다르다고 하는 것은 DNA만으로는 형태의 차이를 설명할 수 없다는 것을 의미한다. 무언가 다른 요소가 DNA와 상호작용하여 형태의 차이를 만들고 있음이 틀림없다.

생물학의 한 흐름인 생기론 vitalism 에 있어서는 어떤 형성요인 엔텔러키, entelelechy 역주 1 이 생명의 물질적 기초와 상호작용하게 된다고 생각

역주 1. entelechy/Entelechie는 독일의 발생학자였고, 후에 철학으로 전향한 한스 아돌프 드리쉬 Hans Adolf Driesch(1867~1941) 에 의해서 유물론적인 생명기계론의 오

해 왔다. 이 형성요인은 생명체에 본래부터 있었던 것으로 이는 생명 과정에 명령을 내리지만 과학적 방법으로서는 밝혀낼 수가 없다고 생각해 왔다.

기계론자들은 이러한 사고방식을 이원론적이라든가 심령적이며 순수화학을 일탈한 환원주의적이라는 등의 이유로 거절하였다. 그러나 이 목적론적인 생명작용의 제어요인으로서의 엔텔러키의 개념은 유전 프로그램의 개념 속에서 다시 살아나게 된 것이다. DNA만으로는 형태형성을 설명할 수 없지만 유기체의 발달이나 행동에는 분명히 목적론적인 면이 있다.

그래서 유전프로그램genetic program 이라는 것이 상정되었으며, 이는 마치 컴퓨터 프로그램처럼 생물의 발달과 행동을 지시한다고 생각하게 되었다. 그러나 이 유전프로그램의 가설로는 왜 동일한 프로그램을 갖는 세포가 다른 형태로 발생하는가에 대해서는 설명을 하지 못한다.

류를 비판한 '신생기론新生氣論'에서 사용된 중심 개념이다. 이 말은 아리스토텔레스 철학에서 생명현상을 합목적적으로 지배하고 있는 자연인자를 지칭한 용어였으며, 이 용어의 의미는 물질도, 힘도, 에너지도 아니며 '질료 안에서 스스로를 실현하는 형상'을 뜻하는 그리스어의 엔텔레케이아entelecheia에서 유래하였다. 요컨대, 생명현상을 물리화학으로 환원시킬 수 없는 특별한 법칙·원리가 작용하고 있다고 보는 생기론의 관점에서, 생명현상에 목표지향적으로 질서를 주는 자연인자를 엔텔러키로 본 것이다. 이와 같은 Driesch의 이론은 『역사와 학설로서의 생기론 Der Vitalismus als Geschichte und als Lehre』(1905)에 의해서 선명宣明되었으며, 『유기체의 철학 Philosophie des Organischen』(2 Bde., 1909)에 의해서 집대성되었다. 따라서 그의 후기철학도 '질서일원론'에 기초하여 전개되었으며, 이는 '질서학Ordnungslehre'을 근간으로 하고 있다.

요컨대, 이는 지성을 갖는 의식적 디자인 프로그래머, programmer 을 암묵적으로 상정한 이원론인 것이다. 그러나 기계론자에게 유전의 프로그래머란 누구인가를 묻게 되면 그들은 그런 것이 있을 수가 없으며, 다만 우연성이 작용하고 있을 뿐이라고 말한다. 이 대답만으로는 만족스럽지 못하다.

유전프로그램이론이란 기실 모든 것을 설명하기 위한 개입이었지만 아무것도 설명하고 있지 않는, '숨어 있는 생기론 crypto-vitalism'에 지나지 않다. 이는 우리가 형태의 본질을 이해하는 데 있어서는 아무런 도움도 되지 않는다.

기계론자의 형태형성에 관한 사고방식은 한마디로 말하자면 모든 것은 공간 내에서 구성된 화학적·물리적 상호작용에 의해서 결정된다고 말할 수 있다. 유전프로그램은 막연하게 이 구성을 떠맡고 있다고 가정하고 있다. 그러나 만약에 생명체가 상호작용하는 부분의 '집합체'에 지나지 않는다고 단정한다면 유기체의 '전 포괄적인 특성 holistic properties', 즉 유기체로부터 일부분을 제거하여도 전체성이 유지된다고 하는 사실은 도저히 설명할 수 없게 된다.

실험발생학 experimental embryology 에 있어서, 배 embryo 는 대부분의 경우 일부가 잘려 나가도 성장하여 완전한 유기체가 된다. 형태형성에 대한 기계론적 어프로치는 이 실험발생학의 이론에 도전할 수 없다. 성게 sea urchin 의 초기에 배胚 의 반을 자르면 반쪽의 성게가 아니라 통상의 약 반쪽 크기의 완전한 성게가 발생한다. 배의 일부를 제거해도 남은 세포는 조정調整 을 통해서 전체성을 유지하며, 완전한 유기체를 만들게 된다.

이것과 유사한 현상은 재생 regeneration , 즉 유기체에서 잘라 낸 일부분이 완전한 형태로 성장하는 경우에도 볼 수가 있다. 예컨대, 식물을 꺾꽂이로 번식시킬 경우에는 원 식물의 일부가 완전한 식물로 생장한다. 편형동물扁形動物은 몸을 여러 개로 잘게 잘라 내도 각각이 완전한 형태로 재생하며, 또한 영원蠑螈, newt(도롱뇽류에 속하는 동물)의 다리를 잘라 내도 다시 새로운 다리가 생겨난다.

이와 같은 재생의 과정은 정상적인 다리나 배胚 형성의 과정과 완전히 다르다. 영원의 다리나 배가 성장하는 방식과 영원의 성채成體로부터 다리를 잘라 냈을 때 다리가 재생하는 방식과는 별개의 것이

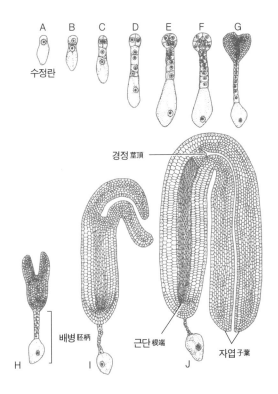

[그림 8-1]

다. 배에 다리가 형성되는 과정이 그저 단순히 반복된다는 것과는 다른 이야기다.

[그림 8-1]은 냉이 배의 초기 발생단계이며, 이 그림은 발생학의 일반원리를 보여 준다. 출발점이 되는 수정란에는 거의 형태다운 형태는 없다. 발생이 진행됨에 따라서 보다 많은 형태와 질서가 형성된다. 세포의 수는 불어나서 명확한 패턴을 나타내게 되며, 결국 최종 단계 [그림 8-1]의 J 에서는 뿌리·줄기 두 잎의 자엽子葉(떡잎)이 나오게 된다. 그리고 종자가 발아하게 되면 더욱 많은 형태가 나타나게 된다. 잎·줄기·가지·원 뿌리에서 갈라져 나온 뿌리, 여기에다 꽃과 종자가 각각 그 특징적인 형태를 띠면서 나타나게 된다. 이와 같은 형태의 출현이 너무도 일상적인 것이기 때문에, 우리는 이렇듯 극히 단순한 것에서 복잡하면서도 질서를 갖춘 것이 발생하는 사실의 경이롭고 신비스러움에 대해서 잊어버리고 있는 것이다.

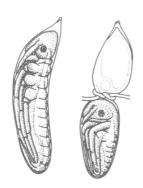

[그림 8-2]

조정의 한 예: 왼쪽은 정상적인 잠자리의 배. 오른쪽은 산란 후 한 가운데를 실로 묶은 알의 후반부로부터 소형이지만 완전한 배가 형성된 상태(와이스 Weiss에 의함. 1939).

[그림 8-2]는 배의 조정과정 process of embryonic regulation 의 한 예다. 왼쪽은 정상적인 잠자리의 배이며, 오른쪽은 알의 한가운데를 면실로 묶어서 위 반쪽을 죽인 상태를 보이고 있다. 정상적이라면 하반부로부터는 배의 후반 부분이 형성되지만 '조정 regulation'을 통해서 소형이지만 완전한 형태를 한 배가 형성되었다. 만약에 배의 각 부분이 어떤 일정한 형태로만 발생한다고 기계적으로 결정되어 있다면, 이와 같은 조정을 설명한다는 것은 매우 어렵다. 뿐만 아니라 재생에 대해서도 같은 문제가 생긴다.

[그림 8-3]은 19세기 말에 독일의 발생학자 볼프 Wolff 에 의해서 발견된 영원 蠑螈, newt 의 눈의 수정체의 재생상태를 보여 준다. 당시의 다윈주의자들 Darwinians 은 재생을 자연도태 natural selection 에 의해서 설명하려고 하였다. 요컨대, 다리가 떨어져 나가도 재생할 수가 있는 영원은 살아남을 수가 있지만 재생이 불가능한 영원은 도태된다는 것이다. 그래서 볼프는 의도적으로 자연계에서는 절대로 일어날 수 없는 손상을 영원에게 입혔었다. 그런데도 재생이 나타나게 된다면 이미 자연도태로는 설명할 수 없게 된다고 생각하였다.

볼프는 영원의 눈의 수정체를 수술하여 제거하고, 그 밖에는 일체의 손상은 주지 않았으며 결과만을 관찰하였다. 그 결과는 [그림 8-3]과 같이 바깥쪽에 있는 홍채 虹彩, iris 의 끝부분으로부터 새로운 수정체 lens 가 형성되었다. 홍채는 수정체와는 다른 조직이며 통상 수정체가 발생하는 방법은 이것과는 전혀 다르다. 이런 재생과정은 정상적인 발생경로가 붕괴되었을 경우에, 다른 경로를 통해서 유기체를 최종적 형태로 이끌려고 하는 기능이 작용한다는 것을 시사하고 있다.

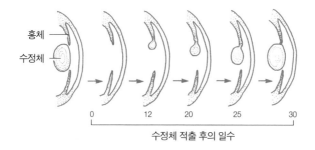

홍체

수정체

0   12   20   25   30

수정체 적출 후의 일수

[그림 8-3]

영원의 눈으로부터 수정체를 적출한 후, 홍채의 가장자리에서 새로운 수정
체가 재생하는 상태[니담(Needham)에 의함, 1942].

이와 같은 결정된 목표로 나아가려는 목적론적 기능을 물리화학적
상호작용physico-chemical interaction 으로 환원시켜 기계론적으로 해석하
는 것은 어려운 일이다.

이상은 생물학에서 관찰할 수 있는 형태형성 해명에 대한 간단한
요약이다. 지난 50년 동안 기계론자들은 발생generation 과 재생regeneration
의 과정에 수반하는 물리화학적 상호작용의 연구를 더욱 추진시켜
간다면 모든 구조는 해명될 것이라고 생각해 왔다. 따라서 이 견해는
검증 가능한 가설이라기보다는 신조라는 의미가 더 강하다.

다른 발생학자들은 재생에 관한 전혀 새로운 사고방식이 필요하다
고 주장해 왔다. 이들 발생학자들 사이에서 가장 지지받아 왔던 것이
'형태형성장morphogenetic field'의 개념이다. 1922년 러시아의 학자 알렉
산더 구르비취Alexander Gurwitsch는 형태를 발생시키거나 발생과 재생
을 맡고 있는 '형태형성장'이라는 개념을 제창하였다. 구르비취는 이
형태형성장이 조직과 세포에 명령을 내려 배 안에서 특징적인 형태

를 발생시킨다고 생각하였다.

　만약에 배의 일부가 잘려서 없어져도 나머지의 배는 의연하게 형태형성장과 결합되고 있다. 형태형성장에는 전 포괄적인 특성 holistic property 이 있다. 왜냐하면 형태형성장은 '원자론적'인 것이 아니며 연속되고 있으며, 장의 일부를 잘라 낼 수는 없기 때문이다.

　따라서 형태형성장의 전체성은 살아남아 있게 되며, 그 결과 형태도 완전한 모습으로 발생한다는 것이다. 형태형성장은 형태의 발생을 이끄는 인과적 구조 causal structure 이며, 형태와 항상 연결되어 있기 때문에 설혹 손상을 받았을 경우에도 그것을 되찾아 본래의 모습을 지키는 기능을 한다.

　발생학자는 형태형성장을 '자장 magnetic field '과 유사한 것으로 생각한다. 만약 철의 막대자석을 두 조각으로 자르게 되면 각각의 크기는 반쪽이면서도 완전한 자석인 것은 변함이 없다.

　'장 fields '이란 공간적 배치이며 물질적 구조는 아니다. 물리학적으로 설명할 수 있다는 의미에서는 물리적이라고 말할 수는 있으나, 보거나 만질 수가 없기 때문에 물질적이라고는 말할 수 없다. 이러한 물리학적 성질을 가진 눈에 보이지 않는 공간적 구조 spatial structures 가 형태를 발생시키게 된다. 즉, 이 공간적 구조가 형태형성장의 배후에 있다고 보는 관점이다. 그렇지만 형태의 유래를 설명하기 위하여 이 개념을 받아들이게 되면 이내 몇 가지 의문이 대두하게 된다. 요컨대, 그 장 fields 은 어디서부터 오는 것일까? 그 정체는 무엇인가? 기지 旣知 의 물리적인 장과의 관련은 어떻게 되는 것일까?

　60년이나 지났는데도 이들의 의문에는 만족할 만한 해답이 주어지지 않고 있다. 생물학자 가운데는 형태형성장은 단지 전기장 electrical fields 이나 자장 magnetic fields 과 같은 물리학적 장이나 화학적 상호작용, 화학물질의 변화, 큰 분자의 집합체끼리의 복잡한 통계적 상호작용 등을 바꿔 말하는 수단에 지나지 않다고 생각하는 사람도 있다.

이런 생물학자들은 궁지에 직면하게 되면 형태형성장은 '문제해결을 돕는 방법 heuristic device'에 지나지 않으며 그 자체는 구체적으로 설명할 수가 없다고 말한다. 따라서 형태형성장은 어디까지나 문제를 명확히 하기 위한 개념이며, 물리적이며 경험적으로 발견할 수 있는 실체라고는 생각하지 않는다. 오늘날의 생물학자는 대부분 이 입장에 서 있으며, 형태형성장이 실재한다고는 생각하고 있지 않다.

실재 reality 란 무엇인가라는 철학적 문제는 여기서는 논의의 범위를 넘어서지만, 실재에 대한 종래의 과학적인 해석에 따른다면 형태형성장에는 일체 물리학적 존재를 수반하지 않는다고 인식하고 있다. 그렇다고는 하지만 일부에서는 형태형성장이 실제로 존재한다고 생각하는 생물학자도 있다. 그들은 형태형성장의 성질과 유래에 대해서 플라톤적 형이상학 Platonic metaphysics 의 현대판이라고 할 만한 설명을 하고 있다. 형태형성장에 관한 저서가 있는 생물학자 브라이안 굿윈 Brian Goodwin 에 의하면, 이 장 field 은 플라톤의 이데아 idea 나 다름없다. 영원불변의 형태나 원형의 세계로부터 어떤 형식의 영향이 주어져서 이것이 형태형성장으로 작용하여 시공간에서 형태가 일어나게 한다는 것이다. 이와 같은 관점을 갖고 있는 사람에게 있어서 형태형성장이란, 시간을 초월한 이데아의 형이상학적 영역 metaphysical realm of Ideas 에 속하는 영원불변한 것이다.

이상 서술한 바와 같이 지금까지는 형태형성장에 관해서 '기계론적 해석'과 '플라톤적 해석'이라는 두 가지를 논하였다. 나는 '세 번째'의 해석을 제시하고자 한다.

그것은 형태형성장에는 '원인 cause'이 있다고 보는 관점이다. 만약에 형태형성장에 이것과 연결되어 있는 시스템의 형태나 패턴을 결정짓는 구조가 있다면 이 장에는 원인이 있을 것이다. 그 원인이란 과거의 유사했던 시스템의 형태에 있다. 예컨대, 고양이 배胚의 발생을 돕는 형태형성장이 고양이를 발생시키는 원인은 과거에 존재했던 고양이의 형태에 있다는 설명이다. 발생하고 있는 고양이의 배는 과거 고양이의 형태에 '동조同調, tune in'하며, 과거 고양이의 형태는 형태형성장에 영향을 주게 된다. 형태는 형태형성장에 의해서 결정되고 이끌려 가며 유지된다.

시스템이 실제로 취한 형태는 그 종species의 고유한 형태형성장으로 되돌려져서 장을 수정한다. 과거에서 현재에 이르기까지 시간을 초월하여 존재하는 '형태형성장'은 과거에 그 종에 일어났던 모든 것의 영향을 받는다. 형태가 형태에 영향을 주며, 과거의 형태와 패턴이 현재의 유사한 시스템으로 나타나게 된다. 그리하여 어떤 한 종에 속하는 생물은 과거, 같은 종의 모든 생물과 연결되어 영향을 받고 있는 것이다.

이 과정을 나는 '형태공명 morphic resonance'이라고 말한다. '공명'이란 물리학적 공명에 필적할 만한 것으로서, 일종의 자기선택과정에 의해서 일어난다. 예컨대, 라디오를 특정한 송신기에서 전해 온 전파에 동조시킬 때에도 공명이 따른다. 다이얼을 조정하여 송신기에서 발신된 전파의 주파수와 라디오의 주파수를 맞추게 되면 공명이 일어난다. 전파에는 여러 종류가 있지만 이 가운데서 라디오와 동조된 것만이 음성으로서 들리게 된다. 이와 마찬가지로 고양이의 배는 과거 고양이의 고유한 DNA나 단백질에 동조하게 되며, 결코 개나 기린이나 참나무 형태의 영향은 받지 않는다.

여기서 형태공명의 구조를 텔레비전에 비유해서 설명해 보자. 텔레비전의 스크린에는 사람을 비롯하여 각종 형상이 비쳐 보인다. 어린이들은 곧잘 텔레비전 세트 속에 아주 작은 사람이나 물건이 들어 있을 것이라고 생각하지만 텔레비전 속에서는 그런 것을 찾아볼 수가 없다. 좀 더 건강부회牽强附會 한 관점에서, 육안으로는 보이지 않을 정도의 작은 사람이나 사물이 트랜지스터, 콘덴서, 도선導線 사이에 숨어 있는 것이 있다고 하자. 이런 사고를 좀 더 발전시킨다면, 텔레비전세트의 구성요소끼리의 복잡한 상호작용을 통해서 사람이나 각종 형상이 보이게 된다는 설명이 된다.

이와 같은 복잡한 상호작용과 에너지에 의해서 화상이 나타난다고 하는 생각은 일견 간단하게 증명하기 쉬울 것 같은 인상을 준다. 텔레비전의 플러그를 뽑으면 화상은 꺼지고 끼워 넣으면 화상이 다시 나타나기 때문이다. 마찬가지로 회로의 일부, 트랜지스터 또는 도선導線을 제거하게 되면 화상은 일그러지거나 사라져 버리며 되돌리게 되면 다시 볼 수 있게 된다. 이 사실을 근거로 텔레비전의 트랜지스터나 도선이 화상을 보여 준다고 해석하려면 고도로 세련된 설득력이 필요하다.

이처럼 생각하고 있는 사람들에게, 텔레비전에 비친 작은 인간은 경우에 따라서는 몇 100마일이나 멀리 떨어진 곳에 있는 실인물이며, 그곳에서부터 오는 눈에 보이지 않는 영향이 텔레비전 세트와 상호작용한 결과 화상에 나타난다고 설명한다면 어떠할지 모르겠다. 아마 오컬트적 해석 occult notion 이라든가 정당성도 없는 신비화된 해석이라고 해서 배제될 것이다. 그 증거로 텔레비전의 중량은 스위치를 켜나 꺼도 달라지지 않는다고 하는 것이 지적될지도 모른다. 만약 텔레비전의 밖에서 무언가가 들어와서 화면에 나타나는 것이라면 그것은 물질적인 것이기 때문에 무게가 늘어나지 않는다는 것은 이상한 논리다.

또한 이렇게 주장하는 사람도 있을 것이다. "텔레비전 밖에서 아무것도 들어온 것이 없기 때문에 거기서 일어나고 있는 것은 전선과 트랜지스터의 기능에 의한 통상적인 에너지의 작용이다." 이들은 구리나 실리콘 등의 화학물질로 되어 있기 때문에 실험실에서 쉽게 연구할 수가 있다.

또는 이렇게 생각하는 사람도 있을 것이다. "화상이 나타날 때까지의 복잡한 상호작용은 해명되어 있지는 않지만 도선導線의 화학작용과 실리콘 결정의 성질 등에 대해서는 상당부분은 이미 알고 있는 사실이다. 앞으로 순조롭게 연구를 진행한다면, 50년 후 정도가 되면은 텔레비전 세트 부분 간의 상호작용으로부터 어떻게 화상이 일어나는가를 완전히 해명할 수가 있을 것이다." 이는 바로 오늘날의 기계론적 생물학자가 취하고 있는 입장이다.

텔레비전의 밖에서 아무것도 들어와 있지 않다고 주장할 수 있는 근거는 또 하나가 있다. 그것은 텔레비전 장치와 똑같은 것을 만들게 되면 거기에도 화상이 나타난다는 사실이다. 똑같은 것을 만들 수가 있다는 것은 텔레비전을 완전히 해명할 수 있는 증거임에 틀림없다는 말이 될 것이다. 마치 시험관에서 생명이 창조되면 생명현상을 화학물질과 기계론적 개념으로 설명할 수 있다는 것이 증명된다고 주장하는 것과도 같다.

형태형성을 기계론적으로 기술할 수가 있다는 것은 진실의 반밖에 없다. 우리는 분명히 생명체의 단백질과 DNA에 대해서는 생화학이나 분자생물학의 면밀하고도 고도의 연구에 의해서 상당한 것을 알고 있다.

그러나 이와 같은 기계론적 견해의 문제점은 부분을 전체로서 잘못 파악하고 있다는 데 있다. 유전에는 DNA가 관여하고 있는 것은 사실이지만, 내 견해로는 DNA는 텔레비전 세트의 트랜지스터와 같으며, '동조tuning'에 필요한 무대 설정을 하는 것에 지나지 않다. DNA는 그 종에 고유한 단백질을 생성시켜서, 이 단백질과 DNA가 그 유기체와 같은 과거의 종 간에 동조를 일으킨다. 그리하여 단백질끼리의 유사성이 형태공명을 일으키게 된다. 유기체의 발생이 진전되어 보다 많은 질서가 나타남에 따라서 동조는 보다 특이하게 되어 간다. 그리하여 질서가 형성되어 가면 갈수록 과거의 특정한 유기체와의 공명이 강화되어 간다.

이렇듯 유사한 시스템 사이에는 현재의 물리학이 고려하고 있지 않는 새로운 종류의 관계가 존재하고 있다고 생각한다. 17세기에 뉴턴Newton이 출현한 이후 우리는 공간적으로 떨어져 있는 사물과 사물 사이에서 기능하는 작용이나 장을 통해서 '기능하는 작용'이라는 개념에 친숙해져 왔다. 그렇지만 당시의 사람들은 물론 뉴턴 자신도 처음에는 이와 같은 사고방식에 친숙하지를 못했다.

달과 지구 사이에는 서로 끌어당기는 힘이 작용하고 있으며, 사물과 사물과의 인과관계는 접촉을 통해서만 찾아온다고 믿고 있던 사람들에게는 도저히 수용할 수가 없었던 것이다. 뉴턴 자신조차도 이 숨어 있는 힘을 초자연적이고 신비적이어서 오컬트적인 것이라고 표현할 수밖에 없었다.

우리가 물리적인 작용을 일으키고자 할 때는 무언가를 밀고 당기게 된다. 최신 자동기계조차도 누름단추가 있다. 때문에 떨어져 있는 것들 사이에 밀거나 당기지도 않는데 힘이 작용한다고 하는 것은 당연히 이해하기가 어려웠던 것이다. 전자기electromagnetism 에 있어서는 영향을 주는 경우의 매개물로서 에테르ether 라는 개념이 사용되었다. 그 대신으로 현대물리학에 등장한 것이 '장field'의 개념이다. 장은 공간적 인과작용이 작동할 때의 연속적인 매개물로써 중요한 심리적 역할을 하고 있다고 말할 수 있다.

이렇게 해서 우리는 공간적으로 떨어져 있는 것끼리의 작용이 작동한다는 것을 받아들이게 되었다. 그러나 종래의 물리학은 여전히 시간적으로 떨어진 것들 사이에서 작동하는 작용 같은 것은 있을 수 없다고 하는 당초의 전제를 그대로 가지고 있다. 현재는 몇 천 분의 1초라는 바로 직전의 과거에 의해서 발생한다. 따라서 극히 사소한 시간 안에서 과거가 현재에 작용을 한다는 것이 '과거와 현재와의 접점'이라고 통상 이해되고 있는 것이다.

나는 이 점에 대해서 통상 먼 과거로 생각되고 있는 시점의 사건이 현재에 직접 영향을 미친다고 생각한다. 이렇듯 시간을 초월한 인과작용causation, 요컨대 시간적 거리를 초월하여 작동하는 작용을 상정하기 위해서는 시간은 공간과 유사한 넓이를 갖는다고 하는 우리의 사고방식을 수정하지 않으면 안 된다. 다시 말해서 모든 과거는 언제나 모든 곳에 존재한다고 하는 '새로운 시간관'이 필요하게 된다. 100년이란 100단위의 거리를, 200년이란 200단위의 거리를 의미하는 것은 아니며 일체의 과거는 현재 속에 접혀 들어가 있는 것이다.

　이러한 개념은 경험적으로 검증할 수가 있다. 만약 동물이나 식물이 과거 같은 종 멤버의 영향을 받는다고 한다면, 그 영향의 크기는 과거에 존재했던 멤버의 수에 의해서 결정되며, 과거로부터의 영향은 누적된다고 생각할 수 있다. 또한 같은 종의 멤버라 할지라도 완전히 동일한 것은 아니기 때문에, 그 영향이란 평균화된 형태로 미치게 된다.

　[그림 8-4]는 이것을 그림으로 나타내 본 것이다. 다른 시간에 존재하는 유사한 시스템을 생각했을 때, 최초의 시스템에는 과거의 영향은 없다. 그러나 두 번째의 시스템에는 최초 시스템의 영향이, 세 번째의 시스템에는 첫 번째와 두 번째의 영향이, 네 번째의 시스템에는 첫 번째, 두 번째, 세 번째의 영향이, 다섯 번째의 시스템에는 첫

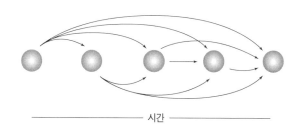

━━━ 시간 ━━━

[그림 8-4]

형태공명에 의하여 과거의 형태로부터 그 후의 유사한 형태에 미치게 되는 누적적 영향의 그림

번째, 두 번째, 세 번째, 네 번째의 영향이 각각 미치게 된다.

이렇듯 시스템으로부터의 영향은 '누적적인 성질 cumulative character' 을 가지며, 어떤 일이 많이 일어나면 일어날수록 그 영향은 더 강해진 다. 이런 종류의 형태형성장을 통한 영향력은 통상의 물리학적 에너 지로서의 성질은 없으며, 시공간의 거리에 의해서 약화되는 일은 없 다고 생각한다. 오히려 어떤 의미에서는 시간적·공간적 거리를 완 전히 지우게 된다고까지 말할 수 있다. 이 영향작용은 일단 작동하게 되면 그 후 영구히 지속된다. 그리고 시스템의 수가 많아질수록 그 영향은 누적되며 더 커져가게 된다.

형태형성장은 명확하게는 정의할 수 없다. 왜냐하면 그것은 과거 시 스템의 통계적 집계에 의해서 좌우되는 '확률적 구조 probability structures' 를 갖고 있기 때문이다. 예컨대, 사람의 얼굴을 보아도 완전히 동일 한 시스템이란 존재하지 않는다. 이 점을 미루어 보아도 형태형성장 은 명확하게 정의할 수 없다. 뿐만 아니라 종도 또한 명확하게 정의할 수 없다. 그렇지만 동일한 종에 속하는 유기체는 공통된 형태 common form 를 갖는다. 개체는 다른 개체와의 차이에 의해서 식별되지만, 한 종에 속하는 생물에는 모든 생물에 공통되는 유사성이 있다.

[그림 8-5]는 형태형성장의 계층성을 나타내 준다. '계층 hierarchies' 이란 보통 수형도 樹形圖t, ree diagram(좌) 로 표시되지만 이것과 완전히 동 일한 계층구조를 '차이니즈 박스 도형 chinese box diagram(우)'으로 표시할 수도 있다. 형태형성장의 작용은 후자를 사용함으로써 잘 설명할 수 있다고 생각한다. 한 유기체의 형태형성장은 바깥쪽 원 ring 에 의해서 표시되며, 이는 다음에 작은 원으로 표시되는 각 기관의 형태형성 내 의 확률적 과정을 지배하게 된다. 기관의 형태형성장은 다시 다음

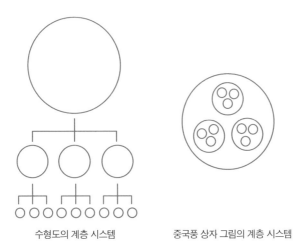

수형도의 계층 시스템   중국풍 상자 그림의 계층 시스템

[그림 8-5] 단순한 계층 시스템의 두 가지 표시방법

조직의 형태형성장을 지배하며, 조직의 형태형성장은 세포의 형태
형성장을, 세포의 형태형성장은 다시 세포의 구성요소의 형태형성
장을 지배하게 된다.

　형태형성장은 생물의 형태만이 아니라 화학적 시스템의 형태에도
관여하고 있다고 생각할 수 있다. 앞의 그림으로 설명한다면 바깥쪽
의 원은 결정結晶의 형태를, 다음 원은 분자分子의 형태를, 그다음은
원자原子 형태를, 다시 그다음은 원자를 구성하는 입자粒子의 형태를
표시한 것이다. 이처럼 확률구조로서의 형태형성장에는 계층이 있
으며, 상위 계층의 형태형성장은 하위의 형태형성장에 질서와 형태
를 주게 된다.

　이상이 이 가설의 기본구조다. 이 가설은 본래 형태와 패턴의 형성
을 설명하기 위한 것이지만 생물학의 이 분야를 연구해 온 많은 사람
은 동물의 행동과 운동에도 같은 원리가 적용된다고 생각하고 있다.

신경계를 통한 운동과 행동의 컨트롤도 동일한 장에 의해서 결정된다고 생각할 수 있다. 요컨대, 형태형성장이 행동의 형성과 패턴을 결정한다는 것이다. 사실 행동에는 걷고 달리는 것에서도 볼 수 있는 것처럼, 자주 주기적인 패턴을 갖는 형태의 변화가 따른다. 우리가 걷거나 달리거나 할 때, 몸의 형태는 변화하지만 일정한 기간이 지나면 다시 원상태로 돌아간다. 그 결과가 운동이다.

따라서 이 가설은 '화학' '동식물의 발생' '행동'의 세 분야에서 검증할 수가 있다. 예컨대, 화학에 있어서 결정의 형태 form of crystals 는 분자의 결정방식을 맡고 있는 형태형성장에 의해서 결정된다. 통상의 화학에 있어서는 결정의 형태는 예측 가능하다고 추정되고 있지만 이런 생각은 옳지 않다. 화학의 이론적 기초는 양자론 quantum theory 에 근거해서 주어진다고 하는 것이 일반적인 견해지만, 양자론에 기초하여 복잡한 분자나 결정의 형태는 정확히 예측할 수는 없다.

화학자는 개산槪算 을 통해서 잠재에너지가 동등하게 낮다 동등한 확률을 갖음고 볼 수 있는 구조를 몇 백 종류든 산출해 낼 수는 있어도 그 가운데서 어느 특정 구조가 실현될 것인지를 정확히 알아맞힐 수는 없다. 나는 몇 백 종류나 되는 구조로부터 어떤 특정한 구조가 뽑힐 경우에는 형태형성장이 관여하고 있다고 생각한다. 예컨대, 결정의 격자분자구조 lattice molecular structure 도 형태형성장에 의해서 결정된다.

염화나트륨 통상의 소금 처럼 오랫동안 존재해 온 결정의 경우, 새로 형성되는 염화나트륨에 영향을 미치는 과거의 결정 結晶 은 무수하다. 몇 백만 년 동안이나 동일한 결정이 형성되어 왔기 때문에 결정화의 습관은 공고하게 확립되어 마치 영구불변의 법칙에 의해 지배되고 있는 것처럼 보인다.

그렇지만 과거에 있었던 일이 없는 새로운 화합물이 결정結晶 된다는 것은 매우 어렵다. 왜냐하면 형태형성장은 아직 조성되어 있지도 않으며 결정을 특정한 형태로 이끌어 갈 과거의 영향력도 없기 때문이다. 그러나 일단 결정結晶해 버리면 두 번째는 처음 결정의 영향을 받기 때문에 보다 간단하게 결정될 것이다. 이렇게 해서 시간이 경과할수록 어떤 특정 화합물을 결정하는 일은 보다 용이하게 된다. 이점은 사실도 그러하다. 지금까지의 이 현상에 대해서는 몇 가지 설명이 시도되어 왔다.

그 가운데서도, 결정의 작은 조각이 연구하는 사람의 옷이나 수염에 묻어서 이 실험실에서 저 실험실로 옮겨지는 것이 가장 잘 이용된다. 이 작은 조각들을 통해서 결정이 전염된다는 것이다. 결정의 조각들을 어떤 화합물에 넣어 주면 결정화가 촉진된다는 사실은 잘 알려져 있지만, 연구자가 그러한 조각을 옮긴다는 것은 그렇게 설득력이 있는 설명이라고 볼 수는 없다.

또 하나의 설명에는 결정을 만드는 방법이 향상되고 있기 때문이라는 관점이 있다. 그러나 이런 관점으로는 현상 전체를 설명할 수 없다. 왜냐하면 산업과정에서 쓸모없는 결정이 자연발생하여 오염물질을 가져온다고 하는 것은 온 세계의 공장에서 일어나고 있기 때문이다.

세 번째의 설명은 현미경으로만 볼 수밖에 없는 티끌과 같은 결정의 아주 작은 조각들이 공중을 날아다니다가 여기저기 있는 실험실에 도달하여 결정을 촉진한다는 것이다. 이는 검증 가능한 가설이기는 하지만 아직 한번도 실험해 본 일은 없다.

내가 제안하는 설명은 다음과 같은 실험에 의해서 검증할 수 있다. 먼저 어느 새로운 화합물을 표준적인 조건하에 두고, 어느 정도의 속도로 결정하는가를 관찰한다. 그다음에는 같은 화합물이 세계의 어느 다른 곳에서 결정하는 속도를 조사한다. 그리고 실험하는 동안, 공기는 여과시켜 먼지를 제거하고 수염이 난 화학자는 제외되어야 한다. 만약에 물질의 결정하는 속도가 뒤로 갈수록 빨라지게 된다면, 이는 형태형성장 가설을 뒷받침하는 근거가 된다.

이 가설은 화학에 있어서 형태의 유전이라고 말할 만한 현상이기도 하지만 행동의 유전에도 적용할 수 있다. 동물이 어떤 행동을 학습하면, 그것이 기지(既知)의 물리적 접촉을 일체 갖지 않았던 동종의 멤버들에게 파급되는 현상은 지금까지 놀라울 정도의 빈도로 관찰되어 왔다. 예컨대, 쥐에게 미로학습을 시키게 되면 이 세상의 같은 품종의 쥐가 동일한 행동을 보다 빨리 학습하게 된다고 하는 실험이 알려져 있다.

1920년에 있었던 일로서 하버드 대학의 윌리엄 맥두걸 William Mac-Dougall 역주 2 은 라마르크 Lamarck 가 제창한 '획득형질유전설'을 증명하기

역주 2. William MacDougall(1871~1938)은 영국의 심리학자로서 케임브리지 대학에 입학(1890)하여 의학과 일반교양을 수학하였고, 옥스퍼드 대학강사(1904~1920)를 거쳐 미국의 하버드(1920~1927), 듀크(1927~1938)에서 교수직을 역임하였다. 윌리엄 제임스 William James(1892~1910)의 『심리학 원리 Principles of Psychology』(2 vols., 1890)를 읽고 큰 영향을 받았으며, 또한 영국 형태심리학의 기초를 만들었고, 케임브리지대학 심리학교수였던 제임스 워드 James Ward(1843~1935)의 사사를 받은 스타우트 George Frederick Stout(1860~1944), 『분석적 심리학 Analytic Psychology』(2 Vols., 1896)를 생애의 스승으로 여겼다. 초기에는 '감각'을 연구함으로써 『생리학적 심리학 Physiological Psychology』(1905)의 업적을 남겼으며, 여기서 발전하여 그의 창의적 업적인 『사회심리학 An introduction to social psychology』(1908)과 목적론적 심리학인

위하여 한 실험을 하였다.

그는 쥐에게 물탱크 속에 만들어진 미로로부터 두 출구 가운데서 한쪽 출구를 사용해서 빠져 나가는 행동을 학습시켰다. 이때 잘못된 쪽의 출구에는 전기쇼크의 장치가 되어 있었다. 학습의 속도는 오류의 수학습되기 전까지 받았던 전기쇼크의 수 에 의해서 측정되었다. 제1세대의 쥐는 200회 이상이나 오류를 범했을 때 다음 세대에서는 180회 정도로 줄어들었으며, 다시 그다음 세대는 160회 정도로 줄었다. 25세대를 경과한 후에는 오류의 평균 횟수는 20회까지 감소했다. 최초의 쥐에 비교해 볼 때, 학습의 속도는 10배나 빠르게 되었다.

이 놀랄 만한 결과는 획득형질 acquired characteristics 은 후천적 유전자의 변화를 통해서 유전한다고 하는 라마르크설 Lamarckian theory 을 뒷받

호르믹 심리학Hormic psychology 의 이론을 제창하였다Psychology: the Study of Bahavior (1912, pp. 19~20.). 그는 심리학을 행동의학으로 정의한 최초의 사람이다. 그러나 의식을 부정한 기계론적 입장에 선 요소주의적인 왓슨John B. Watson(1878~1958) 의 행동주의에 대해서는 철저히 반대하였다. MacDougall이 말하는 행동이란 자발성과 목적성을 갖는 행동purposive behavior 이고, 행동은 생물의 특징이며 목적 추구성이 그 본질이라고 보았다. 이런 점에서 자기는 행동주의자이지만 '목적론적' 행동주의자라고 자처하였다. 그가 제창한 '호르메설 hormic theory'도 목적론적 행동주의에 근거를 두고 있다. 즉, 목적활동은 본능에서 유래하며 본능은 모든 행동·사상의 원동력이라는 목적관을 갖고 있기 때문이다. 호르메horme 란 그리스어에서 '살기 위한 충동이나 본능·갈망'을 의미한다. 호르메의 심리학은 개인의 마음과 사회적 존재자인 집단심과의 가교역할을 한다고 보았다. 이렇듯 그가 말하는 목적론적 행동에는 생명체의 전체적 반응total reaction과 전체관적 holistic 인 특징이 있으며, 본능도 반사와 같이 기계적인 것이 아니라 동기로 보았다. 그가 말한 본능은 완전한 심적인 과정으로서 지적·정적·의지적인 과정을 포괄한 본능이며, 여기서 그는 일곱 가지 특수적 본능specific instinct과 네 가지 비특수적·생득적 경향non-specific innate tendancies을 구분하여 열거하였다. 그의 업적은 20세기의 역동적 심리학dynamic psychology 의 발전에 크게 기여하였다.

침해 주고 있는 것처럼 보였다. 그러나 라마르키즘 Lamarckism은 생물학에서는 이단에 속하기 때문에, 맥두걸의 실험에서는 교배하는 쥐에 바이어스가 있다는 비판이 가해졌다.

학습이 늦은 쥐는 몇 번이고 전기쇼크를 받았기 때문에 번식능력이 저하되어 적은 종족밖에 남기지를 않는다. 그 결과 학습이 빠른 쥐가 늘어나는 자연도태가 일어난다고 하는 반박이다. 그래서 맥두걸은 새로운 실험을 통해서 이번에는 한 세대마다 학습성적이 나쁜 쥐만을 골라서 교배시켜 새끼를 낳게 하였다.

[그림 8-6]은 이 실험의 결과를 나타낸 것이다. 종축은 오류의 수를, 횡축은 세대의 수를 나타낸다. 결과는 22세대에 이르는 동안에 230회의 오류가 25회로 줄어든다고 하는 것이었다. 이 실험에서 맥두걸은 가장 학습속도가 늦은 쥐만을 골라서 교배시켰다. 따라서 종

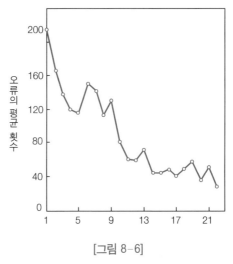

[그림 8-6]

학습속도가 느린 쥐를 선택한 경우, 평균 오류 횟수의 세대별 변이變移
[맥두걸(McDougall)의 자료에 의함, 1938]

래의 유전 이론에 따른다면 오류의 수는 세대를 더할 때마다 증가하게 될 것이다. 그렇지만 오류는 감소했다. 맥두걸은 이 결과로 라마르크설 Lamarckian theory 은 한층 더 확실하게 되었다고 생각하였다. 그리하여 그에게 비판적이었던 사람들도 반론할 도리가 없었으며, 그의 실험을 되풀이해 보는 것 이외에는 방법이 없었다.

에딘버러 Edinburgh 대학의 크루 Crew 는 맥두걸의 복사판과 같은 실험을 하였다. 그런데 크루가 사용한 쥐는 처음부터 오류 수가 평균 20회 정도였고, 그 가운데는 1회째에 과제를 패스하는 쥐도 있었다. 그 대신 그 후의 세대에서는 별로 향상을 발견하지 못했다. 어떻게 이와 같은 결과가 나왔는지 크루에게 있어서나 맥두걸에게 있어서도 설명이 되지 않았으며, 크루는 설명을 포기해 버렸다.

이번에는 오스트레일리아의 에이가 Agar 가 쥐의 품종과 실험방법을 바꿔서 실험을 되풀이하였다. 제1세대 쥐의 오류는 60회 정도로 시작하였으나, 그 후는 맥두걸의 쥐와 동일하게 세대를 더해 감에 따라서 성적은 향상되어 갔다. 에이가는 실험을 할 때 각 세대마다 훈련되지 않은 부모로부터 태어난 쥐를 비교그룹으로 만들어, 훈련된 쥐와 성적을 비교하였다. 여기서 에이가는 훈련을 받지 않은 쥐에게서도 훈련을 받은 쥐와 완전히 동일한 학습속도의 개선을 발견하였다.

이 결과가 무엇을 의미하든 간에 라마르크의 획득유전설로는 설명할 수가 없는 것은 당연하였다. 학습속도의 개선은 혈통과는 관계없이 일어나고 있었던 것처럼 생각되었다. 훈련된 부모로부터 태어난 쥐만이 아니라 '모든' 쥐에 같은 개선이 일어나고 있었던 것이다. 그리하여 사람들은 에이가의 실험에 의해서 맥두걸의 결론은 반박되었다고 생각하였다.

그러나 실제에 있어서는 에이가의 실험에 의해서 맥두걸의 실험결과가 확인되었을 뿐만 아니라 맥두걸의 생각보다 더 불가사의한 그무엇이 작용하고 있다는 것이 분명해졌다. 무언가 유전으로는 설명할수가 없는 영향력이 작용하고 있다는 것이 틀림없었다. 이것이야말로나의 가설로부터 이끌어 갈 수 있는 현상의 하나이며, 또한 이 가설을뒷받침하는 간접 상황 증거 circumstantial evidence 라고 말할 수 있다.

또 하나의 간접증거는 유명한 행동주의 심리학자 스키너 Burrhus Frederic Skirnner(1904~1998) 의 업적에 관련되고 있다. 스키너는 능동적 조건화 operant conditioning 에 의해서 비둘기를 훈련시키는 방법을 개발한 것으로 알려져 있다. 1961년에 스키너의 실험을 반복한 브라운 Brown 과 젠킨스 Jenkins 는 비둘기의 학습속도가 스키너가 실험했을 때보다 더 월등히 빠르다고 하는 것을 발견하였다.

이제는 비둘기를 스키너 박스에 넣어, 지레를 눌러서 먹이를 얻는것을 학습시킨다고 하는 능동적 조건화의 과정이 필요 없게 되었다.비둘기는 마치 처음부터 곧장 지레를 부리로 쪼아 누르는 것을 알고있는 것처럼 보였다. 나는 이것을 스키너와 그의 제자가 여러 해 동안에 걸쳐서 비둘기훈련을 지속시켰기 때문에 그다음의 비둘기도 동일한 것을 보다 빨리 학습할 수 있게 되었다고 생각한다. 이 결과는다른 많은 실험결과와 동일하게 그 자체가 결정적인 것은 아니다. 그러나 매우 시사적인 것은 분명하다.

형태공명 morphic resonance 의 가설은 자연계에서 패턴과 형태가 왜 되풀이 되고 있는가의 물음에 대하여 답을 주고 있다. 그것은 말할 것도 없이 최초의 형태나 패턴, 또는 최초의 창조적 아이디어가 어떻게 발생하는가의 문제에 대해서는 명백하게 설명하고 있지 않다. 일단 발생했던 것이 왜 되풀이되는가에 대해서 설명할 뿐이다. 따라서 창조성 creativity 의 문제는 이 가설로는 답을 줄 수 없으며, 가설 밖에 있다. 창조성은 본래 철학적인 문제이며, 자연과학의 범위를 넘어서고 있다. 왜냐하면 과학은 '규칙성 regularities'만을 다루기 때문이다. 이 가설에서 본다면 창조적 행위는 반복할 수가 없다. 왜냐하면 일단 창조적 행위가 일어나게 되면 그다음에 일어나는 것에 영향을 주게 되어, 창조적 행위 자체는 두 번 다시 반복되지 않기 때문이다. 처음에 한 번 일어났던 것은 그것이 다시 처음으로 일어나는 일은 있을 수가 없는 것이다.

창조적 과정에 관해서 생각한다는 것은 지금까지 논의해 온 영역을 넘어서고 있다. 그러나 이 가설은 비기계론적인 창조성의 개념에도 완전히 대응시킬 수 있다. 바꿔 말하자면 창조성은 우연적일 필요는 없다. 창조성이 우연에 의한다고 하는 것은 기계론적인 선입견에 지나지 않다.

형성적 인과작용의 가설 hypothesis of formative causation 은 인간의 행동 이해를 위하여 많은 시사를 함축하고 있다. 예컨대, 인간의 기억에 관해서도 전혀 새로운 사고방식으로 이끌어 준다. 만약 형태공명에 의해서 과거가 직접 현재에 작용한다고 생각한다면, 이젠 기억을 뇌 속에 축적된 흔적 trace 으로 볼 필요는 없게 된다. 기억흔적 memory-trace 이라고 하는 관점에서 본다면, 과거에 있었던 일이 시간을 초월하여 존속하려면 물질적인 기반이 존재하지 않으면 안 된다고 하는 전제가 필요하며, 최신 기억의 홀로그라피 이론 holographic theory of memory 도 예외는 아니다.

그러나 만약에 과거와 현재가 직접 연결되어 있다고 한다면 완전히 새로운 기억이론을 수립할 수 있다. 뇌가 과거의 기억과 동조 tune in 한다는 관점이다. 그렇게 되면 기억이 뇌 속에 축적되어 있을 필요는 없어지게 된다. 만약 뇌 속에 축적된 흔적이 없다고 한다면 타인이 자신의 기억에 동조할 수도 있고, 반대로 자신이 타인의 기억에 동조할 수도 있다.

끝으로 여기서 제기하고 싶은 것은 어디까지나 가설에 지나지 않다는 것을 강조해 둔다. 이는 하나의 추정에 지나지 않다. 그렇지만 다양한 실험에 의해서 검증할 수는 있다. 앞으로 수년 사이에 그와 같은 실험이 이루어질 것을 마음으로부터 간절히 바라마지 않는다.

9

뇌기능에 관한 홀로그래피 가설:
합류하는 마음

칼 프리브램(Karl Pribram)

지난 20년 동안 과학계에 등장한 홀로그래피의 원리 holographic principles 는 갈릴레오 Galileo 시대 이후 과학적 발견이 필연적으로 인간의 정신적 본질에 보다 밀접한 관계에 이르게 한 최초의 예가 된다. 지금까지의 과학은 인간의 정신적 본질에서 완전히 분리된 것으로 보아 왔다. 인간의 정신적 본질은 오로지 비교적秘教的 전통 esoteric traditions 에 의해서만 과학이 아니라 종교에 의해서 주목받아 왔다.

그러나 오늘날에는 우리의 뇌기능에 대한 이해방식의 패러다임에 일대 전환이 일어남으로써, 과학자는 동양인들의 마음을 움직여 왔던 '전통'과 서양철학에 영향을 주어 왔던 '전통'에 정면으로 눈을 돌리고 있다. 프리초프 카프라 Fritjof Capra 가 지적한 바와 같이, 과거 50년 동안에 많은 과학자는 그것도 특히 물리학자가 과학의 이론이 베다 Veda 등 동

235

양의 문헌에 표명되어 있는 사고방식과 한 점에 모아지고 있다는 것을 깨닫기 시작한 것이다.

 의식 consciousness

의식이란 과연 무엇을 의미하는 것인가? 이 개념에 대해서는 전혀 다른 세 가지의 해석이 있다.

첫째는 의식의 '상태 states'를 가르키는 경우다. 만약에 갑자기 한 마리의 고양이가 당신 눈앞을 지나갔을 때 내가 "저 고양이에게 의식이 있는 것일까?"라고 물었다고 하자. 이때 당신은 "물론이지요. 왜 그런 것을 묻습니까?"라고 말할 것이다. 혹은 의사가 진료실에 들어와서 환자가 누워 있는 것을 보고 부추겨 일으키게 되면 "어머나, 밤새 자지 못하여서, 잠깐만 잠을 자려고 하였는데."라고 환자가 말하였다고 하자.

이 경우에 그 사람이 무의식적이었다고 말하지는 않을 것이다. 그는 우리가 흔히 말하는 통상적인 수면상태의 의식상태에 있었던 셈이다. 그러나 의사가 부추겨 일으켜도, 두세 번 신음하다가 몸을 뒤치게 된다거나 또는 좀 더 강하게 부추겨 일으켜도 잠을 깨지 않는다면 그 환자는 '혼미상태 stupor'에 있는 것이다. 만약에 전혀 반응하지 않는다면 그는 '혼수상태 coma'에 있는 것이다. 고양의 의식, 수면, 혼미, 혼수 이들은 모두 의식상태의 하나다.

둘째, 의식에 대한 정의는 '동양적 전통' 속에 있는 것으로서, 마음과 의식은 넓게 펼쳐 있다는 것이다. 의식은 어디에나 있으며, 우리는 그중 어떤 특정한 사례, 요컨대 이 의식으로부터 강하 precipitation 한 것으로 보는 경우다.

셋째, 정의는 자기가 하고 있는 것, 즉 자기의 행동과 실제로 자기가 의식하면서 하고 있는 것과의 사이에 있다고 깨닫는 차이를 말한다. 예컨대, 최면술에 걸려 있는 사람은 아마 무언가를 의식하면서 말하고 있겠지만 실제로는 딴 짓을 하고 있는 것이다. 의식에 대한 이와 같은 이해의 방식이, 서양철학에 있어서는 거의 내성적인 의식, 자기인식, 자기와 타인의 차이를 의미하기 위해서 사용되었다.

철학에서는 이 차이를 '지향성 intentionality'이라 부르고 있다. 그러나 이는 우리 자신의 의식은 스스로 지각하고 있는, 상태와는 별개의 것이라는 관점에 의거하고 있다. 또한 우리 스스로의 의도와 행동의 차이를 알 수 있다고 하는 것을 반영해 주고 있다.

작가인 줄리안 제인스 Julian Jaynes 는 『이원성二院性 정신의 붕괴에 있어서 의식의 기원 The Origin of Consciousness in the Breakdown of the Bicameral Mind』역주 1 이라는 책에서 '일리아드 Iliad'와 '오디세이 Odyssey' 사이에 일어났다고 생각되는 의식의 변화에 대해 기술하면서, 이와 같은 종류의 자기 내성적인 의식 self-reflective consciousness 에 대해서 언급하고 있다. 우리가 우리의 의식을 펼치고 싶다고 말할 때, 그리고 또한 지금까지 주의를 기울여 오지 못했던 것을 우리의 주의注意 영역 속으로 포함시키고 싶다고 말할 때, 우리가 말하고자 하는 것은 바로 이와 같

역주 1. J Jaynes, *The Origin of Consciousness in the Breakdown of the Bicameral Mind*, Boston: Houghton Mifflin, 1977.

은 의식이다.

의식에 대한 이와 같은 세 가지 이해방식은 서로가 관계를 맺고 있다. 첫째의 정의는 기본적으로 우리가 '어떤 상태 what state'에 있는가를 경험하는 것과 관계되며, 동양철학에서 말하는 확대된 의식이라는 개념은 '의식의 내용 content of consciousness' 또는 우리가 '의식하고 있는 것'과 관계하고 있다. 끝으로 '주의 attention'라고 하는 것이며, 또는 상태와 내용을 관련시키는 것을 말한다. 주의란 자기내성을 일으키는 의식의 과정인 셈이다.

🌿 홀로노미 Holonomy

여기서는 앞에서 언급한 의식의 세 가지 정의에서 확대된 의식이라는 개념, 즉 일상적인 의식이 아닌 의식의 내용에 대해서 설명하고자 한다. 이점은 우리의 리얼리티 인식 즉, 진실한 것이란 무엇인가? 어떻게 하면 진실한 것을 발견할 수가 있는가? 우리는 일반적으로 어떻게 현실세계를 구축하고 있는가 과 관계되고 있다. 주지하고 있는 바와 같이 우리는 우리 자신이 만들고 있는 현실 세계는 하나가 아니라 여러 개가 있다. 우리의 지각 perception 은 대개는 우리의 인식작용 cognition 과 다르다고 보아야 한다. 예컨대, 코페르니쿠스 혁명이 일어났을 때 많은 사람은 지구가 만약 둥글다면 매달려 있지 않으면 안 될 것이라고 생각하였다. 그들은 당시 지구는 평평한 것이라고 인식하였다. 갑자기 지구는 둥글고 자전한다고 하기 때문에 사람들의 태도는 위험한 상태에 떨어지게 된 것이다.

크리스토퍼 콜럼버스 Christopher Columbus 가 항해 중 승선원과 이 문제에 직면했을 때, 승선원들은 수평선 저 너머 어디론가 떨어지는 것이 아닐까 하고 걱정하였다. 나와 같이 공동으로 연구한 동료로서 지난해에 사망한 제임스 깁슨 James Gibson 은 곧잘 이런 말을 하였다. 그는 "나는 세계가 둥글다고는 믿지 않는다. 내게는 평평하게만 보이기 때문이다."라고 농담으로 그렇게 말한 것이지만, 확실히 우리가 보고 있는 것과 알고 있는 것과는 전혀 다를 수 있다는 가능성이 있다.

과거 20년간 우리는 별개의 리얼리티를 발견해 왔다. 그것은 지구가 둥글다고 하는 관념만큼이나 위태롭고 기묘한 감을 주고 있지만, 최종적으로는 중요하다고 하는 것을 알게 될 것이다. 신비가들이 설명해 온 바에 의하면, 우리는 가끔 일상적인 인식상태에서는 이해할 수 없을 정도의 불가사의한 리얼리티를 체험한다고 말한다. 나는 이 불가사의한 리얼리티를 '홀로노미적 상태 holonomic state'라고 하며, 그것은 홀로그래피 holography 의 발명에 기초를 두고 있는 개념이다.

1960년대 초에 완성된 홀로그램은 데니스 가보아 Danis Gabor 역주 2 에 의해서 고안된 수학적 접근법에 기초한 공학적인 장치이며, 그가 바랐던 것은 전자현미경의 해상도 解像度, resolution 의 개선에 있었다. 이 목적을 위하여 그가 새롭게 고안해 낸 기술은 반사광의 강도, 요컨대

역주 2. Gabor(1900~1979)는 헝가리 태생의 영국 응용물리학자로서 부다페스트 공과대학에서 수학하여, 베를린 공과대학에서 학위를 받았다(1927). 독일 지멘스 회사 Siemens-Suckertwerk, 영국의 톰슨·휴스톤 회사 Thomson-Huston Co.(1933~1948)를 거쳐 런던 대학 교수(1956~1967)직을 역임하였고, 미국 CBS 방송연구소의 컨설턴트로 취임하였다(1967). 홀로그래피의 원리를 발견하였고(1948), 이 원리의 실용화를 고안해 냄으로써 노벨 물리학상을 수상하였다(1971). 광학상光學像의 이론적 연구, 해석적 시그널의 이론 등 업적이 크며, 문명비평가로서도 이름이 알려졌다.

전파되어 온 빛의 강도를 필름에 기록하는 것이 아니라 그 빛의 광도의 제곱 square 과 가까이 있는 어떤 특정 광선 beam 과의 관계를 필름에 기록하는 데 있었다. 그것은 '강도의 복소複素 켤레 complex conjugate of the intensity'라고 하는 것이다.

만약 내가 조약돌을 연못에 던지게 되면 돌이 떨어진 곳에서부터 잔물결이 퍼져나가게 된다. 두 개 던지게 되면 두 개의 잔물결이 서로 간섭하게 된다. 만약에 한 움큼의 돌을 던진다면 그만큼 잔물결이 많아져서 연못은 매우 불규칙적으로 복잡한 형태로 흔들리게 된다. 만일에 누가 연못에 복수의 돌을 던지고 있는 것을 영화로 찍어서 이를 역으로 돌려 주게 되면, 거기에 비친 잔물결의 모습으로부터 돌이 연못에 떨어졌을 때의 장소와 돌의 모양을 재구성할 수 있다.

노벨상을 수상한 가보아의 발명은 그러한 영화를 만드는 일이 가능하다는 것을 수학적으로 표명하였다. 요컨대, 상像을 수학적으로 변환시킨 것을 투영시키게 되면 연못의 잔물결을 다시 보게 된다는 것이다. 이 잔물결을 기록한 것을 역변환시켜 영화를 역으로 돌리게 되면 다시 상이 나타나게 된다.

이 발견은 푸리에 Fourier 역주 3 에 의해서 공식화된 이론에 기초하고

역주 3. 장 푸리에 Jean Baptiste Joseph Fourier(1768~1830)는 프랑스의 수학자·물리학자이며, 9세 때 고아가 되어 수도원에서 수학을 독학하였다. 18세에 출생지 오세르 Auxerre 육군학교의 수학교수가 되었으며, 21세 때 파리로 나아가 종생終生의 연구과제가 된 '대수방정식'의 해법에 관한 비망록을 과학아카데미에 제출하였다. 1796년에는 신설된 파리의 이공과 대학 교수가 되었으며, 1798년 나폴레옹 1세의 이집트 원정을 수행하여 문화공작대 간부로서 종군하였다. 귀국 후, 한때는 정계에서 활동하였다(1802~1815). 왕정 복고 후 1817년에는 과학 아카데미 회원으로서 학계에 복귀하였다. 그의 업적은 열전도의 이론적 연구와 수리물리학

있었다. 푸리에는 프랑스인으로서 18세기 말로부터 19세기 초에 걸쳐서 활약했던 사람이다. 푸리에의 이론은 어떤 패턴도 비록 어떤 복합체라 할지라도 정현파正弦波, sign-waves 라고 하는 정형파正形波, regular wave 로 분해할 수 있다는 것을 말한 것이다. 다시 분해된 패턴은 역으로 정현파를 합성시켜 주면, 요컨대 서로를 얽히게 하면 convolved 재구성할 수가 있다. 이것은 포개 가는 것, 즉 정현파를 하나씩 위로 더 보태가는 것을 말한다.

이와 같은 푸리에의 이론에 가보아는 연못에 떨어진 조약돌이 잔물결의 형태로 흔적을 남기는 잔물결 현상ripple phenomenon 을 더 첨가했다고 볼 수 있다.

홀로그램hologram 이란 본래 광선의 사진술에 관한 가보아의 연구에 의해 개발되었다. 그 기술은 가보아가 생각하고 있었던 전자현미경으로는 잘 되지 않았지만 '광학적 홀로그래피 optical holography', 요컨대 카메라를 사용하지 않는 '3차원의 사진술'역주 4로 이어지게 되었다.

적 해법의 개발, 특히 '푸리에 급수級數'를 발표하여 근대 편미분偏微分 방정식의 기초를 열었다. 이들의 업적이 1807~1811년에 과학 아카데미에 보고되어 주목을 끌었고, 1832년에 출판된 『열의 해석학적 이론 La Théorie analytique de la chaleur』은 지대한 영향을 주었다.

역주 4. 3차원의 사진술이란, 레이저 광선과 홀로그램홀로그램 사진술에 의해 만들어진 빛의 간섭 무늬를 담고 있는 사진건판(holographic film) 또는 사진필름을 사용하여 입체영상을 만들어 내는 사진술을 말한다. 이 3차원의 입체영상을 떠올리는 사진 시스템을 홀로그래피라고 한다. 홀로그래피 특징의 하나는 홀로그램을 잘게 잘라 내어 조각을 사용해도 해상도解像度는 떨어지지 않으며, 완전한 전체의 본래 모습을 재현할 수 있다는 데 있다. 이 사실로부터 부분 속에 전체가 집약되어 있다는 홀로그래피라는 이론이 나왔다. 그리고 홀로그래피를 모델로 삼는 이 과학이론을 홀

🐦 홀로노믹한 뇌기능 Holonomic Brain Functions

1960년대 중반까지 뇌 과학의 큰 문제는 '우리가 어떻게 해서 신체 표면으로 느끼며 눈으로 보고 있는 것일까?' 하는 것이었다. 만일 내가 방금 회의장에 들어온 한 젊은 처녀에 눈을 돌렸다 해도 나는 그 처녀가 나의 망막을 건너간 것처럼 느끼지는 않는다. 기본적으로는 자극에 의해서, 말하자면 간지러움을 당하고 있는 것은 감각기관의 표면이지만 나는 나의 감각기관을 자극하고 있는 것을 세계에 투사하고 있는 것이다.

이것과 관련되어 있는 문제는, 도대체 어디에 상 vision 이 일어나느냐의 문제다. 알 후앙 Al Huang 씨 쪽으로 눈을 돌렸을 때 나는 나의 뇌 피질 cortex 속에 차지하고 있는 알 후앙 씨를 보고 있다는 말인가? 상은 오직 눈 안에서만 일어나고 있지는 않다. 왜냐하면 누군가가 나의 후두엽 occipital lobes 을 절제해 버린다면, 내게는 알 후앙 씨가 보이지 않기 때문이다. 그렇다면 나는 나의 감각기관과 뇌 '속'에서 알 후앙 씨를 보고 있는 것일까? 또한 압정 tack 위에 앉아 있을 때 어디서 아픈 것을 느끼게 될까? 궁둥이로 느끼고 있다고 생각할 것이다. 그러나 만약 뇌의 어느 부분을 잘라 내게 되면 그것을 느낄 수 없게 된다.

뇌 과학자들에게 있어서 아주 더 어려운 문제는 뇌졸중으로 뇌 손상을 받은 사람들이 어떤 특정한 기억흔적을 잃어버리는 일이란 절

로그래픽 패러다임 holographic paradigm 이라고 한다. 홀로그램은 하나의 레이저 광선을 두 갈래로 나누어 만든다. 첫 번째 광선은 피사체에 반사시키며 두 번째 광선은 피사체에서 반사된 광선에 부딪치게 한다. 이렇게 되면 그것은 서로 간섭무늬둘 이상의 파동·물결이 서로 교차할 때 생긴다를 만들어 내고, 그 간섭무늬는 필름 위에 기록된다.

대로 없다는 것이다. 기억은 뇌 전체에 분포되어 있다. 요컨대, 큰 뇌 손상이 기억의 어떤 특정 부분이 없어지지 않도록 기억은 뇌 속에 분배되어 있는 것처럼 보이는 것이다.

이상과 같은 점에서 홀로그래피는 우리로 하여금 매우 흥미를 갖게 한다. 왜냐하면, 가령 홀로그램의 반을 완전히 덮어서 가려도 여전히 전체상 whole image 은 남아 있기 때문이다. 또한 홀로그래피는 내가 뇌의 생리학을 연구할 때 유용한 방법일지도 모른다고 말한 같은 시기 1964년경 에, 케임브리지 대학의 퍼거스 캠벨 Fergus Campbell 과 존 롭슨 John Robson 이 활동항진 hyperactivity 으로 불리는 시각해상도 視覺解像度, visual resolution 에 대한 연구를 통해서 사람은 망막의 조직보다 더 미세한 것을 볼 수가 있다는 현상을 발견한 것도 흥미를 갖게 하였다.

그들은 같은 것을 반복하게 되면 그것에 대한 순응성이나 적응성이 생긴다는 것을 발견하였다. 의복의 경우도 똑같다. 옷을 입게 되면 아주 잠깐 몸을 움직여 입었다는 것은 알지만, 그 이전의 의복에 관한 것에 대해서는 전혀 주의를 기울이지 않는다. 이와 같은 과정을 연구할 경우, 과학자는 동일한 자극을 몇 번이고 주어 이를 적합자극 adapting stimulus 이니, 배경자극 background stimulus 이니 하여 계속해서 새로운 자극을 주게 된다.

퍼거스 캠벨은 배경자극이 매우 기묘하면서도 규칙적인 형태로 시험자극에 영향을 주는 것을 발견하고 매우 놀랐다. 적합자극은 또 그 패턴 속에 있는 줄무늬수의 '배음 倍音, harmonics '이나 정수비 整數比 인 시험자극에 영향을 주었다. 이 점은 귀가 주파수에 대해서 패턴으로 반응하고 있는 것과 똑같이 눈도 주파수에 대하여 패턴으로 반응하고 있음을 시사하였다. 퍼거스 캠벨의 연구는 1967년 무렵에 시작되어

1968년에 발표되었으며, 그것은 뇌가 정말로 홀로그램처럼 기능하고 있을지도 모른다고 하는 최초의 근거가 되었다.

캠벨의 연구는 주로 인간에 관한 것이었으며, 수술을 할 때 인간의 뇌나 동물의 뇌에 가느다란 도선導線을 삽입하는 것이었다. [그림 9-1]에서는 컴퓨터에 연결되어 있는 선 'a'가 그 도선을 표시하고 있다. 이 실험에서는 컴퓨터가 검은 배경의 흰 반점을 원숭이를 상대로 움직여 간다. 컴퓨터는 반점이 어디에 있는가를 알고 있기 때문에 뇌 속에 있는 신경세포의 반응이 어떠한 것인가를 기록할 수 있다.

그것은 내가 "당신은 내 손이 흔들리고 있는 것이 보입니까?"라고 물으면, 눈을 움직이지 않고 내 손의 위치에 따라서 '예'나 '아니요'라고 응답하는 것과 같은 것이다. 마찬가지로 시각시스템 속에 있는 한 세포는 내 손이 흔들리고 있는 것을 본다거나 반점이 움직이고 있는 것을 보게 되면 '예'나 '아니요'의 반응을 보이게 된다.

전극電極을 확성기에 연결해 놓으면 정지수준에 있는 세포는 느린 주파수의 소리를 내고 있는 것이 들려온다. 그러나 그 세포가 무언가를 보고 여기에 반응하게 되면 주파수는 높아지게 된다. 컴퓨터는 반점이 어디에 있는가를 알고 있기 때문에 반점의 움직임과 세포활동

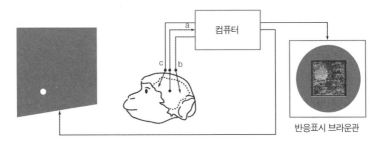

[그림 9-1]

의 상호관계를 매우 간단하게 연관시킬 수 있다. 이렇게 해서 수용계 受容界, receptive field 의 범위를 확정시켜 갈 수 있다.

반점이 어느 한 위치에 오게 되면 신경세포는 크게 반응하지만 다른 장소에서는 그렇게 많이 반응하지 않는다. 이것을 그림으로 나타낸 것이 [그림 9-2]이며, 이는 멕시칸 모자 함수 Mexican hat function 로 불리고 있다. 이 멕시칸 모자 함수를 챙 모자 에 평행하도록 자르게 되면 여기서 볼 수 있는 것과 같은 그림이 된다. 이를 '중심형 주변수용계 中心型 周邊收容界, center-surround field'라고 부른다.

1950년대 말에 휴벨 David H. Hubel 과 위젤 Torsten N. Wiesel 은 이와 같은 수용계 망막 내 및 뇌 피질로 가는 도중에는 둥근 현상을 보인다 가 시각피질 visual cortex 에서는 가늘고 길어지는 것을 발견하였다. 이 발견은 우리가 사물을 지각하는 것은 뇌 속에 있는 세포가 봉선 棒線 의 형상 stick figure 을 만들기 때문이 아닌가 하는 것을 시사하였다. 물론 봉선의 형상은 꾸며져서 질감을 가할 필요가 있으나, 기본적인 관점은 각각 세포가 각각 어

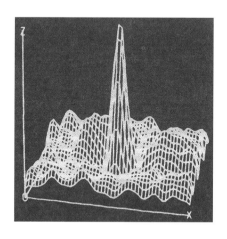

[그림 9-2]

면 특정 방향의 선線에 대하여 반응하고 이들의 선을 뇌가 '합산'역주5
한다는 것이었다.

그러나 1966년에 우리는 [그림 9-3]과 같은 수용계를 발견하였으
며, 이 수용계는 아주 간단한 선상線狀 같은 상태가 아니라 더 복잡하
다는 것을 발견하였다. 여기에는 억제성의 측면과 그 반대쪽에는 별
개의 흥분성의 측면이 있다는 것이다. 레닌그라드 Leningrad 대학의 연
구 그룹은 그와 같은 '측파대 側波帶, side bands'를 몇 개 발견하였으며, 하
버드 Harvard 대학의 단 포린 Dan Pollen 은 모든 세포에는 적어도 세 개나
네 개의 그와 같은 측파대가역주6 있다는 것을 발표하였다.

그 결과 1970년대의 초기에는 이들의 측파대는 처음에 생각하고

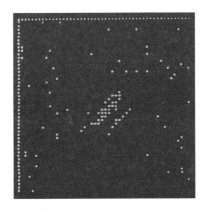

[그림 9-3]

역주 5. David H. Hubel(1926~)과 Torsten N. Wiesel에 의해서 시각자극에 대한
　　　개별적 뉴런neuron의 반응 형태가 밝혀진 1960년대 초 이후부터 시각에 관한 계
　　　산론적 모델은 신경과학에서 비약적으로 발전하게 되었다.
역주 6. 측파대 側波帶 는 어떤 일정한 주파수의 반송파搬送波가 변조變調를 받았을 때,
　　　이 반송파 근방에 발생하는 주파수 성분을 말한다.

있었던 것과 같은 선의 검출기가 아니라 퍼거스 캠벨이 제창한 '공간적 주파수 감지세포 spatial-frequency sensitive cells'와 같은 것이 아닐까 하는 생각이 널리 퍼지게 되었다. 그것들은 몇 개의 선이나 '줄무늬 stripes', 요컨대 어떤 공간적인 주파수를 갖고 있는 선에 대해서 민감하게 반응하였다.

내가 내 뒤에 위치한 스크린에 비치고 있는 검은색과 흰색의 수직 막대로 된 시공간 주파수 시스템의 앞을 걸어 가게 되면, 이것을 알 수가 있다[그림 9-4]. 내가 깜박거리면서 보이게 될 것이다. [그림 9-5]는 이것보다 더 가는 고공간 주파수 high spatial frequency 의 일련의 선이다. 이와 같은 동조곡선 tuning curves 전체가 하나의 세포를 나타내 주고 있다. 개개의 세포는 약 1옥타브분의 공간적 주파수에 동조하고 있다. 뇌 피질을 피아노의 건반과 같은 것으로 생각할 수도 있다.

각 세포는 자극을 받으면 특정 주파수에 대해서 최대로 공명한다. 이 주파수의 폭은 넓으며 [그림 9-6]에서 볼 수 있는 것과 같이 약 1옥타브에 동조하고 있다. 유일한 차이는 시각에 있어서는 주파수가 공간적이라는 것이다. 이 점은 매우 중요한 발견이다. 만약에 뇌가

[그림 9-4]

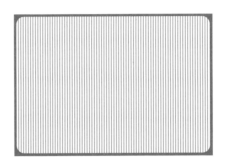

[그림 9-5]

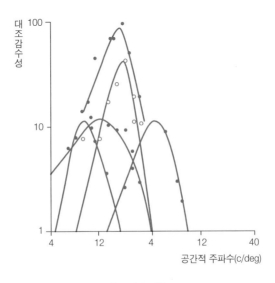

[그림 9-6]

막대 형상의 상을 만드는 것이 아니라 특정 주파수와 공명하도록 되어 있다면, 그것은 마치 피아니스트가 피아노로부터 우렁찬 소리를 내는 것처럼 지각도 더욱 풍부해지게 된다.

　물론 이와 같은 사고방식은 새로운 것은 아니다. 20세기 직전에 자크 레브 Jacques Loeb 역주7 와 그 밖의 사람들은 뇌는 인푸트에 대해서 공명하고 있다고 생각하였으며, 헬름홀츠 Helmholtz 역주 8 는 귀가 그런 식으로 기능하고 있음을 실험으로 보여 주었다. 그러나 청각분야에 관한 것은 예외로 하며, 일반 이론은 20세기 동안에 사라져 버리고, 우리는 뇌가 공명 resonance 하고 있다는 것을 잊어버리고 말았다. 우리는 환경의 바이브레이션에 대해서 분명히 공명하고 있는 것이다. 이 바이브레이션이 타인의 '비브라폰 vibraphone'이든, 전등에서 발하는 바이브레이션이든 거기에 공명하고 있는 것이다.

가장 최근에 와서 럿셀 Russell 과 카렌 드 발와 Karen de Valois 는 뇌세포가 어떻게 기능하고 있느냐에 관하여 우리의 정확한 이해를 한층 심화시켜 주었다. [그림 9-7]에 나타난 세포의 동조곡선 tuning curve 을 볼

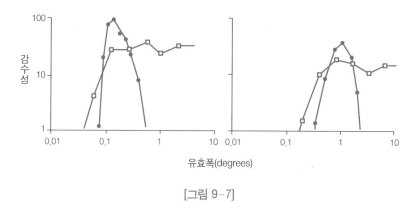

[그림 9-7]

역주 7. Loeb(1859~1924)는 독일 태생의 미국의 실험생물학자다. 독일에서 의학을 수학하고, 미국으로 이주하였다(1891). 시카고(1892~1902), 캘리포니아(1902~1910)의 각 대학 교수를 역임하였으며, 록펠러의 핵 연구소 연구원(1910~1924)이었다. 알의 수정과정, 뇌 생리학, 주성趨性, 재생, 소금의 길항작용, 인공단위생식, 콜로이드 Colloid 현상 등을 연구하여 생리현상의 물리학적 연구방법의 기초를 만들었으며, 일반생리학, 비교생리학의 영역을 확립하였다.

역주 8. Helmholtz에 관한 것은 제1장의 역주 8)을 참조할 것.

때, 세포에는 가는 선과 직사각형의 구별이 안 된다는 것을 알 수가 있다. 요컨대, 세포는 단일 라인의 폭에 대해서는 그렇게 민감하지 않다는 것이다.

그러나 공간적 주파수에 대한 동조곡선은 '매우' 특이하였다. 드 발 와는 또한 다른 실험에서 세포가 격자무늬의 셔츠 같은 패턴의 방향성에 대해서 민감하다는 것을 보였다. 그녀는 컴퓨터를 사용하여 격자무늬를 스캔하고, 여기에 프리에 변환 Frourier transformation 을 하여 변환

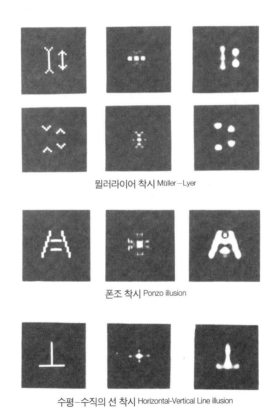

뮐러라이어 착시 Müller—Lyer

폰조 착시 Ponzo illusion

수평−수직의 선 착시 Horizontal-Vertical Line illusion

[그림 9−8]

제3부 | 서양과학의 새로운 패러다임

축이 어느 쪽을 향하고 있는가를 나타내어, 세포가 패턴 전체에 대해서 반응하고 있는가 아니면 패턴 속에 있는 개개의 선에 대해서 반응하고 있는가를 조사하였다.

[그림 9-8]은 다양한 패턴과 패턴의 프리에 변환 Frourier transformation 을 표시하고 있다. 테스트에 의해서, 개개의 세포가 일련의 선에 반응하고 있는 것이 아니라 패턴의 프리에 변환에 대해서 반응하고 있다는 것을 알게 되었다. 드 발와는 224개의 세포 전부가 프리에 변환에 의해서 예측된 시각호視覺弧, visual arc 의 도度·분分에 대하여 정확하게 반응하고 있음을 발견하였다.

🌿 홀로노믹 리얼리티

우리는 다른 실험에서 한 개의 반점을 오실로스코프 oscilloscope 역주 9 나 텔레비전 화면에서 이동시키는 대신 그 전까지의 실험은 모두 그처럼 행하고 있었으나 텔레비전 화면에 동시에 다수의 반점을 표시하였다. TV화면 상의 눈雪이나 '잡음'은 시각백색잡음 visual white noise 으로 불리고 있다. 이 잡음에는 가청할 수 있는 모든 주파수대의 패턴이 포함되고 있기 때문에 세포는 그 잡음으로부터 스스로가 반응할 수 있는 것을 골라내게 된다.

[그림 9-9]와 [그림 9-10]은 한 세포의 시각백색잡음에 대한 반응을 나타낸 것이다. 단, [그림 9-9]는 약 0.03초간의, [그림 9-10]은 0.04초간의 세포 반응을 합산한 것이다. 여기서 세포는 TV화면상의

역주 9. 전압·전류 등의 시간적 변화를 직접 눈으로 관측하는 장치. 일반적으로는 음극선陰極線 오실로그래프로부터 기록장치를 떼어 낸 음극선 오실로그래프를 말함.

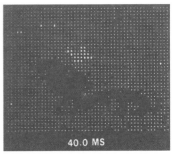

29.5 MS

40.0 MS

[그림 9-9]

[그림 9-10]

어느 특정 영역의 한 점 dot 에 반응하고 있으면, 그 영역 내에 있는 점의 명도를 증감增感 시켰다. 또한 세포에 대한 자극이 통상수준 이하의 경우에는 그 점을 제거하여 명도를 떨어뜨려서 블랙홀로 만들었다.

이렇게 해서 만들어진 패턴은 여송연 모양의 수용장 cigar-shaped receptive field 으로서 0.01초 후에는 억제성의 측면 영역이 나타나게 된다. 만약 우리의 뇌세포가 무작위적인 잡음에서 스스로가 반응하는 것을 추려 낸다고 한다면, 우리가 지각하고 있는 것은 과연 무엇일까? 만약 우리의 뇌세포가 잡음으로부터 이와 같은 패턴을 만들어 낼 수 있도록 미리 정해져 있다고 한다면, 정말로 거기에 있는 것을 어떻게 알 수 있단 말인가?

우리는 알 수가 없다. 왜냐하면 통상은 잡음처럼 보이는 많은 것에서 우리 자신의 리얼리티를 구축하고 있기 때문이다. 그러나 그것은 구조화된 잡음이다. 우리는 라디오의 튜너와 같은 귀를 가졌으며, 또한 특정 프로그램을 골라 내는 TV의 튜너와 같은 눈을 가지고 있다. 때문에 튜너가 다른 것이라면 우리는 다른 프로그램에 귀를 기울일 수 있는 가능성이 있는 것이다.

결 론

'홀로노미의 진실 holonomie reality'에 담겨 있는 중요성에는 데이비드 봄David Bohm 역주 10이 말한 '접힌 질서 enfold order'와 '감추어진 질서 implicate order'라고 하는 것이 있다. 이는 이미 보아 온 바와 같이 분배된 질서 distributed order 이기도 하다. 요컨대, 우주의 모든 현상이 다른 모든 것에 접혀져 있으며 시스템 전체에 분배되고 있다. 우리가 스스로의 감각기관이나 망원경 일반적인 렌즈을 사용하여 하고 있는 것은 접혀진 감추어진 질서를 드러내는펼치는 일이다.

우리가 망원경이나 현미경을 '대물렌즈 objectives lenses'로 부르는 것은 바로 본 것이다. 우리는 감각기관 속에 있는 렌즈를 사용하여 접혀진 질서를 펼칠 뿐만 아니라 접혀진 질서를 통해 객체를 만들어 낸다. 눈만이 아니라 피부나 귀도 렌즈와 같은 구조를 가지고 있다. 우주에는 질서접힌 질서가 있다고 하는 개념을 내세운 것은 데이비드 봄이다.

이 개념은 공간과 시간이 그 속에 접혀져 있다는 의미에서 무공간적·무시간적인 것이다. 여기서 우리는 뇌 기능의 중요한 측면이 홀로노믹한 영역에서 실현되고 있다는 것을 알게 된다. 이와 같은 뇌의 측면은 마치 상관관계의 계산속도를 올리기 위하여 FFT 역주 11, 고속 푸리

역주 10. Bohm(1917~1992)에 관한 것은 제1장의 역주 13)을 참조할 것.
역주 11. FFT는 음sound의 물리적 측정에 있어서, 주파수 분석의 경우, 복합음의 파형 波形을 다양한 진동수의 정현파正弦波, 사인파(sign wave)로 분류하는 것을 푸리에 분석Fourier analysis 이라고 한다. 푸리에 분석을 한 결과는 이론상으로는 분석한 시간 동안의 현상이 영구히 되풀이되고 있는 경우를 말한다. 그러나 후에 가서 푸리에 분석은 파형이 주기함수가 아닌 경우에도 확장되어 이 방법을 푸리에 적분Fourier

에 변환, fast Fourier transform 를 사용하여 통계적인 연산을 하는 사람들과 동일하게 기능하고 있는 것이다. 의학에 있어서는 컴퓨터화된 토모그래피 tomography, 단층촬영 가 이미지 처리와 이미지의 재구성을 위하여 같은 연산방법을 사용하고 있다.

이와 같은 연산의 중요한 점은 통상의 유클리드적 Euclidean · 뉴턴적 Newtonian 인 절대적 공간과 시간의 차원이 접혀져 버리고 만다는 사실이다. 이와 같은 영역에서 일어나고 있는 연산을 특징짓고 있는 것은 동시성 Synchronicity 과 상호관계다. 거기에는 여기도 저기도 없다. 있는 것은 무 nothing 다.

그러나 이 홀로노믹한 질서는 텅빔 empty 은 아니다. 그것은 '경계가 없는 boundariless' 충만하고 유동적인 공간이다. 역주 12 물리학이나 뇌과학에 있어서, 홀로노믹한 질서의 이와 같은 특징의 발견은 이제 동양과 서양의 '비교적 전통 esoteric traditions'에 몸을 담아 온 신비가와 학자들의 관심을 끌고 있다. 그것은 그러한 발견이 바로 그들이 그동안 체험해 온 것 그 자체이기 때문이 아니겠는가?

---

integration 또는 푸리에 변환 Fourier transformation 이라고 하며, 연산 횟수를 대폭 감소시켜 계산시간을 단축시킨 효과적인 스펙트럼 추정법이 FFT다. 이 방법은 자기상관 auto-correlation 과 상호상관 cross-correlation 을 거치지 않고 직접 파워 스펙트럼 power spectrum 과 크로스 스펙트럼 cross-spectrum 을 구하게 되며, 다시 여기서 다른 부위의 뇌파 간의 관계를 나타내는 코히어런스 coherence 와 위상 phase 을 구할 수 있다.

역주 12. 리얼리티란, 경계가 없는 '무경계 no-boundary' 주체와 객체, 자기와 비자기, 보는 자와 그 대상 사이에 경계가 없는 상태 의 상태이며, '통일의식 unity consciousness'도 무경계의 자각 no-boundary awareness 의 상태다. (다음 문헌을 참고하기 바람. Ken Wilber, *No Boundary: Eastern and Western Approaches to Personal Growth*, Boston: Shambhada, 1979, chap. 3, 4, 5 참조.)

10
역할모델과 인간발달

조세프 칠톤 피어스(Joseph Chilton Pearce)

어린이가 세상에 태어날 때는 이를 갖지 않는다. 유치가 생기는 것은 생후 1년을 지날 무렵이며, 6세가 되면 제1대구치, 12세에는 제2대구치, 18세 무렵에는 지치智齒, wisdom teeth, 사랑니가 나게 된다. 유기체가 태양의 주위를 여러 번 돌고 있는 동안에 이러한 이들이 나게 되는 셈이다. 이는 '육아법이 올바르고 올바르지 않고'와는 관계없이 나타나게 된다. 양육은 단지 치아의 질과 이를 건강하게 보존하느냐 못하느냐에 영향을 줄 뿐이다.

과학사상 기념비적인 연구의 하나로 들 수 있는 것 가운데서 50년 이상에 걸쳐서 어린이들을 지속적으로 관찰한 스위스의 위대한 심리학자 장 피아제Jean Piaget는, 어린이의 '지능발달'역주 1도 이의 성장과 동일하게 거의 주기적periodical이라고 말해도 좋을 만큼의 규칙성을 갖추고 있음을 발견하였다. 어린이의 지적 발달은 3년 반에서부터 4년이라는 특정 단계를 거쳐서 진행하며, 각 단계에는 신체적인 발달이 선행하거나 병행하게 된다. 이들의 발달단계와 요가심리학 yogic psychology과 최근의 물리학이 보여 주고 있는 여러 발견 사이에서 볼 수 있는 연결은, 동양의 영적 전통과 최근의 서양의 의식연구에 의해서 형성되어 온 인식과 유사함을 보이고 있다.

피아제의 인지발달단계는 각각 방대하고도 새로운 학습을 가능케하는 뇌의 급성장에 의해서 시작된다. 각 단계는 특정한 '원충동 intent drives', 즉 어린이의 비의도적 · 비의지적인 작동에 의해서 특징지을수 있다. 원충동은 어떤 특정 욕구를 채우기 위하여 어린이의 신체를 움직여 환경과 선택적으로 상호작용시키게 되지만, 각 욕구는 발달단계에 따라서 다르다.

어린이의 몸을 움직이게 하는 충동은 청사진과 같다. 또는 최종적인 표현을 결정짓는 어린이의 환경으로부터 내용이 가득 채워지는하나의 형식과 같은 것이라고 말해도 좋을지 모른다. 내적인 충동과

역주 1. Piaget(1896~1980)는 지능활동의 기반이 되고 있는 정신구조를 셰마 sch̃ma 라하고, 어린이의 사고발달의 과정도 셰마의 발달과정으로 보았다. 이 셰마는 동화 assimilation 와 조절 accomodation 에 의해서 분화 · 통합 · 복잡화의 발달과정을거치게 된다고 보았다. 즉, 최초의 '반사의 셰마'라고 하는 단순한 것에서부터시작하여 '감각운동적 셰마'가 형성되며, 여기서 다시 '표상적 셰마'로 발전하고이어서 '조작의 셰마'로 발달하게 된다고 보았다. 이와 같은 관점의 배후에는 '자기중심적' 지적 활동인 전 논리적 단계에서부터 점진적인 사회화를 통한 논리적인 지적 활동의 단계로 발달한다고 하는 '발생론적인 인식론'의 발달관이 내재하고 있음을 엿볼 수 있다.

외부의 모델링에 의해서 주어지는 외적 내용이 피아제가 말하는 '뇌 시스템에서 일어나는 지식의 구성 a construction of knowledge in brain system' 수집된 정보를 의미 있는 전체적인 경험 속에 자리를 부여하고, 그 경험에 대해서 의미 있는 반응을 하는 '마음-뇌-신체'의 개념 능력 을 결정하게 된다.

'원충동-내용-능력 모델 intent-content-ability model'의 가장 가까운 예는 언어다. 태아는 7개월이 되면 어머니가 말할 때마다 몸을 움직이기 시작한다. 1974년 콘돈 Condon 과 산더스 Sanders 의 연구에서는, 이 세상에서 생을 향유한 신생아는 어머니가 말한 모든 것에 반응하는, 완벽한 신체적 동작의 레퍼토리를 갖추고 있음을 보여 주고 있다. 어린이는 주위에서 사용되는 모든 말에 대해서 특정한 근육을 써서 움직이게 된다는 것이다.

이와 같은 감각-운동적 활동 sensory-motor activity 을 통해서 어린이는 뇌 시스템 속에서 언어를 구성하기 시작한다. 이 내적인 원충동은 감각-운동 레벨에서 어린이를 자극하여 외부로부터 주어진 언어의 내용과 상호작용하게 한다.

중국어를 사용하는 어머니가 있는 어린이는 중국어를 말하며, 프랑스 어를 말하는 어머니가 있는 어린이는 프랑스 어를 말한다. 이 사실은 '생물학적 플랜 biological plan'에 어떤 차이도 만들지 못한다. 다만 원충동이 자신의 내적 욕구에 알맞은 모델을 찾고 있는 것에 지나지 않다. 그러나 전반적인 능력의 발달은 그 어린이에게 줄 수 있는 내용의 성질이나 모델에 의해서 전적으로 결정된다. 그러기에 어린이의 지능이 발달하려면 각 발달단계에 알맞은 모델이 필요한 것이다.

발달론자들은 다음과 같은 점에 대해서 일치된 견해를 가지고 있다. 지능의 성장은 '구체에서 추상', 요컨대 현존하고 있는 물질세계와의 '감각-운동적'인 신체적 상호작용에서부터 보다 덜 물질적이며 더 심적인 체험이 증가하여 최종적으로는 순수한 추상이나 순수한 심적 조작에 도달한다. 각 단계의 어린이의 발달은 주어지는 모델링의 종류에만 전적으로 의존하지는 않는다. 만약 발달단계에 알맞은 모델링이 주어지지 않는다면, 그 단계 고유의 능력은 깨뜨려져서 발달할 수 없게 된다.

그렇지만 발달의 과정은 어김없이 진행된다. 자연은 실패를 프로그래밍할 수 없다. 만일 단계에 필요한 모델링이 주어지지 않거나 잘못되고 불완전한 모델링이 주어져서 단계가 완료되지 않아도, 새로운 원충동이 이 단계를 이어받자마자 예정대로 다음 단계가 찾아오게 된다. 이 타이밍은 보편적인 것이어서, 어린이의 시스템의 영양 정도나 양육방식에 의해서는 그다지 큰 영향을 받지 않는다. 만약 그 시스템이 각 단계에서 충분한 발달을 이루지 못하면, 지능은 마땅히 있어야 할 상태로는 발달하지 못한다.

피아제는 탄생에서부터 7세까지를 전논리적 단계 pre-logical stage, 7세부터 11세까지를 조작적 논리단계 operational-logic stage 역주 2라 말하

역주 2. Piaget는 인지발달cognitive development을 '조작operation'이라는 논리적 사고와 지각적으로 우위에 있는 사고의 중심화centration에서부터 탈중심화dñcentration로 발달하는 원리에 따라서 다음과 같이 4단계로 설명하였다. ① 감각운동기sensory-motor phase(0~2세): 감각과 동작운동의 협응coordination을 통해서 대상을 인식하고 새로운 환경에 적응하며 3~6개월부터는 감각에 흥미가 생겨 순환반응circular reactions을 보이게 된다. 이때 형성된 지능을 감각운동적 지능이라고 한다. ② 전조작기preoperational phase(2~7세): 언어와 이미지를 중심으로 마음속으로 떠올릴 수 있는 표상적 사고symbolic thought가 가능하다. 표상적 사고 때문에 사고의 탄

고, 그 후에 가역성 reversibility 이 발달한다고 하였다. 탄생 후의 최초의 단계는 세계관을 구축하는 시기이며, 그 사이에 어린이는 세계 그 자체, 물질적 대상의 세계에 관한 지식을 뇌 속에 구축하게 된다. 이때 어린이는 자기 자신의 연장으로서 세계와 세계 속의 대상을 보게 된다. 어린이는 원충동이 자극하는 대로 손에 잡히고 접촉할 수 있는 온갖 것을 입에 넣어 맛을 보며, 접촉하고, 느끼며, 냄새를 맡고, 껴안고 싶어 한다.

이 시기에 어린이의 세계는 안전감이나 고정된 패턴을 갖지 않는 부유 浮遊 하고 있는 세계다. 때문에 보이지 않는 것은 생각할 수가 없다는 것을 의미한다. 이 단계의 어린이는 언어에 있어서, 말할 때는 언어의 일부분으로서 근육운동으로 반응하며, 우리가 말하는 의성음을 사용하여 자기가 내는 소리를 들은 음에 맞추려고 한다.

생후 1년쯤 경과했을 때, 피아제에 의하면 놀랄 만한 일이 일어난

력성이 부족하며, 지각체계에 묶이어서 사물이나 사항의 한 면만을 보며 다른 면을 보지 못한다. 요컨대, 비가역적 非可逆的 이어서 생각을 바꿀 수가 없다. 자기중심적 egocentric 이다. 전논리적·전개념적·직관적 사고의 시기다. ③ 구체적 조작기 the phase of concrete operation(7~11세): 구체적 조작은 구체적 상황 속에서만 논리적인 사고조작가 가능하기 때문에 실물 또는 그 변형인 구체적 내용이 없을 때는 이해가 어렵다. Piaget는 구체적 조작의 사고구조를 '군성체 群性體, groupement(grouping)라고 하였다. 또한 어떤 한 조작에 대해서 이를 본래 원점으로 되돌리는 역逆 의 조작인 가역적 조작 reversal operation 과 보존성 conservation 의 사고도 가능하다. ④ 형식적 조작기 the phase of formal operation(11~성인기): 추상적 수준에서 형식적 추리가 가능하며, 언어적 명제에 의해서 추론하는 명제적 사고 propositional thinking 와 가설을 세워서 이를 검증하는 가설연역적 추리 hypothetico-deductive reasoning 및 귀납적 추리 inductive reasoning 도 가능하다. Piaget는 논리수학적 모델을 이용하여 이 단계의 사고구조의 모델을 통합된 속束-군群 구조 lattice-group structure 로 설명하였다.

다. 즉, 뇌처리 brain processing 가 '양자적 비약 quantum leap'을 이루게 된다는 것이다. 놀랄 만한 대상의 항상성 constancy 이 일어나며, 이동하고 변하기 쉬운 대상계가 안정된 일정한 패턴을 지닌 세계가 됨으로써 뇌 시스템 전체가 최초의 위대한 논리적 비약을 보이게 된다. 이런 시계관의 구축은 7세 무렵까지 이어진다.

대상의 항상성 object constancy 이 형성된 후에도 뇌의 급성장이 일어나서 자신에 대한 지식의 구성에 뇌를 대비하게 한다. 원충동은 어린이를 사건과 상호작용하게 하며, 사물 대상과의 관계를 확립하도록 부추긴다. 어린이는 외부의 사물 대상과 자기 신체와의 차이를 식별하며, 자기 세계의 감정적인 음색 feeling tone 을 느끼기 시작한다. 이 시기에 외부 세계와 관계를 맺고 있는 어린이의 정서중추가 발달하게 된다.

이 시기를 통하여 어린이는 외부 세계와 관계되고 있는 자기 자신의 지식을 구축할 수 있는 실마리를 모두 모델에게서, 즉 부모에게서 얻는다. 어린이는 배우지 않아도 부모의 정서적 반응을 읽으며, 이에 부응한 정서적 반응을 한다. 어린이는 부모의 세계관에 타협할 수 없는 것이 배제됨에 따라 좋아함과 싫어함의 패턴이 확립된다. 또한 어린이 자신에 대한 지식도 마찬가지로 부모의 지식에 맞추게 된다.

이 시기의 어린이는 자기에 가까운 세계에서 일어나고 있는 온갖 대상이나 사건의 이름을 알고 기억하려는 강렬한 충동을 가지고 있다. 러시아의 위대한 아동발달론자 루리아 Luria 역주3 는 어린이에게 있

역주 3. Aleksandra Luria(1902~1977)는 러시아 생리학자이며, 1904년에 노벨 의학생리학상을 수상한 파블로프 Ivan Petrovich Pavlov(1849~1936)의 조건화 conditioning 의 원

어서 언어는 단순한 커뮤니케이션의 도구가 아니라는 것을 지적하고 있다. 언어는 '마음 mind – 뇌 brain – 신체 body'와 감각–운동 시스템 sensory-motor system 을 어린이의 신체에서 협조協調, 통일시키는 수단이기도 하다. 언어 사물의 명칭 와 사물과 사건의 구체성은 어린이의 마음속에서 하나의 단위를 형성한다. '언어'는 어린이의 마음에 물성 thingness 을 환기시키며 '사물'은 언어를 환기시켜 준다.

　구체적 언어 concrete language 의 사용은 7세까지는 변화하지 않는다. 특정한 수정이 가해지는 11세까지 명명 naming 은 매우 중요하다. 이때의 4년이 지나게 되면 어린이의 언어·세계관·자기구조의 거의 80%가 완성된다. 어린이는 그 후의 인생을 다양한 격차와 빈 곳을 채우는 데 소비하게 된다.

　주체로서의 어린이와 객체로서의 세계는 뇌 속에서는 여전히 하나의 단위, 하나의 동조화同調化 관계를 이루고 있으나, 7세가 되면 어린

리에 기초하여, 인지 면에 있어서 언어의 조정기능regulatory function of speech을 중시하였다. '언어'는 사물·대상을 범주화할 뿐만 아니라 행동을 명령하고 바른 행동을 이끌어 주는 조정을 꾀하는 기능을 가지고 있다고 보았다. 이런 관점에서 적절한 훈련과 경험을 통해서 밖으로부터 받은 언어가 자기 내면에 올바른 매개기구를 만들며, 스스로 행동을 조정하게 된다고 보았다. 특히 그는 파블로프의 조건반사학Conditioned Reflaxology (『General Principles of Human Reflexology』, 1917)으로부터 시사받아 파블로프의 제2신호계 the second signal system 의 이론을 발전시켰다. 제2신호란 인간의 경우, 제1신호 the first signal 의 신호 예: 빨간색에 대한 빨강이란 언어를 말한다. 제1신호란 외부의 직접 자극에 대한 반사의 체계가 대뇌 속에 형성되었을 때를 말한다. 따라서 제2신호계는 제1신호의 신호로서 언어에 대한 추상적이며 일반화된 반사의 체계가 성립된 것을 의미한다. 이 제2신호계는 유아기부터 발달하기 시작하여 제1신호계와 밀접한 상호관계를 유지하면서 인간의 의식과 사고의 생리학적 기초로 작용한다고 보았다.

이와 세계는 아름다운 균형을 갖는 주체와 객체로 분리되기 시작한다. 이 시기에 어린이는 전세계가 의식적이라고 하는 것을 확인하게 된다. 그리하여 어린이는 나무와 바위가 살아 있음을 믿으며, 꽃들과 대화도 나누고 동물과 초자연적인 관계도 맺는다. 이 시기에 어린이의 원충동은 서양인으로서는 이해하기 어려운 세계와 교신하며 소통할 수 있는 수준을 확립하도록 어린이를 부추기게 된다.

그 가장 좋은 예는 내가 알고 있는 오스트레일리아의 한 원주민 Australian aborgine 이 발달시키는 자기와 세계와의 교신이다. 그것은 레비 스트로스 Levi-Strauss 역주4가 말하는 '꿈의 시대 dream time'를 통해서 실현

역주 4. 101세를 장수한 구조주의 인류학자 레비 스트로스 Levi-Strauss (1908~2009)는 1927~1931년 파리대학에서 철학을 수학하였으며, 철학에서 인류학으로 전환하여 브라질 상파울루 대학 교수(1935~1938)로 재직 중 남미 인디오의 보로로 Bororo 족에 대한 조사를 시작으로 인류학의 연구를 심화시켜 갔다. 1940년 프랑스가 독일에게 패망함으로써 1941년 미국으로 망명하였다. 망명생활 중 1942년에는 뉴욕의 'New School for Social Research'의 객원교수로 있으면서 스위스의 언어학자 소쉬르 Ferdinand de Saussure (1857~1913)의 '구조언어학'의 사상을 계승한 러시아계 미국 언어학자 야콥손 Roman Jakobson (1896~1982)의 영향을 받아 '구조론적 방법'을 인류학연구에 도입하였다. 그 결과 제2차 세계대전 종료(1945년) 후 귀국하여 망명 전에 집필하였던 『친족의 기본구조 Les structures élémentaires de la parenté』(1949)를 발표함으로써 구조인류학 Antnropologie structurale 을 정립시켰으며, 문학박사학위를 받았다. 1962년에는 구조주의 붐을 일으킨 『야생의 사고 La pensée sauvage』를 내놓았으며, 1964~1971년에는 신화연구의 신기원이 될 『신화학 Mythologiques』(4권)을 발표함으로써 현대사상에 큰 영향을 주었다. 레비 스트로스가 말하는 '구조' 개념은 막스 베버 Max Weber (1864~1920)의 사회과학방법론에서 중시하는 이념형에서 비롯한 '모델' 이론을 언어학이나 게슈탈트 심리학에서 형성된 '구조'의 개념과 결합시켜 이를 보다 정확한 개념으로 만들고자 하는 생각에서 나왔다. 이 개념은 또한 라틴학파나 영국 사회인류학의 '사회구조'이론이나 뒤르켕 Emile Dürkheim (1858~1917)학파의 집합표상 reprñsentation collective 론과도 관련된다. 이와 같은 배경을 갖는 '구조'는 다음과 같은 조건을 충족하여 주는

되고 있다. 예컨대, 오스트레일리아의 원주민은 꿈의 시대와 현재를 왔다 갔다 하면서 50마일이나 떨어져 있는 곳에 동족 사람들이 있는 곳을 알아맞힐 수가 있다. 또한 수 마일이나 떨어진 곳에 있는 수렵동물이나 사막 밑에 묻힌 물이 있는 곳을 알아맞힌다거나, 1년 전 사람의 발자취를 추적할 수 있다. 즉, 꿈의 시대를 통해서 발자취를 남긴 사람과 일체화一體化하게 된다.

이와 같은 꿈의 시대와의 관계는 4세부터 7세 사이에 확립되는 초자연적인 세계와의 교신에서 유래한다. 이런 일이 있을 수 있는 것은 원주민의 사회에는 그러한 교신靈的에 대한 적절한 모델과 긍정적인 사회환경이 존재하고 있을 뿐만 아니라, 원주민의 생존 자체가 그와 같은 교신에 의존하고 있기 때문이다.

엘로이즈 쉴드 Eloise Shield, 제럴드 잠폴스키 Gerald Jampolsky 와 그 밖의 사람들은 서양의 어린이들의 경우에도 3세 후반에서부터 4세 전반에 걸쳐서 그와 같은 커뮤니케이션 능력의 발달 가능성이 펼쳐질 수 있음을 발견하였다. 그렇지만 우리의 문화에는 사람들이 잘못하여 '초감각적 지각 extra‑sensory perception'이라고 말할 수 있는 모델이 존재하지 않는다. 이 시기에 발달할 수 있는 이런 감각은 사회와 부모가 여기에 부정적인 반응을 보이기 때문에 좀처럼 발달하지 않는다.

'모델'로서의 의미를 갖는다. 그 조건이란 ① 구조는 구조체계로서의 성격을 갖는다. ② 모델에는 일군一群의 동형 모델에 귀착할 수 있도록 하는 일련의 변형군變形群을 조정·체계화하는 가능성을 갖지 않으면 안 된다. ③ 여러 요소가 어떤 변환변형을 보일 때, 모델은 어떻게 반응하게 된다는 것을 예시豫示할 수 있어야 한다. ④ 관찰된 모든 사실이 직접 이해할 수 있도록 구성되지 않으면 안 된다.

4세부터 11세 사이의 어린이는 부모나 또래들과 놀고 싶은 정열적인 충동이나 생물학적인 욕구를 가지고 있으며, '공상적 상상력 fantasy imagination'의 대량 입력을 필요로 한다. 어린이들은 전세계가 의식이나 생명을 지니고 있는 것처럼 행동한다. 데이비드 봄 David Bohm 이 말한 것처럼 죽음은 최대의 추상 abstraction 이다. 구체적으로 사고하고 행동하는 어린이는 추상을 이해할 수가 없는 것이다.

지금까지 말한 것을 다른 각도에서 설명해 보고자 한다. 신생아의 '자아중심성', 즉 자각의 중심은 객체의 구성을 위해, 그리고 밖에서 일어난 사건과 인간에 관한 지식의 구성을 위해 이동한다. 어린이가 자기의 객체와 주체를 식별하기 시작하면 객체와 주체는 세계와 자기가 같은 뜻이면서도 분리된 단위를 이루고 있는 균형상태에 들어서게 된다. 우리가 말하는 마술적 사고 magic-thinking 에 있어서, 어린이는 자기가 생각하는 것과 외계에서 일어나고 있는 것 사이에 직접적인 상호작용이 존재하고 있다는 것을 확신하게 된다.

그다음에 세계는 외적인 객체가 되고 자기는 내적인 주체가 되어, 어린이의 뇌는 급성장을 할 수 있는 다음의 발달단계에 들어가게 된다. 주체적인 자기와 객체적인 외계를 분리하기 때문에 어린이는 높은 수준의 논리적 과정에서도 모델이 제시되면 반응할 수 있게 된다. 피아제는 이를 구체적 조작적 사고 concrete operational-thinking 라고 불렀다. 이 단계에 있는 어린이의 마음은 구체적인 세계의 정보를 추상적인 관념에 따라서 조작할 수 있다. 하지만 어린이는 독자적인 관념을 가질 수 없다. 만약 모델이 주어지지 않으면 새로운 조작을 해야 할 때 구체적 조작은 소멸하고 만다.

피아제는 '구체적 조작적 사고'의 학구적인 예를 이용하고 있다. 그러나 매년 수천 명의 사람들이 화상火傷을 입지 않고 화상火床 위를 걸어서 건너가는 인도네시아, 스리랑카, 인도, 그리스의 벽지, 아프리카 등지에서는 비학구적인 구체적 조작적 사고의 예를 보게 된다. 그들에게 모델이 있는 경우, 화상 위를 건너가는 데 필요로 하는 의식의 변화는 6세부터 7세 사이의 어린이가 할 수 있는 구체적 · 조작적 사고로 볼 수 있다.

10년 전 유리 겔라 Uri Geller 가 텔레비전에 나와서 손을 대지 않고 금속을 구부려 보였을 때 이내 이를 모방하여 금속을 구부린 어린이가 전세계 도처 일본 · 프랑스 · 독일 · 영국 · 미국 에 수천 명이나 되었다. 1973년 노벨물리학상에 빛났던 브라이언 조세프슨 Brian Josephson 역주 5 은 런던 대학에서 이들 어린이 가운데 한 사람을 관찰하고 나서 물리학의 법칙을 완전히 재구성하지 않으면 안 된다는 결론에 도달했다.

그러나 금속을 구부리거나 봉인된 유리 용기에 넣어진 금속선을 묶거나 하는 어린이의 마술적 능력은, 피아제가 추상적인 관념에 의해서 구체적 정보에 조작을 가하는 것을 정의한 '구체적 조작적 사고'

역주 5. Josephson(1940~)은 영국의 물리학자이며, 케임브리지 대학을 졸업(1960)하고 학위를 받았다(1964). 미국 일리노이 대학 연구조교(1965~1966)를 거쳐 케임브리지로 돌아와 주임연구원 보좌(1967~1972)로 있다가 교수가 되었다(1974). 또한 '초전도체의 터널효과'에 관한 다양한 현상을 이론적으로 예언하였다(1962). 이 이론은 후에 조세프슨 효과 Josephson effect 로 불렸다. 조세프슨 효과란, 전자소자 電子素子를 절대영도, 곧 −273°에 가까운 극저온까지 냉각하면 초전도현상超傳導現像이 일어나서 소자의 작용속도가 광속 가까이까지 가속되는 효과를 말한다. 1973년에 미국의 물리학자 지에바 Ivar Giaever(1929~)는 일본계 미국물리학자 애사기래오나 江崎玲於奈(1925~)와 공동으로 노벨물리학상을 받았다.

를 증명하고 있는 것에 지나지 않다.

피아제는 다음 단계에서 일어나는 형식적 조작적 사고 formal operational thinking 에서 뇌가 자신의 메커니즘에 조작을 가하여 자신의 개념 시스템을 바꿀 수가 있다고 생각한 것이다. 그렇지만 이는 텔레비전이 스스로 텔레비전 내부의 기능 작동을 바꾸겠다고 하는 것과 같으며, 있을 수도 없는 일이다. 발달에 관한 현재의 연구와 주된 이론은 '형식적 조작적 사고'가 발달의 전全 단계를 뒤돌아볼 수 있게 하는 객관적인 관점의 기반이 되고 있다는 것을 시사한다.

우리는 물리적 과정에 대한 객관적인 관점과 심적 작용의 도움을 받아 구체성과는 직결되지 않는 창조적인 추상물을 만들어 낼 수 있다. 어린이는 이와 같은 사고의 모델에 접하게 될 때 뇌와 완전히 분리된 마음의 상상력에 의해서 창조성을 발달시키게 된다.

형식적 조작적 사고의 예는 구체적인 미디어로 표현되는 순수하며 추상적 예술양식인 음악이나 수학에서 나타나게 된다 어린이는 11세가 되기 훨씬 전부터 이런 활동을 시작하지만 뚜렷하게 이런 활동을 펼치기 시작하는 것은 11세 무렵이다. 형식적 조작적 사고는 또한 다양한 리얼리티의 상태를 만들 수도 있다.

구체적인 미디어를 통해서 자기표현을 하지 않는 한, 지능은 최종적인 추상화의 방향으로는 변환되지 않는다. 전 시스템이 '자기의 자율 autonomy of the self', 즉 자기 이외의 다른 모든 것에 대한 의존으로부터 자유가 되려고 노력하기 때문에, 언제나 지능을 추상화 쪽으로 미는 힘이 작용한다. 왜냐하면 '추상성 abstraction'이야말로 우리의 자율성이 존재하는 장소이기 때문이다. 찰스 타트 Charles Tart 역주6는 상호최면 mutual hypnosis 을 통해서 오감으로 감지할 수 있는 안정된 리얼리티

상태를 만들기 위하여 형식적 조작적 사고를 사용하는 것을 발견하였다. 이렇게 해서 만들어진 상태는 영속적인 리얼리티로서 계속 남아 있었지만, 물리적 세계에는 전혀 존재하지 않았다. 그러한 것들은 노토로프 프라이(Northrop Frye)가 말한, 인간의 마음에 존재하는 '영원의 세계 the eternal world'에 존재하고 있었던 것이다.

카를로스 카스타네다 Carlos Castaneda 역주7도 또한 주술사와 제자와의 합의에 의해서 생각해 낸, 구체적 세계에서 도출되지 않은 리얼리티에 대해 언급하고 있다. 수피교도들 Sufis 은 제자에 가르침을 베푸는 수단으로서 형식적 조작적 사고를 활용한 리얼리티 공간을 만들어 낸다. 스와미 묵타난다 Swami Muktananda 역주8 의 신봉자들은 순수한 창조

역주 6. Tart(1937~   )는 캘리포니아 대학 데이비스 캠퍼스의 심리학 교수로서 '변성의식상태 altered state of consciousness'의 연구로 유명하다. 변성의식상태란, 최면·영상·초상현상 paranormal occurences 등에 관한 연구를 통해 정의한 개념이다. 이때의 의식상태에는 다음과 같은 특징이 있다. ① 의식체험이 너무도 강력해서, 통상적인 여러 경험과 동떨어져 있기 때문에 표현이 불가능한 감각. ② 순수지성적, 고양된 선명성과 이해의 감각. ③ 변성된 시공간의 지각. ④ 우주와의 홀리스틱 holistic, 전 포괄적인한 합일적 통합성 및 자기가 우주와 일체一體라고 하는 감득. ⑤ 우주가 가장 완전하다고 하는 감각을 포함한 긍정적 정서.
이상은 ASC의 긍정적 측면이며, 소외·고독·자살을 생각하게 하는 극한적이고 부정적인 측면도 있다.
역주 7. Castaneda(1925~1998)는 페루 태생의 미국 사람으로서 정통적인 중앙아메리카 샤머니즘 연구가다. 그의 연구로는 '민족종교적 인류학'이 있었으며, 특히 20년 이상 멕시코의 야키 인디안 Yaqui indian 의 주술사 Sorcerer 이며 신비주의자인 돈 후앙 Don Juan(Yaqui shaman) 에게 입문하여 본격적인 훈련을 받았으며, 샤머니즘을 실제로 체험하였다. 그 후『돈 후앙의 가르침 The Teaching of Don Juan』(1968)을 내놓음으로써 샤머니즘에 대한 인식을 새롭게 하였다.
역주 8. Muktananda(1908~1982)는 인도 카르나타카 주에서 태어났다. 그는 싯다요가

상태에서 나온 리얼리티를 체험한다. 형식적 조작적 사고는 과학에서는 불가결한 것이지만 발달의 전체적 흐름에 있어서는 어느 물리적 과정과도 관계를 초월한 진정한 형식적 조작을 지향한다.

최종단계는 '가역적 사고 reversal thinking '다. 가역적 사고란, 피아제에 의하면 사고를 역전시켜 뇌시스템 밖에 있는 '사고의 근원'까지 거슬러 올라가는 능력이다. 이 능력이 서양의 학자들에 의해서 불가능한 것으로 보였던 것은 10년에 걸친 어떤 우주적 문제의 답을 구하기 위하여 분투한 아인슈타인 Einstein 의 예를 보면 알 수 있다.

아인슈타인은 이른바 그가 말하는 '망아의 순간 a moment out of mind '에 돌연 회답을 암시해 주는 매우 상징적인 이미지를 수반한 번개가 자신의 뇌를 엄습하는 것을 느꼈다. 그러고 나서 그는 이 통찰을 수학 언어로 번역하여 타인과 공유할 수 있는 것으로 만들기 위하여 10년의 세월을 소비했다.

회답이 뇌에 도달했을 때 아인슈타인이 '가역적 사고'를 가지고 있었다면 그 회답의 원천까지 거슬러 올라갈 수가 있었을 것이다. 그렇

Siddha Yoga의 창시자이며, 서양에도 전통적인 싯다요가를 소개하였다. 특히 생명의 비밀을 쿤달리니 Kundalini, 잠재된 생명 에너지로 설하였으며, 심신의 모든 에너지는 쿤달리니 에너지의 현현으로 보았다. 숙달된 요가는 쿤달리니를 의식적으로 조절할 수 있다고 보았다. 사람의 심신이 충분히 정화되면 쿤달리니는 일곱 가지의 의식 센터인 차크라 cakra, 프라나(prāṇa) 에너지의 일곱 중심점를 통해서 상승하여 최후에 사하스라라 차크라 Sahasrāra cakra, 정수리에 있는 일곱 번째 차크라 에 도달하게 되면 사마디 samādhi 에 이르게 된다. 그리하여 영적 생명에너지는 뇌를 자극하여 활성화하게 하며 공전의 의식의 변화를 체험하게 한다. 대표적인 저서로는 『Play of Consciousness』 (1974), 『Kundalini: the Secret of Life』 (1979) 등이 있다.

게 되면 회답의 원천과 하나가 되어 10년간의 힘든 연구를 필요로 한 여러 가지 의문에 간단히 답할 수가 있었을지도 모른다.

피아제가 말하는 이 최종단계는 필연적으로 우리가 말하는 '자기 Self'에 이르게 한다. 그리고 이는 젊었을 때 아인슈타인의 제자이기도 했던 런던 대학의 이론물리학자 데이비드 봄 David Bohm 의 발견에도 일치하고 있다. 1940년에는 에너지와 물질은 동일하다고 하는 아인슈타인의 제안을 이해한 것은 극소수의 사람들에 지나지 않는 것으로 인식되었다.

내가 8학년 때 과학 선생이 적은 석탄 덩어리를 손에 들고 "아인슈타인의 이론에 따른다면, 이 한 덩어리의 석탄 속에 한 척의 증기선을 1년간 운행하기에 충분한 에너지가 포함되어 있다."라고 말한 것을 기억하고 있다. 우리는 모두 숨죽여 웃었다. 왜냐하면 탄광지역 출신인 우리는 낡아 빠진 말레이 Malley 증기기관선을 가동시키는 데도 몇 톤의 석탄이 필요하다고 하는 것을 알고 있었기 때문이다. 상식적으로는 보다 많은 에너지를 얻으려면 보다 많은 연료나 물질이 필요하다고 생각되지만 아인슈타인은 최소의 물질 속에 최대의 에너지가 존재한다고 말하였던 것이다. 오늘날에는 에너지와 물질이 동일하다고 하는 것은 어떤 학생도 알고 있다.

1950년, 봄은 1입방센티미터의 공간 내에서의 제로 양자 에너지 zero quantum energy 를 산출하여 10^{38}에르그 ergs 라고 하는 수치를 계산해냈다. 이 에너지량은 120억 톤의 TNT 폭탄에 해당한다.

또한 모든 물질 속에는 다만 파동으로서 존재하는 에너지가 있다는 것이 인정되고 있다. 파장이 길수록 에너지는 약해지며 짧을수록 강해진다. 장파는 단파로부터 공명에 의해서 발생한다. 최근에 봄은 실험에서 10^{-17}센티미터라는 짧은 파장의 에너지 존재를 확인하였다. 1입방센티미터의 공간에 포함되는, 이와 같은 파장의 제로 양자 에너지는 '상상 가능한 전 물질우주 the entire conceivable physical universe' 안에 포함된 에너지보다 크다.

이런 발견으로부터 추정하여, 봄은 상상 가능한 전 물질우주 힘의 두 배에 해당하는 10^{-34}센티미터라고 하는 단파가 존재한다고 주장한다. 파장이 이토록 매우 짧은 곳에서 에너지는 어떠한 운동상태에도 있지 않다. 그것은 무한한 에너지인 것이다. 무한에너지의 지점에서부터 각각의 에너지 양식이 공명에 의해서 발생하게 된다. 봄은 이들의 단파가 수학적인 상호작용에 의해서 3차원의 형태와 물질우주를 만들어 낸다고 말한다.

봄은 이런 전 에너지의 상태에서 파생하는 하나의 흐름이 홀로무브먼트 holomovement 또는 홀로노믹한 창조과정 holonomic process of creation 이라고 말한다. 이는 고대 요가행자들이 평상시 '스판다 spanda' 제로 지점에서 발생하는 에너지 라고 불러 왔던 것에 해당한다. 아무리 수학적으로 자기 자신과 상호작용을 한다 하더라도 이 에너지는 언제나 분할될 수가 없는 하나의 전체운동으로 지속하면서 한편으로는 무한히 드러난 형태를 통해서 자기표현을 할 수 있는 것이다.

봄에 의하면, 이 전체운동 holomovement 은 하나의 기구로서가 아니라 기능적인 유기적 과정으로서 존재하는 '네 가지의 에너지 질서'로서 표현할 수 있다. 첫째 것은 '드러난 질서의 에너지 explicate order energy' 로서, 모든 에너지 시스템 가운데서 가장 약한 것에 해당한다. 그것은 물질적 실재^{material reality}로서 현재화 顯在化 되고 있다. 봄이 믿고 있는 바에 의하면, 이 드러난 질서는 매우 강력한 에너지 질서로부터 공명에 의해서 나타나게 됨과 동시에 에너지 질서의 한 표현이다.

이 강력한 에너지가 '감추어진 질서의 에너지 implicate order energy'로 지칭되는 것은 내부로 들어올 에너지의 예감을 함축하고 있는 것에 지나지 않다. 그것은 미래를 암시하는 꿈과 같은 현시적 비전이나 또는 물질적 대상으로 현재화될 수 있는 것들의 관념적 표현이다.

감추어진 질서는 전 물질적 우주의 내부를 암시한다. 봄은 이 감추어진 질서란, 이보다 더 큰 에너지의 장 場인 '순수 가능성의 영역 the realm of pure potential'에서 파생한다고 보았다. 그것을 순수 가능성이라고 하는 것은 내부에 암시될 것이 아무것도 없기 때문이다. 암시는 감추어진 질서에서 형성되고 그 후 드러난 질서로서 현재화한다.

만약 데이비드 봄이 여기서 멈추었다면, 그는 통상의 학구적인 과학자의 수준을 초월하지 못했을 것이다. 그러나 그는 아인슈타인이 지니고 있었던 완벽성과 성실성에 자극받아 마음이 동요되었다. 여기서 한 걸음 더 나아가서, 봄은 그가 '통찰적 지능의 영역 realm of insight-intelligence'이라고 보고 있는 궁극적인 무한에너지의 상태를 발견한 것이다. 창조적 과정은 이 영역에서 파생한다. 그리고 여기서 생성된 에너지는 순수한 가능성을 모아서, 그 안에 언젠가는 드러난 질서로서 나타날 최종적 표현을 잉태하게 된다.

데이비드 봄은 다음과 같이 주장한다. "온 시간은 '원주민(aborigine)의 꿈의 시대'의 경우와 똑같이 모두가 1초 안에 접혀 싸여 있다. 온 공간은 모두가 1입방센티미터의 공간 속에 접혀 싸여 있다. 또한 온 물질은 한 알의 모래 속에 싸여 있다. 전체는 그 자체 속에 싸여 있다."

이처럼 홀로무브먼트전체운동는 모든 인간의 뇌 속에 접혀져 싸여 있다. 요컨대, '그것은 너다 Thou art that.'인 것이다. 또한 전 과정은 하나의 의식의 파동이다. 에너지와 의식은 동등한 것이며, 의식은 에너지로서 또는 물질로서 스스로를 표현할 수 있다.

봄이 말하고 있는 것은 고대의 요가 심리학 Yogic psychology 이 네 가지 의식상태,역주 9 네 가지의 세계, 네 가지 신체에 관해서 말한 것에 해당한다. 봄이 말한 '드러난 질서'는 동양인이 말하는 물질적 신체, 물질세계, 각성상태에 대응한다. 요가행자에게 있어서 '감추어진 질서'란 물질적 상태보다 더 강력한 현묘체玄妙體, subtle body , 현묘세계 subtle world , 꿈의 상태에 해당한다. 순수가능성의 영역은 다른 어떤 것보다도 더 강력한 원인체 causal body , 원인상태 causal state , 깊은 수면상태다.

제4의 상태, 봄의 통찰직관적 지성의 영역은 초원인적 super-causal 세계, '침묵의 목격 silent witness', 또는 투리아의 상태 Turiya state 역주 10 에 해당한다. 모든 영역은 파동이라는 형태로 표현되는 에너지의 한 단위, 또는 스판다 spanda 역주 11 로서 기능하는 '자기 Self'를 나타내고 있다.

역주 9. ① 깨어 있는 상태, ② 꿈 꾸면서 잠자는 상태, ③ 꿈 없이 잠자는 상태, ④ 초월의식의 상태.

역주 10. 요가에서 의식이 완전한 상태로서, 세 번째의 깊은 수면상태와 같이 주·객의 대립이 초월되며 모든 유한한 의식활동이 그친 상태다. 이 상태는 자아가 어떠한 방해도 받지 않고 순수하게 드러나는 지극한 희열의 상태이며, 신비스러운 체험의 세계다. 요가행자가 범천Parabrahman과의 합일을 경험하는 상태라고 말하는 사람도 있다.

역주 11. Spander는 산스크리트에서 진동, '생명력의 파동'을 의미한다. 우주의 유현幽玄하고 미묘한 창조적인 파동을 의미한다. 이는 생명체의 다이나미즘으로서 나타난다. 예컨대, 바이브레이션, 무브먼트, 움직임 등으로 볼 수 있다.

이렇듯 전체운동 holomovement 이란 위대한 요가행자가 말하는 '자기 Self'에 해당되지만, 개개 질서의 에너지는 '신체'라고 불렸다. 왜냐하면 우리야말로 질서에너지의 신체에 지나지 않기 때문이다. 전체의 운동은 우리 안에 감추어져 있고 싸여 있다. '그것은 너다'라는 것은, 네가 '자기 Self'라는 의미다.

봄의 제 영역, 피아제의 제 단계, 요가심리학의 여러 상태는 국립정신위생연구소의 폴 맥린 Paul McLean 이 발견한 우리 뇌의 내부 구조와 관련되어 있다. 실은, 우리는 각각 분리되어 다른 작용을 하는 세 가지 독특한 뇌를 가지고 있다. 이들 뇌의 각각은 독자적인 언어, 커뮤니케이션의 수준, 이미지, 세계를 보는 방식 등을 가지고 있으며, 신체와의 독특한 화학적 연결과 독특한 뇌파를 가지고 있다. 맥린은 이들 뇌 시스템의 하나하나가 지구에게서 물려받은 유산을 나타내고 있음을 발견하였다.

가장 오래 된 뇌를 그는 '파충류의 뇌 reptilian brain'라고 말하고, 이는 지구상에서 수천 억 년에 걸친 진화를 통해서 물려받은 것이다. 전세계, 우주, 우리의 신체와 뇌, 이 모든 것은 이 파충류의 뇌를 통해서 기록된다. 이는 전 물질과 인간의 신체 그 자체를 표현하는 시스템인 동시에 성性의 원천이기도 하다.

다음 두 번째로 오래된 '포유류의 뇌 mammalian brain'는 기분, 감정, 육아, 사회의식의 원천이다. 요컨대, 이 뇌는 개체적인 자기감각의 중추이며, 수백만 년간 포유류의 발달을 대표하고 있다.

세 번째로 '새로운 뇌 third new brain'는 다른 두 뇌로부터 정보나 내용을 받기도 하며, 그 내용에 영향을 주고 조작을 가하기도 한다. 우리 의식의 자리는 이들 세 가지 뇌 시스템 사이를 왔다 갔다 한다. 수면의 초기단계에서는 바깥세계에서 오는 감각적 메시지가 일체 정지되며, 모든 근육이 이완된다. 이때 우리의 의식적 자각은 중생대 Mesozoic era 파충류의 뇌에서 신생대 Cainozoic era 포유류의 뇌로 이행하여, 우리는 그 뇌에서 발생하는 정서적이며 감각적인 상태 속에서 꿈을 보기 시작한다.

꿈의 주기가 끝나게 되면 우리는 새로운 뇌 시스템으로 이입하여 깊은 수면상태에 빠지게 된다. 뇌파는 아주 완만해지며, 근육조직의 긴장도 풀리기 시작한다. 재빠른 눈의 운동과 신체 운동이 멈추게 되며 최종적으로 뇌의 활동은 거의 볼 수 없게 된다. 45분의 주기가 끝날 무렵에는 다시 깊은 수면상태에 들어가 모든 근육조직의 긴장이 몸에서 사라지게 된다. 심장박동과 호흡은 매우 완만해지며 뇌 활동은 완전히 정지한다. 이 단계를 거치는 동안에 통상의 깨어 있는 상태와 비슷한, 세 가지 뇌 시스템을 아우르는 뇌 활동이 시작된다.

'파충류의 뇌'는 분명하게 데이비드 봄이 말한 드러난 질서의 에너지이며, 요가행자가 말하는 물질적 신체나 깨어 있는 상태와 같은 것에 대응하는 작용을 한다. 신생대 포유류의 뇌는 틀림없이 감추어진 에너지의 질서 implicate order of energy, 꿈의 상태, 또는 요가행자가 말하는 현묘체 subttle body 의 상태에 해당한다. 데이비드 봄이 순수가능성, 요가행자가 원인체, 또는 깊은 수면상태라고 말하고 있는 것은 신뇌 新腦 를 말한다.

이들 모든 상태가 최종적으로 완전히 변환되고 뇌 시스템이 순수하게 자동적인 조작을 할 수 있게 되었을 때 제4의 상태라고 생각되는 매우 적극적인 의식상태가 나타나게 된다. 우리는 45분 간격으로 이런 상태에 들어가, 꿈을 지나고 나서 각성상태로 되돌아가게 된다. 이 주기는 낮에도 일어난다. 주간에 우리는 의식의 연결을 잃은 일은 없지만 우리 의식의 일부는 소규모의 형태로 수면의 주기를 반복하고 있는 것이다.

피아제가 말한 제1단계, 즉 어린이가 어머니의 자궁에서 처음 나왔을 때, 바깥세상과 상호작용하는 몸을 놀리는 자각과 충동의 중심은 파충류의 뇌 시스템 속에 있다. 약 1년 정도 '파충류의 뇌를 중심으로 한' 여러 가지 발견이 포유류의 뇌와 신뇌를 낳게 하였다.

어린이가 '대상의 항상성 object constancy'을 획득하고 나서도, 파충류적 활동은 외부 세계에 대한 해석과 지식을 다른 두 가지 뇌 시스템에 주게 되지만, 자각과 원충동의 자리는 드러난 질서 explicate order 보다 월등히 위대한 에너지 시스템인 감추어진 질서 implicate order , 즉 현묘계玄妙系, subtle system 로 이동한다. 어린이는 스스로 개인적 시스템을 세부적으로 탐구하기 시작한다. 신뇌에 어린이가 공급하는 정보는 동시에 파충류의 뇌에도 공급된다.

어린이와 어린이 세계와의 균형이 완벽하게 잡혀지고 있는 시기에, 어린이는 세계의 모든 것을 생명이 있는 의식으로 생각하며, 그 세계와 매우 상상적인 방법으로 놀고 싶어 한다. 어린이가 이들의 독립 분리된 뇌 과정 사이에서 교신과 커뮤니케이션의 경로를 열기 시작하는 것도 이 시기다.

자각의 자리가 신뇌로 이행하고 파충류 뇌의 동일화로부터 분리되는 7세가 되기 전에 어린이는 뇌 시스템 사이의 커뮤니케이션을 확립한다. 초기 학습의 모든 것은 신뇌에 공급되고 그 시스템을 하나의 전체로 통합하게 된다.

그렇다면 뇌 시스템이 세계 시스템에서 분리될 때 무엇이 일어나게 되는 것일까? 마야 *maya* 의 조락凋落 이란 말인가? 산스크리트에서 마야 *maya* 역주 12 의 본래 의미는 '측정능력 capacity for measurement'이었다. 장 피아제가 7세 때 발생한다고 말한 것은 바로 이것이다. 측정능력 또는 마야는 어느 사이에 '환상 illusion'을 의미하게 되었다. 그러나 라틴어로 'illusion'이라고 하면 '내적인 놀이 inner play'를 의미한다. 어린이의 내

역주 12. māyā란 일반적으로는 신비력·환영을 낳게 하는 힘신 따위의, 마술·책략 등을 의미하며, 베다*Veda*나 불교 문화 등에서 그 용례를 찾아볼 수가 있다. 베단타 학파Vedānta school 내의 불이일원론不二一元論, advaitavāda파가 현상세계의 실재성을 부정하기 위한 술어로서 그 중요성을 인정하였으며, 그리하여 불이일원론파를 마야론자로 부르기도 했다. 현상세계가 마야에 의해서 만들어진다고 본 가우다파다 Gauḍapāda, 5~7세기경 불이不二의 사상과 논리를 전한 선구적 베단타 학자가 불교의 영향을 받아 도입했다고 전해지고 있다. 샹카라 Śankara, 8세기경 인도 베단타 학파의 사상가, 불이일원론을 최초로 주장한 사람는 마야에 술어로서의 중요성을 인정하지 않고 마술 등의 의미로만 사용하였으며, 현상세계를 마술에 의해서 만들어진 환영에 지나지 않다고 보았다. 그는 무명無明, avidyā의 개념을 도입하여, 무명에 의해서 일어난 결과를 māyā라고 보았다.

이런 점에서 힌두교도들은 물질우주는 가려져 있는 의식의 창조물, 곧 2차 현실 second generation reality 이기 때문에 현상계는 덧없는 미망迷妄, 즉 마야이며 부라만이 이 미망을 창조하는 초자연적인 존재로 본 것이다. 이와 동일한 개념은 유대교 사상에서도 발견할 수 있다. 스위스의 카발라 권위자인 레오 샤야Leo Shaya 는 유대교 신비주의인 카발라Kabbalah 의 가르침에서, "모든 피조물은 신의 초월적 측면이 투사된 환영이다."라고 말하고 있다. 이렇듯 태초에 신에 의해 창조가 시작되었다는 것이 환영이라는 생각은 히브리어에도 반영되어 있다. 즉, 유대교의 가장 유명하고 신비한 경전인 토라Torah, 율법 의 카발라 주석서 조하르Zōhar (4세기경) 에서, '창조하다'의 뜻인 바로baro라는 말도 '미망迷妄을 창조하다.'라는 뜻을 내포하고 있다.

적 놀이 마음-뇌 시스템 내의 놀이 는 홀로노믹한 운동 바로 그것이다. 원인적 틀 causal framework 의 짜임새에서 볼 때, 자각의 자리 locus of awareness 와 신뇌의 시스템은 보조적인 중간 뇌 midbrain 의 시스템을 통해서 기능하게 된다. 만약 적절한 모델이 주어지게 되면 어린이는 파충류의 뇌나 또는 드러난 질서에 작용할 수 있는 위대한 에너지를 사용하여 추상적인 관념에 따라 구체적인 정보를 바꿀 수 있게 된다.

'원인적 질서 causal order'에 속하는 힘이 파충류적 질서에 속하는 약한 에너지의 물질계를 변화시킬 수 있는 현묘계 subtle system 나 감추어진 질서의 힘으로 들어가게 될 때 어린이는 뜨거운 화상火床 위를 건너갈 수가 있다. 불도 어린이의 몸도 변화하지 않는다. 변화하는 것은 뇌 시스템 내의 관계다. 불 위를 건너가는 것이나 금속을 구부리는 것 이외의 가능성을 제한할 수 있는 것은 이 시기에 어린이에게 줄 수 있는 모델의 종류일 뿐이다.

다음 시기인, 형식적 조작적 사고는 신뇌의 원인 시스템의 활동을 나타낼 뿐만 아니라 나머지 시스템의 분석능력을 키우는 좌뇌 left hemisphere 의 전문화까지도 나타내 준다. 이것에 대응하는 우뇌 right brain 의 전문화가 만약 발달하게 되면 진행하는 통합과 자각을 유지하는 작용을 한다. 이와 같이 매우 확립되기 어려운 전문화는 앞에서 말한 세 가지 시스템의 통합을 유지시키지만, 그동안에 제4의 시스템이 완전한 객관성의 위치를 차지하게 된다. 그리하여 자각의 자리는 뇌의 밖에 있는 '마음'으로, 그리고 최종적으로는 '자기' 시스템과 가역적 사고로 옮아가게 된다. 인간의 발달, 즉 성숙을 추진하는 힘은 자유롭게 전 시스템을 오고 가고 할 수 있는 '마음-뇌-신체의 과정을 초

277
10. 역할모델과 인간발달

월한 하나의 자각 awareness 속에 존재한다.

그렇지만 서양과학을 리얼한 것으로 받아들이는 것은 드러난 질서 explicate order 의 에너지 양식에 속하는 생후 4년 사이에 길러진 제 활동 뿐이다. 4세 이후에 신장하는 뇌와 마음의 표현은 감추어진 질서의 에너지나 현묘 시스템을 사용한다. 그러나 우리는 오스트레일리아의 원주민이나 모든 어린이 사이에서 훌륭하게 표현되고 있는 이 시스템을 사용하고 있는 구체적 조작적 사고 concrete operational thinking 를 병적인 것으로 보고 있다.

어린이가 세계와 더불어 놀고 있는 것이 암시해 주고 있는 것은 과학적 패러다임이 부정하는 감추어진 원인적 질서의 에너지 implicate and causal order energies 를 통해서 구체적인 것과 상호작용한다는 점이다. 과학적 패러다임은 최초의 4년간에 형성되는 순수한 물리적 질서밖에 인정하지 않는다. 때문에 어린이는 물질적인 발달 형태에만 갇히게 된다. 그 이상의 과정은 모두 활용할 수 있는 모델을 발견했을 때만 발달 가능함에도 불구하고 과학적 패러다임 내에서 허용되는 모델은 물질적 과정에서 나온 것이 아니면 안 된다.

이것은 어린이의 발달이 이 시점에서 멈춘다고 하는 것만이 아니라, 형식적 조작의 가능성이 열리는 11세에 이르러도 과학적 사고 모델만 따르게 된다는 것을 의미한다. 이는 발달 시스템이 불구가 되어 버리고 있기 때문이다.

진화는 형식적 조작적 사고의 발달을 밀어 주지만, 구체적인 사고 과정을 뒤로 하고 순수한 추상적 영역으로 진입하는 것에 대한 어떤 공포나 신경적 소모가 따르게 된다. 그리하여 이 신경적 소모가 물질적 사고과정으로 되돌리며, 초기의 매트릭스에 머물게 함으로써 구체적 사고영역과 추상적 사고영역에 두 발을 딛게 한다. 이때 발달이 멈추게 되면 불안이 생긴다. 불안이란, 자율성을 향한 발달이 정지된 것을 경고하는 자연의 신호에 지나지 않는다. 우리의 시스템은 물적 과정으로 되돌아가는 것 이외에 갈 곳이 없어지게 되면 불안을 느끼지 않을 수가 없다.

막대한 에너지가 활짝 발현할 것을 기대하고 있음에도 불구하고, 우리는 이 물질적 상태에 갇히어 있다. 쿤달리니 *Kundalini* 는 우리를 직관적 지성이라고 하는 최종단계로 이끌어 주는 유일한 에너지다. 그러나 이 에너지가 우리의 문화적 유산의 일부에 들어가 있지 않다는 이유로 11~15세까지에 걸쳐서 싹터야 할 에너지 형식적 조작적 사고 는 발현할 수가 없다. 우리의 문화는 큰 불안만이 아니라 물질의 강박적인 소비와 물리적 신체에 대한 강박적인 집착을 안고 있다. 우리의 성 sexuality 은 지나치게 발달하고 있는 반면에, 사회적 본능이나 신생대의 포유류 뇌의 발달과 더불어 발현할 육아 본능의 발달은 미숙한 채로 머물고 있다.

패러다임은 인간의 지성에 의해서 만들어지는 것이 아니며 직관적 지성의 영역에 의해서 주어지는 것이다. 우리는 루퍼트 셸드레이크 Rupert Sheldrake 의 형태형성장의 이론 morphogenetic field theory 에서 이와 같은 영역을 발견할 수 있다.

이 이론은 통상적인 '시간-공간'의 차원을 넘어서 존재하는 원인적 상태 causative state 를 상정한다. 우리의 뇌는 그 원인적 상태와 공명하며 그 상태에서 모든 종 species 이 발생한다. 학습과 기억은 뇌의 내부가 아니라 형태형성장과 뇌와의 공명 resonance 을 통해서 발생한다고 하는 셸드레이크의 성찰은 요가심리학이나 데이비드 봄 David Bohm 의 에너지 질서 이론 energy order theory 과 완전히 일치하고 있다.

셸드레이크는 또한 진화가 종을 바꾸는 구조를 해명하기 위하여 노력하고 있다. 그의 진화과정이론은 봄이 말하는 '직관적 지성'의 영역에 의거하고 있다. 셸드레이크는 다음과 같이 가정한다.

> 만약 한 종의 멤버가 새로운 행동을 획득하고 그 종의 상당수의 구성원이 그 새로운 행동을 모방하며 이를 오래 동안 반복하게 되면, 그 새로운 행동이 종 전체의 유전적 특성이 될 가능성이 높다. 역사를 통해서 많은 진화의 과정은 이와 같은 위대한 비약에 의해서 일어났다.

생물학자 라이알 왓슨 Lyall Watson 역주 13 은 셸드레이크의 이러한 가설을 확증하는 한 연구를 보고하고 있다. 일본 연해안의 한 섬에 살고 있는 짧은꼬리원숭이에 대한 장기간에 걸친 관찰을 하고 나서 다음과 같은 사실을 보고하였다.

새로운 먹이로서 고구마가 도입되었던 때의 일이다. 밭에서 캔 고구마는 흙이나 모래가 달라붙어 있기 때문에 원숭이는 고구마를 그대로 먹을 수가 없었다. 어느 날 18개월 된 암컷 원숭이가 생각 끝에 고구마를 가지고 바닷가로 달려가서 이를 씻어서 먹었다. 이는 그 종

역주 13. Watson(1939~   )은 '우연적 시스템 contingent system'이라는 이론으로 초물리적인 진화의 힘을 제창하였다.

에 있어서는 아인슈타인이 10년간의 연구 끝에 얻은 위대한 계시에 필적할 만한 뇌 시스템 과정의 일대 비약이었다고 왓슨은 지적한다. 또한 데이비드 봄David Bohm에 의한다면, 그것은 새로운 형태의 지능이 스며들게 하기 위하여 뇌 시스템으로 들어가서 그 시스템을 재구성할 수 있는 통찰직관적 지능의 한 예다.

그 원숭이는 즉시 고구마 씻는 방법을 어미에게 가르쳐 주었다. 그리고 다른 젊은 원숭이들에게도 가르쳐 주었고, 배운 원숭이들은 또한 자기 어미에게 가르쳐 주었다. 고구마를 씻어서 먹는 원숭이의 수는 순식간에 셸드레이크가 말하는 '임계량critical mass'에 달하여 지금은 이를 100마리째의 원숭이 증후(hundredth monkey syndrome)라 부르고 있다 하룻밤이 지나자 아무런 조짐도 없이 그 종의 전 성원이 어떠한 학습과정도 거치지 않았는데도 고구마를 캐면 바다로 가지고 가서 씻어서 먹기 시작했다.

놀라운 일은 가까운 섬에 살고 있는 같은 종의 원숭이도 동시에 고구마를 씻는 새로운 행동을 보이기 시작함으로써 셸드레이크의 가설은 그 정당성이 증명된 것이다. '복음서the Gospels'에 의하면 "네가 무엇이든지 땅에서 매면 하늘에도 매어 있을 것이며, 땅에서 풀면 하늘에도 풀려 있을 것이다."라는 말이 있다. 역주14 '공명'에 의해서 우리를 낳아 주는 창조적 과정은 우리의 행위를 반영하고 있는 것이다.

고대 힌두교의 요가심리학자들은 무지에서 지혜로 인도하려고한 '구루의 원리the guru principle'에 있는 말을 항상 가까이 하였다. 과거

역주 14. 마태복음 16:19 ; 18:18 참조.

2,500년 동안 위대한 존재들^{붓다와 예수}은 가혹한 내적 수련과 명상을 통해서, 지성의 최고 영역인 자기상태^{state of Self}에 들어가기 위하여 준비를 해 왔다.

나의 종교적 스승인 스와미 묵타난다^{Swami Muktananda}를 포함하여 이와 같은 위대한 존재는 도처에 있다. 그들은 우리의 모델로서 존재하고 있다. 묵타난다의 앞에 서면 변용이 일어난다. 마지못해 묵타난다를 만나게 된 사람이라도 깊은 영향을 받지 않을 수가 없다. 그들이 바바^{Baba 역주 15}와 악수를 나누고 떠나려고 몸을 돌리는 찰나, 돌연 참을 수 없는 눈물이 와락 터져 나오게 된다. 그들은 굉장히 당황할 뿐 무엇이 일어났는지도 모른다. 그러나 그들의 몸은 알고 있다. 몸 안에 갇혀 있던 충동이 밖에 있는 모델을 발견함으로써 발달하기 시작한 것을 말해 주고 있다. 몸은 통상 눈물의 형태로 위대한 에너지 폭발을 가져오게 된다.

여기서 잠시 독자들에게 양해를 구해 내 사적인 얘기로 예를 들고자 한다. 나의 첫 번째 어린이는 재기^{才氣}가 있고 총명하였다. 그는 10대 초에 상당히 진지한 신비체험을 많이 하였으나, 15세가 되었을 때 갑자기 그와 같은 체험을 하지 않게 되었다. 18세가 되었을 때 그는 집을 나와서 독립하였고, 많은 젊은이와 똑같이 약물에 빠지고 말았다.

그런데 어떤 약물을 사용했을 때 즉시 그는 10대 초의 신비체험을 재현하였다. 그는 생각했다. "야아! 바로 이것이다! 어째서 이것이 병

역주 15. 힌두교의 도사導師의 칭호. 터키에서는 ……님 특히 귀족에 대한 경칭, 일반적인 용어로는 영적 지도자를 뜻함.

속에 들어 있는 것을 아무도 가르쳐 주지 않았단 말인가?" 그는 또다시 약물을 사용하게 되었지만 그런 신비체험은 할 수가 없었으며, 점점 강한 약물에 빠지고 말았다.

19세 때, 그는 호수 근처에 살고 있는 나의 형제 집으로 갔다. 그곳에서 그는 혼자 있을 수 있게 되었다. 4~5일간 단식한 후, 3일간 연속해서 LSD를 대량 섭취하였다. 두 번째 날에 그는 위대한 영역으로 완벽하게 진입하였다. 모든 것이 그에게 이해가 된 것이다. 그러나 3일째가 되었을 때 천상의 낙원에서 암흑의 지옥으로 전락하여 그곳에서 빠져나올 수 없게 되었다. 4년이 지나도 그의 감각체계는 여전히 건강하지 못하였다.

그는 세상을 정상적으로 파악할 수가 없었으며, 사물은 혼돈되어 있는 것처럼 보이고 사방에서 소리가 들려왔다. 여러 가지 일을 할 적에는 무서운 집중력을 필요로 하였으며, 끊임없이 패닉상태에 빠지고 말았다. 아직 생활은 할 수 있어도 심한 불안상태에 있었으며, 상당히 쇠약해 있었다. 그 결과 불치의 신경장애라는 진단을 받았다. 그는 자기 인생이 19세로 끝나 버렸다고 생각하였다. 4년이 지난 23세가 되어도 그런 상태는 변하지 않았으며, 앞일을 전혀 내다 볼 수가 없었다.

나는 아들에게 묵타난다를 만나도록 권유하였지만, 아들은 시시하고 어차피 아무것도 알지 못할 것이라고 말하면서 반대하였다. 나는 "그는 나의 친구다. 그가 내 자식과 만나기를 원하고 있다."라고 말하였다. 결국, 아들은 집요한 나의 설득으로 생각을 접고 묵타난다를 만나러 갔다. 바바는 내 아들에게 다가가 공작의 깃털로 머리를 쓰다듬으며, 손을 잡고 응시하며 웃고 나서 돌아가라고 하였다. 이때 일종의 명상상태에 빠진 아들은 쓰러지고 말았다. 명상에서 깨어났을 때 나는 아들에게 무엇이 일어났는가를 물었다.

아들은 반복하여 말하기 시작했다. "그는 알고 있다! 그는 거기에 있다! 그는 그곳에 있다!" 아들은 황홀한 상태였다. 그가 무엇을 말하고자 하는가를 이해하는 데는 긴 시간이 걸렸다. 내 아들이 되돌아가고 싶어 했던 장소에 있었던 인물이 그곳에 있었던 것이다. 그는 묵타난다와 대면한 것만으로도 그것을 체험하였다. 중요한 것은 아슈람의 가까운 곳에서 살고 싶다는 것이며, 자식이 태어나서 처음으로 목수의 조수로서 일을 맡아서 착실하게 해냈다는 점이다. 최종적으로 그는 아슈람의 일원으로서 채용되었을 뿐만 아니라 1년도 되기 전에 알아볼 수 없을 만큼 달라졌다. 귀여운 15세의 소년이 어른이 되어 내게 돌아온 것이다.

위대한 존재의 주위에서 무엇이 일어날 것인가를 헤아릴 수는 없다. 위대한 존재는 자기 밑으로 오는 사람들의 다양한 욕구와 만나게 된다. 그는 특별히 아무것도 하지 않지만 결과적으로 많은 일이 일어나게 된다는 것이다. 그는 제4의 상태 fourth state 에 있으며, 연약한 상태에 있는 우리에게 빛을 발하고 있다.

우리가 자기 자신의 힘으로 제4의 상태를 체험할 수 있게 된 것은 이 위대한 존재가 있는 곳으로부터 우리에게 에너지를 줄 수 있기 때문이다. 모든 발달론자가 말하는 것처럼 우리는 구체적인 것에서 추상적인 것을 향한 학습밖에 할 수가 없지만, 구루는 추상에서 구체적 체험의 세계로 내려와서 상위의 상태에 영구히 머무는 방법을 우리가 습득하게 도와주고 있다. 요컨대, 우리를 제4의 상태로 이끌어 주는 쿤달리니 에너지 Kundalini energy 를 각성하게 한 것이다. 구루는 1만 마일이나 멀리 떨어진 곳에서도 우리의 발달 시스템을 작동시킬 수 있다. 쿤달리니가 눈을 뜨게 되면 발달체계에 생긴 모든 파손의 수리가 시작된다. 그리하여 다시 발달이 시작되며 불안은 소멸된다. 이렇듯 스승은 최종 목표만을 가리키고 있는 것이다.

구루는 또한 자기 안의 직관적 지성의 영역으로 관심을 돌리는 명상을 매일 몇 시간씩 할 것을 요구한다. 그리고 스승은 수련을 바란다. 발달체계의 재구성과 변용을 촉구하는 위대한 직관적 지성이 나타날 순간에 대비하여 자기 자신, 자신의 몸, 자신의 마음을 길들이게하고 강화시키지 않으면 안 된다는 것을 촉구하였다.

그것은 시간과의 경쟁이다. 구루가 할 일은 임계량효과 critical mass effect 에 지나지 않다. 만약에 그 임계량효과가 섬들의 물리적 거리를 뛰어 넘어서 원숭이에게 고구마를 씻는 방법을 가르칠 수가 있다고 한다면, 대륙을 넘어서 파괴된 인간의 뇌 시스템도 치유할 수 있는 것은 아닐까? 그것은 우리에게 주어진 유일한 희망이다.

마지막으로 위대한 존재 묵타난다의 두 가지 말을 소개함으로써 끝을 맺으려고 한다.

이 말들 이상으로 위대한 패러다임을 구할 수 있을까?

제 4 부
고대 지혜의
재발견

Jack Kornfield
Ajit Mookerjee
Swami Muktananda
Mother Theresa

11
붓다의 미소:
패러다임의 전망

잭 콘필드(Jack Kornfield)

불전佛典이 전하는 바에 의하면, 붓다가 득도하고 나서 이윽고 북 인도를 여행하고 있었을 때 지나가는 사람들이 "저 분은 매우 훌륭하고 비범한 사람이다. 득도했기 때문에 틀림없이 아주 좋은 교화와 영기靈氣를 줄 수 있을 것이라고 믿는다."고 말하고 있었다.

그들은 가는 길을 멈추고 붓다에게 "실례입니다만 당신은 어떤 분이십니까? 제파提婆, deva (천신)나 천사와 같은 사람이십니까?"라고 물었다.

붓다는 "아닙니다."라고 대답하였다.

"그러면 창조신 Brahma God 과 같은 분이십니까?"

"아닙니다."

"그렇다면 마술사와 같은 분이십니까?"

"아닙니다."

또 다시 그들은 "당신은 인간입니까?"라고 물었다.

"아닙니다."

"그렇다면 실제로 어떠한 분이십니까?"

붓다는 "나는 깨어 있습니다."라고 대답하였다.

깨어 있다고 하는 말은 어떤 의미일까? 영적인 의미에서 깨어 있다는 것은 무엇을 의미하고 있는 것일까? 그리고 세속적인 의미에서 깨어남이란 무엇을 의미하는 것일까? 이슬람의 속담에 있는 것처럼 알라 Allah 를 찬양하며 자신의 낙타를 말뚝에 맨다는 것은 무엇을 의미하는 말인가? 깨어나기 시작한다는 것은 제한된 개인적 시각 일회적인 인생, 현재의 자기, 바라는 것, 직업, 조국, 사람, 영적 발달 보다 더 큰 시각에서 세계를 바라 볼 수가 있는 것을 의미한다. 깨어나기 시작한다는 것은 자기가 생각하고 있는 자기 자신과 세계에 관한 지식을 초월할 수 있다는 것을 안다는 것이다.

근자에 영적 성장에 관해서 자주 화제가 되고 있지만, 통상 깨달음은 우연히 일어나지 않는다. 깨달음은 훈련과 실천에 의해서, 그리고 각종 영적 수행의 결과로서 찾아오게 된다. 그렇게 되면 자기 자신에 대한 제한된 습관적인 관점을 바꿀 수가 있고, 자기가 어디로 가고 있으며, 주변 사람들에 대하여 어떻게 집착하고 있는가를 알게 된다. 이렇게 되면 실제로 보다 넓은 '보편적 감각 universal sense'으로 세계를 볼 수 있게 된다.

최근에 나는 붓다가 득도정각 得道正覺 을 한 비하르 주 Bihar state 에 있는 부다가야 Buddha Gaya 의 성지를 다녀왔다. 그런데 그때 마침 보리수 밑에서는 달라이 라마 Dalai Lama 가 설교를 하고 있었다. 그는 티베트의 라마승, 여승, 라다크·네팔·티베트 등에서 온 다수의 순례자에 둘러싸여 있었다. 달라이 라마는 말하였다.

여러분은 모두 자기가 복받은 사람이라고 생각하고 있다. 그래서 이곳 붓다 정각正覺의 성지 부다가야까지 올 수 있게 되었다. 그리고 위대한 라마승과 달라이 라마와 더불어 이곳에 있다. 또한 설교를 들으며 성스러운 만트라mantra 를 받을 수도 있다. 그러나 그것은 아무런 도움도 되지 않는다. 실제로 여러분에게 있어서는 아무런 도움도 안 될 것이다. 이와 같은 말이나 가르침은 심혼을 기울인 '온존재whole being'로서 여러분의 인생에 살려졌을 때 비로소 도움이 될 것이다. 그 가르침이나 만트라는 실천하지 않으면 안·된다:

명언은 아무런 도움도 되지 않는다. 어떤 훌륭한 말도 다른 그 무엇에 마음을 빼앗겨 미혹에 빠지게 되면 홀연히 잊어버리게 된다. 요컨대, 무엇보다도 '첫째'로 중요한 것은 깨달음이 가능하다고 하는 것을 깨닫는 일이며, '둘째'로 그것이 단순히 이론상으로만 아름답고 훌륭한 관념이 아니라 실천하지 않으면 안 된다는 것을 인식하지 않으면 안 된다. '셋째'로 자비와 사랑과 이해가 길러져서 깨달았다 할지라도 역시 어렵다고 하는 점이다. 사람들은 웬일인지 의식이 높아짐에 따라서 일들이 쉽게 처리된다고 생각하기 쉽다. 어떤 의미에서는 그러하기도 하지만 많은 점에서 일들의 처리가 더 어려워지게도 된다. 최근에 나는 미합중국으로 보내기 위한 '영적·사회적 활동'에 관한 텔레비전 프로그램을 만드는 작업 때문에 캘커타 Calcutta 에서 마더 테레사 Mother Teresa 와 같이 잠시 동안 시간을 보냈다.

마더 테레사는 우리 앞에서 어떤 사람과의 인터뷰에서 "수녀로서 검소한 독신 생활을 하고 있는 당신에게는 영적 수행이 진실로 훌륭하고 유익할지는 모르겠지만 속세간에서 가족을 돌보면서 살고 있는 우리에게는 상당히 어려운 일입니다."라고 질문을 받았다.

그러자 그녀는 "아뇨, 아뇨, 나도 결혼했습니다." 라고 대답하면서 끼고 있는 반지를 보였다. 그것은 그녀의 예수님과의 결혼, 수녀로서의 상징적 결혼을 나타내는 반지였다. 그리고서 그녀는 한숨 돌리고 나서 미소지으면서 "그런데 그분에게는 매우 어려운 데가 있습니다!" 라고 말하였다.

사람이 어떤 '자기변용'을 하고자 할 때는, 훈련과 시간이 요하는 어려운 일이 따른다는 것을 명심할 필요가 있다. '각성 awakening'이란 자기 자신의 의식의 모든 부분, 즉 세상의 구석구석에 이르기까지 마음으로부터 스스로를 열고 가까이 다가가 접하는 것을 의미한다. 그것은 기쁨·빛·지복·보편적 이해·높은 수준의 의식 수많은 훌륭한 트랜스퍼스널한 일들 으로 깨어나는 것을 의미하는 동시에 암흑·비탄·불행·절망과 고통에 대해서 깨어나는 것도 의미한다. '각성'이란 실제로는 진실 true 을 보는 것을 의미하고 있다. 의식을 높이는 것이 단지 기쁨과 축복만을 가져온다고 생각한다면 그것은 잘못되고 있는 것이다.

내가 마침 캘커타에 있었을 때 1만 명이나 되는 사람들이 콘크리트 노상에서 올이 굵은 황마섬유의 삼베로 만든 포대를 잠자리 삼아 자는 것을 보았다. 추운 계절에는 추위에 떨고, 우기에는 비를 피할 수도 없는 실정이었다. 그들 가운데는 작은 노점에서 비디 bidis · 인도 담배 · 판 pan, 구장[蒟蒻, betel peper(후추)]의 잎으로 싼 씹는 것 · 비틀나트 혼합물 beetlenut mixture · 구두끈 등을 팔고 있는 사람들 캘커타 거리에는 구두끈을 파는 사람이 천 명이나 될 것이 틀림없어 보인다 은 하루의 식량을 얻는 데 필요한 돈을 벌고자 한다. 60세인데도 아직 인력거를 끌고 있는 어느 인력거꾼에게 물었을 때 그는 "부양가족이 열 사람이나 되며, 작년에 1주간 이상이나 병석에 누움으로써 금세 돈을 다 써 버려서 굶주리게 되었다."고 말하였다.

이곳 인도에는 무서운 빈곤과 엄청난 고통이 있다. 한센병 · 이질 · 결핵 등 여러 가지 종류의 질병이 있으며, 게다가 사람들에게는 의료혜택을 받을 여유도 없다. 굶주림도 또한 매우 심각하다. 인도에서 가장 가난한 비하르 주 Bihar state 에서는 공부도 할 수 없을 정도로 영양실조 상태에 있는 몇 천 명의 마을 어린이들을 위해서 학교가 신축되고 있다. 인도만이 아니라 방글라데시, 소말리아, 아프리카, 캄보디아도 엄청난 빈곤을 안고 있다. 나는 마침 타이에 들렀을 때 난민수용소를 방문하였으며, 그곳은 지금도 만원이었다.

그렇기 때문에 '깨어나기'를 원한다면 즐겁고 아름다운 것만이 아니라, 추하고 아픈 것까지에도 눈을 돌려 온 세상의 모든 것에 눈을 연다는 것을 의미하고 있다는 것을 명심해 주기를 바란다. 이 세상의 고통은 엄청나게 크기 때문에, 우리는 누구나 고통을 느끼게 된다. 이런 일을 생각하게 되면 우리는 마음의 문을 닫아 버리고 만다.

봄베이의 거리에서 걸인들이 차창 너머에서 "부디 사 먹을 수 있는 돈을 베풀어 주십시오."라고 말하였을 때, 그들을 차마 볼 수가 없었다. 다음의 교통신호에 걸렸을 때도 또 다른 걸인을 만난다. 붓다는 응시하면서 "나는 오직 단 하나의 문제에만 관심이 있다. 그것은 이 세상의 슬픔과 그 종식에 있다. 나는 고통과 속박의 근원을 알고 싶다. 고통으로부터, 슬픔으로부터의 해방이란 무엇인가를 알고 싶다."고 말하였다.

작년 가을 '보스톤 글로브 Boston Globe'로 보내는 편지에서 하버드 대학 출신의 노벨생물학상 수상자 조지 왈드 George Wald 역주1는 노벨상 수상자의 정자은행을 둘러싼 논쟁에 답하여 사랑의 필요성에 대해서 썼다. 어떤 페미니스트는 여성의 노벨상 수상자도 난자은행을 가져야 된다고 썼다.

왈드는 이에 답하였다.

"물론 전적으로 폴린 Pauline 씨의 말이 옳다. 미래의 노벨상 수상자를 낳기 위하여 아버지에게 필요한 것은 정자뿐이며, 아버지의 임신을 위한 공헌이 적다고 주장하려면 정자뿐만 아니라 난자도 똑같다." 그는 계속해서 이렇게 말했다. "그렇지만 당신은 난자은행에 대하여 진심으로 생각하고는 있지 않다고 생각하고 싶다.……분명히 당신은 더 총명하다고 생각한다. 노벨상 수상자는 차치하고, 난자은행을 만드는 것이 그다지 어렵지 않다고는 하지만 여기에 수반하는 번거

역주 1. Wald(1906~1997)는 미국의 생리학자이며, 콜롬비아 대학에서 학위를 받았다 (1932). 하버드 대학에서 연구하였으며, 동대학 생물학 교수(1948)로 부임하였다. 망막의 간상세포桿狀細胞에 포함되어 있는 로돕신 rhodopsin 같은 감광색소가 빛을 받으면 어떤 화학변화를 일으키는가를 해명하였다. 1967년에 그라니트 Ragner A. Granit, 스웨덴의 신경생리학자, 하트라인 Haldan K. Hartline, 미국의 생리학자과 더불어 노벨생리 · 의학 상을 수상하였다.

로운 문제를 생각해 보자. 만약 난자은행에서 우수한 난자를 입수하면 된다고 주장하는 허세부리는 사나이가 있는데, 그가 그것을 수정시킬 것이라고 가정해 보자. 그러나 그것이 수정되었을 때 어디로 가지고 가는 것일까? 처일까? 그는 이런 식으로 말하는 것을 듣게 될 것이다. '여보 나는 이제 막 난자은행으로부터 우수한 난자를 입수하여 수정시키고 난 즈음이요. 좀 돌보아 줄 수 있겠소?' 처는 '나는 내 난자를 돌보지 않으면 안 됩니다.'라고 말할 것이다. 이어 '당신이 입수한 우수한 난자라면 대리모라도 사용하는 것이 더 좋지 않겠어요? 계제에 당신이 그 일에 얽매어 있는 동안은 방이라도 따로 빌리는 것이 좋을 것이라고 생각합니다.'라고 말할 것이다."

 왈드는 이렇게 매듭짓고 있다.
 "그런 일은 일어나지 않을 것이라고 생각한다. 기실은 우리에게 참으로 필요로 하고 있는 것은 노벨상 수상자가 아니라 사랑이다. 무슨 이유로 노벨상 수상자가 되고자 하는지 생각해 봤는가? 사랑이 결핍되어 있기 때문이다. 사랑이 몹시 결핍되어 있기 때문에 그 사람은 24시간 내내 연구하여 최후에 가서 노벨상 수상자 Nobel laureate 가 되는 것이다. 이는 애석상 consolation prize 이며, 중요한 것은 사랑이다.
 정자은행도 난자은행도 잊어버리라. 은행과 사랑은 양립할 수는 없다. 만약에 그것을 모른다면 당신은 은행가에 대해서 모르기 때문이다. 그러기 때문에 오직 사랑만을 실천하라. 러시아 사람을 사랑하라. 그렇게 한다면 얼마나 그것이 편안하며 아침에 깨어남을 상쾌하게 해 준다고 하는 것을 알게 될 것이다. 고래를 사랑하라. 이란 사람을 사랑하라. 베트남 사람을 사랑하라. 이렇듯 모든 곳에서 사랑선,善

을 실천해 보고, 진정으로 이에 성숙해졌을 때 미국의 정치가가 되고
자 시도해 보는 것이 좋을 것이다."

세계는 무엇을 필요로 하고 있는 것일까? 아직도 엄청난 고통이 존
재하고 있는 이상 이 문제는 매우 구체적으로 탐색해 가지 않으면 안
된다. 흔히 우리는 식량·석유·의복·주거가 가장 필요하다고 말한
다. 얼마나 넌센스인가! 식량이나 석유는 이미 충분한 데도 불구하고
탐욕·증오·기만·무지·편견 때문에 알맞게 분배되고 있지 않을
뿐이다.

놀라운 일이지만 그것은 진실이다. 세계가 필요로 하고 있는 것은
석유나 식량이 아니라 탐욕과 편견이나 공포를 줄이고 사랑을 증식시
키는 일, 오직 그것뿐이다. 고통과 슬픔을 잊어서는 안 된다. 왜냐하
면 고통과 슬픔은 넘쳐 있기 때문이다. 생의 패러다임과 영성을 주시
할 때 완벽하고 정직하기 위해서는, 세계와 자기 자신의 인생에 수반
하는 슬픔이라는 문맥 속에서 물음을 던져, 그 한가운데서 무엇이 '진
실'이며, 무엇이 '자유'인가를 찾는 일에 힘쓰지 않으면 안 된다.

어떤 사람이 붓다에게 "당신은 붓다 Buddha 이며 각자覺者 역주 2 입니
다. 그러므로 세계란 무엇인가를 설명해 주시기를 바랍니다."라고 물
었다.

이에 붓다는 "세계는 시각·청각·미각·후각·신체의 여러 가지

역주 2. 산스크리트에서 '깨달음'은 *bodhi*이며, 이를 음역하여 보리菩提로 표기하며,
*bodhi*는 동사 *budh*깨닫다에서 유래하였으며, 이를 달성한 사람각자을 붓다
*buddha*라고 칭한다.

지각과 심적인 지각 사고와 감정 이라고 하는 '여섯' 가지로 이루어져 있습니다. 모든 것은 이것에서 시작됩니다."라고 말하였다.

그러면 우리가 살고 있는 세계를 직시하고 이들의 물음을 직시해 봅시다. 먼저 처음에 5분간의 명상을 시작합시다. 칠레 출신으로 노벨상 수상자인 시인 파블로 네루다 Pablo Neruda 역주 3 의 시와 더불어 시작합시다. 즉, 『엑스트라바가비아 Extravagavia, 이상성, 異常性』 안에 있는 「조용하고 평온함을 간직하라 Keeping Quiet」의 한 절로 시작합시다.

이제부터 우리가 12까지 세는 동안
정적靜寂을 가져 보자.

이 지상에서 한 번만,
어떤 말도 하지 말자.
1초 동안 정지하여,
팔도 거의 움직이지 않는다.

역주 3. 칠레의 시인 Neruda(1904~1973)는 철도원의 아들로 시골에서 태어나 유소년기를 보냈고, 샌디에고로 이주하였다. 그 후 근대주의적인 『황혼의 노래 Crepusculario』 (1923)로 등단하였으며, 외교관 시절(1927~1943)에는 동남아시아 · 스페인 · 멕시코 등지에서 외교생활을 하면서, 특히 스페인 내전의 체험을 통해서 사상적으로 좌경화되어 공산당에 입당(1944)하였다. 이때부터 사회주의적 시인으로 변모하였다. 대표적인 시로는 『지상의 거처 Residencia en la tierra』(1931), 『제3의 거처 Tercera residencia』(1945), 『큰 노래 Canto general』(1950) 등이 있다. 한때는 상원의원으로 선출(1945)되기도 하였고, 아옌드 정권 때 아옌드: Allende Gossens(1908~1973), 대통령 재위 1970~1973, 군부 쿠데타로 피살 주 프랑스 대사로 임명되기도 하였다. 스탈린 평화상(1950)과 노벨문학상(1971)을 수상하였다.

서두름도 재촉함도 없는, 색다른 순간.
우리는 누구나 돌연한 불가사의 속에서
더불어 존재한다.

추운 겨울 얼어붙은 바다의 어부들은
고래에 상처를 주지 않으며,
염전의 사나이는 상처난 두 손을 응시한다.

녹색의 전쟁, 가스에 의한 전쟁, 불에 의한 전쟁,
생존자 없는 승리를 가져오는
전쟁에 대비하는 사람들이,
순백의 옷을 입고, 아무것도 하지 않으며,
친구들과 그늘 길을 산책한다.

내가 구하고 있는 것을,
완전한 활동의 정지와 혼동해서는 안 된다.
인생은 모든 것에 걸쳐 있다······.

오로지 지속적으로 동적인 것만을
인생이라고 생각하지 않으며,
한 번만이라도 아무것도 하지 않고 있게 된다면,
어쩌면 무한한 침묵이,
결코 자기 자신을 이해할 수 없는 비애를,
죽음의 위협에 노출되는 비애를,
차단해 줄지도 모른다.

어쩌면 지구가 우리에게 가르쳐 줄지도 모른다.
무엇이든 죽은 것 같은 겨울이
이윽고 살아 있음을 입증할 것처럼.

그러면 이제부터 12까지 세어 보려한다. 그리고
정적이 감돌고 있는 동안에 나는 떠나려한다.

먼저 눈을 감고 주의를 기울여 자기세계를 감지하기 바랍니다. 거기에는 소리가 있고, 감촉이 있고, 사고가 있고, 감정이 있고, 약간의 미각과 후각이 있습니다. 이와 같은 변화를 지속하는 감각으로부터 우리는 자기세계를 쌓아 올리게 됩니다. 아무것도 쌓아올리지 않고서 어찌 그것들을 감지할 수 있는가를 생각해 보십시오.

머리에 주의를 기울여 심신을 편안하게 합시다. 눈을 부드럽게 하고, 얼굴은 온화하게 하며, 입과 턱은 이완시킵시다. 아무것도 생각하지 말고, 다만 거기에 있으면서 감지하면 됩니다. 목과 어깨로 주의를 기울여 이완시키기 바랍니다. 팔과 손의 힘을 빼고 이완시킬 뿐만 아니라 감각·소리·이미지·생각 등을 감지하기 바랍니다.

다음에는 몸 안으로 돌린 주의를 골반 쪽으로 하강시켜 호흡하는 것을 감지하십시오. 호흡은 당신의 생명입니다. 호흡은 시시각각으로 당신과 공기의 큰 바다를 이어 주며 그 속에서 우리는 고기처럼 헤엄칩니다. 이 상태를 감지하면서 숨을 들이쉬며 내쉬기 바랍니다. 식물·동물·유기적인 운동을 감지하십시오. 고정되어 있지 않고 변화하고 있는 감각·소리·색채를 감지하기 바랍니다.

그리고 다시 머리에서부터 주위를 하강시켜 복부와 허리로 돌립니다. 거기에 무엇이 있는가를 감지하십시오. 만약에 깨어나기를 원하면 지금—여기서부터는 당신의 여섯 가지 감각에서부터 시작하지 않으면 안 됩니다. 골반까지 내려가서 몸을 부드럽게 하며 주의를 기울여 주기 바랍니다. 거기에는 하나의 원리가 작동하고 있음을 알게 될 것입니다. 집착하면 할수록 고통스럽게 됩니다. 집착하는 마음의 짐을 버리고 편안하게 마음의 흐름과 변화에 맡길 수 있게 되면, 열린 자유로운 상태가 스스로 찾아오게 됩니다. 이제 주의가 다리·넓적다리·무릎 쪽으로 내려가, 마루나 지면을 딛고 서 있는 발이 지구에 끌려서 지구와 연결되고 있음을 감지하기를 바랍니다. 즉, 유기적이며 생동하는 약동의 힘, 호흡과 감각을 감지하기 바랍니다.

세계에 관한 어떠한 것을 배우려면 먼저 '여기'에 존재하지 않으면 안 됩니다. 그것을 관찰하고, 감지하며, 그것과 하나가 되어야 합니다. 신체의 모든 에너지·모든 차크라chakra 역주 4의 에너지·생존·

역주 4. Chakra산스크리트의 차크라(Cakra)는 요가수행에서 사용하는 말이며, 삶의 근원 에너지인 프라나prana의 일곱 중심점이다. 이 프라나는 물질 안에 있지만 물질은 아니며 공기 안에 있지만 산소는 아니다. 프라나는 공기·음식·물·태양광선 등 물질의 모든 형태에서 내뿜어지는 에너지의 섬세한 형태다. 아사나asana (몸의 자세)와 프라나야마(pranayama), 호흡수행를 통해서 더욱 많은 프라나가 우리 몸에 저장되어 활력과 원기를 불어넣어 준다. 이 프라나 에너지의 일곱 중심점은 다음과 같다. ① 물라다라 차크라Mūlādhāra cakra: 첫 번째 차크라이며, 척추의 기저부에 위치하고 땀·소리의 발생 및 후각과 연결되어 있으며, 만트라Mantra(성스러운 음·단어이며 명상을 할 때 사용함)는 르암Lam이다. ② 스바디스타나 차크라 Svadhiṣṭhāna cakra: 두 번째 차크라이며, 성기 부분에 있고, 물·백색·미각과 연결되어 있다. 만트라는 밤Vam이다. ③ 마니푸라 차크라Munipūra cakra: 세 번째 차크라이며, 배꼽높이에 위치하고, 태양·불·시각과 연결되어 있다. 만트라는 람Rahm이다. ④ 아나하타 차크라Anāhata cakra: 가슴 부위에 있는 네 번째 차크라이며, 빨간색·하늘·촉각과 연결되어 있다. 만트라는 얌Yam이다. ⑤ 비슈다 차크라Viśhuddha cakra: 목 부위에 있는 다섯 번째 차크라이며, 바람·백색·소리와 연결되어 있다. 만트라는 함Hlam이다. ⑥ 아즈나 차크라Ajña cakra: 눈썹 중간에 있는 여섯 번째 차크라이며, 인지기능과 미세감각의 근원이다. 만트라는 옴

성·생식에너지·힘·욕망·사랑·지혜의 에너지와 하나가 되어야 합니다.

그러한 것들은 모두 '여기'에 있습니다. 어떤 에너지도 집착과 탐욕 때문에 사용될 수도 있고 마음을 열고 사용할 수도 있습니다. 이 지상에서 단 한 번만은 어떤 말도 하지 않으며, 1초 동안 조용하게 멈춰 봅니다. 오로지 지속적으로 움직이는 것을 인생이라고 생각하지 않고 한 번만이라도 아무것도 하지 않고 있게 되면, 어쩌면 큰 침묵이 결코 자기 자신을 이해할 수 없다는 비애를 차단시킬지도 모릅니다. 조용히 눈을 뜨며, 지금 있는 곳에 주의를 되돌려 주기 바랍니다.

학습이란 단순히 탁상의 이론으로 머물러서는 안 된다. 학습은 이 세상의 고통이라는 진실과 여기서 볼 수 없는 슬픔에 직결되어 있지 않으면 안 된다. 그리고 자신의 신체와도 연결되어 있지 않으면 안 된다. 각성은 이론이 아니라 유기적인 전체이며, 우리 자신과 완전하게 직결되어 있다.

패러다임이나 사물을 보는 방법을 이해함에 있어서 먼저 알아 두어야 할 것 가운데 하나는, 우리가 원하는 것에 따라서 눈에 띄는 세계를 만들어 내고 있다는 사실이다. 인도에서는 소매치기가 성인聖人

---

*Om*이다. ⑦ 사하스라라 차크라Sahasrāra cakra: 정수리에 있는 일곱 번째 차크라 이고, 가장 높은 차크라이며, 송과선 松果腺 과 연결되어 있다. 사하스라라 차크라에 도달하면, 사마디Samādhi, 三昧 의 경지와 연결된다. 즉, 사람의 마음과 몸이 완전히 정화되면, 쿤달리니 Kundalinī(잠재된 영적 생명 에너지)는 여섯 의식의 센터 차크라를 거쳐서 상승하여 최후의 일곱 번째 뇌의 센터 사하스라라 차크라에 이르게 되고, 영적 생명 에너지는 각 단계각센터 특유의 물리적·영적 특성의 발현을 촉발하게 된다. 그리하여 사마디, 즉 초의식의 수준에 도달하게 된다.

을 만나더라도 성인의 호주머니밖에는 보이지 않는다는 속담이 있다. 배고픈 상태에서 거리로 나가게 되면 양품점이나 신발가게는 눈에 들어오지도 않으며 레스토랑만 눈에 띄게 된다. 사람이나 의류나 구름이 아니라 먹을 것만을 보게 된다.

만약에 당신이 점성술사라면 점성술의 별자리에 의거해서 사람을 보게 될 것이다. 또한 돈에 관심이 있는 경우에는 훌륭하게 차려입은 부유하게 보이는 사람만이 눈에 띄게 될 것이다. 섹스에만 관심이 있다면 무엇이 눈에 들어올 것인가? 자기가 좋아하는 것에 눈을 돌리게 되지만 좋아하지 않는 것에는 거들떠보지도 않는다. 혹은 자기와 같은 관심을 가지고 있는 경쟁자가 눈에 띄게 될지도 모른다.

이렇듯 자신의 욕구와 관심에 눈이 어두워져서 자기 욕망에 따라 특정한 방향만을 보게 된다. 이로 인하여 다양한 관점이 생길 뿐만 아니라, 이러한 서로 다른 관점에 근거하여 다종 다양한 '영적 수행체계 systems of spiritual practice'가 만들어졌다. 예컨대, 인도의 모든 종류의 요가는 각각 서로 다른 관점을 제공하고 있다. 샤브드 *Shabd* 역주 5 요가는 내적인 소리의 명상 inner sound medithtion 이며, 쿤달리니 *Kundalini* 요가는 쿤달리니 샥티 *Kundalini Shakti* 의 에너지 역주 6 를 중시한다. 아그니 *Agni* 역주 7

역주 5. *Shabd*는 산스크리트 *Śabda*의 영어음역이며, 그 뜻은 음향·관념·언어 등을 의미한다. 신비음향을 통한 고도의 정교한 청각적인 명상을 중시하며, 이는 마이트리 우파니샤드 *Maitri Upaniṣad* –1세기경에 성립한 바가바드기타(*Bhagavad Gita*)와 동시대이거나 얼마 후에 작성되었다고 할가 제공하고 있는 요가 수행에 근거를 두고 있다.

역주 6. *Kuṇḍalinī*는 잠재된 우주의 근원적 에너지이며, *śakti*는 힘 또는 에너지를 의미하는 보통여성명사이지만 탄트리즘 *Tantrism*에서는 우주의 전개를 맡고 있다고 한다. 쿤달리니 요가의 정수는 물라다라에 잠자고 있는 샥티인 쿤달리니가 깨어나 시바와 합일함으로써 비이원성非二元性의 통일상태로 돌아가 만사를 초

요가는 불의 푸쟈 *puja, 예배* 를 사용하며, 아티 *Ati* 요가는 비이원적이며, 아슈탕가 *Ashtanga* 요가는 파탄잘리 *Patanjali* 의 8지支 요가 *eight-limb yoga* 역주 8 다. 하타 *Hatha* 요가는 자세의 요가이며, 라자 *Raja* 요가는 각종 정신집 중의 요가다. 즈나나 *Jnana* 요가는 통찰 또는 지혜의 요가이며, 카르 마 *Karma* 요가는 봉사의 요가다. 박티 *Bhakti* 요가는 헌신의 요가이며, 나다 *Nada* 요가는 소리의 요가이며 음악을 상용한다. 이 밖에도 크리 야 *Kriya* 역주 9 라이야 *Laiya* 역주 10 를 필두로 50종류의 요가가 있다. 그렇다

월하게 되는 데 있다.

역주 7. *Agni* 란 산스크리트에서는 불을 의미한다. 소화기 계통을 강화시켜 주는 행 위를 아그니 사라 *Agni Sara* 라고 한다. 『요가타트바 우파티샤드 *Yogatattva Upanisad*』 에서는, 신체의 다섯 부분이 자연계의 5원소地·水·火·風·에테르 에 상응하고, 각 원소는 어떤 신이 주재하는 특별한 하나의 신비음 및 특별한 하나의 집중 *dharana* 과 상응한다고 본다. 아그니의 명상을 수행하는 요가행자는 이러한 상응관계의 원소를 통달하게 된다. 아그니에 상응하는 소리는 람 *ram* 이며, 신체 부위는 직장 에서 심장까지가 그 영역이다. 이곳에 관한 명상을 실현하는 요가 수행자는 불 에 타지 않는다고 한다.

역주 8. *Patanjali* BC. 2세기경의 요가 철학자로서, 인도에서 전해 온 일련의 금욕법과 내관법을 이론적으로 집대성시킨, 그의 저서 『요가경(*Yoga-sutras*)』을 저술 에 의하면 요가 수행법에는 8단계로 구성된 8지 요가가 있다. 즉, 에카그라타 *ekagrata*, 심적 유동성의 두 개의 발생인자인 감각 활동(*indrya*)과 잠재의식활동(*Samskara*)을 제어하기 위하여 한 점에 심의식을 집중시키는 것를 통해 서 최후의 집중 경지인 삼매 *Samadhi* 에 이르고자 하면 누구나 8단계의 범주별 실 습을 해야 한다고 보았다. 즉, ① 야마 *Yama*(금계, 禁戒), ② 니야마 *niyama*(극기훈련), ③ 아사나 *asana*(신체의 자세), ④ 프라나야마 *Pranayama*(조식, 調息), ⑤ 프라티야하라 *Pratyahara*(감각을 내면으로 돌림), ⑥ 다라나 *Dharana*(집중), ⑦ 디야나 *Dhyana*(명상), ⑧ 사마 디 *Samadhi*(삼매·초의식)가 있으며, 각 단계 *anga* 마다 명확한 목적이 있다.

역주 9. 크리야 요가는 행위의 요가다. *Kriya* 는 산스크리트에서 '작용·활동'을 의미 하며, 여기서 말하는 행위는 어떤 희생을 요하는 노력을 의미하는 것이 아니다. 바차스파티미슈라 *Vacaspatimisra*, 9세기경(별설 10세기), 인도의 철학자, 트릴로차나(Trilocana)의 제자, 각 학파의 철학사상에 정통함 에 의하면, ① 이 행위는 생리적인 평정이 어지럽혀

면 어느 요가, 어느 시스템이 옳은 것일까?

　모두 하나하나가 새로운 패러다임과 각성의 길을 제공한다. 몸을 바른 자세로 취하게 되면, 즈나나 요가를 행하게 되면, 쿤달리니를 깨어나게 하면, 봉사하게 되면, 영창하게 되면, 깨어나게 될 것이라고 말한다.

　불교 · 베다 *Veda* · 힌두교의 전통에서도 의식 자체의 발달은 이처럼 복잡하다. 한쪽에서는 특정한 성질의 사랑, 자비, 지혜를 발달시키면 의식은 서서히 순수해지고 열린 상태가 되어 세계는 놀랄 만큼 아름다워지게 된다고 한다. 그러나 지도자 가운데는 의식은 이미 완성되어 있어서 발달시킬 수는 없다고 말하는 사람도 있다. 의식의 자연적인 상태는 완전하면서 순수한 전체이며, 필요한 것은 구하고자 하는 것을 버리는 데 있다고 한다. 자유의지 free will 와 선택 choice 에 관해서도 같은 문제가 있다. 누가 책을 주었다든가 약물이 계기가 되어 영적인 것에 전염하게 된 경우는 사전에 조건화되어 있기 때문에 선택의 여지가 없었다고 말할 수 있다. 그러나 이와는 달리 모두 자기 손으로 창조된다고 하는 관점에서 본다면 선택의 여지는 있게 된다.

　의식은 깊은 명상을 통해서 배우게 되며, 또한 물리학의 입자이론 particle theory 과 같은 방법으로 이해하기도 한다. 마음이 조용히 가라앉

　지지 않도록 해야 하며, ② 인간적인 욕망에서 나온 성과를 기대하면서 실행되어서는 안 된다는 것이다.

역주 10. 라이야 요가는 헌신 · 숭배 · 지구 우주정신과의 합일을 중시하는 요가다.

게 되면 세상에 존재하는 모든 것이 여섯 가지의 감각대상과 더불어 일어나는 의식의 순간이라는 것이 똑똑하게 보이게 된다. 존재하는 것은 시각과 시각의 인지, 소리와 소리의 인지, 냄새나 맛과 그 인지, 사고와 사고의 인지뿐이다. 명상의 경우와 같이 마음을 철저하게 집중시키게 되면 온 세계가 시각과 그 인지, 소리와 그 인지, 사고와 그 인지라고 하는 작은 사상events 으로 분해된 것임을 알게 된다. 이렇게 되면 이젠 집도, 차도, 몸도, 자기 자신조차도 존재하지 않는다. 눈에 보이는 모든 것은 경험으로서 의식의 입자particles of consciousness 인 것이다.

그러나 다른 형태의 명상을 심화시켜 마음이 가라앉게 되면 의식이 물결·바다·대양처럼 보이는 경우도 있다. 그리고 모든 음향이나 빛이 입자가 아니라 의식의 대양에 포함된다. 이 관점에는 입자의 감각은 전혀 없다. 유가행파 Yogacāra 역주11, '유식파 mind-only(Vijñaptimātra)' school 에서는 '일체유심조一切唯心造'라고 하는 패러다임을 가르친다. 이 밖에도 일체는 '공空'이며, 마음은 하나의 신화나 환영에 지나지 않다고 가르치는 학파중관파, 中觀派, Madhyamika 도 있다. 역주 12 또한 두 관점이 모두 진실이라고 가르치는 학파도 있다. 도겐선사道元禪師 역주 13

역주 11. 유식唯識, Vijñaptimātra의 사상을 신봉하는 학파를 유가행파Yogacāra 라고 하며, 그런 사람을 유식론자唯識論者 · Vijñānavādin 라고도 한다. 중관파中觀派, Madhyamika 와 더불어 인도 대승불교mahayana buddism의 2대 사조를 형성하였다.

역주 12. 대승불교의 최초의 본격적인 논사論師 였으며, 중관파의 개조開祖인 나가르주나Nāgārjuna(150?~250?)에 의해서 설파된 무자성無自性, niḥsvahāva의 공śūnya 또는 연기緣起, pratityasamutpāda (무본질)와 중도中道, madhyama pratipat [고락중도(苦樂中道)와 유무중도(有無中道) · 단상중도(斷常中道)]의 진리를 중시하였다.

역주 13. 도겐道元(1200~1253)은 일본어 どうげん의 음역이고, 교도京都 에서 태어난 가는 다음과 같이 말하고 있다.

> 깨달음에 관해서 말한다면, 망망대해에 떠 있는 일엽편주의 세계에서 볼 때, 세상은 원circular 이외의 아무것도 보이지 않는다. 그러나 대양은 원도 아니고 사각도 아니며, 무한히 다양한 특징을 가지고 있으며 궁전이나 보석과 같다. 오직 유일하게 우리의 눈에만, 그리고 그 순간에 있어서만, 그것은 둥글게 보이는 것이다. 만사는 이와 같다. 모든 것에는 무수한 측면이 있다. 그렇지만 우리에게는 자기가 볼 수 있는 시야의 범위 밖에는 보이지 않는다. 우리의 눈에는 둥글게도 보이고 네모지게 보일지도 모르지만 자기 주위에는 다종다양한 우주가 있다는 것을 알지 않으면 안 된다. 어느 곳이나 지금–여기도, 작은 물방울도 또한 이와 같다(Dogen, *Meditation and Truth*, Cambridge Zen Center, 1978).

그렇다면 무엇이 합당한 패러다임인가? 모든 것은 하나인가? 아니면 하나가 아니란 말인가? 우리는 발달하는가? 발달하지 않는가? 우리는 무엇을 알고 있는가? 하시디즘 Hasidism 역주 14 에는 어느 도사에 관

마구라 중기鎌倉中期(1250년 전후)의 선승이며, 1227년에 소도슈曹洞宗를 개종開宗하였다. 도갠의 사상은 그가 지은 『쇼호갠조正法眼藏』(1231~1253년까지의 설법을 일본어로 썼음)에 체계화되어 있다. 그의 선사상의 특색은 지관타좌只管打坐(しかんたざ)로 표현되며, 작불作佛(부처가 되고, 득도를 목적으로 하는 것)을 위한 좌선이 아니라 심신을 내 버리고, 다만 일념으로 좌선하는 묵조선默照禪을 강조하였다. 그는 또한 송나라에서 귀국하여 최초로 벽암집碧巖集, 중국 송나라의 환오(圜悟, 1063~1135)와 설두(雪竇, 980~1052)라는 선사가 지은 『송고벽측(頌古百則)』을 강설한 선 수행의 지침서, 10권을 일본에 소개하였다.

역주 14. *Hasidism*이란 18세기 폴란드 남동부·볼리니아·뽀드리아 지방에서 일어난 유대교의 경건주의적인 종파다. 하시디즘은 헤브라이어에서 '경건한 사람'을 의미한

한 이와 같은 전설이 있다.

어느 날 몇 사람의 제자들이 논쟁을 벌이다가 스승을 찾아가서 문제해결의 도움을 받고자 하였다. 제자 가운데 한 사람이 자신의 입장을 설명하고 나서 "나는 이렇게 보고 있습니다."라고 말했을 때, 스승은 말하였다.

"자네 말이 맞네."

낭패해진 또 한 사람의 제자가 "아닙니다. 실제는 이와 같은 것입니다."라고 자기 견해를 설명했을 때, 스승은 "자네 말이 맞네."라고 말하였다.

그러자 동석했던 세 번째의 제자가 "그렇지만 두 사람이 다 맞다고 하는 것은 있을 수가 없습니다."라고 말하였다.

그러자 도사는 이렇게 말하였다.

"자네 말도 맞네."

어쩌면 이것이 패러다임의 문제에 대한 답의 실마리가 될 수 있을 것이다. 아마 모두가 옳을지도 모른다.

붓다가 득도하고 나서 인도를 행각하면서 설법을 하기 시작한 첫 해에 누군가가 "진실로 득도한 자유로운 사람이란 어떤 사람입니까?"라고 물었다.

붓다는 말하였다.

"보고, 듣고, 생각한 것에 대하여 전혀 편견 prejudice 이 없는 사람, 어

다. 엄격한 교학敎學으로서 조직되어 있으며, 서민의 소박한 마음의 동경으로부터 전통적인 정통파正統派 종교에 대한 반동으로서 일어난 점에서는 프로테스탄티즘의 경건파Pietism와 공통적인 면을 가지고 있다.

떤 입장이나 관점에도 편들지도 않는 그런 요가행자, 세상의 그 어떤 사람도 이와 같은 사람을 변화시킬 수는 없다."(*Sutta Nipota*, Translated by Fausboll, Motilal Banarsidass, 1973으로부터)

이것이 진실이라든가 이것이 나의 길이라고 믿고 있는 한, 당연히 논쟁에 빠질 것이라고 생각한다. 장자莊子는 "철학자는 자신의 반대론자에 집착하고 있다."라고 말하였다. 때문에 우리는 일정한 입장을 취하거나, 특정한 패러다임에 매달리지 않고 이들을 잘 이해하고 활용하는 것을 배우지 않으면 안 된다.

하시디즘의 설화를 또 한 가지 소개하고자 한다.

러시아의 어느 한 랍비는 매일 아침 사원에 가서 기도를 올리는 것을 일과로 삼고 있었다. 어느 날 아침, 그가 시내 광장을 빠져나가고 있을 때 코사크인의 경찰서장이 거침없이 다가와서 랍비에게 말을 걸었다. 서장은 매우 기분이 좋아보이지 않았다.

그는 "안녕하십니까, 선생님. 어디에 가십니까?"라고 물었다.

랍비는 "모릅니다."라고 대답하였다. 그랬더니 서장은 몹시 화를 내며 랍비의 목덜미를 잡고 말하였다.

"모른다는 것이 무슨 말입니까? 25년간이나 매일 아침 당신은 사원에서 기도하기 위하여 광장을 이렇게 건너가지 않았습니까?"

서장은 랍비의 팔을 붙잡아 광장을 횡단하여 경찰서까지 끌고 갔다. 그가 랍비를 투옥하려고 하는 마침 그때 랍비는 주위를 돌아보면서 이렇게 말하였다.

"여보시오, 서장. 당신도 모르고 있다는 것을 알아야 합니다."

누구나 자기는 알고 있다고 생각한다. 오늘 밤에 무엇이 일어날지, 내일 무엇이 일어날지를 알고 있다고 생각하고 있다. 그러나 실제에 있어서 우리는 모른다. 누구인들 오늘 죽을지도 모르며, 당신이 100만 달러를 획득했다 혹은 누군가가 당신에게 남겨두고 간 것는 전보를 받을지도 모른다. 무엇이 발생할지라도 이상할 것도 없다. 예측이 가능한 경우도 있지만 결국은 알 수가 없다. 이 세상에 관련하는 어떤 전망이나 어떤 패러다임을 개발하고자 한다면 무엇보다도 먼저 "우리는 모른다."라고 하는 자리에서부터 시작하지 않으면 안 된다는 점을 명심할 필요가 있다.

알베르트 아인슈타인 Albert Einstein 은 이렇게 말하였다.

인간은 우리가 '우주'라고 말하고 있는 전체의 일부분이다. 시간과 공간으로 한정된 일부분인 것이다. 우리는 자신의 사고와 감정을 다른 것에서 분리된 것으로 알고 체험한다 이것은 우리의 의식이 범한 일종의 시각적인 착각이다. 우리에게 있어서 이 착각은 감옥이다. 스스로를 개인적 욕망에 가두어 버린다. 왜냐하면 애정도 가장 가까운 몇 사람으로 제한해 버리기 때문이다. 우리의 과제는 이해와 자비의 범위를 넓혀 스스로를 이 감옥에서 해방시켜 자연계의 살아 있는 온갖 것과 나아가서는 그 아름다움을 품어 안는데 있다(J. Goldstein, *The Experience of Insight*, Unity Press, 1976에서 인용된 아인슈타인의 말).

그래서 우리는 첫 번째의 출발점으로서 '모르는 것이 많다.'는 사실을 생각한 것이다. 자기 몸 안에서 일어나고 있는 것 복잡한 신체기관과 놀랄 만한 다양한 과정, 그리고 생명의 허약함 에 눈을 돌려 주기 바란다. 이 가운데서 어느 하나가 멈추거나, 평형을 잃게 된다면 생명을 잃어버리게 된다.

『바가바드 기타 *Bhagavad Gita*』^{역주 15} 가운데서 아르쥬나 *Arjuna*는 크리슈나 *Krishna* ^{역주 16}에게 "이 세상에서 가장 불가사의한 일은 무엇입니까?"라고 물었다. 이에 크리슈나는 이렇게 대답하고 있다.

"이 세상에서 가장 불가사의한 것은 자기 주위에서 죽어 가는 사람을 목격하고 있음에도 불구하고 누구나 자기 자신에는 죽음은 찾아오지 않는다고 생각하는 일이다."

우리는 아침에 깨어나서 자기가 조금밖에 알지 못하고 있다는 것을 깨닫지 않으면 안 된다. 알지 못하는 일이란 헤아릴 수 없이 많으며 그 신비 또한 아름다운 것이다.

이와 같은 여러 가지 패러다임의 상대성을 카를로스 카스타네다

역주 15. *Bhagavad Gītā*는 산스크리트에서 '신의 노래'라는 뜻이다. 즉, 숭고한 신 *Bhagavad* +노래*Gītā*의 합성어로서 힌두교도 신앙생활에서 사용되는 종교철학의 서사시다. 약칭으로 기타*Gītā* 라고도 한다. 원전은 기원전 2세기경에 만들었으며, 『라마야나 *Ramayana*』 2세기경, 7편으로 되어 있음와 더불어 인도의 2대 서사시의 하나인 『마하바라타 摩詞婆羅多, *Mahabharata*』(18권)의 제6권 23~40장에 편입되어 있으며, 700시절로 되어 있다. 인도독립의 아버지 간디 *Gandhi*(1869~1948)의 비폭력주의 *ahimsa* (nonviolence) 철학도 『바가바드 기타』의 영향을 입어 성립되었다. 또한 인도의 위대한 정치가들, 학자, 일반 교양인들 가운데도 『바가바드 기타』를 좌우座右의 서書로서 애독하는 사람이 많다고 한 『마하바라타』는 후세의 인도 문학에도 지대한 영향을 주었다.

역주 16. *Arjuna*는 마하바라타 *Mahābhāta*(BC. 2~AD. 2세기)에 등장한 주요 인물. 판두 *Pāndu* 왕과 쿤티 *Kunti* 왕비의 셋째 왕자, 형 유디슈티라 *Yudhistira* 와 같이 다섯째 왕자 두르요다나 *Duryādhana* 사이에서 바라타 *Bharata* 동족 간의 왕위 계승을 위해 대전투를 펼쳤다. 이 싸움에서 크리슈나 *Krsna* 는 최고신 비슈누 *Visnu* 의 화신으로서 *Arjuna*의 승리를 위해 신에 대한 절대적 신앙과 용기를 *Arjuna*에게 주었다. 이 내용은 동족상잔의 인간상에 대한 모순상극에 고민하는 *Arjuna*와 *Krishna*의 대화가 중심이 되고 있다.

Carlos Castaneda는 '제어된 어리석은 행위 controlled folly'로 보고 있다. 어느 방향을 보아도 사물이나 사건을 새로운 관점에서 볼 수 있으며, 묘사할 수가 있다. 거기에는 새로운 패러다임이 있다. 이 점은 그러한 다양한 패러다임을 어떻게 통합하면 좋은가 하는 문제를 낳게 된다.

'생의 신비 mystery of life'는 해결해야 할 문제는 아니며 오히려 매일 체험하고, 보며, 음미하고, 감지해야 할 리얼리티인 것이다. 자기가 무지함을 자인할 수 있게 되면, 자기가 여기에 있다는 것, 이 건물이 여기에 서 있다는 것, 태양이 여기에 있다는 것, 광경·소리·냄새가 존재한다는 것이 얼마나 잘되고 훌륭한가를 알게 된다. 그와 같은 보편성에 접하고 경험하면서도 결코 인간적 측면을 간과하지 않는 태도야말로 영적 생활의 시작이나 다름이 없는 것이다.

간디 Gandhi는 이렇게 말하였다.

보편적이며 널리 파급된 진리의 정신을 직접 대면하려면 가장 비천한 생물까지도 자기 자신으로 여겨 사랑할 수 있어야 한다. 진리를 갈망하는 사람은 누구일지라도 생의 어떤 영역도 회피해서는 안 된다. 종교는 정치와는 관계없다고 보는 사람은 종교가 진정으로 의미하는 것이 무엇인가를 모르고 있는 것이다 (T. Merton, ed., *Gandhi on Non-Violence*, New Directions, 1968에서).

우리는 다양한 진리의 영역을 어떻게든 연결시키지 않으면 안 된다. 우리의 성장목표가 되고 있는 능력이나 보편성의 비전은 자기 자신에도 접하고, 신비성에도 접하고, 하나라는 것에 접하기 위하여 사람들, 고통, 카르마,

행위의 세계의 자비와 연결되지 않으면 안 된다.

1947년에 인도와 파키스탄이 독립했을 때, 힌두교도와 무슬림 사이에 폭력사건이 빈발하여, 무슬림은 파키스탄으로 도망가고 힌두난민은 인도로 피하였다. 네루 대통령은 현재 파키스탄 영토로 되어 있는 서부로 수만 명의 구르카 Gurka 역주 17 병을 보내어 치안유지를 꾀하였고, 현재 방글라데시 영토가 되어 있는 동파키스탄에는 간디를 보냈다. 수천 명의 군인이 지원했음에도 불구하고 다수의 민중이 살해되었다. 폭력이 계속되었던 것이다. 간디는 단신으로 캘커타로 갔으며, 민중이 서로 살상을 멈추지 않는 한 필요하다면 죽을 때까지 단식하겠다고 발표하였다. 점차로 폭력은 종식되어 갔다. 혼자서 단식한 간디가 5만의 군인보다 효과적이었다. 그 힘과 능력이란 과연 무엇이었단 말인가?

서양 사람들은 대체로 '영적인 사랑 Spiritual love'은 연약하다고 생각하기 쉽다. 그러나 진정한 사랑이 계발된다면, 그것은 이 세상으로부터의 도피 에너지가 아니라 이 세상과 그곳에 살고 있는 온갖 존재에 접하지 않을 수 없는 엄청난 힘과 잠재력이 된다. 이것이 사랑의 패러다임이라고 말할 수 있다.

동양의 전통이나 새로운 물리학이 무수한 패러다임과 전망을 가르쳐 주었다 할지라도 먼저 이를 어떻게 자기 인생에 살려갈 수 있는가에 대한 '물음'을 갖지 않으면 안 된다. 여기에 대한 우리의 '답'은 가장 기본적인 원칙으로 되돌아간다. 첫째는, 고통과 그 종식의 문제에

역주 17. 구르카족은 Nepal에서 살며 호전적이며, 힌두교를 믿고 있다.

접근하는 문제로, 개인적이며 보편적인 '고통'은 언제나 '나는·내가'와 '나를·나에게' '나는 안다.' '나는 ……하고 싶다.'고 하는 자기집착에 의해서 일어난다. 집착이 줄고, '나'가 줄어들게 되면 그만큼 고통도 줄어든다. 이는 매우 단순한 '무집착 non-attachment'의 패러다임이라는 원칙에 근거하고 있다. 이를 개발하는 전통적인 방법은 사랑이 깃든 사고와 행위를 신장시키는 데 있다. 그중에서도 가장 중요한 기반은 '관용 generosity'이다.

그러고 나서 '덕성 morality'을 기른다. 요컨대, 거짓이 없는 진실된 언행을 통해서 자기가 하는 일에 대하여 자각하는 의식을 키우는 일이다. 세상을 보다 자유롭고 청징淸澄하며 조화된 것으로 만들려면 이 관용성과 덕성은 절대적인 기반이 된다. 이것이 미덕의 패러다임이다. 우리는 내면적인 명상의 패러다임의 실천을 통해서 성스러운 것, 절묘한 공空과 신비에 접하며, 이를 자기 인생으로 도입하는 것을 배우게 된다.

특히 무엇보다도 각성하고자 생각한다면 먼저 정진할 길 path 역주 18

역주 18. 길은 특히 동양사상의 가장 중요한 개념의 하나다. 인간의 규범·도리에서부터 우주의 근본적인 질서·규율·원리 또는 본체를 의미하는 등 그 의미는 광역에 걸쳐 있다. 유가에 있어서는 '조문석사朝聞夕死'를 말할 만큼 인류의 길道을 의미하며, 도가에 있어서 도道는 만물에 기인起因하는 본원이나 형이상학적인 원리를 의미하기도 한다. 또는 역易의 천도관天道觀과 결합하여 중국적 우주론을 구성하는 가장 중요한 개념이 되기도 한다. 뿐만 아니라 천도天道와 인도人道의 상즉적 관계相卽的 關係에 입각하여 이들 모든 도의 전개를 통합하는 주희朱熹(1130~1200)의 우주론적 철학이 성립되기도 하였다.

서양철학에서는 '진리론'의 문제로서 논리학·인식론의 중심 주제가 되고 있으며, 사물·관념·사고·신념·인식·판단·명제를 중심으로 논쟁이 전개되고 있다.

을 선택하는 일이다. 쿤달리니 요가 *Kundalini yoga*, 티베트 불교, 간디적 정치, 그리스도교적 신비주의 등을 선택하여 여기에 정진하여야 한다. 그러기 위해서는 장기간의 수행이 요구된다. '마음 heart 의 힘'을 내적인 변용으로서, 또한 이 세상의 외적인 현현으로서 깨닫게 하는 것은 불가능한 일은 아니다.

그러나 그것은 우연에 의해서 일어나지는 않는다. 의도적으로 스승을 찾아야 한다. 단, 스승의 말에만 귀를 기울이는 것만으로는 부족하다. 수행을 실천하며, 스승의 말이 타오르는 불길처럼 진정으로 자신의 변용에 이어질 때까지 몇 번이고 실천을 계속하지 않으면 안 된다. 만약에 자기 자신이 변용되고 그것을 인생의 중심으로 자리 잡을 수 있게 되면, 그 밖의 모든 것이 변화하게 된다. 여기서부터 엄청난 환희와 스스로 사랑의 손길을 내밀어 봉사하는 엄청난 능력이 나오게 된다.

여기서 두 번째의 명상을 하게 된다. 이것은 모든 불교의 가르침티베트의 마하무드라(*Mahamudra*)역주 19, 『티베트의 위대한 해방의 서(*The Tibetan Book of Great Liberation*)』, 선(禪)의 전통, 테라바다(*Theravada*, 상좌부불교)역주 20 의 위파사나(*Vipassana*)역주 21

역주 19. 마하무드라 *mahamudra* 는 산스크리트의 *mahā*大+*mudra*印契 의 합성어로서, 대인계大印契 또는 대인大印 을 뜻함. 밀교에서 손가락을 짜모아 제존諸尊 을 내증 内証하는 덕을 표시하는결인(結印)/수인(手印) 한 방법이다. 그 형태는 시무외인施無畏 印 · 법계정인法界定印 · 미타정인彌陀定印 등이 있다. 티베트불교의 까규파bKa' brgyud pa(Kagyu) 에서는 다른 어느 파보다도 마하무드라를 깨달음을 위한 수행의 방법으로서 밀교적 명상법으로 중요시한다.
역주 20. 붓다 입멸 후 100년 무렵 불교교단은 계율과 교의의 해석을 중심으로 붓다 이래의 전통을 그대로 지키려고 하는 보수적인 '상좌부 *Theravada*'와 진보적 · 자

314
제4부 | 고대 지혜의 재발견

의 핵심이라고도 볼 수 있는 세상을 청정 淸澄 하게 보는 훈련이다. 다음은 1개월간의 집중적 명상을 10분간으로 요약한 것이다.

다시 한 번 편안한 마음으로 마루에 앉아서, 가볍게 눈을 감으세요. 먼저 의식의 초점을 몸으로 돌려 경직된 부분이나 긴장된 부분이 있는가 없는가를 감지해 주십시오. 복부에서부터 허리 쪽으로 힘을 빼고, 양손을 이완시켜 주십시오. 이제 앉아 있는 그 상태에서 맨 먼저 오직 음향에만 귀를 기울이십시오. 어떤 소리라 할지라도 들려오는 소리에 귀를 기울여 주십시오.

그 소리를 들으면서 다음과 같이 상상하십시오. 자기의 마음이 확대되어 머리나 신체 속에서가 아니라 자기를 둘러싸고 있는 공간만큼의 크기가 되십시오. 말과 소리는 모두 자기 마음의 공간 속에 있습니다. 지금이야말로 마음은 넓은 하늘이나 큰 바다처럼 넓어지고 생멸하는 일체의 소리는 모두 마음의 공간에 담겨 있습니다. 직접 마음에 눈을 돌려주십시오. 마음은 투명하게 열려 있습니다. 조용하고 편안하게 하십시오. 소리는 오고 가도 마음은 공간처럼 움직임이 없으며 광대무변한 공 空입니다. 온갖 소리는 맑고 명랑하며 광대한 마음의 공간 속에서 일어납니다. 외부에는 아무것도 없습니다.

마음의 공간 속에서 몸을 감지하십시오. 몸은 고체가 아니라 마음의 바다이며, 마음의 공간에 떠 있는 감각의 한 부위이며, 한 점 點에 해당합니다. 감각은

유주의적인 '대중부 Mahasamghika'로 갈라졌다. 이 양파에서부터 많은 부파가 분파하였다. 상좌부 불교는 남방불교의 근원이며 엄격한 계율의 준수를 특징으로 한다. 대승불교는 이를 폄하하여 상좌부 上座部 불교, 또는 소승불교 Hinayāna Buddhism 라고 칭하기도 한다.

역주 21. 위파사나 Vipaśyana 는 산란한 번뇌 · 망념을 그치고 śamatha 止[지식(止息) · 정지(停止) · 부지(不止)] , 정적인 명지 明智 로써 만법을 관조 觀照, vipaśyanā[관천(貫穿) · 관달(觀達) · 불관(不關)]하는 수행법이다.

모두 마음의 공간에 떠 있으며 변화해 갑니다. 청징한 부동의 자각 속에서 모든 것이 일어나며, 마음은 넓은 하늘처럼 넓게 열려 있습니다. 사고思考와 이미지에 주목해 주십시오. 그것들은 마치 소리처럼 발생하고 변화해 가면서 사라져 갑니다. 그리고 이를 자각하여, 사고·이미지·감각·소리의 본질을 간파하십시오. 감각이 떠오르고 변화하는 것을 감지하게 됩니다.

소리는 왔다가 사라집니다. 사고와 이미지는 일어나는 대로, 그리고 사라지는 대로 두십시오. 마음은 무한無限·무시無時·부동不動하며, 사물에 의해서 구성되어 있지 않습니다. 그럼에도 분리는 없으며 광대한 하늘처럼 일체의 운동을 일어나는 대로 두십시오.

자, 이렇듯 비어 있는 청징한 침묵의 마음의 공간 속에서 자기가 간절히 사랑하고 있는 사람을 생각하며 그 모습을 그려 보십시오. 정과 사랑에 넘친 상냥함이 공간을 채우기 시작할 때까지 그 이미지를 키우십시오. 만약 상대가 어려운 처지에 있다면 자비로운 마음으로 도움의 손길을 내밀고, 상대의 행복에 기쁨을 느끼며, 상대의 마음이 열려서 사랑으로 넘치도록 하십시오.

그리고 또 한 사람, 자기가 사랑하고 있는 사람을 마음속에 그려 주십시오. 큰 하늘과 같은 마음의 구석구석까지 다정함과 사랑이 깃든 상냥함으로 물들 수 있도록 애정과 사랑의 체험을 키우십시오. 다정함과 사랑이 깃든 상냥함으로 가까운 사람이나 자기가 있는 곳, 그리고 나라와 지구 전체에까지 마음을 열어 어루만지며 지구를 사랑으로, 아름다운 생각과 감정으로 포용하십시오. 그리고 천천히 눈을 뜨며, 주의를 이곳으로 되돌려 주기 바랍니다.

불교 전통에는 어떤 선승에 관한 이야기가 있다. 그 선승은 선방에서 생활하면서 명상에 정진하였으며, 공안公案에 몰두하고, 쌀을 찧는 등 아주 좋은 선승이 수행해야 할 모든 것을 하고 있었다. 그렇지만 그는 이런 생활이 불만이었다. 명상은 좋았지만, 자기는 진정으로 누구이며, 이 세상의 본성은 무엇인가에 대한 각성의 핵심과 본질에는 이를 수가 없었던 것이다. 이 문제야말로 오직 우리를 만족시킬 수 있는 물음인 것이다. 우리는 물욕을 가지고 있다. 그러나 이 욕구를 채워 줄 수 있는 유일한 것은 그 본질을 알고 거기에 접하는 일이다.

선승은 스승을 찾아 가서 말하였다.

"스승님, 이미 제게는 이 세상에서 저와 사물의 본질을 이해하는 일 이외에는 아무런 관심도 없습니다."

이리하여 그는 휴가를 청해, 깊은 산 속으로 들어가 혼자서 명상할 수 있는 허락을 받았다. 스승은 이 선승에게 기회가 왔음을 알고 허락하였다. 선승은 작은 짐 보따리를 등에 메고 출발하였다.

그는 중국 서부의 깊은 산 속으로 들어갔다. 방금까지도 살고 있었던 마을을 뒤로 하고 산중의 좁은 길을 따라 걸어가고 있을 때, 큰 꾸러미를 등에 멘 노인이 맞은편에서 하산하고 있었다. 실은 이 노인은 사람이 득도하려는 순간에 나타난다고 하는 문수보살 *Boddhisattva Manjushri*이었다. 이러한 전설에 나오는 문수보살文殊菩薩은 그 모양이 가지각색이지만 사자를 타고 오른손에는 일체의 미망迷妄을 쫓아 잘라 버리는 지혜의 검劍을, 왼손에는 연꽃을 가진 모습으로 묘사되어 있는 경우도 있다.

산을 내려가면서 노인은 말하였다.

"이봐요, 스님. 어디로 가시는 중입니까?"

선승은 그 경위를 말하였다.

"나는 승려로서 수행해 왔습니다. 여기서 내 마음을 채워 줄 수 있는 유일한 것은 내가 누구이며 사물의 본질이 무엇인가를 깊이 알아내는 데 있다고 알았기 때문에 명상하며 죽기 위하여 산 정상으로 가는 중입니다."

노인은 잘 알았다는 표정으로 끄덕거렸다.

선승은 말하였다.

"노인장님, 각성이라는 것에 대해서 알고 계신다면 말씀해 주실 수 있겠습니까?"

노인은 미소를 지으며 등에 메고 있던 꾸러미를 손에서 놓았다. 그러자 꾸러미는 땅에 떨어지고 그 순간 선승은 깨달았던 것이다. 긴 수행을 쌓은 결과 참으로 때가 왔기 때문이다.

"야아! 바로 이때다. 모든 것을 손에서 놓아 버리게 하자. 아무것도 하려고 하지 말자. 다만 여기에 있을 뿐이다."라고 선승은 속으로 생각하였다. 그러던 순간 승려는 당황하여 그 자리에 서 있으면서 이렇게 말하였다.

"그렇다면 이제부터 어떻게 하면 되겠습니까?"

노인은 몸을 굽혀 꾸러미를 다시 집어 들어 등에 메고 저잣거리를 향해서 걸어갔다.

이 이야기는 '영적인 길 spiritual path'의 양면을 보여 주고 있다. 먼저 자기 자신의 마음속에 있는 보편적 진리 universal truth 에 접하지 않으면 안 된다. 그러나 그것은 우연히 일어나지는 않는다. 신의 은총이나 고행과 수행을 통해서 그렇게 되는 경우도 있을 것이며, 스스로 의도적으로 세상의 신비와 슬픔의 원인을 탐구하고, 각자의 무집착 non-attachment · 자유 freedom · 해방 liberation 의 가능성을 정성껏 탐구하며, 깊게 직시함으로써 일어나는 경우도 있을 것이다.

만약 타인을 돕고자 한다면, 먼저 자기 자신이 탐욕 greed · 분노

anger · 편견prejudice · 착각illusion에서 자유로워지는 것을 배우지 않으면 안 된다. 그것을 할 수 없다면 남을 돕는 것은 불가능하다. 때문에 먼저 집착의 꾸러미를 내려놓고 난 다음에 다시 집어 올리기를 바란다.

선의 십우도十牛圖, the ten Zen ox-herding pictures의 마지막에서는, 저잣거리를 걷는 매우 행복해 보이는 스님이 묘사되고 있다. 이것은 '행복을 주는 손bliss-bestowing hands'으로 불리고 있는 그림으로서, 여기에는 이와 같은 설명문이 붙어 있다.

"술병을 차고 지팡이를 짚으며 시장으로 들어간다. 내가 접하는 사람은 누구나 득도하게 된다."^{역주 22}

역주 22. 십우도는 북송 말경(12세기)에 양산에 살았던 곽암사원郭庵師遠 스님이 지은 것이며, 사람이 가지고 있는 불성을 사람과 친근한 소에 비유하여, 달아난 소를 찾아 데려와서 먹이고 기르는 과정을 불성을 추구하는 수행과정으로 보아, 이를 열 가지의 제목題과 송頌과 그림圖으로 구성한 송시頌詩다. 전체 내용에서 '총서總序'와 각단의 '소서小序'는 곽암의 제자인 자원慈遠이 지었고, '화和'는 석고이화상石鼓夷和尙이, '우又'는 괴납련화상壞衲璉和尙이 지었다. 따라서 십우도에 있는 글은 序·頌·和·又의 네 가지로 되어 있다.

불성을 추구하는 과정은 ① 잃어버린 자성自性, Svabhava(소)을 찾아 나서서심우, 尋牛, ② 발자국을 보고견적, 見跡, ③ 소 자체를 보게 되고見牛, ④ 마침내 소를 붙잡아得牛, ⑤ 소를 길들이고牧牛, ⑥ 길들여진 소를 타고 집으로 돌아가며기우귀가, 騎牛歸家, ⑦ 집에 도착하자 소에 대한 생각 따위는 잊어버리고도가망우, 到家忘牛, ⑧ 급기야는 사람도 소도 생각하지 않는 상태에 이르고인우구망, 人牛俱忘, ⑨ 본래의 맑고 깨끗한 무위無爲, asaṃskṛta의 경지본래의 근원에 이르렀다가 발본환원, 拔本還源, ⑩ 사립문을 열고 시정으로 나와 중생을 교화하는입전수수, 入廛垂手 장면을 그린 그림이다. 십우도는 일명 심우도尋牛圖라고도 한다.

이 책원저에서 인용한 말은 10단의 '입전수수' 서序의 원문에서 나온 말이다. 그 원문은 다음과 같다.

提瓢入市제표입시하고 策杖還家책장환가하니 酒肆魚行주사어행이 化令成佛화령성불이 말은 길진리 이 자기 자신의 불성에 접하여 이 세상에 불성을 발현시키고 있는 것을 의미한다.

나는 이것을 '붓다의 미소 The smile of the Buddha'라고 표현하였다. 사람들이 붓다를 찾아가서 세상의 본성을 물었을 때, 붓다는 어떤 때는 한 송이의 예를 들어 진리를 말하며, 어느 때는 이것이라고 말하고, 다른 때는 또 딴것을 말하는 것처럼, 그 말은 모순에 차 있었다. 이 때문에 붓다의 제자들 가운데는 이렇게 불평을 하는 사람도 있었다.

"그렇지만 어제는 다르게 말씀하셨습니다."

내가 오랫동안 사사해 온 아짠 차 Achaan Chah 역주23 도 어떤 때는 이렇게 말했는가 하면, 이틀 후에는 다른 사람에게는 또 다르게 말하는 것이었다. 당시 나는 그 도량道場의 신참승으로서 명상에 한창 정진하고 있었던 때였다. 그런데 어느 날 나는 이렇게 결심하게 되었다.

이로다. 술병을 차고 거리를 들어가고/ 지팡이 짚고 집으로 돌아가니/ 술장사, 생선장사/ 모두 다 성불케 하네.

역주23. Achaan Chah는 Ajahn Chah으로 표기되기도 하며, 타이 Thai 의 동북부에 있는 우본 Ubon 에서 1918년 6월 17일에 태어나서 1992년 1월 16일에 입적하였다. 9세에 불문에 들어가 3년간 읽기 · 쓰기공부를 하고 나서 집으로 돌아와 농사일을 돕고, 1939년 4월 26일에 다시 사원으로 돌아가, 상좌부 승려비구승, bhikku 로서 수계受戒를 받았다. 그는 아버지가 돌아가신 후 1946년에는 금욕적인 수도승의 길을 택하였다. 이후 그에게 지대한 영향을 준 명상의 스승 아짠 문Ajahn Mun 의 가르침을 받아 숲 속 수행의 전통을 위해 헌신하였다. 그리하여 남방불교의 테라바다Theravāda, 상좌부(上座部) 의 진리를 가르친 영향력 있는 큰 스님으로서 '루앙 퍼 프라Luang Por and Phra' Luang Por는 고승을 의미하며 Phra는 스님을 의미한다 또는 '루앙 퍼 차Luang Por Chah'로 불렸다. 특히 그는 서구사회에 타이의 숲 속 승가수행의 전통The Thai Forest Tradition을 뿌리내리게 하였다. 그중에서도 대표적인 것은 1979년에 영국에 설립된 찌따위웨까Cittaviveka-영국 남부의 웨스트 서섹스(West Sussex)에 위치한 유서 깊은 햄머우드(Hammerwood)의 숲에 세워진 치투스트 불교 사원(Chithurst Buddhist Monastery)를 통해서 청정한 상좌부 불교 전통을 전파시킨 것이다.

"여기서 떠나자. 이 스승은 아직 미혹과 집착을 벗어나지 못하고 있다. 일관성조차도 없다."

나는 그분에게 가서 말하였다.

"그만두겠습니다. 미얀마의 승원으로 가려고 합니다. 타이의 승려는 아무래도 호감이 가지 않습니다. 내게는 아무리 생각해 봐도 당신의 진리가 깨달은 것처럼 보이지를 않습니다."

물론 이 말은 서양인이 잘하는 말이다. 아짠 찬은 그것을 우습게 생각하여 이렇게 말하였다.

"왜 그런가? 어째서 내가 진리를 깨달은 것처럼 보이지 않는다는 말인가?"

그래서 나는 "그날그날에 따라서 전혀 다른 것을 말하고 있습니다. 도대체 어떤 종류의 깨달음입니까?"라고 말하였다.

그랬더니 그는 "그것이 나의 가르치는 방식이다. 여기 내가 잘 알고 있는 길이 하나 있다. 그런데 저쪽에서 사람이 걸어온다. 보고 있으니 밤안개 때문에 너무 오른쪽으로 다가서 오므로 지금이라도 도랑에 떨어지려 한다거나, 또는 오른쪽의 좁은 옆길로 벗어나려 하고 있다. 그리하여 나는 큰 소리로 '여보시오, 그쪽이 아니라 왼쪽으로 가시오.'라고 소리 지른다. 잠시 후에 이번에는 왼쪽의 도랑에 떨어질 것처럼 보이거나 왼쪽의 좁은 옆길에서 망설이고 있는 것이 보인다. 그래서 나는 큰소리로 '여보시오, 오른쪽으로 가시오.'라고 소리친다. 이것이 언제나 내가 사용하는 방식이다. 누군가가 여기에 매달리고 있으면 손을 떼라고 할 것이며, 저곳에서 붙잡고 있으면 역시 손을 떼라고 할 것이다."라고 말하였다.

만약에 당신이 이것이야말로 확실한 패러다임이라고 생각한다면,

이를 즐기고, 그런 연후에 망집에서 손을 떼어 마음의 짐을 내려놓고 다른 것을 찾기 위하여 시도해 볼 일이다. 누군가가 붓다에게 "그렇다면 무엇이 진실된 패러다임 입니까?"라고 물었다.

이에 붓다는 그저 미소만 지었다.

토마스 머튼Thomas Merton 역주 24은 스리랑카Sri Lanka를 방문했을 때 그 미소를 목격하였다. 그가 아시아에서 가장 감동적인 불상이라고 말하고 있는 폴론나루와 Polonnaruwa의 거대한 암불 岩佛을 보았을 때의 일을 『아시아의 일기 Asian Journal』에서 이렇게 기술하고 있다.

정적이 감도는 비범한 표정. 위대한 미소. 거대하면서도 그러나 현묘 玄妙함. 일체의 기능성이 넘치면서도, 어느 것 하나도 묻지 않으며, 일체를 알면서, 그 어떤 것도 거부하지 않는다. 이는 감정의 체념은 아니다. 공성空性, sunyata 역주 25

역주 24. Merton은 1915년 1월 31일 프랑스의 프라드에서 태어났다. 그의 부모는 미국인이었으며, 부친은 화가였다. 그는 프랑스에서 초등교육을 받고, 영국과 미국에서 성장, 영국 케임브리지 대학에서 수학하였다. 독일·이탈리아 여행 후 1935년에 미국으로 간 그는 뉴욕 컬럼비아 대학에서 수학, 1939년 문학박사학위를 받았으며, 1938년에 성공회Anglican Church에서 가톨릭으로 개종하였다. 그 후 프란치스코 수도회 the Franciscan order(1223년에 창설)가 경영하는 보나벤투라 학교 Bonaventura school에서 교편을 잡았다가, 그만두고 1940년 트라피스트 수도원the Trapist order(1664년에 창립)에 입회하여 1949년 사제품 司祭品을 받았으며, 1968년에 감전사고로 영면할 때까지 45편에 달하는 작품을 썼다.

대표적인 저서로는 『명상의 씨 Seeds of contemplation』(1948), 『칠층산 The Seven Story Mountain』(1948), 『새 명상의 씨New Seeds of contemplation』(1961), 『신비주의와 선의 대가들Mystics and Zen Master』(1967), 『고독 속의 명상 Thought in Solitude』(1988) 등이 있다.

역주 25. 영어의 sunyata는 산스크리트 Śūnyatā를 음역 표기한 것이다. 대승불교의 대표적 교리의 하나인 공의 어원인 순야 śūnya는 '집에 사람이 없다' '왕국에 왕이의 평화다. 그 누구도 그리고 그 어떤 것도 반박하지 않으며, 다른 주장을 내세우지도 않으며, 의심도 하지 않고, 일체의 문제를 통찰해 온 얼굴이다. 모든 문제가 풀려서, 모두가 명쾌하다. 문제는 투명하기 때문이다. 일체는 공空이며, 일체는 자비慈悲다.

그리고 역시 이 붓다의 미소를 알고 있는 아짠 차 Achaan Chah 는 『자유의 심미안 *A Taste of Freedom*』(Wat Nanachat Press, Thailand, 1980) 이라는 책 속에서 이를 상기시켜 주고 있다.

마음이란 실은 아무것도 아니며, 그 자체는 단순히 한 현상에 지나지 않는다. 마음 그 자체 안에서는 이미 편안한 것이었다. 오늘날 마음이 편안하지 않는 것은 기분이나 욕구에 따르고 있기 때문이다. 참된 마음은 그런 것과는 무관하다. 마음은 자연의 한 측면이다. 그 마음이 평온하기도 하고, 동요하기도 하는 것은 기분이나 욕구가 마음을 현혹하고 속이고 있기 때문이다. 시각 · 청각 · 미각 · 후각과 같은 감각인상이 마음을 기만하고, 행복과 고통, 기쁨과 슬픔을 낳게된다. 그러나 마음의 본성은 이중의 그 어느 것도 아니다. 수행되지 않은 미숙한 마음은 이런 감각인상에 혹惑하여 그러한 것을 빠짐없이 추구한다. 스스로를 잊고, 동요하며 안심하거나 하는 것을 자기라고 생각하게 된다.

없다'의 용례에서 엿볼 수 있는 것처럼 예상되는 것이 결여된 상태를 의미한다. 따라서 이 말은 결핍감이나 적요감寂寥感의 뉘앙스를 가짐으로써 '아무것도 갖고 있지 않는' '비어 있는' '없는' '허전한' 등을 의미하는 형용사로도 사용되었으며, 인도 수학에서는 *Sūnya*가 '제로*Zero*' – 이 밖에도 ākāśa(허공), megha(구름), pūrṇa (충만)의 표현도 있다를 의미한다. 이 Sūnya의 말을 불교, 특히 대승불교에서는 불교사상의 핵심인 무자성無自性 또는 연기緣起의 교리를 설명하는 공空의 의미로 사용하게 되었다.

그렇지만 실제로는 우리의 마음은 바람이 불지 않는 한 움직임이 없는 나뭇잎처럼 이미 움직임이 없으니 평화롭고, 고요하며 열려 있다. 바람이 불면 나뭇잎은 흔들린다. 나뭇잎이 흔들리는 것은 바람 때문이다. 또한 그 흔들림은 감각인상 때문이기도 하다. 마음은 바람에 따른다. 만약에 마음이 바람에 따르는 일이 없다면 마음의 흔들림은 없으며 고요함 그대로다.

만약 우리가 5감의 본성이나 이 세상의 본성을 충분히 알게 되면, 우리는 무관심하며 자유가 된다. 이 때문에 우리의 수행에만 국한하지 않고 모든 수행이란, 마음 본래의 참된 본성을 보는 데 있다. 우리는 마음을 단련하고 세상의 감각인상의 진리를 파악하여 이것들에게 유혹당하지 않도록 노력하지 않으면 안 된다. 마음을 평화롭고 자유롭게 하는 것에서부터 참된 사랑이 나온다. 바로 이것이야말로 우리가 행하는 일체의 힘든 수행의 목적인 것이다.[원주*]

영적인 이해와 해방은 그저 배울 수 있는 것은 아니며 각자가 실천하지 않으면 안 되는 것이다. 어떠한 수행이나 길을 선택하여, 허심虛心과 전념專念으로 걸어가지 않으면 안 된다. 그 이상 당신의 마음에 접할 수 있는 길은 없다. 슬픔과 그 종식을 마음의 심층에서 배우지 않는 한 세상에는 실제로 아무런 변화도 일어나지 않을 것이다. 방법이 문제는 아니며, 일단 시작했다면 끝까지 완수하지 않으면 안 된다. 이 길은 결코 멈출 수 없는 길이다. 붓다가 여러분의 여정에 미소 짓는 것처럼.

원주* Achaan Chah, *A Taste of Freedom*, Wat Nanachat Press, Thailand, 1980.

12
쿤달리니:
내적인 우주에너지의 각성

아지트 무케르지(Ajit Mookerjee)

인간의 체험은 현묘체玄妙體, subtle body 나 영체

靈体, astral body 안에 있는 심적 에너지 중추차크라, chakra 역주1 의 영향을 받

으며, 그 중추의 발견과 위치 부여를 탄트라 Tantra 역주 2 에 의존하고 있

역주 1. 제11장의 역주 4) 참조.

역주 2. Tantra란 Tattra진실＋Mantra언어＝Ta(ttva)(ma)ntra, 즉 '진실의 언어' '인간의
언어'라는 말에서 나왔으며, 진실의 언어, 인간의 언어의 '확장' '계속' '번식'을
의미한다. 여기서 인간의 언어, 진실의 언어는 지혜를 말하며, 이 지혜란 깨달음
을 통하여 얻는 삶의 배후와 사물의 본질을 꿰뚫는 투시력을 의미한다. 탄트라
는 4세기에 등장하여 6세기 이후에 인도 전역을 휩쓸었다. 그리하여 범인도적
으로 유행한 종교적이며 철학적 · 요가적인 운동이었다. 특히 탄트라가 7세기 후
반부터 불교에 침투함으로써 진언종眞言宗, mantrayana, 탄트라불교Tantric Buddhism,
금강승(Vajrayana)같은 형태가 나타나게 되었다. 그러나 탄트리즘tantrism, 비교(esoterism)
의 형태는 힌두교, 이슬람, 그리스도교, 그리스정교회Greek Orthodox Church, 동방

다. 또아리를 틀고 있는 휴면 중의 우주에너지인 쿤달리니 샥티 *Kundalini Shakti* 역주 3 는 인간의 유기체 안에서는 최고의 힘이기도 하다. 개인은 모두 그 에너지의 발현이며, 우주는 다양한 형태로 언제나 에너지가 자기를 드러내 보이고 있는, 동일한 의식의 결과인 것이다.

여기서 논하려고 하는 것은 깨어난 쿤달리니가 다양한 차크라를 어떻게 통과하며, 그것이 쿤달리니의 에너지와 우주의식의 융합을 꾀하는 탄트라의 비교적秘敎的 지식 esoteric knowledge 의 관점에서 볼 때, 어떤 의미가 있는가를 조명해 보는 독특한 주제가 될 것이다.

사람이 살아가는 동안의 해방은 인도인의 인생에 있어서는 '최고의 체험'을 개인과 우주의 융합으로 인식되고 있다. 개인은 우주의 불꽃과 같은 존재다. 왜냐하면 인간의 유기체는 대우주를 닮은 소우주이기 때문이다. 탄트리카 Tantrika 는 인간의 유기체를 '전체성'을 내포하고 있는 캡슐의 하나로 보고 있다. 그리고 여기에 통달한 사람은 거의 실존적 자각 existential awareness 을 통해서, 라트나사라 Ratnasara 가 말한 것처럼 "신체의 진리를 터득한 사람은 우주의 진리를 알게 된다."라는 것을 인정하고 있다.

영적 유기체와 신체적 유기체는 '상호 의존적'이다. 이는 서로가 상대의 존재를 가능하게 하고 있기 때문이다. 거시적 수준에서 우주를 지배하고 있는 힘들이 미시적 수준에서 개인을 지배하고 있는 것이

정교회 Eastern Orthodox Church 를 비롯하여 동서 여러 형태의 종교에서도 엿볼 수 있다.
역주 3. 제11장의 '역주 6' 참조.

다. 바로 이 신체 속에서 우주의 완벽한 드라마가 반복되고 있는 것이다. 탄트라의 원리에 의하면, 우주에 존재하고 있는 모든 것은 개인의 신체 속에도 존재하고 있을 것이 분명하다. 요컨대, 우리가 만약 한 사람의 인간을 분석할 수 있으면 전 우주를 분석할 수가 있다는 것이다. 일체는 동일한 지평 위에 기초하고 있음을 믿고 있기 때문이다. 사람의 목적은 내면의 전 진리를 탐구하고, 자기 자신의 '내적인 자기 inner self'를 실현하여 우주의 기본적 리얼리티를 펼치는 데 있다.

의식 확대의 체험 consciousness - expanding experience 에 대한 탄트라의 중요한 공헌은 쿤달리니 요가 Kundalini yoga 다. 산스크리트어에서 '쿤달리니'는 '또아리를 튼다.'라는 의미다. 또아리를 튼 쿤달리니는 잠재적인 형태로 존재하는 여성 에너지로서, 모든 인간의 내면만이 아니라 우주의 모든 원자 속에도 존재하고 있다. 일생 동안 쿤달리니 에너지는 휴면상태 그대로이며, 본인도 그 존재를 알아차리지 못하는 경우가 종종 있다.

쿤달리니 요가의 탄트라적 수행의 목적은 우주에너지인 쿤달리니를 깨어나게 하여, 이를 전 우주에 편만되어 있는 '순수의식', 시바 Shiva 와 결합시키는 데 있다. 쿤달리니 샥티 또는 '또아리를 튼 여성 에너지'는 방대한 가능성을 감추고 있는 영적 에너지이며, 신체의 가장 강력한 열류熱流, thermal current 다.

쿤달리니의 깨우침은 탄트라의 수행에서 특유한 것은 아니며, 모든 요가훈련의 기초를 형성하고 있다. 진정한 영적 체험은 이 생리적 핵에너지의 결실이라고 볼 수 있다. 음악이나 무도에 의해서도 잠자고 있는 쿤달리니의 에너지를 환기시켜서 상위의 단계로 향하게 할 수 있다. 그리하여 드디어 쿤달리니가 완벽하게 펼쳐져서 쿤달리니의 내적인 존재를 의식적으로 자각하게 된다.

정지靜止된 비현현非顯現의 쿤달리니는 세 겹 반의 또아리를 틀고, 척추 기저부의 중심축, 스바얌부 링감 Svayambhu-lingam 역주 4 의 주위에 나선형으로 누워 있는 한 마리의 뱀으로 상징되고 있다. 쿤달리니 샥티 힘의 의식 가 펼쳐질 준비가 되었을 때 샥티 Shakti, 의식의 잠재력으로서 척추의 축에 따라서 존재하고 있는 차크라 역주 5 는 영적 중추를 통해서 상승하여 정수리에서 시바 Shiva, 순수의식 와 결합하게 된다. 샥티는 시바에너지의 현현 형태의 하나다. 모든 차크라는 거칠고 큰 물질적 형태의 몸 안에서가 아니라 미세하고 생명체 같은 에테르체 etheric body 안에 위치하고 있다고 이해해야 할 것이다. 쿤탈리니 요가에서 영적 에너지의 반대물인 '차크라'는 쿤달리니 존재의 모든 조건을 지배한다.

일반적으로 탄트라에서는 전체론적으로 조직된 여섯 개의 주된 의

역주 4. Svayambhu-linga는 첫 번째의 차크라cakra인 물라다라 차크라mūlādhāra(mūla, 뿌리) cakra가 있는 척추 하단, 항문과 생식기 사이에 위치한다. 물라다라의 형상은 네 개의 화판을 가진 붉은색의 연꽃 모양으로 각 화판에는 V.S.Ś.S가 새겨져 있다. 이 연꽃 가운데는 땅prthivī을 상징하는 노란색의 원이 있다. 이 중앙에 요니 Yoni[여성적인 활동의 원리인 샥티(Śakti)]를 상징하며 카마루파Kamarūpa라고 불리는 역삼각형이 있다. 이 역삼각형 중앙에 존재하고 있는 것이 스바얌부링가다. 그 두 부가 보석처럼 빛나며 주위를 번갯불처럼 빛내는 쿤달리니가 뱀처럼 여덟 또아리를 틀고 입으로 링가의 통로를 봉쇄한 채 잠자고 있다.

역주 5. Hinduism에서는 우주의 원초적인 힘을 상징하는 여신으로서 샥티 Śakti 를 숭상하며 샥티 여신은 세계 내의 모든 존재뿐만 아니라 여러 형태의 신들의 출현을 지탱케 하는 모신母神, 타라(Tārā) 여신으로서 격상되기도 한다. 탄트리즘Tantrism에 있어서 최고의 샥티 Para Śakti 는, '의욕-icchā' '활동-krita' '지-jñāna'의 형태로 활동한다. 이 3종의 활동도 우주의 창조 · 유지 · 파멸과 깊은 관계를 맺고 있다.

식 중추가 있다고 하지만 그 수는 문헌에 따라서 다르다. 척추 기저부에서 시작되는 이들 중추는 물라다라 *Muladhara*, 스바디슈타나 *Svadhisthana*, [차크라의 첫 번째, 두 번째 자리, 전립선총(前立腺叢) 주변], 마니푸라 *manipura*, 배꼽 주변, 아나하타 *Anahata*, 심장 주변, 비슈다 *Visuddha*, 인후의 뒤, 그리고 아즈냐 *Ajna*, 미간로 알려져 있다.

일곱 번째의 초월적 차크라 transcendent chakra 인 사하스라라 *Sahasrara* 는 시바, 순수의식의 영역으로 알려져 있다. 한편 물라다라 차크라는 샥티 *Shakti* 의 자리이며, 그것이 쿤달리니의 형태를 취하고 있는 셈이다. 정해진 특정 훈련을 통해서 쿤달리니 샥티는 이들의 심적 중추를 통해서 상승하고, 전면적으로 개화 開花 하여 쿨라 쿤달리니 *Kula-kundalini* 로서 사하스라라에서 절대자 the Absolute 와 융합하여 시바 샥티 *shiva-shakti* 의 결합으로부터 지복─의식 bliss-consciousness(아난다, *ananda*) 을 낳게 된다.

개개인은 '에테르 이중체 etheric double'인 미세한 '현묘체 玄妙體, subtle body'를 가지고 있다. 즉, '거칠고 큰 몸 gross body' 스툴라 샤리라, *sthula sarira* (거친 몸) 외에도 현묘체 링가(*linga*) 또는 수크슈마 샤리라(*suksma sarira*, 정묘한 몸)와 '원인체 causal body' 카라나 샤리라(*Karana sarira*, 최선의 몸)를 가지고 있다.

탄트라에서는 인간의 신체밀도가 점차로 줄어드는 층을 이루는 다섯 가지 집 sheaths, 또는 코샤(*Kosas*) 역주 6 으로 되어 있다고 보고 있다. 즉,

---

역주 6. 베단타심리학 Vedanta psychology 에서는 코샤 *Kosa*, 집·칼집(sheath)를, 중심에 아트만 *atman* 의 리얼리티를 감추고 있는 양파껍질과 같은 상태로 본다. 따라서 해탈은 이들 껍질을 벗겨 내고 환상의 여러 겹의 층의 참된 기반인 그 중심과 한 몸이 될 때 얻을 수 있다. 비유적으로 말한다면, 가장 바깥층의 껍질인 안나마

물질적 대사는 거칠고 큰 몸의 안나마야 코샤 *Annamaya-kosa*(먹이로 형성된 집)로 알려져 있다. 보다 미세한 것은 순환적인 호흡의 집으로서 프라나마야 코샤 *Pranamaya-kosa*가 있다. 세 번째 및 네 번째의 더 미세한 집은 마노마야 코샤 *Manomaya-kosa* 및 비즈냐나마야 코샤 *Vijnamaya-kosa*로서 현묘체의 마음과 지성의 집이다. 모든 집 가운데서 가장 정묘한 다섯 번째의 집인 아난다마야 코샤 *Anandamaya-kosa*는 인간의 예외적인 비범한 기쁨의 능력, 지복의식과 동일시되고 있으며, 이는 원인체 causal body에 속하고 있다.

신체의 물질적 집인 '안나마야'는 각각 물라다라, 스바디스타나 및 마니푸라 차크라에 해당하는 다섯 가지 자연적 요소 가운데서 세 가지 요소인 지·수·화에 연결되고 있다.

보편적 생명력인 프라나*prana*를 갖고 있는 프라나마야 코샤*pranamaya-kosa*는 아나하타 *Anahata* 차크라 및 비슈다 *Visuddha* 차크라에 해당하는 공기와 같은 요소를 통해서 나타난다.

마노마야 및 비즈냐나마야코샤는 그 중추로서 아즈냐 *Ajna* 차크라를 가지고 있다. 아즈냐 차크라의 활성화는 수행자에게 내적인 비전, 사물의 참된 존재 방식에 관한 지식을 단번에 주게 된다. 그것은 '우주의식'이 이 중추에서 열리게 되기 때문이다.

야 코샤*annamaya-Kosa*는 물질적 존재의 집이다. 프라나마야 코샤 *pranamaya-Kosa*는 생명체의 집이며, 마노마야 코샤 *manomaya-Kosa*는 분별의 집이며, 비즈냐나마 코샤*vijnamaya-Kosa*는 추론의 집이며, 중심에 있는 층인 아난다마야 코샤 *anandamaya-Kosa*는 지복의 집이다. *anandamaya-kosa*는 원인체 causal body[최선의 몸(*Karana sarira*/영적인 에너지를 공급해 주는 영적 진동의 장)]를 구성하며, 꿈이 없는 깊은 수면상태*Susupta*나 특정한 명상상태를 체험하게 된다.

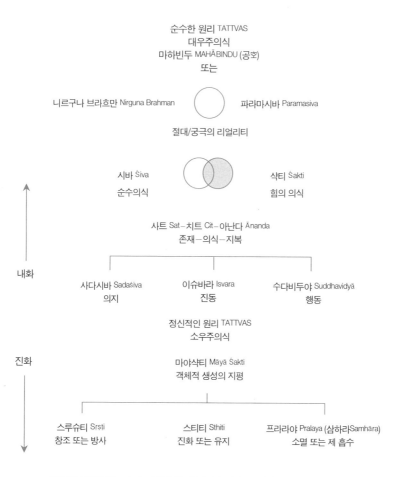

순수한 원리 TATTVAS
대우주의식
마하빈두 MAHĀBINDU (공空)
또는

니르구나 브라흐만 Nirguna Brahman   파라마시바 Paramasiva

절대/궁극의 리얼리티

시바 Śiva   샥티 Śakti
순수의식   힘의 의식

사트 Sat—치트 Cit—아난다 Ānanda
존재—의식—지복

내화

사다시바 Sadaśiva   이슈바라 Isvara   수다비드야 Suddhavidyā
의지   진동   행동

정신적인 원리 TATTVAS
소우주의식

진화

마야샥티 Māyā Śakti
객체적 생성의 지평

스루슈티 Srsti   스티티 Sthiti   프라라야 Pralaya (삼하라Samhāra)
창조 또는 방사   진화 또는 유지   소멸 또는 제 흡수

다섯 가지 칸추카 kanchukas(베일)라는 한계적인 원리를 통해서 각각을 구별하는 차이감각이 생 긴다.

칼라 Kalā : 우주의 부분적 현현/보편적 의식의 한계
비드야 Vidyā : 무지, 겉모습뿐인 세계의 거짓지식
라가 Rāga : 선택력 다른 주파수의 식별
칼라 Kala : 시공간의 작용
니야티 Niyati : 운명의 과정

[그림 12-1(a)]

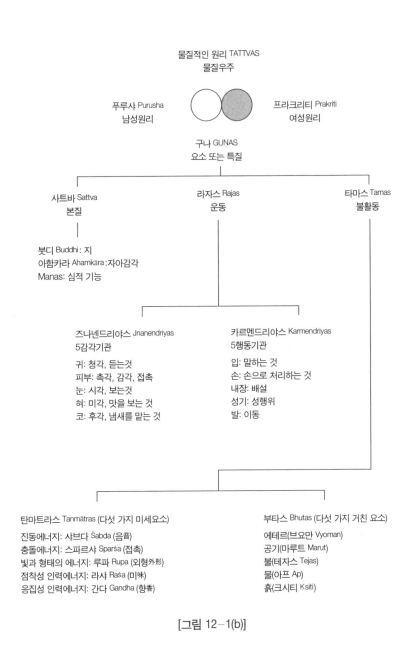

물질적인 원리 TATTVAS
물질우주

푸루샤 Purusha
남성원리

프라크리티 Prakriti
여성원리

구나 GUNAS
요소 또는 특질

사트바 Sattva
본질

라자스 Rajas
운동

타마스 Tamas
불활동

붓디 Buddhi: 지
아함카라 Ahamkāra :자아감각
Manas: 심적 기능

즈나넨드리야스 Jnanendriyas
5감각기관

귀: 청각, 듣는것
피부: 촉각, 감각, 접촉
눈: 시각, 보는것
혀: 미각, 맛을 보는 것
코: 후각, 냄새를 맡는 것

카르멘드리야스 Karmendriyas
5행동기관

입: 말하는 것
손: 손으로 처리하는 것
내장: 배설
성기: 성행위
발: 이동

탄마트라스 Tanmātras (다섯 가지 미세요소)

진동에너지: 샤브다 Śabda (음音)
충돌에너지: 스파르샤 Sparśa (접촉)
빛과 형태의 에너지: 루파 Rupa (외형外形)
점착성 인력에너지: 라샤 Raśa (미味)
응집성 인력에너지: 간다 Gandha (향香)

부타스 Bhutas (다섯 가지 거친 요소)

에테르(브요만 Vyoman)
공기(마루트 Marut)
불(테자스 Tejas)
물(아프 Ap)
흙(크시티 Ksiti)

[그림 12-1(b)]

이들 '코샤'의 미세한 나선층은 몇 가지의 영적인 접점으로 인간의 유기체와 관계를 맺고 있으며, 이들의 심적인 접점은 '진동'이나 '운동'을 의미하는 나디 *nadis*, 신경통로라는 무수의 미세한 채널을 통해 연결되고 있다. 이들의 미세한 체널을 신체의 해부도와 동일시하는 시도가 몇 번인가 있었지만 실제로 이들은 경험적 관찰에 의해서 직접 밝혀 낼 수 있는 것은 아니다. 만약 나디가 눈에 보인다고 한다면 신체는 매우 복잡한 네트워크로 보이게 될 것이다.

'나디' 가운데서 가장 중요한 것은 중앙의 채널인 수슘나 *Sushumna*, 척추선을 따라 흐르는 신경의 중앙 통로와 그 양측의 채널인 좌측의 흰 '달 *lunar*'의 채널, 이다 *Ida* (주요한 나디의 한 부분이며 왼쪽 콧구멍으로 들어가고 나간다) 와 우측의 붉은 '태양'의 채널, 핑갈라 *pingala* (주요 나디 중의 하나이며, 오른쪽 콧구멍을 따라 흐른다) 다. 수슘나 안에는 보다 미세한 세 개의 채널이 있고 이들을 통해서 쿤달리니는 상승한다. 영적 에너지의 두 가지 흐름은 척추기저부에서부터 이다와 핑갈라를 통해서 흐르고 수슘나의 주변을 반대방향으로 나선형식으로 진행하며, 양자는 미간 眉間 에서 만나게 된다. 쿤달리니가 깨어나지 않는 한 수슘나는 척추의 낮은 곳에서 그 기능이 정지된 채로 있게 된다.

초기의 두루마리 그림에서는 차크라 프라나(prana) 에너지의 일곱 중심점 가 종종 비유적인 이미지 없이 에너지의 소용돌이로 묘사되고 있다. 그러나 차크라는 연 蓮 으로 표현되는 경우가 많은 것 같다. 쿤달리니가 각 차크라에 이르게 되면 연은 활짝 개화하여 피어오르게 된다. 쿤달리니가 보다 높은 차크라를 향해서 떠나자마자 연은 화판 花瓣 을 접고 아래로 처지며, 이는 차크라 에너지의 활성화와 쿤달리니의 동화를 상징한다.

이렇듯 쿤달리니가 상승함에 따라서 들어나는 연꽃잎의 수는 '수용적 차크라 receptive chakra, 각 차크라가 특정한 능력에서부터 다른 능력으로 변할 수 있는 에너지의 '변용기(transformer)'로서 기능한다'의 상승에너지 rise energy 내지는 진동수 vibraration-frequencies 를 나타내 주고 있는 것으로 볼 수가 있다.

통상 꽃잎에 새겨져 있는 산스크리트 문자는 소리-진동을 나타내 줌과 동시에 다른 차크라에서 작동하는 에너지의 다양한 강도를 나타내 준다. 마찬가지로 개개의 차크라에 반영되고 있는 색은 그 진동수와 일치한다.

차크라에서 잠자고 있는 쿤달리니를 깨우기 위해서는 장기간의 훈련과 예비훈련을 받아야 하지만, 훈련에는 상당히 다양한 변화가 있다. 요가적 방법에 의해서 쿤달리니 에너지를 활성화시킬 경우에는, 수행자의 의지력을 프라나야마 pranayama[호흡의 순환, 호흡수행/조식(調息)] 속에 갇혀 있는 생명력프라나, prana 쪽으로 돌려, 그 순환운동이 쿤달리니가 또아리를 틀고 누워 있는 공간에 이르도록 '이다'와 '핑갈라'를 통해서 척추 기저부로 이끌어 내린다. 프라나의 가입은 좁은 공간 내의 돌연한 연소와 같은 갑작스러운 효과를 가져오며, 그 결과 소리가 결합되어 '뱀의 힘 serpent-power'을 황홀한 잠에서부터 깨어나게 한다.

이 '심신조절 psychosomatic regulation'과 '조식調息, breath control(pranayama)'의 훈련은 탄트라 의식儀式을 위한 쿤달리니 요가의 공헌 중 하나다. 프라나야마는 명상수행의 힘을 강화시켜 주며, 탄트라가 가장 강조하는 기법이다.

또 한 가지, 만트라 요가 mantra-yoga 로서 알려진 소리의 평형화 시스템은 탄트라를 통해서 발전되어 왔다. 탄트라에 의하면, 만트라mantra,

(성스러운 음, 주문)의 '깨어남'은 본인의 수행에 도움이 되는 특정한 초의식적 감정에 넘친 상태를 만드는 진동채널의 활성화를 의미한다. 특정한 만트라나 만트라를 조합시킨 소리는 그것 자체가 신적인 형태나 영적 에너지를 환기시키는 힘을 갖추고 있다. 종자음절 seed-sound syllable 홈 HUM 역주7은 쿤달리니의 본성을 나타내는 소리의 근본적 진동

역주 7. 홈Hum은 주로 9세기 이후의 후기 밀교불교 탄트라(Buddhistic Tantra/Tantraic Buddhism/ Esoteric Buddhism)에서 사용된 대표적 만트라 '옴 마니 반메 홈Om mani padme Hum(오, 연꽃 속의 보석이여, 이 완전한 성취여) 가운데서 만트라 '옴'을 활성화 하는 소리다. Om은 다음 세 음절의 의미로 구성되어 있다. a → miti 창조·시작, u → utkarsa 유지·계속 m → apiti 파괴·종결이다. 이는 계명啓明의 소리, 샥티에너지의 보편성을 의미하는 성음聖音이다. mani는 구슬이란 뜻이다. 또한 동작의 원형, 행동의 물결, 에너지의 파동, 힘의 집중, 다이아몬드의 상징이다. padme는 '연꽃'으로서 에너지의 저장고, 생산의 무진장한 보고를 뜻한다. 또한 행동mani이 나오는 근원이며, 정적靜寂한 바다와 여성 에너지śakti를 뜻한다. Hum은 만트라 Om을 활성화하는 소리다. 시바śiva화 되는 옴의 에너지를 말한다. 남성적 에너지의 Śiva와 여성적 활동의 원리인 Śakti가 만나는 진동음이다. 원초음의 완결, 에너지의 응집, 만트라의 활성화, 지혜의 완성, 매듭의 풀림, 빛의 폭포, 북소리의 진군을 뜻한다. 한 음절의 소리 속에도 비장되어 있는 전 우주의 능력을 활성화하는 데 있다. 요컨대, Om은 샥티 만트라 śakti mantra이며, Hum은 시바 만트라 Śiva manrta(시바 에너지의 보편성)이고, 전자는 모습의 시작 → 인위因位의 총상總相을, 후자는 자음의 종결 → 과위果位의 총상을 뜻한다. 이를 불신佛身, buddhakaya의 3신설 법신(dharmakaya), 보신(sambhogakaya), 응신(nirmanakaya)에 관련지어 설명하면 다음과 같이 볼 수 있다.

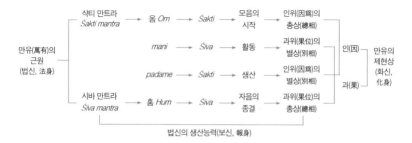

이나 또는 원자화된 형태다. 쿤달리니를 환기시킬 때에, 교의敎義의 규칙에 따라서 반복되는 만트라는 끊임없는 소리 지속을 통해서 수행자의 청각 집중과 유지를 돕는다.

이렇게 하여 자각의 장場을 한 점으로 응축·집중시켜, 그 압력하에서 쿤달리니는 깨어나기 시작한다. 쿤달리니가 원초적인 소리의 근원이라는 점에서 물라다라 *Muladhara*는 '모든 소리의 근원'으로 불리어 왔다. 쿤달리니가 깨어나게 되면 수행자는 '우주의 소리'를 듣게 된다.

쿤달리니가 물라다라를 떠날 때는 귀뚜라미 우는 소리가 들리며, 스바디스타나 *Svathisthana*를 통과할 때는 발목 장식에서 나는 소리를 듣게 되고, 마니푸라 *Manipura*에서는 방울소리를, 아나하타 *Anahata*에서는 플루트 소리를, 그리고 최후에 쿤달리니가 비슈다 *Visuddha*에 들어가게 되면 '소리의 의식 sonic consciousness'으로서 시바·샥티 *siva-sakti*의 최초의 현현인 우주의 소리 옴 *Om*이 들리게 된다.

'소리 의식'에 관한 필요 적절한 지식과 이해는 지고한 의식의 달성에 이어진다. 만트라 샥티 *mantra-shakti*가 '존재-자각 being-awareness'의 높아진 지평을 각성시키고, 유지시키는 것에 대해서 니야사 *Nyasa* 역주 8와 무드라 *Mudra*는 쿤달리니 요가를 시작하는 빠른 길로 이해되고 있다. '니야사'는 의식적으로 신성한 장소에 들어가는 의식儀式이다. '무

역주 8. 탄트리즘에서는 전 우주 및 제신諸神과 인체를 동격으로 보아 제신들을 인체의 여러 부위에 일치동일시 시키는 제의적祭儀的인 투사投射의 의미로 니야사*nyasa* (애무, 愛撫)라는 용어를 사용한다.

드라' 또는 인계 印契 는 탄트라의 의식에서는 니야사와 연결되어 있으며, 의식에서의 동작은 수행자의 마음에 특정 반응을 일으킨다. 또한 성스러운 힘을 환기시켜서 집중력을 높이고, 쿤달리니를 깨어나게 하는 에너지를 불어넣어 준다.

칼 융 Carl G. Jung 의 용어에서는 '개성화 과정 process of individuation '에서, 사고 · 감정 · 감각 · 직관의 네 기능의 균형이 이루어지게 되면 심혼은 '전체 whole '역주9가 된다. 차크라의 체계 system of chakras 에 있어서 에너지의 각 단계는 지 · 수 · 화 · 풍 · 에테르라고 하는 상승하는 각 요소에 의해서 표현되어 있다. 이들 다섯 가지 소용돌이는 각각 새로운 성질을 의미하며, 서로 다른 요소를 확대시킴과 동시에 규제하고 있다.

이렇듯 기저중추의 '물라다라'는 땅의 요소와 관련되어 있고, 응집과 불활동이라는 '특질'을 의미하고 있다. 이 수준에 만족하여 다른 수준의 상태로 상승하려는 발전이나 변화를 추구하지 않는 경우도 있다. 동시에 나무뿌리가 성장의 가능성을 함축하고 있는 것처럼 이 대지 大地 의 중추 물라다라 는 자각을 확장하는 기회를 의미하고 있다.

제2의 차크라인 '스바디스타나'도 또한 서로 대응하는 자연요소인 물 水, 아래쪽으로 흐르는 경향을 갖고 있는 에너지 의 성질을 가지고 있다. 제3의 차

역주 9. 융에 있어서 전체성 wholeness 이란, '건강' 개념과 같은 뜻으로 사용하였다. 이 전체성은 잠재력이자 가능성이며, 사람은 근원적 전체성을 갖고 태어난다고 보았다. 그러나 성장함에 따라서 전체성은 해체되고 분화되기 때문에 인생의 목표도 의식적인 전체성의 달성에 있다고 보았다. 융이 사용한 전체성은 '완벽 perfection '보다는 '원숙 completeness '의 측면을 더 중시하였다. 예컨대, 융이 중시한 갈등 · 대립에서부터 화해 · 결합 coniunctio 도 전체성의 구현으로 보았다.

크라인 '마니푸라'는 불火의 요소와 관련되어 있으며 불길과 같은 상향의 소모운동을 의미하고 있다. 제4의 차크라인 '아나하타'는 공기와 관련되어 있으며, 다양한 방향으로 순환하고, 그 자체를 다른 가능성에 관계를 맺는 성향을 가지고 있다.

차크라라고 하는 이름은 부딪침이 없이 나는 소리 ^{아나하타, *anahata*(신비음)}로서 신비적인 우주적 진동의 소리를 내는 것을 의미하고 있다. 부딪침이 없는 소리란, 5감의 영역을 초월한 소리이거나 또는 가장 순수한 상태에서 '부딪침이 없는' 침묵의 진동을 말한다. 제5의 차크라, '비슈다'는 에테르와 관련되어 있으며, 모든 요소가 혼연일체가 되는 용기容器와 같다.

쿤다리니의 생성과정은 단선적 ^{요컨대, 위로 또는 아래로 일방향으로 이동한다}인 것은 아니며, 모든 수준에서 당기고 미는 변증법적인 과정이다. 쿤달리니 에너지 ^{Kundalini energy}는 직선적으로 상승하는 것은 아니며 그 흐름이 펼쳐지는 각 단계에서 다양한 에너지의 매듭이나 영적으로 막혀 있는 것을 풀어 간다. 계속해서 영적인 봉쇄가 풀릴 때마다 변용이 일어난다. 쿤달리니가 영적 중추의 제1단계를 거쳐 상승함에 따라서 수행자는 소리·빛·색의 감각을 수반하는 다양한 비전의 상호작용을 체험하게 된다. 미간眉間에 위치하는 제6의 차크라, '아즈나'의 수준에서는 여러 가지 에너지를 조화시키는 힘에 의해서 퍼스널리티의 변증법적 기능 ^{dialectical functioning of the personality}이 제어된다.

마치 융의 개성화과정에 있는 피험자가 테라피스트의 도움으로 자신의 퍼스널리티 안에서 상호작용하는 양극성의 벽 ^{barriers of polarities}을 초월하는 것처럼[역주 10] 쿤다리니 요가에서 수행자는 구루의 지도하에서 진행되는 장기간의 훈련을 통해서 하위 차크라의 변증법적 과정의 균형을 잡아가는 법을 터득하게 된다.

융의 피험자의 경우, 일단 평형이 이루어지게 되면, '영적 개성화'의 결과로서 완전히 새로운 자각이 일어나게 되지만, 이것은 '아즈나 차크라'의 수준에서 모든 기능의 평형이 이루어졌을 때 쿤달리니의 숙련자가 체험할 수 있다. 마지막 제7의 '사하스라라 차크라'에 관련하는 요소는 전혀 없다. 연꽃인 사하스리라에는 절대와 연결되어 있는 1,000개의 꽃잎이 있지만 그 이외에는 어떠한 상징도 주어져 있지 않다. 이렇듯 사하스리라에 이르는 일은 '해탈'이 상징적으로 자리 잡고 있는 브라흐만 아트만 Brahman-Atman 이나 시바 샥티 Shiva-Shakti 의 세계에 이르게 된다.

차크라의 동물상징에 관한 융의 분석에서 '물라다라 제1의 차크라'의 기저 중추에 자리 잡고 있는 검은 코끼리는, 인간의식을 떠받치고 있는 엄청난 충동과 우리를 의식적 세계를 구성하도록 자극하는 힘과 동일시되고 있다. 물라다라의 요소는 물론 대지이며, 그 힘은 대지를 떠받치고 있는 힘이다. 융은 쿤달리니가 '스바디스타나 차크라 제2의 차크라'에 이르게 되면 마카라 makara, 거대한 해수(海獸, Leviathan) 와 만난다고 보

역주 10. 양극성의 벽을 초월하는 것은 융 Jung 의 '개성화의 과정'과도 같다. 개성화 individuation 의 과정은 자아의 의식화는 아니다. 개성화는 자아중심주의나 자체애自體愛가 아니며, 세계로 등을 돌리는 것이 아니라 세계를 내 안으로 수렴하는 것이기도 하다. 때문에 개성화의 목적은 페르소나의 가면을 벗겨 내고, 원초적 이미지의 암시력으로부터 자기를 해방시키는 데 있다(CW. 7. para. 369).

고 있다. 대지에는 코끼리, 물에는 레비아탄이 있는 셈이다.

그것은 우리에게 의식을 갖게 하며, 의식적 세계를 유지시키는 힘이라고 융은 말하였다. "이 의식적 세계에 있어서 최대의 축복은 무의식에 있어서 최대의 저주이며…… 그리하여 마카라 *makara* 는 우리를 삼켜 버리는 용이 된다."

때문에 그것을 흔들어 떨어뜨리지 않으면 안 된다. 스바디스타나에서부터 마니푸라로, 마카라에서부터 숫양으로 옮아가게 되면 동물에너지는 불의 신 아그니 *Agni* 의 성스러운 짐승으로 변하게 된다. 숫양의 자리는 화성火星이 있는 곳이며, 화성은 격렬한 열정의 혹성이다. 숫양은 희생의 동물이기는 하지만 황소와는 달리 작은 희생이다. 융은 열정이란 그렇게 값비싼 희생은 아니라고 말하고 있다. 우리에게 거스르는 검고 작은 동물은 차크라의 깊은 곳에 있는 레비아탄과는 전혀 미슷하지도 않다 위험은 이미 줄어든 것이다.

'마니푸라제3의 차크라'에서부터 '아나하타제4의 차크라'로 이행함에 있어서, 숫양을 뒤로하고 가젤 gazelle, 영양(羚羊) 로 향한다. 이것도 또한 희생의 동물이지만 숫양과 달라서 몹시 소심하고 도망가기 쉬우며 발도 빠르다. 가젤에는 또 새와 같은 성질이 있으며, 공기처럼 가벼워서 '반중력적反重力的'이며, '영적 실체나 사고와 감정의 가벼움'을 상징한다. 영적 실체 psychic substance 란 전혀 파악하기 어려운 대상이다.

융에 의하면, '마니푸라'에서부터 '아나하타'로 넘어가는 것은 어려운 작업이다. "심혼은 자동적이며 자기 자신이 아닌 무언가 순수한 것이라고 하는 '인식'이 있다. 그러나 그것을 시인하는 일은 매우 어려운 일이다. 그것이 자기 자신이라고 말하는 의식의 종언을 의미하고 있기 때문이다." 이젠 자기는 자기 집의 주인은 아닌 것이다. 융은 이 심적 요소를 푸루샤*purusha*역주 11 우주적 인간의 제일인식 first cognition 으로 이해하고 있는 것이 탄트라 요가라고 하는 것을 인정하고 있다.

'비슈다 차크라제5의 차크라'에서는 코끼리가 다시 나타나게 되지만, 이번에는 인드라*indra* 역주12를 태우는 하얀 코끼리로서 나타난다. 융에 의하면 그것은 변하기 쉬운 마음의 실체를 받치고 있는, 극복할 수 없는 성스러운 힘을 나타내고 있다. 우리를 물라다라에서 탄생시킨 것은 코끼리이지만 여기서 실체 변환 transubstantiation 역주 13이 일어난 것을 알 수가 있다. 즉, 흑이 백이 되고 땅이 에테르로 변한 것이다.

'아즈나차크라제6의 차크라'에서는 동물상징은 소멸되고 링가 linga(남근·남성 에너지)의 상징으로 길을 내주게 된다. 차크라 그 자체의 화관花冠이 날개처럼 보이게 된다. 자아는 소멸한다. 융이 말한 것처럼 "영

역주 11. puruṣa는 참나眞我 순수자아로 의역되며 상키야학파*Saṃkhya*—상키야의 어의는 『마하바라타(*Mahābhārata*)』에 의하면, 지식에 의해서 해탈을 획득하는 길을 의미한다 에서 세운 정신원리이며, 물질적 요소를 완전히 떠난 '순수정신'이다. 해탈인식에 의해서 붙잡을 수가 있는 이상의 자아다. 이 푸루샤는 어디에도 집착하는 바 없는 자유, 무집착無執着, *asaṅga*의 성질을 갖고 있다. 영혼·신아神我 의 의미도 있다.

역주 12. *Indra*는 리그베다rg-veda 에 나오는 대표적인 신이며 천둥을 관장하는 뇌신雷神으로서 아리안 족이 인도를 침입하기 전에 이미 인도, 이란시대에 숭배되었다. 후에 불교에서 받아들여 인드라는 호법護法 의 신이 되었으며, 또한 약사십이신장藥師十二神將 의 하나로 숭배되었다. 불법을 지키는 신으로서 범천왕*Brahmadeva*과 더불어 제석천帝釋天, *Sakradevanām Indra*으로서 대위덕大威德 이 존숭尊崇 되고 있다.

역주 13. 실체 변환은 성聖 변환을 말한다. 예컨대, 빵과 포도주를 예수의 피와 살로 변환시킨 것을 둘 수 있다.

적인 것은 이미 우리의 내용이 아니라 우리가 그 내용이 된다."라고 보기 때문이다. 링가는 검은 어린 싹이 아니라 '완전히 연소하고 있는 흰 빛이며 완전히 의식적'이다. '아즈나차크라'에서는 이때까지 대상으로서의 신과는 명백히 다른 자기 경험이 존재하고 있지만, '사하스라라 차크라^{제7의 차크라}'에서는 그 차이란 없어지게 된다. 요컨대, 어떠한 대상도 신도 없으며, 브라흐만 이외는 아무것도 없다고 하는 것이 다음과 같은 결론이다.

그것은 '일一'이며 무이無二라는 점에서, 여기에는 어떠한 경험도 있을 수가 없다. 탄트라의 상징체계에 있어서 '일'의 상태란, '시바'와 '샥티'의 결합^{역주 14}이다. 만약 이 완전한 결합이 '끝없는 것'이라면 이 상태를 달성한 수행자는 속박이나 장애가 없는 자유로운 지반 묵타 *Jivan-mukta* ^{역주 15}, 즉 살아 있으면서도 해탈상태로부터 두 번 다시 '되돌아오는 일은 없을 것이다.'라고 하는 것을 의미하고 있는 것이다.

동물의 상징체계와 똑같이 개개의 차크라는 그에 상응하는 꽃잎 수에 대응하는 색을 갖추고 있다. '물라다라^{제1}'는 4개의 꽃잎으로 되어 있는 붉은 연꽃으로 표현되고 있다^{만트라는 르암(Lam)이다} '스바디스타나^{제2}'는 6개의 꽃잎으로 되어 있는 주홍색의 연꽃으로^{만트라는 밤(Vam)}^{이다}, '마니푸라^{제3}'는 10개의 연꽃잎을 갖춘 푸른빛의 연^{만트라는 람(Ram)}

역주 14. *Śiva*와 *Śakti*의 결합은, 링가 *linga*, 남근·남성 에너지 와 요니 *yoni*, 자궁·여성 에너지의 결합, 푸루샤 *puruṣa*(순수정신＝남성원리)와 프라크리티 *Prakṛti*(근본물질＝여성원리)의 결합을 의미한다.

역주 15. *Jivan-mukta*는 현생에서의 해탈자. 세속적 시간의 구속에서 벗어난 영원한 현재 *munc stans* 에 사는 유생해탈자有生解脫者를 말한다.

이다 으로, '아나하다제4'는 12개의 연꽃잎을 갖춘 황금빛의 연꽃 만트라는 얌(*Yam*)이다 으로, '비슈다제5'는 16개 연꽃잎으로 된 뿌연 자색의 연 만트라는 함(*Ham*)이다 으로, '아즈나제5'는 2개의 꽃잎으로 된 하얀 연꽃 만트라는 옴(*Om*)이다 으로, 마지막으로 '사하스라제7'는 1,000개의 태양빛을 발하는 1,000개 연꽃잎으로 묘사된다.

자기실현의 과정에서는 그 최고 목표는 쿤달리니의 각성과 동일시되고 있으며, 여성적인 '샥티' 힘의 소우주판 microcosmic version 으로 이해되고 있다. 탄트리카는 샥티의 힘을 '우주의식'과 동일시한다. 샥티는 남성원리와 여성원리라고 하는 양극의 결합을 반영하고 있기 때문이다. 이를 실현하기 위하여 섹스 요가인 탄트라 자세 *tantra-asanas* 의 행법이 개발되어 명상과 동종의 훈련인 일련의 방대한 심신수행 psychophysical practices 이 개발되었다.

탄트라에 의하면 '쿤달리니 샥티'는 탄트라 요가 자세 tantra-yoga-asanas 의 실천에 의해서 환기시킬 수 있다. "사람은 자기가 추락할지도 모른다고 생각하기 때문에 상승하지 않으면 안 된다."라고 탄트라는 주장한다. 우주적 수준에서의 양극성의 융합은 생물적 수준에서는 아사나의 성적 결합 sexual union of *asana* 이 된다. 단, 일반적으로 잘못 이해되고 있는 것과 같은 성교는 아니다. 시대를 초월해서 성행위는 일반적으로 생식이나 육체적 만족에 관련시켜 왔다. 탄트리카는 성에너지의 방대한 가능성을 발견하여 성에너지를 탄트라 자세에 의해서 우주적 의식의 지평으로 해방시켰던 것이다.

탄트라적 관점에서 보면, '완성된 인간'이란, 남녀가 하나로 융합된 존재다. 양자는 불가분의 기본적 일체성 basic unity 의 관념을 실현함으로써 무한한 환희와 영속적 지복인 아난다 *ananda*의 상태를 달성하게 된다. 이리하여 탄트라에서는 남녀의 육체적 결합을 시바와 샥티의 창조적 결합으로 변용시키는 수행행법이 주어지게 된다.

수행자가 각각 자기의 차크라에 얼마나 머무느냐는 본인의 집착과 카르마적 행위에 의해 좌우된다. 기저 차크라인 '물라다라', 제4차크라의 '아나하타'와 제6차크라의 '아즈나'는 쿤달리니 상승의 최대 장애물이다. 이들 세 가지 차크라는 링가라고 부르는 영적 장애물과 연결되어 있다. '육체적·심적·영적 상태의 역동화, 변용, 승화'가 유일하게 가능한 것도 쿤달리니 샥티의 깨우침을 통해서다. 그리하여 아래쪽에서부터 위쪽 운동으로의 전환을 이루며, 시바와 결합하기 위하여 상승하여 그 결과 전 존재에 충만한 지복으로 넘치게 된다. 수행자 자신, 거칠고 큰 요소로부터 미세한 요소로 상승하여 초월적 체험을 통해서 '시바-샥티의 결합'을 실현하게 된다.

차크라 *cakra* 역주 16는 심혼 psyche의 상징적 이론의 하나다. 각종 상징은 사물들을 미묘한 측면에서 볼 수 있다. 그것은 마치 차크라를 통해서 시간과 공간에 의해서 제한받지 않는 4차원의 시각에서 심혼을 보는 것과 같다. 차크라는 전체로서의 심혼에 대한 직관을 표현

역주 16. *Cakra*는 '륜輪'의 어의를 갖는다. 힌두교, 불교, 자이나교의 탄트라에서 신체에 설정된 특수한 기관으로서, 나디 *Nadi*, 신경통로와 더불어 요가 실천의 기초가 된다. 탄트라 연구의 선구자 투치 Giuseppe Tucci는 *Cakra*를 정신중추, 다스굽타 S. B. Dasgupta는 신경총 神經叢, 고빈다 L. A. Govinda는 신경통로의 매듭으로 해석하였다. 그러나 현재는 의역하지 않고 '차크라'를 음역하는 경우가 대부분이다. 물론 힌두교의 탄트라, 불교 속의 탄트라에서 말하는 *cakra*는 그 형상과 기능에서 다르며 설명에도 차이가 있다. 제11장 '역주 4' 참조.

하고 있으며, 심혼을 우주적 관점에서 상징적으로 이해하고 있다.

최근에 종종 특정한 목적으로 향정신성 물질이 처방되어 있기도 하며, 이는 프라나적 에너지 pranic energies 의 성질을 띠고 있다고 생각되는 점에서 향정신성 물질의 탐구 가치는 매우 높을지도 모른다. 그러나 준비가 되어 있지 않는 사람에게는 향정신성 물질을 사용해서 변성의식상태 altered states of consciousness 를 살펴려고 하는 것은 많은 문제를 가져오게 된다.

성 행위나 분만 중에 깊은 감정적 공명과 상호 이해를 하게 되면 절정체험이 일어날 가능성은 있다. 이와 같은 환경하에서는 누구든 개인적 경계를 초월하여 순간적인 쿤달리니를 환기시켜서 일체감을 체험할 수가 있다. 그러나 스타니슬라프 그로프 Stanislav Grof 는 다음과 같이 관찰하고 있다. "가령, 성교와 분만이 최적의 환경하에서 행해지고, 거기에 우주적 요소가 있다 하여도, 아무래도 어느 정도의 고유한 애매모호함은 수반할 것으로 보인다." 성교 중 서로가 우주적 결합을 순간적으로 감지하며, 서로가 따로 떨어진 별개의 분리감을 초월하는 일도 있다고 그로프는 주장하고 있다.

그렇지만 이와 동시에 성적 결합이 새로운 개인관 個人觀 에 연결되어 자신을 우주의식에서 소외시켜, 개인화 individualization 와 소외 alienation 가 증가하는 경향으로 나아가는 경우도 있다. 마찬가지로 어머니가 분만 중에 우주적 감각을 체험하고 있는 동안, 신생아는 탄생의 고통과 분리의 정신적 외상에 직면하게 된다. 이 과정에 따르는 감정적 · 신체적 고통은 태아를 미분화의 우주의식에서 소외시키는 결정적 요인이 된다.

쿤달리니가 차크라를 통해서 상승하게 되면 특정한 신체적·영적인 징후가 나타난다. 요가행자들은 쿤달리니의 각성에 선행하는 몸의 떨림과 수슘나 *Susumna*—신경통로(*nadi*)의 주요한 척추선을 따라 흐르는 혈관으로서 프라나(*prana*)의 통로 역할을 한다 의 회로를 전류처럼 지나가는 열의 폭발을 입으로 내왔다. 쿤달리니가 상승 중에 들리는 내적인 소리는 폭포·벌의 윙윙거리는 소리, 벨이나 플루트 소리, 또는 장신구의 딸랑거리는 소리와 비슷하다. 요가행자는 눈을 감고 반점이나 기하학적인 모양과 같은 다양한 형태를 마음에 떠오르게 하며, 그것들은 최종적인 광명상태에서 강렬하며 밝고 순수한 빛과 내적인 광명으로 분해된다.

척수 Spinal cord 가 근실거리는 느낌이 있거나, 몸 전체가 따끔거린다거나, 머리가 무겁거나 때로는 어지럽다든가, 부지불식간에 울거나 웃기도 하는 경우도 있다. 혹은 신위神位나 성인聖人 의 환영을 볼 수 있을지도 모른다. 천상적인 것에서부터 악마적인 것에 이르기까지 모든 종류의 꿈이 나타나 보일 때도 있다. 신체적으로는 복부가 들어가서 척추 쪽으로 끌려 들어가 설사나 변비를 일으키거나 항문이 수축되어 위로 끌려 올라가는 경우도 있다.

또한 턱이 목을 누른다거나 안구가 위쪽으로 향하거나 회전하는 경우도 있다. 앞으로 몸을 굽히거나 뒤로 젖히기도 하고, 마루 위를 굴러 돌기도 하며, 호흡이 죄어드는 경우도 있다 때로는 호흡이 완전히 멈추어 버리는 것이 아닌가를 생각하게도 되지만, 실은 그것은 별로 대수롭지 않은 것일 뿐이다 . 마음은 비어 있는 상태가 되고, 몸 안에서 목격자 witness 역주 17 의 존재를 체

역주 17. 여기서 목격자는 초개인적인 목격자super–individual witness를 말하며, 이 목격자는 있는 사실 그대로의 흐름을 간섭·주석·조작을 가하지 않고 관찰할 수가

험하게 된다.

뇌나 척수 속을 프라나 *prana, 삶의 근원, 생명의 에너지* 가 흐르고 있는 것을 느끼는 일도 있다. 만트라 *mantra* 나 노래 또는 소리가 저절로 나오거나, 양쪽 눈을 뜨려고 해도 떠지지 않는 경우도 있다. 몸이 사방팔방으로 회전하거나 뒤틀리는 일도 있으며, 가부좌한 채 펄쩍펄쩍 뛰기도 하고, 뱀처럼 마루 위를 기어 도는 경우도 있다. 사람에 따라서는 기지 旣知 와 미지 未知 의 아사나 *asana, 요가의 자세* 를 취하기도 하고, 명상자 자신은 무용에 대해서 전혀 무지임에도 불구하고 고전적인 정식 무용양식에 따라서 양손을 놀리거나 수다를 부리는 사람도 있다.

몸이 위로 붕 뜬 것과 같이 느껴지거나 지면으로 꽉 눌린 것처럼 느끼는 일도 있다. 몸이 터무니없이 커지거나 작아진 것처럼 느껴진다든가 흔들리고 떨리며, 놀랄 정도로 유연해지기도 하고, 돌처럼 경직되는 일도 있다. 식욕이 느는 사람도 있는가 하면 먹을 것을 싫어하는 사람도 있다.

명상 이외의 활동에 종사하고 있어도 정신을 집중하고 있을 경우,

있다. 또한 독창적이고 초연한 태도를 가지고 심신의 내외 쌍방에서 일어난 일들의 흐름을 지켜볼 수가 있다. 이는 매슬로 Abraham Maslow 가 '고원체험 plateau experiences'으로 보았던 '리얼리티의 목격 witenessing of reality'을 묘사한 것과도 같다. 또한 목격자는 힌두교의 즈냐나 요가 Hindu Jñāna Yoga (지혜의 길을 가는 요가) 의 기반이 되고 있으며, 우파니샤드 Upaniṣad 의 철인들이 외친 유명한 '네티 neti!, 아니다 네티 neti!, 아니다'의 목격자와 같다. 존재 being 는 비존재 nonbeing 와 무관하며, 생성·변화·사멸하는 것은 무엇이든지 존재의 부분에 속해 있는 것이 아니고, 신성하지도 못하며, 인간 존재는 누진된 세속화의 결과다. 이로 인하여 인간이 무지와 고통 속으로 떨어지는 것이라면, 이 세상과 더럽혀진 생명으로부터의 탈결속만이 인간을 자유로 인도한다고 하는 초월적 가치, 신화적·초개인적 자각의 영적 차원의 세례 洗禮 를 체험하는 목격자다.

수행자는 몸 전체에 푸라나 샥티 *prana-shakti* 의 운동이나 미미한 몸의 떨림을 느낀다. 또한 몸에 통증을 느끼며 체온의 상승이나 저하가 있을지도 모른다. 그중에는 무기력해지며, 일하는 것을 기피하게 되는 사람도 있다. 명상자는 때로는 소라, 고동, 새의 지저귐, 방울소리와 같은 윙윙거리는 소리를 듣게도 된다. 명상 중에 마음속에 질문이 떠올라서 자연스럽게 답을 얻는 일도 있다.

때로는 혀가 입천장에 달라붙거나, 목구멍 쪽으로 끌려가기도 하며, 혹은 입 밖으로 삐어져 나오는 일도 한다. 그리고 목이 말라서 칼칼해지거나 턱이 경직되어 버리는 일도 있으나 잠시 후에는 다시 열리게 된다. 명상을 하려고 앉을 때마다 하품이 나오는 일도 있다. 머리가 동체에서 떨어져서 '머리가 없어지는 것'과도 같은 감각에 덮친다거나, 눈을 감고 있는 데도 자신의 주변 사물을 볼 수 있는 경우도 있다.

다채로운 직관적 지식 intuitive knowledge 이 터져 나올지도 모른다. 자기 자신의 이미지를 본다거나, 시체가 되어 누워 있는 자기를 보는 일도 있다. 이와 같은 징후를 통해서 쿤달리니 샥티의 활성화를 알게 된다. 쿤달리니는 수행자의 과거 행위에 의해서 형성된 습관양식에 따라서 본인의 영적 진보에 필요한 체험을 낳아 주게 된다.

스와미 묵타난다 Swami Muktananda 역주 18 는 그의 영적 도사에게서 가르침을 받고 나서 얻은 체험을 기초로 쓴 자서전 가운데서, 머리가 무거워진 것, 척추기저부의 열과 통증, 불수의 운동, 신체 내 에너지의 흐

역주 18. 이 책의 글을 쓴 사람의 프로필을 참조할 것.

름, 이상한 호흡 패턴, 내면적인 각종 빛과 소리, 환영과 소리, 그리고 그 밖에 수많은 초상체험 extraordinary experiences 에 대해서 말하고 있다. 또한 최근의 자서전 기록 가운데서 고피 크리쉬나 Gopi Krishna 역주 19 는 영적 준비나 구루의 지도 없이도 자발적으로 쿤달리니가 깨어났을 때의 체험을 말하고 있다.

라마크리쉬나 Ramakrishna 역주 20 는 여성 구루인 부라흐마니 Brahmani 의

역주 19. Gopi Krishna(1903~1984)는 인도의 요가철학자, 신비주의자, 요가의 스승, 사회개혁자, 작가, 특히 쿤달리니 *Kundalini* 의 개념을 서구사회의 독자들에게 처음으로 알렸다. 그의 자서전격인 『쿤달리니 *Kundalini: The Evolutionary Energy in Man*』는 1971년 후에 『쿤달리니의 생활 *Living with Kundalini*』로 개명되어, 서구사회에 지대한 영향을 주었다.

역주 20. Ramakṛsna(1836~1886)는 근대 인도의 철학자, 종교가, 신비주의자이며, 파라마항사 Paramahaṃsa[지고의 각자(覺者)]라는 칭호로 불렸다. 통상 라마크리쉬나 파라마항사 Ramakṛsna Paramahaṃsa 라고 칭한다. 본명은 가다다르 찻토파디아야 Gadādhar Cattopādhyāya 이며, 벵골 Bengal 주 프리그 현의 브라만 Brahman 가정에서 태어났다. 정규 학교교육은 받지 않았으며, 일찍이 다그시내슈바라에 건립된 칼리 Kalī[여신/시바(Śiva)신의 비(妃)] 사원의 푸자리 pūjaris[제식집행자승(祭式執行者僧)]로 있는 형을 도우면서, 1856년부터 종교생활에 들어갔다. 특히 칼리 여신에 대한 열렬한 신앙생활을 통해서 현현한 *Kalī*를 볼 수 있는 신비체험을 반복하여 성스러운 무분별無分別의 삼매경에 이르러 샥티 Śakti―샥티는 '힘' 에너지를 의미하는 보통 여성명사이며, 탄트리즘(tantrism)에서는 우주의 전개를 주관하는 최고 원리로서의 신을 남신으로 본데 대하여, sakti는 활동적인 일체의 것에 내재하는 여신으로 본다―에의 귀의를 신앙의 근저로 보았다. 또한 비쉬누 *Viṣnu*를 최고신으로 하는 신앙집단인 비쉬나파 *Visnava* 의 성전聖典 베다 *Veda* 의 제4부분인 베단타 *Vedānta(upaniṣad)* 철학의 영향을 받아 세속적인 일체를 버리고, 오직 신의 사랑을 얻는 수행에 전념하였다. 그 결과 진속이제眞俗二諦 와 베단타의 불이일원론不二一元論, *advaita-vāda* 에 기초한 진정한 힌두교의 확립을 염원하여 힌두교 개혁파 neo-Hinduism 의 일파一派(Ramakṛsna Mission이 중심이 됨)를 만들고, 타 종교, 특히 이슬람, 그리스도교에 대해서도 연구한 결과, 일체의 종교는 유일신에 이르는 길에 있어서는 완전히 동일하다고 보아, 모든 카스트 caste(*brāhmana, kṣatriya, vaiśya, śūdra*)를 향해 설교하며 무아평등 무차별의 인격사상을 주장하였다. 이와

지도하에서 쿤달리니 요가의 훈련을 받고 나서, 각 의식儀式의 목표를 3일간에 달성하였다. 그는 그 체험을 깡충깡충 뛰는 것, 밀어올림, 지그재그로 움직였던 것으로 묘사하고 있다. 그는 쿤달리니의 상승을 직접 지각하였으며, 훗날 제자들에게 그 다채로운 운동을 물고기와 같고 새와 같고, 원숭이와 같다고 말하였다.

라마크리쉬나는 가까운 제자들에게 쿤달리니 체험을 상세히 전하기 위하여 다음과 같이 말하였다. "오늘은 여러분에게 모든 것을 말하여 일체의 비밀을 밝히려고 합니다." 그는 미간의 한 점을 가리키면서 말하였다. "지고한 자기 the supreme Self 는 직접 알게 됩니다. 마음이 이곳에 오면 그 사람은 삼매 samadhi 를 체험하게 됩니다. 그때 지고한 '자기'와 개인적 자기 individual self 를 분리하고 있는 얇고 투명한 막이 남게 됩니다. 이렇게 해서 수행자는 체험합니다……." 그런데 그 순간 그는 삼매에 몰입하였다. 삼매가 끝났을 때 그는 다시 지고한 자기의 실현을 묘사하려고 하였으나, 다시 삼매경에 들어가고 말았다. 몇 번의 보람 없는 시도 끝에 그는 울며 쓰러져 버렸다. "여러분에게 모든 것을 말하고 싶고, 무엇이든 감추지 않고 말하려고 마음으로부터 바라고 있는데……." 그렇지만 라마크리쉬나는 말하지 않았다. 누가 말해야 하는 것일까? 바로 지금 '나'와 '너' 사이의 구별 자체가

같은 사상에서 그는 '브라흐만 Brahman'과 '샥티 Sakti'는 동일원리의 양면이며, 진리에 이르는 다양한 길은 동일한 목적을 갖는 다른 현현에 지나지 않다고 보았다. 이렇듯 그는 세속을 아는 각자覺者, Vijnāni를 중시하였으며, 이와 같은 그의 사상은 제자 비베카난다 Vivekānanda(1863~1902)에 의해서 널리 펼쳐짐으로써 사회 종교개혁에도 영향을 주었다.

소멸하고 있는 것이다.

그런데 이곳 목을 가리키면서 을 넘어섰을 때 자기가 어떤 환영을 체험하고 있는가를 말하고자 하거나, 자기가 어떤 환영을 목격하고 있는가를 생각하려고 하자마자 이내 마음이 몰려 올라와서 말할 수 없게 되어 버린다. 최후의 중추 사하스라라차크라 에서 의식의 주체와 의식의 객체 사이의 구별이 붕괴하게 된다. 그것은 자기 정체성과 의식의 장이 하나의 불가분의 전체 가운데서 녹아서 하나로 섞이는 상태인 것이다.

초자연적인 힘 supernatural power 은 쿤달리니 요가의 실천에 관련된 표현의 하나이며, 쿤달리니 에너지가 자연스럽게 일어났을 경우에도 여기에 수반해서 나타날 수도 있다. '자기' 실현은 먹을 것 없이 산다든가, 두 번째의 몸을 만든다든가, 여러 가지 혹성, 항성, 우주와 온 우주의 지식을 얻는다든가, 무중력 · 공중부양 · 공간여행 · 반중력 反重力 등 특수한 성취 attainment[싯디(*Siddhi*/), 실지(悉地)] 역주 21 로 나타날 때도 있다. 이와 같은 초자연적인 현상은 쿤달리니 요가의 과정에서 발생할 수도 있으나, 탄트리카는 이를 상위의식과 해탈의 완성을 방해하는 현상으로 보고 있다.

지금까지 쿤달리니 현상에 대한 체계적인 임상연구나 과학적인 조사는 거의 시행되어 오지 않았다. 그러나 쿤달리니 체험에 관한 고전적 기술記述과 현대의 임상적 소견 사이에 어떤 모순이 있다는 것을 안 서양의 연구자들은 스스로의 관찰결과를 설명하는 '생리 쿤달리

역주 21. 실지悉地는 산스크리트 *siddhi*의 음역이다. 싯디는 비법을 배워서 진언眞言의 묘과妙果를 성취하는 일을 뜻한다. 불가사의한 초능력의 의미도 있다.

니 physio-*Kandalini*' 모델을 제창하기에 이르렀다.

이 개념은 인간의 생리 기능에 대한 진동-주파수의 영향에 관한 연구를 통해서 변성의식상태 altered states of consciousness 의 문제를 다룬 미국의 인류학자 이차크 벤토프 Itzak Bentov 에 의해서 제창된 모델에 의해 도출되었다. 쿤달리니 체험의 모든 특징적 요소는 고전적 기술에 포함되어 있으나, 이들 기술 가운데는 현대의 임상적 관찰결과와 다른 측면이 있다.

현대의 연구자들은 '에너지 감각'이 양다리에서 척추로, 다시 정수리로 옮아가고, 이어서 얼굴에서 아래로 옮아가고 목을 지나서 복부에서 끝난다는 것을 발견하였다. 그러나 이에 반하여 '고전적 기술'에서 에너지는 척추 기저부에서 깨어나서 척수관의 위로 이동하여 정수리에 이르러서 그 이동을 끝낸다.

또한 척추 기저부에서 쿤달리니가 깨어난다고 하는 고전적 기술은 "발 끝에서부터 머리까지 따끔거리는 감각과 더불어 무언가가 나타난다."라고 말한 라마크리슈나의 체험의 묘사와도 일치하지 않는다. 이 불일치는 쿤달리니 요가의 전통적인 낡은 두루마리 그림에서 보여주고 있는 그림에 의해서 해소될 수 있을 것이다. 무의식의 깊이는 일반적으로 '잔여殘餘, residue'를 의미하는 큰 뱀 세샤 *Sesha* 로 묘사된다.

이와 같이 보는 것은 무의식의 깊이는 아직 세샤로 만들어지지 않고 있다는 데서부터 얻을 수 있기 때문이다. 세샤 천 마리의 머리는 강력한 가리개가 되어, 비슈누 *Vishnu* 는 이를 침상으로 삼아 또아리를 튼 세샤에 누워서 황홀하게 잠을 잔다. 무의식의 원형 archetype 인 '세샤'는 원초적인 물의 깊은 곳에서 일어나, 비슈누의 초기 현현인 물고기, 거북, 수퇘지 등의 '계통'을 찾아서 인간에게 이르게 된다. 이때 비로소 쿤달리니 에너지가 휴면상태로 누워 있는 제어중추 制御中樞 인 기저 차크라 물라다라에 이르게 된다. 쿤달리니는 이 중추를 피해서 지나갈 수는 없다.

또한 고전적인 그림은 쿤달리니가 최고의 차크라인 사하스라라 sahasrara 에 이르러 멈추는 것이 아니라는 사실을 말해 주고 있다. 사람이 상위의 의식단계에 들어가 가장 위대한 우주적 모험 의식 확대를 체험하는 여정 에 들어가게 되면 그것은 초심적 超心的 인 supra-mental 것이 된다.

켄 윌버 Ken Wilber 는 매우 적절하게 다음과 같은 말을 하고 있다.

의식은 제6차크라인 아즈나 차크라 Ajna chakra 에서부터 시작하여 초개인적인 상태가 되기 시작한다. 의식은 이제 곧 초언어적이며 동시에 초개인적인 상태로 되어 간다. ……이것은 '형태가 없는 의식' '무한의 광명'을 향한 전면적이며, 완전한 초월·해방이다. 여기에는 '있는 그대로의 의식' 외에는 어떤 자기도, 어떤 신 궁극적인 신 어떤 대상도, 어떤 물성 thingness 도 없다. ……개개의 차크라 스텝은 의식의 증가인 동시에 '자각'의 동일화이며, 마침내 일체의 형태는 '무형성 formlessness'에 있어서 완벽과 근본적 해방으로 회귀한다.

캐쉬미르의 시바파 Kashmir Shaivaism 에 의하면, 차이탄야 caitanya , 즉 '순수의식'인 최고의 리얼리티는 최고 신 파라마 시바 parama-shiva 로 인식되고 있다. 각종 단계를 아래에서 위로 그 순서를 표시하면 다음과 같다 [그림 12-2] 참조 .

빈두 Bindu , 아르드찬트라 Ardhacandra , 로디니 Rodhini , 나다 Nada , 나단

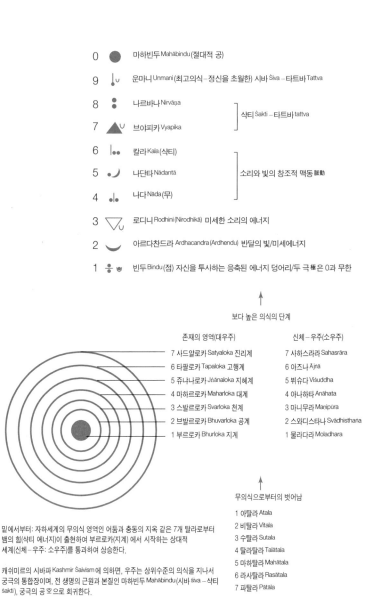

0	마하빈두 Mahābindu (절대적 공)
9	운마니 Unmani (최고의식-정신을 초월한) 시바 Śiva - 타트바 Tattva
8	나르바나 Nirvāṇa
7	브야피카 Vyapika

샥티 Śakti - 타트바 tattva

6	칼라 Kala (샥티)
5	나단타 Nādantā
4	나다 Nāda (무)

소리와 빛의 창조적 맥동 脈動

3	로디니 Rodhini (Nirodhikā) 미세한 소리의 에너지
2	아르다찬드라 Ardhacandra (Ardhendu) 반달의 빛/미세에너지
1	빈두 Bindu (점) 자신을 투사하는 응축된 에너지 덩어리/두 극極은 0과 무한

보다 높은 의식의 단계

존재의 영역(대우주)

7 사드얄로카 Satyaloka 진리계
6 타팔로카 Tapaloka 고행계
5 쥬냐나로카 Jñānaloka 지혜계
4 마하르로카 Maharloka 대계
3 스발르로카 Svarloka 천계
2 브발르로카 Bhuvarloka 공계
1 부르로카 Bhurloka 지계

신체 - 우주(소우주)

7 사하스라라 Sahasrāra
6 아즈나 Ājñā
5 뷔슈다 Viśuddha
4 아나하타 Anāhata
3 마니푸라 Manipūra
2 스와디스타나 Svādhisthana
1 물라다라 Moladhara

무의식으로부터의 벗어남

1 아탈라 Atala
2 비탈라 Vitala
3 수탈라 Sutala
4 탈라탈라 Talātala
5 마하탈라 Mahātala
6 라사탈라 Rasātala
7 파탈라 Pātāla

밑에서부터: 자하세계의 무의식 영역인 어둠과 충동의 지옥 같은 7개 탈라로부터 뱀의 힘(샥티 에너지)이 출현하여 부르로카(지계)에서 시작하는 상대적 세계(신체 - 우주: 소우주)를 통과하여 상승한다.

캐쉬미르의 시바파 Kashmir Śaivism에 의하면, 우주는 상위수준의 의식을 지나서 궁극의 통합장이며, 전 생명의 근원과 본질인 마하빈두 Mahābindu (시바 Śiva - 샥티 śakti), 궁극의 공 空으로 회귀한다.

[그림 12-2] 존재의 지평

타 *Nadanta*, 샥티 *shakti*, 브야피카 *Vyapika*, 니르바나 *Nirvana*, 운마니 *Unmani*, 최후에 궁극의 마하빈두 *Mahabindu* 상태, 즉 초우주적이며 메타우주적인 공 *metacosmic Void*, 노자老子가 말한 '만물을 포함한 공'에 이르게 된다.

쿤달리니 요가의 수행자는 이들 의식단계를 관통하여 초의식적 수준에 이르지 않으면 안 된다. 마하빈두, 즉 파라마 시바의 실현은 쿤달리니가 깨어나지 않으면 불가능하다. 그러나 쿤달리니 과정의 여러 단계나 여러 부분이 외면적으로 일어난다고 결론을 내릴 일은 아니다. 그러한 것들은 보다 광범한 체계와 밀접하게 연결되어 있으며, 그 진행은 전체, 즉 사하스라라의 내부에서 일어난다.

쿤달리니 현상의 징후 지속시간은 다양하다. 사람에 따라서는 특정 징후가 수개월 또는 수년도 남아 있을 수도 있다. 징후 전체가 즉시 나타나지 않는 경우도 있고 연결을 잘 모르는 경우도 있다. 그 결과 쿤달리니 전 과정이 심신상관적·신경증적 장애로 처리되어 그 성질이 일반적으로 잘 이해되고 있지 않기 때문에 정신분열증 같은 정신질환을 대하는 경우와 같이 불필요한 거친 치료에 의지해 왔다.

쿤달리니 체험의 다양성에 관해서, 미국인 의사 리 사넬라 Lee Sannella 는 다음과 같이 말하고 있다.

만약, 그와 같은 징후가 쿤달리니 시스템의 장애물을 제거할 때 발생하는 균형화 작용의 결과라고 하는 견해를 수용한다면, 그와 같은 징후 패턴의 개인 간 차이는 서로 다른 부위가 봉쇄되고 있다는 것을 의미하게 된다. 이는 각 개인의 유전적 기질과 과거의 경력 차이로 인한 것인지도 모른다. 또한 이런 과정은 불과 수개월밖에 지속하지 못하는 경우도 있는가 하면 수년간 지속하는 경우도 있다.

이와 같은 지속시간의 차이는 명상의 강도와 필요로 하는 균형화의 총량 차이에서부터 올지도 모른다. ……이 생리쿤달리니 사이클 physio - kundalini cycle 은 특정한 영적 능력에 매료되었을 경우에는 정지해 버리는 경우도 있다. 택일적으로 초점을 맞춤으로 인하여 특정 단계에서 전진이 차단되어 버리게 되며, 특정 기간에 더욱더 많은 변화가 일어난다. 그와 같은 징후와 증상은 연속적으로 일어나지 않으며, 가장 빈번하게는 명상 중에 또는 정숙한 시간 중이나 수면 중에 단속적으로 일어나기 쉽다.

리 사넬라는 더 나아가서 이렇게 관찰하고 있다.

쿤달리니는 대부분의 사람이 지금까지 생각하고 있는 것 이상으로 일상생활에 있어서 큰 역할을 하고 있다. 우리 모두의 내면에서 깨어난 쿤달리니의 보다 작고 온화한 발현이 일어난다. 그것은 단지 무해일 뿐만 아니라 유익하며, 우리가 쿤달리니의 존재와 활동을 전혀 의식하지 않아도 종일 정해진 일을 하고 있는 것이다. 그는 또 '생리쿤달리니'의 메커니즘은 쿤달리니의 완전한 각성의 일부로서 활성화할 수 있는 별개의 실체일지도 모른다는 것을 시사하고 있다.

영국의 데이비드 탄슬레이 David Tansley 는 최근 인간의 유기체에서 '미세한 힘의 장 subtle force fields'과 '에너지'의 이용을 중심으로 한 '라디오닉 진단법 radionic method of diagnosis '역주 22 을 보고하고 있다.

역주 22. radionics는 생체공명 Bioresonance 의 이론을 이용한 파동요법의 일종이다.

그에 의하면 "차크라는 정신적 외상을 가져오는 사건, 특히 돌연한 감정적 쇼크에 의해서 손상을 입을 수가 있다. 없어지지 않는 공포나 불안은 변치 않는 소모적인 활동에 의해서 기능적 평형을 방해하게 된다. 차크라가 가장 빈번히 봉쇄당하는 곳은 에너지가 들어가는 장소나 에너지가 에테르체 etheric body 로 유입하는 장소다.

만약 입구가 봉쇄되면, 유입하는 에너지는 자주 에스트랄 또는 심적 수준의 원점으로 돌려보내게 된다. 이것은 심리적 문제와 내분비선의 기능 부전을 가져온다. 또한 출구에 봉쇄가 일어나게 되면, 에너지는 증가하고 압력은 높아지며, 결국 봉쇄를 뚫고 내분비선을 자극한다. 이것은 내분비선 기능에 이상을 가져오며, 이에 수반하는 신체적·심리적 문제를 야기한다."

그렇지만 연구와 조사를 계속함에 있어서 유의하지 않으면 안 될 두 가지 중요한 사실이 있다. 그 하나는 패닉을 체험하게 되는 것은 명상기법에 서툴러서, 자기 자신의 내면에 이와 같은 징후를 이해하고 제어하는 방법을 가지고 있지 않은 개인에게만 있을 수 있다는 것

라디오닉스는 미지의 파동에너지를 이용하여 진단과 치료를 하는 기법으로서, 20세기 초에 미국의 에이브러함 Abrahams 에 의해 최초로 개발되었다. 라디오닉스의 관점에서는 DNA가 생명체의 일차적인 에너지의 결정요인이 아니라, 양자 진공 안에서 이루어지는 창조적 에너지의 표현이 개인의 물리적인 청사진을 제공해 주고 있다고 생각한다. 이 청사진이 최적으로 표현될 수 있도록 도와주는 것이 라디오닉스의 역할이며, 이 역할을 통해서 얻은 파동에너지를 이용하여 진단과 치료를 하는 것이 라디오닉스다. 나중에는 환자와 직접 접촉하지 않고 치료할 수 있는 원격치료로 발전하였다. 예컨대, 치료의 파동을 보내면 이 파동이 간섭하여 양자 진공수준에 있는 환자의 에너지 상태를 다시 정합시키고 나서 정합된 에너지가 환자의 물리적인 신체에 변화를 일으켜서 치료가 이루어지게 된다.

이다. 또 다른 하나는 명상 자체는 우연의 자극에 대한 우연의 반응은 아니라는 것이다. 명상은 신체를 신체 자체나 대우주와 조화시키는 체계적이며 의지적인 의식의 조절인 것이다. 이와 같은 요소의 중요성은 쿤달리니에 관한 옛날의 모든 문헌에 명기되고 있으며, 이는 아무리 강조해도 지나친 일이 아니다.

서양에서 쿤달리니를 체험하는 사람의 수가 늘어나고는 있지만 뉴에이지의 치료시설은 쿤달리니 과정을 다루는 방법에 적합하지 않거나 익숙하지 못한 경우가 많은 것 같다. 수행자의 대부분이 쿤달리니 요가를 독학으로 하는 경우에 수반하는 위험성도 안고 있다. 이 점에 관해서는 유능한 구루가 체계적 방법에 의해서 각자의 진행상태를 도울 필요가 있다. 그러나 최종적으로, 책임은 자기 자신이 지지 않으면 안 된다. 자기가 내면의 에너지를 연구대상으로 삼고 이를 제어하는 방법을 배우지 않으면 안 된다.

쿤달리니의 깨어남은 한 번 체험하게 되면 인생 에너지의 영구적 요소가 된다. 융은 다음과 같이 지적하고 있다.

쿤달리니는 실제로는 비유할 수가 없는 연속적인 발달이다. 그것은 부침하는 일도 없다. 한 번 달성된 것은 결코 잃어버리지 않기 때문이다. 예컨대, 쿤달리니가 물라다라 *muladhara* 에 있었다고 한다면 다음에는 물의 중추 스바디슈타나, *svadhisthana* 에 이르며, 그런 연후에 되돌아간다. 그러나 실제로는 되돌아가는 것이 아니다. 되돌아간다는 것은 착각이다. 자기 자신의 무언가를 무의식 속에 남기고 떠났기 때문이다.

이렇듯 융 Jung 은, 누구나 자기 자신의 무언가를 남기고 떠나는 일
이 없이 무의식에 접할 수는 없다고 결론을 내리고 있다. 경험은 잊
을 수도 있고, 억압될지도 모르지만 그것을 잃어버릴 수는 없다는 것
이다. 최상위의 레벨 결합이 실현되는 '초의식(superconscious)' 상태 에 이르렀다
하여도 자기 자신을 창조성을 통해서 표현하고자 할 경우에, 결국은
무의식으로 내려가지 않으면 안 된다. 그리하여 쿤달리니의 창조활
동이 완전히 끝나게 되면 다시 자신의 진정한 아이덴티티, 즉 '절대자
the Absolute '와 융합하고 싶다는 강한 충동에 사로잡히게 된다.

참고문헌

Bentov, I. *Stalking the Wild Pendulum*, New York: E. P. Dutton, 1977.

Grof, S. "LSD and the Cosmic Game: Outline of Psychedelic Cosmology
　　and Ontology." *Journal for the Study of Consciouness, 5*, (1972~
　　1973):165

Jung, C. G. *Psychological Commentary on Kundalini Yoga*. New York:
　　Spring, 1975~1976

Muktananda, S. *The Play of Consciousness*. San Francisco, CA.: Shree
　　Gurudev Siddha Yoga Ashram, 1974.

Sannella, L. *Kundalini : Psychosis and Transcendence*. San Francisco, CA.:
　　H. Dakin, 1977.

Tansley, D. V. *Radionics and the Subtle Anatomy of Man*. Bradford, 1976.

Wilber, K. "Spectrum Psychology." *Re-Vision, 2*, (1979):70.

13
자신의 마음에 대한 이해

스와미 묵타난다(Swami Muktananda)

이 회의에는 세계 여러 곳에서 수많은 심리학자, 정신과 의사, 과학자, 철학자가 참가하였다. 모두가 '마음 mind'에 관심을 갖고 있다고 볼 수 있다. 이 마음이야말로 이번에 내게 주어진 강연의 주제이기도 하다. 만약 여러분이 심리학을 통해서 자기 자신의 마음을 이해하고 그 성질을 알게 된다면, 그것은 동시에 '진리 truth'를 알게 되는 것이 될 것이다. 일단 그 진리를 알게 되면 모든 사람 속에서 동일한 진리를 발견하게 되며, 큰 사랑을 갖고 만인을 맞을 수 있게 될 것이다. 이와 같은 것을 마음에 간직하면서 나는 여러분을 마음으로부터 환영한다.

마음은 신이 내린 위대한 선물이다. 누구인들 마음 없이는 인간이라고 할 수 없다. 마음을 갖고 있기 때문에 인간이라고 부를 수가 있다. 때문에 자기 자신의 마음을 통해서 자기 자신의 '가치 value'를 이해하도록 하라. 마음은 매우 강한 것이다. 그러기에 마음의 힘을 이해하지 않으면 안 된다. 먼저 마음을 한 점에 집중시키라. 마음을 한 점에 집중시키면 마음은 안쪽으로 모여서 고요하고 평온함의 원천에 접할 수가 있기 때문이다. 마음이 평화롭게 되면 그 마음은 세계에 평화를 줄 수 있게 되며, 고요함과 평온함은 세계에 널리 퍼져서 다른 사람을 도울 수 있게 될 것이다.

마음을 강인하게 하고 사람들을 돕기 위해서, 심리학자는 명상을 할 필요가 있다. 그리고 자기 자신의 마음을 지극히 청정하고 순수한 상태로 만들지 않으면 안 된다. 이렇게 함으로써 자기 자신의 내면의 힘과 한몸이 되어 내면에서부터 강인하게 되어 간다. 심리학자가 자신의 '내면의 자기 inner Sielf'를 명상하고, 자기 자신의 참된 본성을 이해하게 될 때 사람들에 대한 놀라운 자비에 넘치게 되며, 친절한 마음의 아름다움을 실감함으로써 남을 도울 수 있게 된다. 그리고 자비와 친절을 통해서 다른 사람을 각종 탐닉 addictions 에서 해방시키고 자비심을 향상하게 할 수 있다. 심리학자에게 있어서 이와 같은 자질을 발달시키는 것은 매우 중요한 일이다.

마음이 순결하지 않고 타인의 행운에 기쁨을 못 느끼며, 타인의 불행에 아픔을 체험하지 못한다면 인생은 전혀 무의미한 것이 되어 버린다. 뿐만 아니라 자기 자신의 마음이 모든 결점으로부터 자유롭지 않은 한, 남을 가르치거나 위로하는 등 그 어떤 노력을 한다 해도 이는 단지 마음의 유희에 머물며, 누구에게나 이익이 되지 못할 것이다.

우리에게는 항상 남을 가르치려고 하는 버릇이 있다. 남을 가르치고 돕는 일에만 힘을 쓰고, 자기 자신에 관한 것에는 등한시한다. 사람은 자기 자신의 상태를 이해하지 않는다. 자기는 향상되었다고 생각하고 남을 향상하려고 한다. 그렇지만 실은 본인도 향상되고 있지 않는 것이다.

내가 두 번째 세계여행 중, 캘리포니아의 피드몬트 Piedmont 에 있을 때 치료자의 일행이 나를 만나러 왔다. 모두가 이런 저런 불평을 하고 있었다. 한 사람은 이렇게 말하였다. "힐링을 너무 지나치게 하여 양팔이 지쳐 버렸다." 또 한 사람은 이렇게 말하였다. "양다리가 너무 힘이 빠져 버렸다." 이어서 또 한 사람은 "마음이 너무 혼란스럽다." 라고 말하였다. 모두가 얼굴에는 윤기도 없고 표정도 밝지 못했다. 그들의 불평을 듣고 나서 나는 이렇게 말하였다. "여러분의 문제는 모두 근거가 있는 문제들입니다. 여러분이 경험하고 있는 것은 경험할 만한 것을 경험하고 있습니다." 그리고 나서 나는 웃었다. 웃으면서 이렇게 말했기 때문에 힐러들은 당황하였다.
그래서 나는 이렇게 설명하였다.

진실을 말하겠습니다. 단, 여러분을 즐겁게 하기 위해서 말하는 것은 아닙니다. 어떤 사람이나 마음을 쓰는 배려와 감정은 끊임없이 본인의 신체에서 유출되고 있습니다. 이것이 사실의 진상입니다. 다시 말해서 힐러의 기분은 환자에 전해지고 환자의 기분도 힐러에게 전해진다는 것입니다. 여러분이 오랫동안 환자와 같이 있게 되면 상대의 기분이 여러분의 몸에 들어가서 그것의 영향을 받습니다. 그 결과 여러분 자신이 환자가 되어 버립니다.

이것이 힐러들에게서 일어난 것들이다. 그들은 몇 천 명이라는 사람에게 치료를 베풀어 왔다. 그러나 그 과정에서 그들 자신이 환자가 되어 버린 것이다.

이와 마찬가지로 만약 자기 자신의 마음을 이해하지 않고 심리학을 실천하려고 한다면 문제에 빠지게 된다. 오래 전에 내게 『뉴 에이지 New Age』지誌의 기사를 읽어 준 일이 있었다. 다른 어떤 직업보다도 심리학자와 정신과 의사에게 정신병이 많다는 것이다. 많은 심리학자가 자기 상실에 빠져 있으며, 자기 경멸 self-contempt 이 심하다는 것이다. 때론 심리학자는 환자에게 강력한 영향을 줄 수 있는 자신의 힘과 마음을 키우려고 하지 않는다. 또한 자기가 환자의 영향을 받고 있다는 것도 모른 채 몇 시간이고 환자와 계속 말하고 있을 뿐이다.

어떻게 하면 심리학자나 힐러는 이와 같은 궁지를 극복할 수 있을 것인가? 만약 정신과 의사가 자신의 마음의 힘을 깨닫고, 명상을 통해서 마음에 힘을 주고 있는 에너지에 접하게 된다면, 심리학자나 힐러는 환자의 불안이나 동요에 영향받지 않을 정도의 강인성을 체득함으로써 실제 치료에 있어서 환자를 도울 수 있게 될 것이다.

인도에 있는 우리의 아슈람에서는 영창 chanting 이나 신의 이름을 부르는 복창과 명상에 의해서 분위기를 청정하고 순결하게 유지되도록 힘쓰고 있다. 아슈람의 환경은 매우 엄격하고 완고하기 때문에 어떤 외부인도 그들의 기분이나 마음의 동요에 의해서 환경을 바꿀 수 없다. 그럴 경우에는 주의를 받게 된다. 아슈람의 방문자는 때로 "아슈람에 가게 되면 종일 영창을 하게 한다. 영창과 명상에 완전히 전념하지 않으면 안 되기 때문에 다른 사람과 사귀거나 한담閑談할 시간도 없다."라고 불만을 이야기한다. 그러나 이와 같은 영창과 명상을 통해서 사람은 마음을 강인하게 만들게 된다.

고대 인도의 현자들은 위대한 심리학자였다. 그들은 인생에서 마음 이상으로 중요한 것은 없다는 것을 이해하고 있었다. '마음'은 모든 지식의 원천이다. 때문에 무엇을 이해하려면 마음을 통해서 이해하게 된다. 지각에는 다섯 감각이 있고, 행위에는 다섯 가지 기관이 있지만 마음의 도움 없이는 육체의 어떤 감각도 기능하지 않는다고 본 것이다.

한 가지 분명한 것은 모든 감각은 '마음의 지배하'에 있다는 사실이다. 만약에 어떤 사람의 마음이 종잡을 수 없을 만큼 방랑상태에 있을 때는, 누가 옆에서 말을 걸어도 상대가 말하고 있는 것은 귀에 들어오지 않는다. 오감에 의해서 모아진 정보는 오직 마음이 거기에 함께 있을 때만 받아들이게 되는 것이다.

마음은 심장에 있으며 프라나 샥티 *prana shakti*, 즉 생명력에 의해서 유지되고 있다. 위대한 우파니샤드 *Upanishad*의 현자는 "오 나의 아들이여, 마음은 프라나에 의해서 묶여 있다."라고 말하고, 『우파니샤드』에서는 생명력은 '참나 Self'에서부터 유래한다고 설하고 있다. 이 생명력은 끊임없이 동적이며, 마음은 이 생명과 일체화되고 있다. 그 결과 마음은 끝없이 사고한다.

마음은 매우 활동적이어서 이 세상에는 마음을 피한 인간은 한 사람도 없다. 최고의 요가행자라 할지라도 사고로부터 자유로운 니르비칼파 *nirvikalpa* 역주 1 의 경지에 도달하지 않는 한, 마음 때문에 괴롭힘을 당하게 된다. 마음은 매우 교묘해서 믿을 수가 없다. 마음은 여러분을 괴롭히고 속이며 함정으로 끌어들인다. 『바가바드 기타 *Bhagavad Gita*』는 이렇게 지적하고 있다.

> 마음이 끊임없이 밖으로부터 정보를 가지고 오는 감각을 추구하고 있을 때,
> 그 사람은 자기 자신의 마음의 폭풍에 의해서 어디론가 밀려서 떠내려가는 배
> 처럼 되어서, 결국은 마음에 의해서 침몰당하고 만다.

인간이란 그가 생각하고 있는 그 자체다. 무엇이든 그가 느끼며 생각하고 있는 것의 영향을 받는다. 우리는 일상생활에서 아주 많은 일을 매우 소중하게 대한다. 예컨대, 중요한 파일을 소중하게 다루며, 많은 카운슬러를 찾아가 여러 종류의 조언을 받고 있다. 그렇지만 자기 마음에 관해서는 생각하지 않는다. 결코 자기 마음을 컨트롤하려고 하지 않는다. 만약에 컨트롤할 수단인 고삐가 없이 마음을 방치하게 된다면, 마음은 부정적인 감정으로 가득하게 될 것이다. 또한 분노와 창피 등 온갖 종류의 사소한 감정으로 가득 차서 자기 자신을 대수롭지 않고 하찮은 것에 동일시해 버린다. 요컨대, 사람은 어떤 생각을 품고 있느냐에 따라서 그 생각으로 변신하게 된다. 만약 당신이

역주 1. 지각 *pratyakṣa* 이 일어나는 과정에서 *nirvikalpa*는 개념작용과 이미지작용을 포함하지 않은 상태를 말하며, 이에 반하여 개념작용을 포함하는 상태를 사비칼파 *savikalpa* 라고 한다. 이들 개념에 대한 해석은 통일되어 있지 않다. 니야야 *Nyaya* 학파 인도 논리학·인식론의 발전에 기여한 정통 브라만 철학〈육파철학〉의 하나 나 미맘사 *Mīmāṃsa*학파, 브라만철학〈육파철학〉의 하나 에서는 양자를 '지각'으로 보는가 하면, 불교논리학파에서는 니르비칼파만을 지각으로 보았다.

요가에 대해서 생각하게 되면 위대한 요가행자가 되며, 심리작용에 대해서 전념하게 되면 위대한 심리학자가 된다. 마찬가지로 언제나 열등한 생각을 가지고 살아간다면, 마음이 좁고 비열한 사람이 되어 버린다. 그렇기 때문에 자신의 사고에 대해서 언제나 살피고 경계해 주기를 바란다.

위대한 투카람 마하라즈 Tukaram Maharaj 역주 2 는 "당신은 군중 속에 있든 홀로 있든 마음속에 있는 사고의 결과를 받아들이게 된다."고 말하였다.

투카람의 마음 속에는 신이 함께하고 있었다. 때문에 투카람은 도처에서 오직 신만을 보았던 것이다. 어느 아름다운 시 속에서 그는 "오! 신비슈누 이시여, 모든 사람을 당신이라 생각하고 나는 모든 사람에게 인사를 합니다."라고 말하였다.

투카람은 마음의 힘을 가지고 있었기 때문에 이같은 체험을 한 것이다. 그는 또 이렇게 말하였다.

나는 일체의 다름과 차별의 감정을 버렸습니다. 내가 변덕스러워서가 아니라 진리를 경험하고 싶기 때문에 그렇게 한 것입니다. 이것은 모든 경전이나 베

역주 2. Tukaram(1607~1649)은 서남인도의 시인이며, 15~18세기에 걸쳐서 활기를 띠었던 마라티Marathi 문학의 대표자다. 세속적 영화와 명예를 멀리하고 시인적 지조로 일관한 종교적 열정을 기울인 비슈누 Viṣṇu에게 바친 시는 수천에 이른 많은 사람들에게 애송되고 있다.

투카람은 자기 자신의 사고와 끊임없는 묵상을 통해서 신은 어느 곳에나 편재 遍在 하고 있다는 자각에 이르게 되었다. 사람은 끊임없이 간절하게 생각하는 것을 얻게 된다.

이상은 어느 한 설화를 상기시켜 준다. 옛날 쉬크 나스루딘 Sheik Nasrudin 의 이웃에는 한 마리의 물소를 키우고 있는 사람이 있었다. 그 물소에는 아름답게 굽은 모양의 두 개의 뿔이 있었다. 매일같이 나스루딘은 이 물소를 볼 때마다 강렬한 힘과 아름다움에 감탄하였으며, 특히 그 아름다운 뿔에 멍하니 넋을 잃기도 하였다. 그리하여 그는 "만약 내가 저 두 개의 뿔 사이에 앉는다면 델리 Delhi 의 왕좌에 앉아 있는 것과 같은 기분을 느끼게 될 것이다!"라고 생각하기 시작했다. 매일같이 나스루딘은 이것만을 생각하였다.

그의 강박적인 망상은 점점 심해졌으며, 심지어 물소의 이마를 꿈에서까지 보게 되었다. 운 좋게 어느 날 물소가 나스루딘의 집안 마당에 와서 주저앉았다. 나스루딘은 즉시 물소 이마 위로 올라타 뿔을 잡았다. 그러자 물소는 바로 일어나 몸을 흔들어서 나스루딘을 떨어뜨렸다. 나스루딘은 땅에 떨어지면서 등을 다치고 말았다.

그는 비명을 지르며 사랑하는 처를 불렀다. "오, 나의 사랑하는 당신. 등을 크게 다쳤습니다. 방으로 데려가 마사지를 부탁합니다." 나스루딘의 처 파티마 Fatima 는 그를 방으로 데려와 찜질치료를 하기 시작했다. 치료하면서 그녀는 남편에게 "여보, 저 물소 이마에 앉기 전에 어찌해서 이런 일을 생각해 보지 않았습니까?"라고 말하였다.

나스루딘은 "당신은 참 둔감하구려. 나는 만 1년간이나 저 물소의 이마에 앉을 것을 생각해 왔단 말이요!"라고 대답하였다.

마음은 이렇듯 우리의 인생에 영향을 주게 된다. 생각하고 생각한 끝에 결국은 그 과보果報를 받게 된다. 마음은 모든 재난, 고통, 기쁨의 근원이다. 물론 생각에는 나쁜 것도 있고 좋은 것도 있다. 그러나 때로는 나쁜 것이 좋은 것으로, 좋은 것이 나쁜 것으로 보이게도 한다. 여러분은 끊임없이 마음을 쓰는 일에 몰두하고 있는 것이다. 마음을 컨트롤하려면 마음을 아는 방법밖에는 없다. 마음의 근원을 알고 마음이 어떻게 일어나게 되는가를 발견할 때, 비로소 마음을 알 수 있게 될 것이다.

그렇다면 마음의 근원이란 무엇인가? 캐쉬미르 Kashmir 의 시바교 Shaivism 철학자들은 이렇게 말한다.

마음을 물질이라고 생각해서는 안 된다. 마음은 '우주의식 universal consciousness'의 하나의 축소된 형태에 지나지 않다.

이 우주의식이 삼라만상으로 형성된 멋진 세계를 탄생시킨 것이다. '의식'은 이 우주를 창조할 때 밖에 있는 물질을 사용한 것은 아니다. 우주의 존재 자체로부터 스스로의 스크린 위에 우주를 창조해 낸 것이다. 이 동일한 우주의식이 마음이 된 것이다. 『바가바드 기타 *Bhagavad Gita*』에서 신은 "이 모든 세계는 내 마음의 산물이다."라고 말하고 있다. 때문에 마음을 아는 일은, 마음의 가치를 알고, 마음의 위대함을 알고, 마음의 숭고함을 아는 일이다. 만약 자기 자신의 마음을 완전히 이해하게 되면, 그때는 단지 인간이 아니라 자기 자신이 신이 되는 것이다.

이 진리를 알고 있었던 현자들은 "모든 인간은 신 이외의 아무것도 아니다."라고 말하였다. 그렇지만 이는 현실의 경험은 아니다. 우리의 경험은 자기가 한정된 존재임을 말해 주고 있을 뿐이다. 이 '한정감sense of limitation'도 마음에서 온다. 『카타 우파니샤드 *Katha Upanishad*』역주 3

역주 3. 바라문교Brahmanism의 근본성전根本聖典인 '베다veda' – 어원상으로는 '알다'를 의미하는 동사 vid에서 유래하며, '지식', 특히 '종교적 지식'을 의미한다를 구성하고 있는 4부분 상히타(saṃhita, 本集), 브라흐마나(brāhmana, 祭儀書), 아라냐카(āraṇyaka, 森林書), 우파니샤드(upaniṣad, 奧義書) 또는 베단타(vedanta)라고도 함의 하나인, 우파니샤드의 명칭을 갖은 문헌은 다수에 이른다. 그 가운데는 고타마 붓다Gotama Buddha 이전에 성립된 우파니샤드, 고타마 붓다 이후에 성립된 우파니야드가 있으며 총 13종, Kaṭha 또는 kāthaka Upaniṣad는 후자에 속한다. 이렇듯 베다의 성립은 최고층最古層과 최신층에 걸쳐 있어 다양하다. 이 우파니샤드는 야유르베다yajur – veda의 따이티리야Taittiriya학파의 우파니샤드로서 모두 2편 6장으로 되어 있으며 그 내용은 다음과 같다. 브라만 사제 바자스라바사Vajasravasa는 선행공덕을 쌓기 위해 늙고 병든 소들을 사람들에게 나누어 주었다. 이를 본 아들 나치케타스Nachiketas는 아버지의 자선 행위가 잘못되었다는 것을 알았다. 그래서 그는 아버지에게 나는 누구에게 줄 것이냐고 세 번 물었다아들은 아버지의 소유물로 보았기 때문에. 아버지는 화가 나서 아들을 염라대왕에게 주어 버렸다. 염라대왕은 그에게 세 가지 소원을 들어주겠다고 하였다. 그래서 그는 첫째 소원으로 집에 돌아가게 해 줄 것과, 둘째 소원으로 불火의 의식儀式과 선행에 대해서 물었다. 그리고 셋째 소원으로 죽음에서

는 이렇게 말하고 있다.

자기는 5감과 마음으로 얽힌 한정된 경험자다. 캐쉬미르의 시바교 Kashmir shaivism 의 현자들은 이를 매우 훌륭하게 설명하고 있다. 캐쉬미르의 시바교의 가르침에 의하면, 세계를 창조하는 과정에서, 최상의 자유의식은 고상하고 숭고한 상태에서 내려오며, 내려갈수록 점점 더 한정받게 되고 지각대상의 형태를 취하게 된다.

의식은 지각의 감각을 통해서 작용하고 스스로를 개별적인 경험자로 보며, 행위의 여러 기관을 통하여 작용함으로써 스스로를 개별적인 행위자로 본다. 이처럼 한정된 형태의 의식이 '마음'인 것이다. 그러기에 인간의 마음은 우주의 '축소된 의식 contracted consciousness' 이외의 아무것도 아니다. 이 축소된 의식이 스스로를 외부에 존재하는 사물에서 분리하여 명상을 통해서 내면으로 전환할 때, 그것은 다시 순수의식이 된다. 이것이 마음의 참다운 위대함이며, 또한 힘이기도 하다.

한정된 상태에 있는 마음은 모든 종류의 감정·사고·상상에 의해서 괴롭힘을 당한다. 이러한 것들은 비칼파 *vikalpa,* 분별 역주 4 라고 칭한

벗어나 영원히 사는 길과 불멸의 자아 atman 에 대해서 물었다. 이 셋째 소원에 대한 염라대왕의 대답이 '카타우파니샤드'의 핵심이다. 제작 연대는 대략 BC.350~300년경으로 보고 있다.

다. 한 사고로부터 수많은 사고가 발생하며 파괴된다. 비칼파는 집착·혐오·선망·증오·탐욕과 같은 모든 종류의 감정의 근원이다. 이러한 것은 사람으로 하여금 진실을 허위로, 허위를 진실로 믿게 만든다. 그렇지만 마음의 힘을 사용하여 긍정적 사고를 창출하고, 스스로의 내면에 자신의 참 본성 true nature 에 대한 이해를 키우게 되면, 자기 자신의 마음은 자기를 진리로 이끌어 주게 된다.

마음에 대한 올바른 이해를 통해서 자기 마음을 순수하게 만들 때 자기를 사고로부터 해방된 상태 thought-free state 에 이르게 할 수가 있다. 그렇게 되면 자기 자신의 내적인 힘을 경험하게 될 것이다. 위대한 심리학자이기도 하였던 현자 파탄잘리 Patanjali 는 그의 저서 『요가경 Yoga Sutras: yogash chitta-vritti nirodaha』에서 "요가란 마음의 변화를 진정 鎭靜 시키는 일이다."라고 하였다. 마음이 명상과 바른 이해를 통해서 제어가 된다면 마음의 근원인 '내적인 자기 inner Self'는 저절로 보이게 될 것이다.

그러기에 『우파니샤드 Upanishads』는 이렇게 말하는 것이다.

역주 4. 산스크리트 비칼파Vikalpa 는 분별分別로 의역되고 있다. 이 밖에도 칼파나 Kalpana 또는 Parikalpa도 있다. 어느 말이나 '만들어 내다' '지향하다' '구상하다' '배분하다'의 의미를 갖는 동사 어근 Klp의 파생어다. 이들 어의로 미루어 보아 분별이란 미분화된 것을 분화하는 것이라고 볼 수 있다. 이는 '개념'을 표현하는 서구어의 어원인 '하나로 파악할 수 있는 것conceptum'이나 '납득하다begreifen'와도 같다. 이런 점에서 '판단'의 의미도 있다. 불교의 유식파唯識派에서는 의식육식 (六識)의 밑바닥에는 말라식末那識(manas)이 있다고 보고, 말라식七識이 아라야식阿賴耶識(alaya-vijñāna, 八識)을 실아實我로 '분별'하여 잘못 집착함으로써 아집我執의 근원과 분별지分別智·번뇌지를 만들게 된다고 본다.

마음은 속박의 근원인 동시에 해방의 근원이기도 하다. 마음은 다양한 고통을 낳아 주기도 하지만, 마음을 사고로부터 자유롭게 하면 이 세상이 낙원인 것을 알게 된다. 마음을 사고로부터 자유롭게 하기 위해서는 마음을 내면으로 돌려서 명상하는 일이다.

사고思考의 힘은 당신을 위대한 학자로 만들 수도 있으며, 수많은 강의를 하며, 수많은 책을 읽으며, 또한 수많은 책을 저술할 수도 있게 한다. 그러나 마음에 순수한 힘을 주려면 명상을 통해서 마음의 안정을 유지하지 않으면 안 된다. 이 마음의 힘을 유지할 수 있게 된다면 참으로 많은 사람을 도울 수도 있게 된다. 이렇게 되면 도움을 받은 사람은 도움을 준 사람으로부터 은혜를 입게 된다. 만약에 심리학자가 자신의 마음의 안정을 유지할 수가 있게 된다면 이는 세상에서 다시없는 소중한 보물이 될 것이다.

14
상처 입을 때까지의 사랑

마더 테레사(Mother Theresa)

주님, 우리로 하여금 빈곤과 굶주림 속에서 살다가
죽어 가는 이 세상의 이웃을 위하여 봉사하기에 족하게 하소서.
우리의 손을 통하여 그들에게 일용할 양식을 주시고
우리의 현명한 사랑으로 평화와 기쁨을 주게 하소서.

　　　　　성서에는, 하느님이 이 세상을 깊이 사랑하시
어 독생자 예수를 복음과 더불어 보냈다고 적혀 있다. 사랑이야말로
이 세상에서 천국과 지상에서 가장 위대한 과학이다. 하느님은 사랑
이며, 하느님은 너와 나를 사랑한다는 복음을 우리에게 주기 위하여,

그리고 가난한 자에게 알리기 위하여 예수님이 오시게 되었다. 그리고 당신의 생명을 내놓음으로써 사랑을 증명하셨으며, "내가 너희를 사랑한 것처럼 서로 사랑하여라."라고 되풀이하여 말씀하셨다.

나는 이 사랑만이 우리가 배우지 않으면 안 될, 최고의 과학이라고 생각한다. 이 사랑은 스스로를 상처 입힐 때까지의 사랑이다. 그러나 사랑할 수 있으려면 기도가 필요하다. 왜냐하면 기도는 청징무구淸澄無垢한 마음을 가져다주며, 기도의 결실은 믿음을 심화시켜 주기 때문이다. 청징한 마음을 갖게 되면 우리는 보는 것, 이해하는 것에서 서로를 받아들일 수 있게 되며 사랑할 수 있게 된다. 그리고 진실로 사랑할 때 우리는 비로소 봉사하게 된다. 우리는 모두 하느님을 사랑하고자 한다. 왜냐하면 우리는 사랑의 목적을 위해서 창조되어 있기 때문이다. 똑같은 하느님의 사랑의 손길에 의해서 너와 나도 노상에서 죽어 가는 사람도 만들어진 것이다.

오늘 아침에도 우리가 운영하고 있는 임종자의 집에서 두 사람이 죽어 갔다. 그들은 봄베이의 노상에서 구조되어 이곳에 실려 와서 죽었다. 이들은 정말로 하느님의 나라로 간 것이다. 지난번에는 캘커타의 노상에서 죽어 가는 한 남자를 데려왔다. 아름다운 사랑과 보살핌을 베풀고 있는 자매를 응시한 그는 "나는 하느님의 나라로 돌아갑니다."라는 말을 남기고 죽었다. 이것이 그가 말한 최후의 말이었다.

옆에서 사랑을 실천한 자매는 그가 평화로움 속에서 죽음을 맞이하고 하느님 곁으로 돌아갈 수 있도록 준비시켜 준 것이다. 그는 사랑이란 무엇인가를 이해한 것이다. 정말로 이런 일을 위해서라면, 또 생활 속에서 진실로 하느님과 일체화一體化 하기 위해서라면 우리는 기도하지 않으면 안 된다. 하느님과 일체화하며, 서로가 상대의 내면에서 하느님을 볼 수 있게 되려면 순결무구한 마음이 필요하다. 예수님은 분명히 우리가 죽음에 임했을 때 서로를 어떻게 대해 왔는가를 재판받게 된다고 말씀하셨다.

> 내가 굶주렸을 때 먹을 것을 주었다.
>
> 헐벗을 때 입을 것을 주었다.
>
> 나그네였을 때에 따뜻하게 맞이해 주었다.
>
> 고독할 때 돌보아 주었다.
>
> 슬플 때 웃음을 주었다. 역주1

이것은 위대한 과학이다. 이 세상에서 사랑이야말로 가장 위대한 과학이며, 하느님이 여러분에게 준 선물이다. 이는 무엇 때문일까? 그것은 남에게 주기 위하여, 또는 나누어 갖기 위해서다. 우리는 이 선물을 하느님의 사랑과 자비로서 사용하지 않으면 안 된다. 하느님은 우리를 통해서 이 세상을 사랑하시고 있는 것이다. 여러분은 제각기 특별한 선물을 받았다. 그것은 무엇을 하기 위해서인가? 파괴하기 위해서인가? 아니다. 하느님이 마음에 두고 있는 것은 온유한 사랑과 보살핌이기 때문에 우리가 사랑의 과학을 필요로 하는 것은 파괴를 위해서가 아니라 서로 돕기 위하여, 말만이 아니라 살아 있는 행동에 의해서 사랑을 실천하기 위해서다.

역주1. 마태복음 25 : 35-36 참조.

나는 이전에 캘커타에서 경험한 것을 결코 잊을 수 없을 것이다. 그때 우리에게는 설탕이 없었다. 네 살된 힌두교도의 남자 어린이는 이 사실을 알고 집에 돌아가 부모에게 "나는 3일만 설탕을 먹지 않고 그 대신 마더 테레사에게 드리려고 합니다."라고 말했다. 3일 후, 그 애가 갖다 준 설탕은 소량이었지만 그 사랑은 위대하였다. 그는 위대한 사랑의 과학을 가르쳐 주었다. 그것은 스스로 상처 입을 때까지의 사랑의 실천이었다.

이 사랑의 실천을 위하여 여러분은 이곳에 모였다. 여러분은 주님의 사랑의 선물을 위하여 기도하고, 복음을 증명하기 위하여 자기를 써 줄 것을 기도하지 않으면 안 된다. 세상은 이 사랑과 복음에 굶주려 죽어 가고 있다. 여러분은 서로 돕기 위하여, 사랑을 알기 위하여, 사랑하는 것을 가능하게 만들기 위하여, 보다 큰 사랑 그리스도가 우리들 한 사람 한 사람에게 보여 준 사랑 을 위한 수단과 방법을 교환하기 위하여 멀리 각지에서부터 모였다. 우리는 모두 사랑에 대해서 알고 있기 때문에 이젠 이를 실천으로 옮기지 않으면 안 된다. 그리고 이 사랑이 가정에서부터 시작한다는 것을 알도록 하자.

오늘날 사람들은 대단히 바쁘게 살기 때문에 시간이 없다. 모두 서로가 웃음을 나눌 수 있는 시간조차도 갖지 못한다. 이럴수록 우리의 생활 속으로 주님을 회복시켜야 하지 않겠는가? 그러기 위하여 가정 생활에 기도를 회복시키도록 하자. 왜냐하면 함께 기도하는 가족은 함께 모이기 때문이다. 함께 머무르게 되면 기도하게 되고, 하느님이 우리 한 사람 한 사람을 사랑한 것처럼 서로가 사랑하게 된다.

우리가 평화와 기쁨과 조화에 충만한 생활을 할 수가 있다는 것은 매우 중요한 일이다. 나는 서로 간의 사랑의 과학보다 더 위대한 과학은 모른다. 우리는 힌두교도의 어린이처럼 얼마만큼 줄 수가 있느냐가 아니라, 보내는 물건에 얼마만큼 사랑을 담을 수가 있는가를 배우지 않으면 안 된다.

하느님은 비범하고 특별한 것을 기대하고 있는 것이 아니다. 내가 노벨상을 받은 이래, 실로 많은 사람이 찾아와서 우리 '사랑의 선교자의 집' 사람들에게 먹을 것과 의류를 주고 갔다. 이곳을 다녀간 사람들은 각자 훌륭한 일을 하였다. 어느 날 거리에서 마주친 한 거지가 내 옆으로 다가와서 "마더 테레사님, 모든 사람이 당신에게 선물을 보내고 있습니다. 나도 무언가를 하고 싶습니다. 오늘 종일 번 것이 가까스로 10파이사 Paisa 입니다만, 이것을 전부 바치고 싶습니다."라고 말하였다.

이때의 기쁨과 그의 기쁨에 넘친 빛나는 얼굴은 말로 전할 수는 없다. 나는 이 날 그가 수입이 없기 때문에 아무것도 먹지 않고 자지 않으면 안 되는 일, 그렇지만 그의 마음을 받아들이지 않는다면 그에게 마음의 상처를 입히게 된다는 것을 알고 그의 10파이사를 받아들인 것이다. 나는 그의 기쁨과 평화와 사랑에 넘친 표정을 표현할 수가 없다. 다만 한 가지 10파이사를 받고 나서, 이는 노벨상보다 더 위대하다고 느낀 것만은 말할 수가 있다. 왜냐하면 그는 자기가 가지고 있는 모든 것을 순결한 애정의 아름다움을 담아서 주었기 때문이다.

이 점이야말로 사랑의 위대함이다. 이와 같은 사랑을 찾아서 실천에 옮겨 볼 것을 부탁하고 싶다. 하느님은 어디에 계실까? 하느님은 어디에나 계신다는 것을 우리는 알고 있다. 우리는 모두 가슴 깊은 곳에 하느님을 사랑하고 싶다는 타오르는 불길과 같은 열망을 갖고 있다. 눈 앞에 있는 사람을 사랑하지 않고 어찌하여 볼 수 없는 신을 사랑하라는 것일까? 거리에 있는 사람을 보았을 때, 그 사람은 당신에게 있어서 누구인가? 당신의 형제·자매가 아니겠는가. 왜냐하면 그들을 창조하신 똑같은 하느님의 사랑의 손이 나와 여러분을 만드셨기 때문이다. 그래서 나는 이 점을 말씀드리고자 한다.

다 같이 기도하자. 기도야말로 사랑의 결실을 배우는 가장 위대한 과학이다. 특히 오늘날 세계에서 너무도 많은 살인·증오·파괴가 자행되고 있을 때, 사랑할 수 있게 된다고 하는 것은 매우 중요하다. 왜냐하면 사람들은 서로를 모르며, 서로를 위한 시간도 없고, 기도도 하지 않기 때문이다. 기도하면 마음은 순결해지며, 서로의 진실된 모습을 보게 되고, 우리는 저절로 서로를 알게 된다. 우리는 서로의 내면에서 하느님을 보며, 온유한 사랑을 가지고 사랑하게 될 것이다. 성서 가운데서 하느님은 말씀하시고 계신다.

나는 너의 이름을 불렀다.
너는 내 사람이다.
물도 너를 휩쓸어 가지 못하리라.
불도 너를 태우지는 못하리라.
나는 너를 위하여 나라까지도 버린다.
내게 있어서 너는 소중한 것, 너를 사랑하고 있다. 역주 2

역주 2. 이사야서 43 : 2-4 참조.

이는 하느님의 말씀이거니와 우리는 서로 이 말씀에 대해서 말하지 않으면 안 된다. 어디에서 말할 것인가? 첫째로 가정에서다. 나는 하느님이 여러분 한 사람 한 사람에게 주신 하느님의 선물을 감지한다. 그 선물은 그저 간직해 두라고 주신 것도 아니며, 파괴하기 위해서도 아니고, 기쁨과 평화, 조화와 사랑을 가져오게 하기 위해서 주신 것이다. 내가 낙태에 관해서 말하고 있는 것도 이 점 때문이다. 과학은 여러 종류의 발견을 해 왔지만, 낳기 전의 어린이를 죽이는 방법까지도 발명해 낸 것이다. 이 얼마나 가공할 일인가? 사랑하고 사랑받기 위해 하느님의 모습으로 만들어진 죄 없는 무력한 어린이를 죽인다는 것은 얼마나 참혹한 일인가?

그러기에 우리는 하느님의 선물인 우리의 두뇌가 제멋대로 사용되지 않도록 기도하자. 두뇌의 작용은 '마음의 결실 fruit of the heart'이 아니면 안 된다. 때문에 두뇌를 사용하기 위해서는 정적靜寂한 마음에 말해 줄 하느님의 말씀에 귀를 기울이지 않으면 안 된다. 우리는 우리 마음이 하느님의 말씀으로 충만해 있을 때만 기도해서는 안 된다. 하느님의 선물은 훌륭한 두뇌를 포함하여, 하느님의 영광과 전 인류의 행복을 위해 여러분에게 주어졌다.

그러기에 이 사랑의 선물이 하느님의 모습을 한 사람을 죽이는 데 사용되는 일이 없도록 하기 위하여, 또 사랑과 조화를 파괴하고, 증오나 탐욕의 원인이 되지 않도록 하기 위하여, 사람들에게 보다 큰 사랑과 평화와 조화를 가져오도록 기도할 것을 간절히 바란다. 이와 같은 것을 우리는 가난한 사람들에게 너무도 잘 배우고 있는 것이다.

자매들과 나는 아무것도 갖지 않고, 친척도 없으며, 별 볼일도 없고, 사랑도 못 받으며, 돌보는 사람도 없는 사람들을 방문해 왔다. 이는 인도에서만이 아니다. 인도와 아프리카에서는 빵에 굶주린 사람들이 있지만, 미국과 유럽 등 사랑의 선교자의 모임에서 봉사하고 있는 자매들이 일하고 있는 곳에서는 어디서나 사람들은 사랑에 굶주리고 있다. 그들은 사랑받고 싶어 하며, 누군가를 위해서 필요한 사람이 되고 싶다고 바라고 있는 것이다.

언젠가 런던에선가 뉴욕에선가 있었던 일이다. 내가 길가에 앉아 있는 사람의 손을 잡은 일이 있다. 그도 내 손을 잡으며 "사람 손의 온기를 느껴 본 것은 아주 오랜만에 처음입니다. 오랫동안 누구도 내 손을 잡아 준 사람은 없었습니다. 그래서 그동안 사람 손의 온기를 느껴보지 못했습니다."라고 말했다. 나는 이 일을 결코 잊을 수가 없을 것이다. 우리는 앞을 보면서 지나가도 실로 많은 사람의 앞을 지나쳐 버리고 만다. 어쩌면 자기 가정에도 쓸쓸한 사람, 볼일 없이 느껴지는 소외된 사람, 상처받고 있는 사람이 있을지도 모른다.

지난번에 베네주엘라 Venezuela 를 방문했을 때, 나는 한 갑부 일가가 우리의 장애아동 집에 토지를 기부한 사실을 알았다. 감사의 뜻을 표하기 위하여 그 집을 방문 했을 때, 첫째 어린이는 중증장애자였다. 어머니에게 그 어린이의 이름을 물었더니, "우리는 그 애를 사랑의 큰 스승이라고 부르고 있습니다. 왜냐하면 그 애는 언제나 우리에게 사랑에 대해서 가르쳐 주기 때문입니다."라고 말하였다. '사랑의 큰 스승', 이처럼 아름다운 이름을 어머니나 가족에게서 얻은 어린이로부터 나는 미소 짓는 법을 배웠다. 그 어린이의 얼굴에는 너그러운 미소가 활짝 피어올라 와 있었다. 왜 그럴까? 그것은 그가 언제나 사랑을 가르치고 있었기 때문이다. 실로 가정이야말로 사랑이 싹트고 시작되는 곳이다.

사랑은 가정에서부터 시작해서 결국 가정으로 돌아간다. 오늘날의 우리 어린이들은 대부분 학교에서 귀가해도 집에 아무도 없다는 것에 괴로워하고 있다. 할머니, 할아버지, 아버지, 어머니도 모두가 바빠서 어린이를 맞이해 줄 사람이 없는 것이다. 어린이에게는 상냥하게 사랑해 주고, 다정하게 인정해 줄 사람, 어머니나 아버지의 포옹이 필요하다. 그것이 없을 때 어린이는 허전한 마음을 달래기 위해 거리로 나가 버리게 된다.

우리는 이와 같은 가정에 사랑을 회복시켜 주자. 하느님이 우리 한 사람 한 사람을 사랑하시는 것처럼 우리가 서로를 사랑하게 된다면, 평화는 이루어지게 될 것이다. 우리에게는 폭탄이나 총포 같은 것은 필요하지 않다. 우리에게 필요한 것은 온유한 사랑, 동정, 나눔, 그리고 하느님이 한 사람 한 사람을 사랑해 주신 것처럼 서로를 사랑하는 기쁨인 것이다.

주님의 은총이 항상 여러분과 함께 하기를 빕니다.

찾아보기

인명

스타니슬라프 그로프 Stanislav Grof(1931~)

체코슬로바키아 태생의 정신병리학자로서 체코 프라하 Praha 에서 LSD를 사용한 임상연구를 한 후, 1963년에 미국으로 이주하여 매릴랜드 정신의학연구소 Maryland psychiatyic research center 소장을 역임하면서 정신병환자, 말기증상의 암환자, 알코올 중독환자 등에 대한 의식변화의 임상연구를 실시하였다. 또한 캘리포니아 빅서 Big Sur 에 있는 에살렌 연구소 Esalen Institute 에서 상주연구원으로 활약하였다. 1970년 대 중반 LSD의 임상연구가 법적으로 금지된 후 호흡법, 보디워크, 음악을 조합시 킨 홀로트로픽 치료법 holotropic therapy(그로프식 호흡법, Grof breathing)을 개발하여, 에살 렌을 중심으로 활동하였다. 초대 국제 트랜스퍼스널학회 회장이었으며, 트랜스퍼 스널 심리학의 제창자이기도 하다. 그의 처 크리스티나 그로프 Christina Grof 와의 공 저에는 『영혼의 항해술 Beyond Death』(1980), 『정신 위기상황 Spiritual Emergency』(1986) 등이 있으며, 단독 저서로는 『뇌를 초월하여 Beyond the Brain』(1985), 『인간 무의식의 영역 Realms of the Human unconsciousness』(1975), 『자기발견의 모험 The Adventure of Self Discovery』(1988) 등이 있다.

프란시스 본 Frances Vaughan

임상심리학자로서 개업의로 활동하는 한편 캘리포니아 주립대학에서 교수를 역임하였다. 또한 트랜스퍼스널 심리학자, 심리치료가로서, 트랜스퍼스널 심리학 연구소 교수로서도 활약하였고, 트랜스퍼스널 심리학회 회장도 역임하였다. 1965년 에는 개인적인 체험을 통하여 초개인적 대역 transpersonal bands 의 의식을 깨닫고 이 영역에 대한 연구논문을 썼다. 특히 의식의 초개인적 대역에 관련되는 카운슬링 과 교수에 힘을 기울였다. 대표적인 저서에는 『직관의 각성 Awakening Intuition』(1979), 공 저에는 『트랜스퍼스널 선언 Beyond Ego: Transpersonal dimensions in psychology』(1980) 『자아 초월의 길 Paths Beyond Ego』(1993) 등이 있다.

준 싱어 June Singer (1920~2004)

융 심리학파의 여류 분석가. 캘리포니아 트랜스퍼스널 심리학연구소에서 강의함과 동시에 개업의로서 활약하였다. 성性의 트랜스퍼스널한 측면과 창의성과의 관계를 중심으로 연구하였다. 대표적인 저서에는 『신성치 않은 성서 The unholy Bible』 『영혼과 남녀양성구유의 경계 Boundaries of the Soul and Androgyny』(1972)가 있다.

세실 E. 버니 Cecil E, Burney

미국의 융 심리학자로서 스위스의 취리히 Zürich 에서 융의 제자였으며, 오랫동안 비서였던 아니엘라 얏페 Aniela Jaffé 와 여류 심리치료가 도라 칼프 Dora M. Kalff 로부터 박사후과정을 수학하였다. 특히 칼프가 융의 이론을 도입하여 발전시킨 모래상자 놀이치료법 Sandplay theapy 과 트랜스퍼스널 심리학을 미국과 해외에 널리 보급시켰다. 스타니슬라프 그로프 Stanislav Grof 에 이어서 국제트랜스퍼스널학회 2대 회장을 역임하였다. 1986년 1월에 콜로라도 주 로키산맥 폐광촌이 변신한 세계적인 음악 명소이자 관광 휴양도시인 아스펜 Aspen 에서 사망하였다.

알리스 그린 Alyce M. Green

캔자스 주 토피카에 Topeka 에 있는 메닝거재단 Menninger Foudation 연구부의 '수의 隨意 컨트롤 프로그램 voluntary control program' 책임자다. 그녀는 특히 창의성, 백주몽, 상상 사이의 관계와 알파－세타파의 피드백에 대해서 관심을 기울였다. 또한 바이오피드백의 선구자인 동시에 초대 트랜스퍼스널 심리학회의 회장을 역임하였다. · 저서에는 부군인 엘머 그린 Elmer E, Green 과의 공저 『바이오피드백을 넘어서 Beyond biofeedback』(1977)가 있다.

클라우디오 나란조 Claudio Naranjo (1932~)

칠레 출신의 정신상담의로서 향정신성 물질 심리치료를 연구하였고, 영적 전통의 연구자로서도 알려졌으며, 에살렌연구소 Esalen Institute , 닝마연구소 Nyingma Institute (밀교적 요소가 강한 토착신앙 숭배형태에 대한 연구) 의 뉴에이지의 센터에서 워크숍을 지도하는 한편, 캘리포니아 대학, 캘리포니아 통합학연구소 California Institute of Integral Studies 에서 트랜스퍼스널 심리치료법을 교수하였다. 또한 런던에 있는 문화탐구연구소의 특별연구원이기도 하였다. 저서에는 『유일의 탐구 The One Quest』 『치유의 여정 The Healing Journey』 『게슈탈트 치료의 기법 Techniques of Gestalt Therapy』, 공저로는 『명상의 심리학에 관하여 On the Psychology of Meditation』(1973) 등이 있다.

프리초프 카프라 Fritjof Capra (1939~)

1966년 빈 Wien 대학에서 이론물리학의 박사학위를 받았다. 파리대학, 런던대학에서 고에너지 물리학을 교수하였으며, 그 후 스탠포드 대학, 캘리포니아의 버클리 대학에서 교수로서 활동하는 한편, 로렌스버클리연구소 Lawrence Berkeley Laboratory 에서는 소립자 연구를 하였다. 그의 대표적인 저서로는 『현대물리학과 동양사상 The Tao of Physics』 (1975), 『새로운 과학과 문명의 전환 The Turning Point』 (1981) 등이 있다.

루퍼트 셸트레이크 Rupert Sheldrake

케임브리지 대학에서 자연과학을 전공하였으며, 하버드 대학원에서 프랑크 녹스기념특별연구원 Frank Knox Memorial Fellowship 으로서 루즈벨트 정권의 해군장관이었던 Frank Knox를 기리기 위해 그의 아내인 Annie Reid Knox가 Frank Knox(1874~1944) 사후에 설립한 장학재단에서 오스트레일리아, 캐나다, 뉴질랜드, 영국 출신의 학생들이 하버드 대학 대학원에서 공부를 할 수 있도록 도와주는 장학 프로그램 1년간 철학과 과학사를 수학하였다. 케임브리지로 돌아간 1967년부터 1973년까지 생화학과 세포생물학을 연구하여 박사학위를 취득하였다. 이어서 왕립협회의 연구원으로서 식물의 발생과 세포의 노화에 대한 연구를 추진하였다. 1974년에는 인도로 가서 하이데라바드 Hyderabad 에 있는 '국제작물연구소'에서 열대작물의 생리학에 대한 연구를 하였다. 그는 노후한 옛 왕궁에서 생활하면서 새로운 가설을 착상하고, 1978년에 남인도에 있는 그리스도교의 아슈람으로 자리를 옮겨 명상하면서 1년 반에 걸쳐서 『생명의 뉴 사이언스 A New Science of Life(1981)』를 집필하였다. 그가 제창한 '형성적 인과작용 formative causation'의 가설은 구미를 중심으로 큰 반향을 불러일으켰다.

칼 프리브램 Karl Pribram (1919~)

예일 대학과 스탠포드 대학에서 두뇌연구와 신경심리학 실험을 지도하였다. 특히 스탠포드 대학원에서는 신경생리학자 및 신경심리학자로서 뇌의 기억과 인식에 대한 연구를 하였다. 그중에서도 당대 생리학적 심리학의 태두 칼 라슐리 Karl Lashley(1890~1958) 의 지도를 받은 프리브램은 기억이 뇌의 어디에 저장되어 있는가를 발견하기 위하여 쥐의 뇌를 부분적으로 절제하고, 수술한 상처가 회복된 후의 활동을 조사하여 기억상실의 유무를 관찰하였다. 그 결과 수술 전에 훈련학습된 쥐는 상당히 뇌 조직이 절제되어도 절제 전에 학습한 행동을 잘해 낼 수가 있었다. 이와 같은 연구를 기초로 하여 그는 뇌 기억의 구조를 입체영상시스템의 홀로그래피 holography 를 모델삼아 연구하여 종래의 뇌신경학을 일신한 '뇌기능의 홀로그래피 이론 holographic theory of brain function'을 제창함으로써 큰 반향을 일으켰다. 대표적인 저서에는 신경생리학의 고전적 교과서인 『두뇌의 언어 *Languages of the Brain*』 (1977) 등이 있다.

조세프 칠톤 피어스 Joseph Chilton Pears (1924~)

교육자인 동시에 철학자이기도 하며, 저서 『매직컬 차일드 육아법 *The Magical Child*』을 통하여 미국교육계에 지대한 영향을 줌으로써, 인문학 분야에 남긴 업적 과 공헌으로 몇 가지 상을 받기도 했다. 1970년대 초에 『우주란宇宙卵 의 갈라진 금 *The Crack in the Cosmic Egg*』으로 데뷔하였으며, 카를로스 카스타네다 Carlos Castaneda 의 일련의 저작과도 견줄 만한 의식체험기意識體驗記로서 평판이 높다. 그 후 힌두 교 싯다요가 Siddha yoga 의 스승 묵타난다 Muktananda 에게 사사하였다. 동양의 전통 적 의식관과 현대의 혁신적 과학론의 융합을 꾀하였다. 또한 묵타난다의 후계자 칫빌라사난다 Chidvilasananda 와 더불어 싯다요가의 지도자로서도 헌신하였다.

재크 콘필드 Jack Kornfield (1945~)

타이의 승원에서 장기간 수행한 미국인 불교승이었던 심리학자다. 또한 매사 추세츠 주 바레 Barre 에 있는 내관명상센터 Vipasana Meditation Center 의 위파사니 명상 의 지도자이기도 하다. 나로파연구소 Naropa Institute—티베트 고승(Limpoche)인 쵸감 트룽파 (Chogyam Trungpa)에 의해 11세기 인도의 불교 성인인 나로파(Naropa, 1016~1001/956~1040)의 이름을 따서 설립한 불교수행연구기관이며, 후에 나로파 대학교(Narapa University)가 되었다. 학부와 대학원과정이 있으며, 주요 분야로서는 contemplative psychology, peace studies, religious studies, traditional estern arts 등이 있음 에살렌연구소 Esalen Institute 등 수많은 센터에서 명상법을 가르치고 있다. 저서에는 『현대의 불교의 스승들 *Living Buddhist Master*』『쿤달리니 *Kundalini*』(1992) 등 이 있다.

아지트 무게르지 Ajit Mookerjee (1915~)

인도 출신의 세계적으로 저명한 탄트라 Tantra 의 권위자다. 특히 탄트라의 미술, 행법, 의식儀式에 관한 연구자인 동시에 요가예술의 수집가이기도 하다. 저서에는 『탄트라 예술 *Tantra Art*』『탄트라 자세 *Tantra Asana*』『요가예술 *Yoga Art*』『탄트라의 길 *The Tantric Way*』『쿤달리니 *Kundalini*』(1982) 등이 있다.

스와미 묵타난다 Swami Muktananda (1908~1982)

근대 인도 성자의 한 사람이다. 니트야난다 Nityananda 성인의 제자로서 싯다 *Siddha* 전통의 가르침을 계승하였다. 니트야난타의 입멸 *mahasamdhi* 후(1961), 21년 동안에 걸쳐 구미 여러 나라를 돌면서 싯다명상 Siddha meditation의 보급에 힘썼으며, 세계 도처에 수백의 명상센터를 설립하였다. 1982년 10월에 영면한 후 싯다의 전통은 제자 칫빌라사난다 Chidvilasananda에 의해서 계승되고 있다. 저서에는 『의식의 활동 Play of Consciousness』(1974), 『쿤달리니 Kundalini』(1979) 등이 있다.

마더 테레사 Mother Teresa (1910~1997)

- 1910년 8월 27일: 유고슬라비아의 스코피에 Skopje(구 마케도니아의 주도)의 유복한 알바니아인 가정에서 태어났다. Teresa는 수도명이며, 본명은 아그네스 곤자 보자쥬 Agnes Gonxha Bojakhiu 다.
- 1928년 9월: 아일랜드에 있는 로렛도 Loreto 수도회 우리나라에서는 예수수도회라함 에 입회하였으며 12월에는 수련자로서 인도로 갔다.
- 1931년: 첫서원誓願을 하였다.
- 1931~1948년: 캘커터의 '성聖 마리아 고등학교'에서 1936년까지 지리교과를 가르쳤으며, 1937년부터 학교장직을 맡았다.
- 1946년: 결핵으로 쓰러져 히말라야 다질링 Himalya Darjeeling 으로 피정하러 가던 중 '하느님의 소리'를 들었다.
- 1948년: 캘커터의 빈민가에 살면서 가난한 사람들과 고아, 한센병 환자들의 구원활동을 시작하였다.
- 1950년: 캘커터에 교황 직속의 '사랑의 선교자 수녀회 The Missionarys of Charity Sisters' 를 설립 12인으로 시작. 이후 활동은 인도 각지에서부터 세계 55개국으로 파급되었다. 인도 국적을 취득하였으며, 이 무렵부터 캘커터의 마더 테레사로 불렸다.
- 1952년: 캘커터 시내에 '임종의 집 Home for Dying'을 개설하였으며, 이후 세계 각지에 개설되었다.
- 1966년: 안드류 수사 Brother Andrew 를 초대 총장으로 한 '사랑의 선교자 수사회 The Missonarys of Charity Brothers'를 설립하였다.
- 1971년: 요한 23세 '교황평화상'을 수상하였다.
- 1975년: 슈바이처 상 Schweitzer Prize 을 수상하였다.
- 1979년: 고귀한 인간애의 실천으로 '노벨평화상'을 수상하였다.
- 1990년 9월: 심장병 발작으로 입원하였다.
- 1995년 10월: 워싱턴에 입양센터 '테레사의 집'을 설립. 이때까지 인도에는 180개의 '테레사의 집'이 설립되었다.
- 1997년 3월: '사랑의 선교자회' 대표에서 은퇴하였다.
- 1997년 9월 5일: 캘커터의 '사랑의 선교자회' 본부에서 심장병 발작으로 인하여 선종善終하였다.

정인석 鄭寅錫

〈약 력〉

1929년 10월 16일(음) 전남 강진 병영(兵營)에서 출생하였으며, 서울대학교에서 문학사(교육학 전공)와 교육학 석사(교육심리학 전공)를, 한양대학교에서 교육학 박사학위를 받았다. 고려대학교, 숙명여자대학교, 한양대학교 대학원 외래교수, 명지대학교에서 교수 및 사회교육대학원장을 역임하였고, 현재 한국트랜스퍼스널 학회 고문으로 있으며, 저서 · 역서에는 다음과 같은 것이 있다.

〈저 서〉

* 교육심리학, 서울: 재동문화사, 1965.
* 청년심리학, 서울: 재동문화사, 1966.
* 교육원리, 서울: 형설출판사, 1967.
* 생활지도(공), 서울: 재동문화사, 1970.
* 현대교육원리, 서울: 재동문화사, 1973.
* 교육원리(공), 서울: 삼광출판사, 1975.
* 현대교육심리학, 서울: 재동문화사, 1976.
* 심리학요론, 서울: 재동문화사, 1977.
* Durkheim의 도덕교육론, 서울: 재동문화사, 1982.
* 청년발달심리학, 서울: 재동문화사, 1982.
* 교육심리학(개정), 서울: 재동문화사, 1984.
* 교육학개론, 서울: 재동문화사, 1985.
* 신교육학개론, 서울: 교육출판사, 1986.
* 교과교육론, 서울: 교육출판사, 1987.
* 현대심리학개론, 서울: 교육출판사, 1987.
* 신청년심리학, 서울: 대왕사, 1988.
* 신교육심리학(개정), 서울: 대왕사, 1989.
* 상담심리학의 기초이론, 서울: 대왕사, 1991.
* 인간존중을 위한 교육의 탐구, 서울: 교육출판사, 1996.
* 트랜스퍼스널 심리학: 동서의 지혜와 자기초월의 의식(제1판), 서울: 대왕사, 1998.
* 자기를 이기는 자는 자유롭다: 구제프의 사상과 가르침, 서울: 학지사, 2001.
* 트랜스퍼스널 심리학(제2판), 서울: 대왕사, 2003.
* 삶의 의미를 찾는 역경의 심리학(제1판), 서울: 나노미디어, 2003.
* 인간중심자연관의 극복, 서울: 나노미디어, 2005.
* 상담심리학의 기초, 서울: 대왕사, 2006.
* 삶의 의미를 찾는 역경의 심리학(제2판), 서울: 나노미디어, 2008.
* 의식과 무의식의 대화, 서울: 대왕사, 2008.
* 트랜스퍼스널 심리학(제3판), 서울: 대왕사, 2009.
* 용기 있는 사람으로 키우는 심리학의 지혜, 서울: 대왕사, 2011.

〈역 서〉

* Robert, F. Dehaan, *Accelerated Learning Programs*, 1963(촉진학습을 위한 교육, 서울: 재동문화사, 1968)
* William, R. Niblett(ed.), *Moral Education in a Changing Society*, 1963(『변천하는 사회의 도덕교육』, 서울: 교육출판사, 1985)
* Anna, F. *Einfürung in die Psychoanalyse für Pädagogen*, Translated by Barbara Low, *Psycho-Analysis for Teachers and Parents*, Gergo Allen & Unwin, 1963(『안나 프로이트가 풀어 주는 아이들의 심리』, 서울: 열린책들, 1999)
* Warwick, F. *Toward a Transpersonal Ecology: Developing New Foundations for Environment*, Boston, Mass.: Shambhala, 1995(『트랜스퍼스널 생태학: 인간중심 환경주의를 넘어서』, 서울: 대운출판사, 2002)
* Arnold Mindell, *Working on yourself Alone*, Oregon: Lao Tse Press, 2002(『명상과 심리치료의 만남』, 서울: 학지사, 2011)

고대의 지혜와 현대과학의 융합
-자기초월의 패러다임-

2012년 8월 20일 1판 1쇄 인쇄
2012년 8월 30일 1판 1쇄 발행

편저자 • 스타니슬라프 그로프
역 자 • 정인석
펴낸이 • 김진환
펴낸곳 • (주)**학지사**

  121-837 서울특별시 마포구 서교동 352-29 마인드월드빌딩 5층
대표전화 • 02)330-5114   팩스 • 02)324-2345
등록번호 • 제313-2006-000265호

홈페이지 • http://www.hakjisa.co.kr
커뮤니티 • http://cafe.naver.com/hakjisa

ISBN 978-89-6300-404-5 93180

정가 16,000원